기독교문서선교회 (Christian Literature Center: 약칭 CLC)는 1941년 영국 콜체스터에서 켄 아담스에 의해 시작되었으며 국제 본부는 미국 필라델피아에 있습니다. 국제 CLC는 약 650여 명의 선교사들이 59개 나라에서 180개의 서점을 운영하며 이동 도서 차량 40대를 이용하여 문서 보급에 힘쓰고 있으며 이메일 주문을 통해 130여 국으로 책을 공급하고 있는 국제적 문서선교 기관입니다.

추천사

김 진 운 원장
존 프레임의 『성경론』의 역자
써니스잉글리쉬클래스영어학원 대표
합동신학대학원대학교 조직신학 박사 과정

    2010년 미국 웨스트민스터신학대학원(Westminster Theological Seminary)에서 공부하던 시절 졸업 1년을 앞두고 향후 연구 논문으로 어떤 신학자를 택해서 쓸 것인가로 고민한 적이 있었다. 그 당시 내가 관심을 가졌던 신학자는 기독교 변증에서 기라성과 같은 코넬리우스 반틸, C. S. 루이스, 프란시스 쉐퍼 박사였다. 이들의 변증 방법을 비교하고 싶어서 서점에서 세 사람의 책을 다 구매했다. 책을 구매하자마자 마치 논문을 쓴 것처럼 마음이 흡족했었다. 그러나 책은 구매했으나 상황이 허락하지 않아 그 작업을 할 수 없었고 이에 대한 아쉬움이 항상 마음 깊은 곳에 남아 있었다.
    그런 와중에 오랜 세월 동안 루이스를 연구하신 김병제 목사님의 『악마, 스크루테이프가 말하는 인간의 생생한 민낯』이란 귀한 책에 대한 추천사를 부탁받게 되었다. 이 귀한 책에 대한 추천사를 쓸 수 있게 되어서 영광일 뿐만 아니라 저자이신 김병제 목사님에게 깊은 존경을 표한다. 이 책을 읽으면서 저자가 얼마나 기독교 변증가 C. S. 루이스와 씨름하고 대화했는지 알게 되었다.
    『스크루테이프의 편지』는 기독교 변증가인 C. S. 루이스의 통찰력을 독창적인 문학 형식으로 풀어낸 작품이다. 이 책은 편지 형식으로 구성되어 있다. 베테랑 악마인 스크루테이프가 초보 악마이자 조카인 웜우드에게 "인간의 영혼을 타락시키려면 이러이러해야 등신같이 저러저러한 방법을 써서는 안 된다"라고 충고하는 내용으로 가득 차 있다. 독창적인 서술 방식과 인간 본성에 대한 깊은 통찰, 기독교 신앙의 핵심을 우회적으로 드러내는 이 책은 저자의 천재성을 보여 주고 있으며 기독교인 영적 투쟁에서 악마의 모략과 지혜가 얼마나 깊은지 보여 주고 있다.

먼저, 『스크루테이프의 편지』의 내용을 간략하게 살펴보자. 『스크루테이프의 편지』에는 유혹과 인간 본성, 신앙과 자유 의지, 일상에서의 영적 전쟁이라는 중요한 주제가 숨겨져 있다. 악마는 인간 본성을 꿰뚫어 보는 데 있어서 천재다. 그는 인간이 선과 악 사이에서 갈등하며 쉽게 나태해지고 이기적으로 변하는 본성을 알고 이를 이용하려 한다. 신앙과 자유 의지의 문제도 중요한 요소 가운데 하나다.

하나님은 인간이 스스로 사랑하고 신뢰하기를 원하시며, 강압적인 방식으로 인간을 조종하지 않으신다. 하지만, 악마는 인간이 자유롭게 선택할 수 있다는 사실을 이용해 그들의 신앙이 나태해지게 만든다. 마지막으로 신자의 마음속에서 일어나는 영적 전쟁이 중요한 주제로 등장한다.

C. S. 루이스는 종교적 갈등을 단순히 극단적인 상황에서만 일어나는 것이 아니라, 사소한 습관과 감정 속에서도 이루어지고 있음을 보여 준다. 가령, 악마 스크루테이프는 인간이 기도할 때 자신의 내면이 아닌 외적인 것에 집중하도록 유도한다. 또한, 사소한 짜증과 불만을 키워 가족이나 주변인들과 갈등을 일으키게 만들기도 한다.

이런 일련의 주제가 담긴 C. S. 루이스의 『스크루테이프의 편지』의 귀한 안내서로서 김병제 목사님의 『악마, 스크루테이프가 말하는 인간의 생생한 민낯』이란 책이 출판되어 나오게 된 것은 하나님의 은혜가 아닐 수 없다.

이 책을 훌륭한 안내서로 삼아 『스크루테이프의 편지』를 읽고, 생각하고, 묵상하고 삶에 적용한다면 보다 성숙한 기독교인으로 삶을 영위해 갈 수 있으리라 본다. 특별히 이 책의 도움을 받아 루이스가 전하고자 했던 핵심 주제를 이해한다면 현대 사회에서 신앙과 도덕적 가치가 흔들리는 가운데서도 우리가 나아갈 방향을 정하는 데 큰 도움이 될 것이다.

『악마, 스크루테이프가 말하는 인간의 생생한 민낯』의 저자이신 김병제 목사님에게 깊은 감사와 존경을 표하며 이 귀한 책이 C. S. 루이스의 『스크루테이프의 편지』를 깊이 이해하는 데 나침판과 등대와 같은 역할을 하길 하나님께 기도하는 바이다.

C. S. 루이스를 통해 본
**악마, 스크루테이프가 말하는
인간의 생생한 민낯**

The Devil, Screwtape: Unmasking the Reality of Human Nature
Written by Kim, Byeong Je
All rights reserved.
Korean Edition Copyright ⓒ 2025 by Christian Literature Center, Seoul, Korea.

악마, 스크루테이프가 말하는 인간의 생생한 민낯

2025년 5월 20일 초판 발행

지 은 이 | 김병제

편   집 | 추미현
디 자 인 | 소신애
펴 낸 곳 | (사)기독교문서선교회
등   록 | 제16-25호(1980. 1. 18.)
주   소 | 서울특별시 동대문구 천호대로71길 39
전   화 | 02-586-8761~3(본사) 031-942-8761(영업부)
팩   스 | 02-523-0131(본사) 031-942-8763(영업부)
이 메 일 | clckor@gmail.com
홈페이지 | www.clcbook.com
송금계좌 | 기업은행 073-000308-04-020 (사)기독교문서선교회
일련번호 | 2025-31

ISBN 978-89-341-2809-0 (03230)

이 책의 출판권은 (사)기독교문서선교회가 소유합니다.
신저작권법에 의해 한국 내에서 보호를 받는 저작물이므로 무단 전재와 무단 복제를 금합니다.

C. S. 루이스를 통해 본 **악마,**
스크루테이프가 말하는
인간의 생생한 **민낯**

The Devil, Screwtape :
Unmasking the Reality of Human Nature

김 병 제 지음

CLC

목차

추천사 **김진운 원장** | 존 프레임의 『성경론』 역자, 써니스잉글리쉬클래스 영어학원 대표   1
들어가면서   11

제1장 악마, 스크루테이프가 보는 인간과 하나님   24
  1. 사람 메타포, "환자"   26
  2. 하나님 메타포, "원수" 또는 "적"(Enemy)   30

제2장 봉우리와 골짜기를 살아가는 양서류(兩棲類)   34
  1. 하나님께서 골짜기 경험을 사용하시다   36
  2. 하나님께서 골짜기 전략을 사용하시다   44
  3. 〈스크루테이프〉가 골짜기 전략을 사용하다   48
  4. 이 땅에서 겪는 모든 골짜기 경험은 하나도 빠짐없이 천국 경험이다   57

제3장 사람을 움직이는 몇 가지 영역   60
  1. 의지의 영역   62
  2. 〈스크루테이프〉, 사람의 의지를 탐하다   68
  3. 비겁함, 그 추잡스러움 그리고 위기에 빛나는 용기   71
  4. 비이기심(Unselfishness)   78

제4장 보이는 세계와 보이지 않는 세계   88
  1. "사람은 어디서 와서 어디로 가는가?"와 같은 보편적인 물음을 생각하지 않는다   93
  2. 논쟁은 위험하다, 사람의 합리적 이성을 깨우지 말라   96
  3. "대영박물관에서 책 읽기를 즐기던" 지식인   98
  4. 요약: 사람의 감각으로 파악하는 그림자와 같은 가짜 현실   100
  5. 환자, 기쁨은 감정으로, 고통은 진짜 현실로 착각하다   102

제5장 C. S. 루이스의 웃음 코드　　108
　1. 탐식과 미식에 사로잡힌 영혼 그리고 그들의 코미디　　112
　2. 인간의 웃음의 비밀 그리고 농담과 경박스러움　　119
　3. 부패한 농담: 죄의식을 감추는 수단으로써　　122

제6장 하나님과 연합하여 자아의 죽음을 경험하다　　126
　1. 옛 자아와 새 자아　　128
　2. 순례자의 귀향　　132
　3. 천국과 지옥의 이혼　　140
　4. 새벽 출정호의 항해　　145

제7장 쾌락주의자 부르주아 하나님　　150
　1. 기도　　153
　2. 기도의 쾌락　　158
　3. 참된 기도　　163
　4. 하나님이 발명하신 걸작들　　169
　5. 쾌락　　173
　6. 〈스크루테이프〉의 쾌락 전략　　177
　7. 진짜 쾌락　　182

제8장 〈스크루테이프〉의 지옥과 악마의 풍경들　　185
　1. 〈스크루테이프〉의 지옥 풍경　　186
　2. 지옥의 풍경　　195

제9장 스크루테이프의 유물론 작업들   203
  1. 가짜 유물론자 〈스크루테이프〉의 유물론 강의   204
  2. 〈스크루테이프〉의 걸작   209
  3. 사람 몸의 유물론 작업   215
  4. 사람 몸의 극단적인 동물화 작업   221
  5. 보이지 않는 교회의 물질주의적 작업   226
  6. 보이지 않는 시간의 물질주의와 사유화   238

제10장 영원: 유물론과 물질주의를 치유하다   245
  1. 영원과 현재   246
  2. 영원을 저항하는 사람들   260
  3. 유물론과 물질주의를 치료하다   267

제11장 사랑, 그 알 수 없는 미스터리   274
  1. 유혹자 〈스크루테이프〉, 하나님의 사랑에 유혹당하다   282
  2. 〈스크루테이프〉의 인간 찬사(讚辭)   290
  3. 〈스크루테이프〉의 사랑 타령   297

제12장 스크루테이프의 낭패와 마지막 패배의 순간들   302
  1. 〈스크루테이프〉, 사람의 죽음에서 패배와 두려움의 순간을 만나다   303
  2. 죽음의 문을 건넌 후에 겪는 그리스도인의 무한한 기쁨   309
  3. 환자가 하나님과 함께하다   317

EXCURSUS   325
참고문헌   337

들어가면서

오래전에 교회 청년부 모임에서 몇몇 대학생, 대학원생과 C. S. 루이스의 『스크루테이프의 편지』를 함께 읽은 적이 있었다. 당시 나는 『나니아 연대기』 시리즈를 읽고, 이미 나니아 세계로 들어가서 주인공 아이들과 함께 그 낯설고 경이로운 세계를 맛본 터라 『스크루테이프의 편지』라는 그의 책이 생소하지 않으리라 생각했으나 쉽지 않았다.

모임에서 꾸역꾸역 함께 읽으면서 나름 루이스의 통찰에 감탄했으나, 높은 벽을 절감하고, 미지의 영토는 그대로 지나치는 수밖에 없었다. 그리고 나는 여러 차례 영어로 읽으면서 그 깊이 앞에서 서성거렸지만, 그 편지들은 쉽게 "더 높은, 더 깊은"[1] 세계를 드러내 보여 주지 않았다.

루이스의 비서 월터 후퍼는 『스크루테이프의 편지』를 성우의 녹음으로, 아마 오디오북 비슷한 것을 제작하게 되어 자연스럽게 다시 듣고 읽게 되었다. 후퍼가 놀란 것은 그 편지들을 아주 많이 여러 번 읽어서 이미 익숙

---

[1] "더 높은 곳으로, 더 깊은 곳으로"(Come further up, come further in!)는 『나니아 연대기』의 주인공들이 나니아를 찾아가는 가이드라인으로 작용한다. 위기에 부딪혀서 헤맬 때마다 그들의 여정을 그치지 않고 "더 높은 곳으로, 더 깊은 곳으로"라고 여러 번 외치면서 앞으로 나아간다. "나는 드디어 고향에 왔다! 이곳은 진짜 나의 나라이다! 나는 이 나라에 속한다. 이 나라는 내가 내 생애 전체를 통해서 그렇게 찾았던 곳이지. 지금까지 잘 알지 못했지만, 그래! 지금에서야 분명히 알게 되었지만! … 더 높은 곳으로, 더 깊은 곳으로!" C. S. 루이스, "최후의 전쟁", 『나니아 연대기』, 햇살과나무꾼 옮김 (서울: 시공사, 2005), 1049-057.

하다고 생각했는데, 의아한 생각이 들었다고 한다.

"이런 말은 처음 보는데?

왜 내가 이런 말이 있다는 것을 알지 못했을까?"

고전은 지금도 여전히 맑은 샘처럼 그곳으로 갈 때마다 처음 만날 때처럼 우리의 갈한 목을 시원하게 축여 준다. 『스크루테이프의 편지』에 숨어 있는 루이스의 깊은 그리스도인의 지성을 알고 싶었고, 루이스의 신앙 세계를 배우고 싶었다. 물론, 어느 정도 시간이 지나자 어렴풋하게나마 루이스의 깊은 지혜가 조금씩 그 자태를 드러내기 시작했다. 읽고 또 읽으면서 나는 마음에서 절로 우러나오는 참으로 깊은 감사의 마음을 누를 길이 없었다.

이 글은 우리에게 유산으로 주어진 C. S. 루이스를 향한 감사와 감탄의 결과다. 무엇보다도 『스크루테이프의 편지』를 통해서 드러나는 루이스의 인간과 천국과 지옥에 대한 통찰과 지혜는 너무도 경이롭고 소중한 것이어서 함께 나누기를 간절히 소망하는 마음을 담았다.

『스크루테이프의 편지』를 읽으면 잘 함축된 조직신학 책 한 권을 읽은 느낌이 든다. 하나님의 인간 창조와 사탄과의 투쟁, 그리스도를 믿음으로 발생하는 인간 회복을 위한 가장(假裝)의 전략 그리고 끝없는 하나님의 사랑과 통찰력 넘치는 인간 본성의 이해, 인간의 이중성과 영혼을 향한 희망, 인간의 몸과 시간과 자유, 비가시적 교회 그리고 즐거운 기도와 눈부신 죽음 등이 압축된 그러나 놀랍도록 아름다운 그림 언어로 그려져 있다. 그래서 단 한 줄도 그냥 지나칠 수 없었다.

"아! 이게 그런 뜻이었던가!"

이런 감탄과 함께 통찰과 지혜가 우리를 넉넉히 사로잡는다. 또한, 루이스가 사랑하는 신학 고전의 지혜가 깊이 배어서 우러나오고, 현대 사상과의 대결 또한 긴장을 불러일으킨다. 신학과 문학이 마치 몸과 영혼처럼 구분할 수 없을 정도로 서로 깊이 침투해 있다.

문학이 신학 안으로 이토록 깊숙이 발을 디디고 들어온 적이 있었던가!

이로 인해 루이스도 어려움을 겪기도 했다. 영문학 교수가 신학적인 저술로 세계적인 명성을 얻는 것을 당시 옥스퍼드의 지성들은 가만있지 않았다.[2]

'아! 이런 사실을 내가 그때 알았더라면 얼마나 좋았을까?'

『스크루테이프의 편지』는 편지 하나하나에서 그야말로 인간의 삶의 깊은 지혜와 통찰을 들려주고 있다. 지혜는 시간을 통과해서 쌓아 올린 경험과 인식의 세련된 깊이와 경이로움을 담고 있는 어록이다.

C. S. 루이스는 우리가 늘 그렇게 생각하는 상식을 깨트린다. 사람들은 흔히 "시간은 금이다", "시간은 내 것이다", "내 몸은 내 것이니 내 맘대로 할 수 있다"라고 믿는다. 그러나 악마는 시간을 교묘하게 눈에 보이는 물질로 바꾸어서(유물론 작업) 마치 시간을 주머니 어딘가에 넣었다가 빼서 다시 쓸 수 있는 것으로 착각하게 만든다. 악마의 시선에서 보면 시간을 자기 것이라고 주장하는 인간들의 터무니없는 착각이다. 시간은 누구의 주머니에 현금처럼 주어진 적이 없다. 누가 흘러가는 시간을 자기 맘대로 해 본 적이 있으며, 시간을 자기 맘대로 거슬릴 수 있는가 말이다.

---

[2] 옥스퍼드대학교 영문학과에서 이미 정교수가 된 J. R. R. 톨킨은 영문학부의 정교수 두 자리 중 하나는 톨킨 자신이, 나머지 하나는 루이스에게 돌아가는 것이 꿈이었다. 그래서 C. S. 루이스를 옥스퍼드의 정교수로 추천했으나, 루이스를 향한 옥스퍼드 내의 '놀라운 적대감'을 알고 깜짝 놀랐다고 한다. 루이스의 '대중적인 저작'과 세계적인 명성이 옥스퍼드 내의 '노골적인 적의' 때문이었다. 이유는 루이스가 옥스퍼드의 명성을 이용해서 대중들과 영합하고 '학자적 양심'을 팔았다는 비판이다.
맥그라스에 따르면, 루이스는 그의 학술적인 집필보다는 대중적인 저술에 몰두했다는 것이다. 옥스퍼드의 이런 분위기를 '뼈아프게 인식'하게 된 루이스는 후에 700여 페이지에 이르는 『16세기 영문학』이라는 묵직한 전공 학술서를 출간하여 그의 학문적 명성을 다시 각인시킬 수 있었다. 루이스는 옥스퍼드의 정교수직에 끝내 오르지 못하고 케임브리지대학교의 중세 영문학과 정교수로 자리를 옮기게 된다. 앨리스터 맥그래스(Alister MacGrath), 『별난 천재, 마지못해 나선 예언자, C. S. 루이스』, 홍종락 옮김 (서울: 복있는 사람, 2013), 316-26.

그리고 자기 몸이라고 해서 그 몸을 자기 것이라고 주장하는 자들도 무지몽매하기는 마찬가지이다.

누가 자기 몸을 자기 맘대로 할 수 있는가?

내 몸이라고 하지만, 그 몸은 마치 타자(他者)처럼 내 뜻과 상관없이, 병에 걸리고, 피곤해하며, 넘어져서 쓰러지기도 하고, 그렇게 하고 싶지 않았는데도 분노를 터뜨리기도 하고, 내 뜻과 관계없이 마구 싸우기도 한다. 분명히 내 몸은 내 몸이 아닌 것이다.

그리고 루이스는 죽음에 대해서도 "인간 출생은 죽음의 자격증이다", "죽음은 죽음으로만 넘어선다", "죽음은 결코 무거운 사건이 아니다"라고 우리의 상식을 깬다. 사람은 죽음을 두려워하지만, 죽음은 한 꺼풀을 벗기면 실은 참으로 크나큰 축복의 시간이다. 죽음을 벗어나는 길은 죽음뿐이다. 죽음을 죽이는 일은 죽음뿐이다. 사람이 태어나는 순간의 생명은 죽음을 건너서야 비로소 그 생명에게 축복의 순간이 다가온다.

죽음이 없는 생명은 상상만 해도 끔찍하다. 그리고 흔히 사람이 죽는다는 것을 무겁고 심각한 일처럼 생각하는데, 사실 죽음은 오히려 깃털처럼 가벼운 사건이다. 마치 손끝으로 책장을 집어서 다음 챕터(chapter)로 넘어가는 살짝 힘이 드는 순간이다. 책장을 넘기는 경쾌한 소리와 함께 말이다.³

또한, 읽으면서 느낀 점은 많은 신학 고전이 이 작은 책 한 권에 녹아 있다는 것이다. 그래서 '루이스는 얼마나 많은 고전을 읽었을까?' 하는 생각에 놀라지 않을 수 없다. 칼 바르트는 그의 『교회 교의학』을 집필하면서 "내가 고개를 떨구고 두 팔을 내리는 것을 허용하지 않았다"고 말하는데,

---

3 그러나 죽음은 죽음의 순간을 지나는 사람뿐만 아니라, 살아남은 자들의 문제이기도 하다. 루이스 역시 그의 아내 조이가 먼저 죽음으로 건너간 뒤 울고불고 난리도 아니었다. 『헤아려 본 슬픔』은 아내를 먼저 보낸 슬픔이 얼마나 깊은지를 잘 보여 준다.

이 점에서 이들은 비슷하다.

〈스크루테이프〉는 악마가 인간을 유혹하는 테크닉을 잘 드러낸다. 그러나 막상 인간 유혹의 전략에서 가장 선명히 드러나는 것은 악마와 지옥의 풍경 그 자체다. 루이스가 오히려 악마의 현실을 드러내고 조롱하기도 한다. 그러나 이런 악마와 지옥에 대한 적나라한 폭로는 루이스의 『사악한 마음 상태』(SL, 200)에 대한 철저한 반성적 사유의 결과다.

누군가가 이토록 자기 내면을 그것도 특별히 악의 냄새를 풍기는 후미진 곳을 구석구석 살펴본 적이 있었던가?

물론, 과도한 '자기혐오'는 그 자체로서 자기 집중과 나르시시즘으로 변질하는 위험이 있기도 하다(SL, 83, PP).

루이스는 이와 관련하여 『개인 기도』에서 "나의 내면은 처음부터 놀라울 만큼 부패해 있었다. 내 눈에 비친 나는 두꺼비보다 메스꺼웠다. 샘에서 물이 솟아나듯 내 마음에서는 자연스럽게 죄와 부패함이 솟아나고 있다"라는 존 번연의 고백과 "마치 뜨거운 여름에 더러운 지하 감옥 속을 들여다보는 것만 같았다"라고 말한다. 그리고 루이스는 "하수구와 썩은 물 한가운데선 수백만 개의 살아 있는 무엇인가가 꿈틀거리고 있었다"는 윌리엄 헤어의 고백을 인용한다(PP, 145-47).

또한, 루이스도 "나 역시 지하 감옥에서 다리로 기어다니는 끈적끈적한 것을 보았다. 그리고 그런 장면이 나를 정신 차리게 해 주었다"라고 말한다. 그러나 루이스는 이런 사악한 자기 마음을 평생토록 꼼꼼히 살펴야 한다는 주장에는 찬성하지 않는다. 물론, 자신의 죄악을 토해 내는 '영적 구토제'가 필요한 순간이 있지만, 꾸준히 복용해야 하는 것은 아니라고 한다. 이는 결국 지나친 '자기 의로움'과 '자기혐오'를 불러일으켜서 사랑, 희락, 화평과 같은 신약성경이 말씀하는 성령의 열매와는 너무나 상반된 결과를 낳기 때문이다. 지나친 죄악을 향한 자기 집중과 관심은 오히려 해롭기 때문이다(PP, 145-48).

　루이스의 악마 〈스크루테이프〉는 이런 자기 관찰을 통해서 역설적으로 드러난 것이지만, 그리스도인들이 자기의 사악한 마음과 죄악을 그토록 열심히 들여다볼 수는 없다. 사악함을 향한 자기혐오가 있어야 하지만, 너무 매달려서는 안 된다는 말이다. 나 자신을 바라보기보다는 우리 주님을 바라보는 것이 더 중요하다.

> 믿음의 주요 또 온전하게 하시는 이인 예수를 바라보자 … (히 12:2).

　루이스의 『스크루테이프의 편지』는 신앙에 들어서게 된 후에 다른 사람을 보는 대신에 자기 마음을 먼저 자세하게 들여다본 결과다. 루이스는 그의 마음을 "비틀어" 악마의 마음으로 이 편지를 썼다고 하여, 그런 마음 여행의 괴로움을 토로한다. 그렇게 계속 마음을 비틀고 있으면 "영적인 경련"을 일으킬 수도 있다(SL, 201). 아마도 이런 마음 탐구의 여정은 아우구스티누스를 따라 하는 흔적이 아닐까 싶다. 아우구스티누스의 『고백록』은 그의 마음으로 들어가서 자기 마음을 탐색하여 드러내는 자기 고백이다.

　『스크루테이프의 편지』가 신앙을 가진 후에 '자기 마음'을 탐색한 루이스 자기의 "르포르타주"(reportage)라고 한다면(SL, 200), 아우구스티누스의 『고백록』과 마찬가지로 이 편지들도 루이스 자신을 드러내는 일종의 자기 폭로와 자기 고백일 것이다.

　그리스도인들은 그런 의미에서 누구나 "사악함"을 보여 주는 저 "마음"[4]에 대한 자기 고백과 같은 자기만의 자기 고백 보고서를 가진다. 하나님 앞

4　"My heart showeth me the wickedness of the ungodly." 시편 36:1의 또 다른 번역인데, 루이스는 이 번역을 인용한다. 루이스는 사람을 어떻게 유혹하고, 그 유혹이 어떻게 작용하는가를 알 수 있는 아주 좋은 방법은 "나의 마음이 경건치 못한 자의 사악함"을 드러낼 때 그 마음을 바라보는 것이라고 위의 번역을 인용한다. 루이스는 이 구절을 인용하

에서는 이와 같은 자기 고백 없이 그냥저냥 대충해서 지나갈 수 없기 때문이다.

『스크루테이프의 편지』는 C. S. 루이스의 문학적 상상력의 산물이다. 하지만, 그 편지들에는 신학 고전과 신학적 사유가 숨겨진 채로 한데 얽혀 있으면서, 문학적 상상력과 신학 사이의 경계선을 넘나든다. 신학은 늘 하나님 말씀과 현대 상황의 대화를 구성하는데, 루이스의 문학은 신학을 마주하면서 그 신학에 상상력을 덧입혔다. 『나니아 연대기』, 『스크루테이프의 편지』, 『천국과 지옥의 이혼』 등 수없이 많은 그의 문학은 그런 조우(遭遇)의 결과다.

문학은 인간 진실을 상상력이라는 그릇에 담아서 전달한다. 상상력은 우리를 무척이나 자유롭게 하여, 상상력이 아니면 불가능한 인간에 대한 새로운 진실을 드러낸다. 단지, 상징과 풍자, 메타포와 알레고리 등의 문학적 기법을 도구로 해서 그럴 것이다. 문학적 상상력은 또 다른 세계의 풍경을 보여 주고, 그를 통해서 우리가 사는 세계를 다시 되돌아보면서, 그것이 바로 우리 자신의 이야기라는 사실을 깨닫게 한다.

『스크루테이프의 편지』에서 가장 두드러진 기법은 풍자(satire)다. 풍자는 주제 파악을 못하고 거들먹거리는 권력을 향한 일종의 야유다. 마땅히 있어야 할 자리를 벗어난 자들을 향해서 "네 자리는 그곳이 아니라 이곳이라"라고 조롱한다. 악마 〈스크루테이프〉의 조롱은 주로 사람들과 그의 조카 웜우드를 향한다. 사람의 경우에는 "환자, 더러운 벌레, 잡종"이라는 야유

여 간접적으로 그의 마음의 경건치 못한 사악함을 말하고 있다.
This translation of Psalm 36:1 is now controversial or discredited; recent versions rather have it that the ungodly can see their own wickedness when looking into their own hearts. Thus Moffatt translates, "An impious spirit inspires the ungodly man." Nevertheless the old translation made sense to C. S. Lewis, as appears from the way he used this same line from Psalm 36 in his preface to *The Screwtape Letters and Screwtape Proposes a Toast* (1961): http://lewisiana.nl/psalmsquotes/ 2021/05/15

를 퍼붓는다. 그러나 야유는 풍자를 덧입어 문학이 되고, 더욱더 인간이란 게 어떤 것인지 인간의 진짜 현실과 정체를 적나라하게 드러내어 준다. 풍자는 사람들의 숨겨져 있던 진짜 민얼굴을 직면하게 한다.

『스크루테이프의 편지』에 드러나는 악마들의 간교한 음모는 치밀하게 잘 꾸며지는 듯하지만, 결국 악마들이 쫄딱 망해서 울고 짜고 하는 장면으로 끝난다. 이런 마무리는 악마처럼 이 세상에서 놀고 있는 자들의 최후 모습도 역시 다르지 않다는 풍자다. 사람들은 전쟁과 같은 큰 재난 앞에서 당혹해하면서 죽음을 맞지만, 루이스에 따르면 죽음이란 게 알고 보면 별 게 아니다. 죽음은 죽음 그 자체가 아니라 죽음 건너편에 뚜렷하게 서 있는 죽음 이후의 현실 때문에 죽음이 중요하다.

이런 사실은 악마들과 천국의 모습이 극명하게 대조되면서 드러난다. 섬뜩한 현실은 죽음 자체가 아니라 죽음 이후다. 또 한편 소름 끼치는 일은 루이스가 그려내는 악마의 현실이 지금 우리가 살면서 경험하는 우리의 현재 현실과 다르지 않다는 웃기는 풍자다.

또한, 『스크루테이프의 편지』에는 여러 메타포(metaphor, 은유)가 나타난다. 메타포는 '건너서 뛰어넘는다'라는 뜻이고, 어떤 한 단어와 문장이 그 자체를 뛰어넘어 전혀 의외의 사실을 가리키는 문학적인 장치다. 우리 일상에서도 늘 사용하는 언어 자체의 성격이기도 하다. "우리 언제 밥 한번 먹자"라는 메타포는 밥과 전혀 상관없는 "시간을 내어 한번 만나자"라는 의외의 뜻이다.

『스크루테이프의 편지』에서는 굳이 말하자면 "알레고리컬 메타포"(allegorical metaphor)가 그 문학적 기법이라는 생각이 든다. 하나님을 "적"(Enemy)으로, 사람은 "환자"(patience)로 표현하는 메타포는 하나님과 사람을 새로운 지평에서 보게 한다. "적"과 "환자"는 맥락에 따라서 의미의 지평이 다양하고 새롭게 확대된다. 그래서 "지하에 계신 아버지"와 지옥의 "이단 검찰청" 같은 알레고리와 메타포가 파생되어 진다.

또 다른 중요한 메타포 중 하나는 "먹고 먹히는" 이미지다.[5] 〈스크루테이프〉는 인간 환자를 그들이 먹어 치우는 "한 점 고기"(food)라고 여긴다. 강한 자가 약한 자를 잡아서 빨아 마시듯 흡수한다. 웜우드 역시 그보다 강한 〈스크루테이프〉에게 잡아먹힐까 봐 늘 전전긍긍이다. 인간 삶을 하나의 정글로 그리면서, 오로지 삶의 원리를 약육강식과 생존경쟁으로 보는 다윈을 향한 풍자이고 비판이다.

지옥의 엄격한 계급 체계에도 불구하고 웜우드는 계속해서 삼촌 악마 〈스크루테이프〉와 갈등을 일으킨다. 웜우드는 자기도 언젠가는 그의 삼촌 악마에게 먹힐 수 있다는 불안으로 자기 보존을 위해서 〈스크루테이프〉를 이단검찰청에 고발하여 하극상을 일으켜 보지만, 허사로 그치고 만다. 이와 같이 『스크루테이프의 편지』는 지옥의 먹고 먹히는 상황을 그대로 보여준다. 누구도 안심할 수 없다. 그러나 사실 지옥은 이 땅에 그 뿌리를 틀어 깊이 뿌리를 내리고 있는 우리의 현실에 불과하다.

〈스크루테이프〉는 인간을 개구리와 같이 물과 뭍을 동시에 살아가는 "양서류"라고 하는데, 이 메타포는 모든 편지 내용의 배경이 된다. "양서류"라는 말은 계속 의미의 확장이 일어나면서 인간 존재의 근원적 현실을 드러낸다. 양서류와 더불어 〈스크루테이프〉가 사람을 "벌레들", "바보 천치", "짐승", "동물", "한 잔의 포도주" 등으로 부를 때, 이 같은 메타포는 여러 의미가 함께 뒤따르며 새롭고 "낯설게 드러내는"[6] 여러 가지 인간 이미지

---

5 Moore-Jumonville, "Sucking Life: The Principle of Hell in Screwtape." Inklings Forever 7 (2010) www.taylor.edu/cslewis

6 "낯설게 하기"(de-familiarization)는 친숙한 일상의 사건들을 새롭게 제시하여 독자들에게 자연스럽게 떠오르는 자동적인 인식을 배제하고 처음 보는 생소한 낯선 이미지와 느낌이 들도록 하는 예술적 기법을 말한다. 특히, 예수의 비유들에서 두드러진다. 러시아의 형식주의 문학 이론가인 빅토르 시클롭스키(Victor Shklovsky)에 의해 개념화되었다.

를 만들어낸다.

 이런 메타포는 기존의 생각과 편견을 깨고 새로운 인간 세계를 보여 주고 우리들을 그 세계 속으로 들어가서 직접 보게 한다. 루이스의 목적이 바로 여기에 있다. 전혀 낯선 인간 존재의 모습 안으로 들어가서 직접 살펴본 후에, 우리는 인간에 대한 새로운 시각을 갖추게 되어 전혀 다른 통찰을 가진다. 더 이상 우리는 과거에 살지 않는다. 『스크루테이프의 편지』를 읽기 전과 읽은 후의 나는 다르다. 『스크루테이프의 편지』를 읽은 사람과 읽지 않은 사람은 다르다.

 루이스의 설명에 따르면 〈스크루테이프〉(Screwtape)는 이름 자체가 소리만으로도 불쾌감을 주면서, 손가락을 비틀어 고문을 가하는 자의 모습과 뭔가 바른 것을 구부리는 자와 젠체하는 관료들의 인상을 줄 뿐만 아니라 이리저리 속임수를 쓰는 다중적인 모습을 드러내지만, 일관성이 없다.

 특히, "하나님의 이단적인 사랑"을 언급할 때는 스스로 하나님의 사랑에 유혹(?)을 받아서 어이없게도 유혹자가 유혹당하기도 한다(SL, 54, 단순한 선전용 문구가 아니라 소름 끼치는 진실), "원수 하나님은 그가 창조해 낸 저 털 없는 두 발 달린 짐승을 진짜로 사랑한다는 것).

 이 때문에 〈스크루테이프〉는 자신의 졸개 웜우드에게 쩔쩔매면서 사정을 하는(애야, 설마 내 편지들을 누구에게 보여 주지는 않았겠지?) 등의 일종의 속고 속이는 속임수와 진흙탕 싸움의 진수를 드러낸다.

 〈스크루테이프〉는 자기의 졸개 웜우드에게 "삼촌"(uncle)이라고 가족처럼 다정한 모습을 보이면서 지옥의 유혹 테크닉을 전수하지만, 웜우드의 무능을 가차 없이 꾸짖기도 한다. 하지만, 〈스크루테이프〉는 마지막에 이르러 결국 웜우드를 삼켜서 먹어 치우는 게걸스러운 모습을 여실히 드러낸다.

 〈스크루테이프〉의 진짜 정체는 주변 인물을 조롱하고 갖고 놀다가 결국 잡아먹는 음흉한 권력 그 자체다. 그는 또한 분노에 싸이면 자신을 주체하지 못해 거대한 지네로 변형하기도 한다(SL, 130).

이런 풍자는 우리 현실에서 자주 목격하는 분노의 격정과 짐승과 같은 모습으로 변형하는 권력의 낯설지 않은 광경이다. 사람은 틈만 나면 거침없이 자신을 변형시켜서 짐승이 된다. 사람은 양서류로서 반은 동물인데, 여기서는 사람의 동물 됨을 최대로 확대하여 어느 순간에는 완전한 짐승이 되고 만다. 우리도 때로 이렇게 말한다.

"에이, 짐승 같으니라고!

그건 사람이 아니고 짐승이야!"

또한, 『스크루테이프의 편지』는 많은 부분에서 신학적이므로 이에 대한 이해가 필요한 부분이 있다. 예컨대, 스크루테이프는 하나님을 가리켜서, "영적 존재로서 마땅히 지켜야 할 체통을 내던졌다"고 한다(SL, 34). 하나님이 "성육신이라는 망신스러운 사건을 일으켰다"(SL, 34)는 말에서 악마는 인간 몸을 은근히 깔보고 경시하는 영지주의적인 사고를 드러낸다. 이런 악마의 태도는 심각한 그리고 웃기는 자신의 천박한 모순을 드러낸다.

〈스크루테이프〉는 스스로 물질을 천대하면서도 동시에 유물론자로 자처하여 유물론을 무기로 사람을 유혹한다. "물질이 최고야!"라고 유혹하지만, 사실 영적 존재인 악마는 유물론이 말짱 거짓임을 잘 알고 있다. 이런 자기기만은 악함 그 자체의 모습을 보여 준다. 악마는 거짓 유물론으로 사람을 꼬드겨서 영적 세계를 보지 못하게 만든다(SL, 47). 이는 분명히 런던의 대영박물관 도서관에서 읽었던 '칼 마르크스'(?)를 향한 야유이기도 하다.

또한, 하나님이 "하나인 동시에 셋이라고 주장"하는데, 순수한 수학을 왜곡하면서 느닷없이 셋 사이에 터무니없는 사랑이 끼어든다고 불평한다. 물론, 이는 삼위일체에 대한 루이스의 통찰력 있는 설명이다.

『스크루테이프의 편지』를 읽으면서 이 편지 모음이 우리가 알고 있는 우주보다 더 멀리 떨어진 어떤 다른 나라를 묘사하는 판타지 같다는 생각이 들기도 한다. 어쩌면 『스크루테이프의 편지』는 우리가 상상할 수 있는 가장 먼 나라의 판타지일 것이다.

다음과 같이 두 가지 가능성이 있다.

첫째, 루이스의 말 그대로 누군가가 악마의 편지들을 있는 그대로 입수 또는 몰래 훔친 것이다.

둘째, 루이스가 우연히 악마들을 만나서 알게 된 비밀 첩보들을 입수해서 정보 차원에서 정리한 게 아닐까 하는 생각이다.

혹자는 『스크루테이프의 편지』를 루이스의 상상력이 빚어낸 탁월한 픽션, 악마 세계의 그림이라고 한다. 『스크루테이프의 편지』는 단지 고참 악마가 졸병 악마에게 인간 꾀기 작전을 전해 주는 전략 매뉴얼이 아니다. 『스크루테이프의 편지』를 잘 읽게 되면 그런 생각은 살그머니 사라진다.

세상에 이렇게 인간을 유혹하기 위한 상상력 풍부한 고급 매뉴얼이 어디 있는가? 자세히 읽으면 악마들의 격정적인 분노와 추잡한 싸움과 오해, 쫄다구의 은밀한 고발과 자신도 알지 못하는 사이에 빠져드는 함정과 꼬리에 꼬리를 무는 반전을 일으키는 싸움 등 소설적 플롯이 정교하게 짜여 있다. '어떻게 생 날것으로 입수한 첩보 수준의 원자료가 없이 이렇게 정교하게 짜인 르포르타주 문학이 나올 수 있을까?' 하는 의문이 든다. 꼼꼼한 읽기 없이 편지들 안에 감추어진 이런 은밀한 기호들은 잘 드러나지 않는다. 뒤늦은 깨달음, '아! 이것이 그들만의 이야기가 아니라 이 땅을 사는 우리들의 이야기'라는 사실이다.

그러나 한편으로는 조금 다른 생각도 든다. 이를테면 '한 영문학자가 단지 그의 상상력으로 오밀조밀하게 그토록 멀리 있는 음험한 지하의 풍경을 이토록 절묘하게 그려낼 수 있을까?' 하는 의문이다. 『스크루테이프의 편지』에서는 단 한 줄도 그냥 지나칠 수 없었다. 생소한 이국적인 지옥의 풍경들은 하나같이 너무도 섬세하기 때문이다. 한 문학가의 상상력이라고 하기에는 '직접 가보지 않고서 어떻게 이토록 생생하게 그림을 그려낼 수 있는가?'라는 의문이 사라지지 않는다.

말하자면 『스크루테이프의 편지』를 읽으면 읽을수록 '악마들의 간계와 하잘것없는 인간 군상과 끝없는 하나님의 사랑과 죽음을 넘어서는 사람들의 그 찰나의 순간을 어떻게 눈앞에서 보듯이 생생하게 그려낼 수 있겠냐?'는 의문이 들지 않을 수 없다. 비밀스러운 인간 실존에 대한 적나라한 정보들이 거꾸로 된 메타포와 더불어 은밀하게 상징과 기호로 나타나거나 선명하게 풍자와 야유로 폭로된다. 꼼꼼히 읽어야 할 이유가 그 때문이다.

모차르트의 음악을 조금이라도 귀 기울여 들어 본 사람이라면 그의 음악에 경이로움을 감출 수 없을 것이다. 17세에 작곡한 바이올린 협주곡을 늙수그레한 바이올리니스트가 온몸을 흔들면서 활을 긋는 모습에서 '도대체 모차르트에게 10대라는 나이가 무엇일까?' 하는 생각이 든다.

이건 사람의 음악이 아니라고, 사람의 노래가 아니라고 말하지만, 어쩌란 말인가?

그의 음악의 비밀을 캐낸 어떤 음악평론가는 다음과 같이 비밀을 폭로했다고 한다.

> 사실 모차르트의 음악은 모차르트가 작곡한 게 아니고 하늘의 천사가 옆에 붙어서 그의 귀에 들려주는 음악을 그대로 악보에 옮겨 적었을 뿐이야.

제1장

악마, 스크루테이프가 보는 인간과 하나님
"환자"와 "원수" 메타포

〈스크루테이프〉는 누구보다 벌거벗은 민얼굴의 인간을 잘 알고 있다. 벌레, 잡종, 짐승, 가축 등으로 사람을 칭한다. 인간 밑바닥을 드러내는 이보다 더 적나라한 표현이 있을까 싶다. C. S. 루이스는 〈스크루테이프〉의 입을 빌려서, 인간은 본래 출생 자체가 동물답고, 그러다 보니 사람이 동물이 될 가능성을 꾸준히 말한다. 하나님 없는 인간들 말이다.

하나님 없는 사람이 언제 동물 아닌 적이 있었던가?

사람은 벌레이면서 동시에 하나님의 아들이다. 지독하게 상반되는 인간 됨됨이가 물밑에 잠겨 있다. 루이스에 의하면 사람은 그대로 있지 않고 두 가지 중 하나의 가능성으로 조금씩 움직이면서 그의 본색을 각각 드러낸다고 한다.

짐승이냐 아들이냐?

〈스크루테이프〉는 그의 쫄따구 악마 웜우드에게 지령을 내린다. 그에게 맡겨진 사람은 그의 환자이고, 이 녀석에게 이런저런 지도 편달하여 안전하게 지옥의 문으로 들어오도록 가르쳐야 한다. 〈스크루테이프〉는 이미 오래전에 현장에서 은퇴하여 젊은 악마들을 훈련하고 가르치는 일을 하면서,

실력 없는 악마 신학교 총장, 슬럽갑이라는 늙은 악마를 뒤에서 헐뜯기도 한다. 〈스크루테이프〉 자신이 더 실력 있는 악마라는 뜻이다.

〈스크루테이프〉 자신이 그 악마 신학교의 총장 자리를 차지하려는 욕심을 노골적으로 드러낸다. 노회한 악마 〈스크루테이프〉는 인간에 관한 한 통달한 듯이 구구절절 가르치는데 음험한 통찰을 드러낸다. 악마의 눈으로 바라본 인간 모습은 한 꺼풀 벗겨낸 화장기 없는 민얼굴이다. 지금까지 한 번도 드러나 본 적 없는 인간의 민낯, 인간의 밑바닥 정체가 〈스크루테이프〉의 시선 앞에서 고스란히 드러난다.

〈스크루테이프〉가 활약하는 두 개의 공간이 있다. 하나는 "환자"(patient) 이미지를 배후로 하는 병원 콘텍스트이고, 또 다른 하나는 "적"(Enemy) 또는 "원수" 이미지를 배후로 하는 전쟁 콘텍스트다. 병원은 어쨌든 환자를 치유하는 비정상적인 공간이다. 〈스크루테이프〉의 병원은 환자에게 유혹의 독극물을 조금씩 주입하여 바싹 말려서 잡아먹는 소름 끼치는 음모의 공간이다.

또한, 〈스크루테이프〉는 그의 적수(敵手), 하나님을 상대로 스파이 첩보전을 벌이면서, 사람을 유혹하여 그의 편으로 끌어들인다. 당시 사람들은 유럽 전쟁을 벌이고 있는데, 그 배후에서 악마들은 그들의 전쟁을 벌이고 있다. 악마의 전쟁은 사람을 죽이는 데 목적이 있지 않다. 사람을 그들 지하의 밑바닥 세계로 "질질 끌고 가서"(SL, 56) 그들의 소유물로 전락시키는 게 목적이다.

1. 사람 메타포, "환자"

〈스크루테이프〉에게서 사람은 "환자"(patient)다. "환자" 메타포(metaphor)에서 의미의 다양한 흐름이 나타난다. 환자는 병원을 배후로 하는 말이다. 〈스크루테이프〉의 인간 유혹의 무대는 병원과 같은 환자들의 병실이다. 악마의 시선에서 볼 때 환자는 고작해야 병원이라는 비정상적 공간에서 무슨 할 일이 그리도 많은지 이리저리 바쁜 듯이 비실거리며 움직인다. 바쁜 척 한들 이미 한풀 기울어진 비틀거리는 환자복을 입은 자들이다.

환자가 바쁘다고?

일종의 형용 모순이고 조롱이다. 악마의 눈으로 볼 때, 사람은 전쟁터의 병원, 악마의 영토에서 불리한 게임을 하는 병들어 비실거리는 환자에 불과하다. 사람은 죄로 물들어 있는 환자다. 그들은 목발을 짚고서 비틀거리며 바쁜 듯이 다니는 절망 어린 병원이라는 공간에 있다. 그래서 묻는다.

환자는 언제 병원에서 탈출하여 정상적인 세계로 발을 들여놓을 것인가?

환자를 가둬두려는 병원의 음모는 언제 어떻게 부서지는가?

사람은 여기서 그 존재 자체가 병에 걸려서 어딘가 부족한 모습을 하고 있다. 고작해야 옆에서 귀에다 대고 "이리 가라, 저리 가라" 속삭여야 하고 부축해 주어야 할 "환자"일 뿐이다. 아마도 거의 틀림없이 몸을 제대로 가누지 못하는 정신과 환자임이 분명하다.

그러므로 『스크루테이프의 편지』는 정상적으로 사는 악마들과 멘탈이 삭아 들고 흔들리는 비정상적인 환자에 대해 엮어내는 이야기다. 마치 술 취해서 근근이 기어가는 듯 살아가는 환자들로 이 세상은 가득 차 있다.

악마들에게는 촘촘하게 각각 그들이 담당하는 환자들이 있다. 마치 그들은 주치의로서 환자들을 지옥으로 안전하게 모시고 갈 책임이 있고, 이를 잘 마무리해야 한다. 비뚤어진 이 세계 풍경과 그 속에서 끊임없이 비틀거리며 살아가는 환자들, 지하 맨 밑바닥에 계시는 위대하신 지하의 아버지, 서로 잡아먹지 못해 안달하는 악마와 벌레를 닮은 인간들, 이는 곧 천국의 뒤집힌 패러디다(SL, 198).

그래서 『스크루테이프의 편지』가 그리는 그림은 바로 땅을 디디고 사는 우리 자신의 거꾸로 된 환자 몰골이다. 그래서 이 이야기는 먼 나라 판타지가 아니라 바로 우리의 일상을 드러낸다.

루이스는 악마 공간에 그치지 않고 그와 더불어 인간 현실도 염두에 둔다. 악마와 사람이 살아가는 모습이 그리 다르지 않다. 나중에는 잡아먹혀서 끝내 서로 하나로 합체가 되기도 한다. 그러나 환자 메타포는 그가 제대로 치유를 받으면 지겹고 잔인한 악마들의 병원에서 퇴원할 수도 있다는 사실을 암시한다. 아니면 악마의 병원에서 오랫동안 조롱을 당하면서 지내다가 병원 지하실로 "질질 끌려" 내려가서는 악마가 홀랑 그 등신 같은 환자를 한 모금에 삼켜 버리기도 한다.

〈스크루테이프〉는 인간을 참으로 혐오하여 온갖 저주와 욕설을 퍼붓는다. 하나님이 이 "두 발 달린 짐승"(SL, 24)을 만들 때부터 악마는 하나님과 "다투고"(SL, 111) 갈라서기로 한다. '왜 저런 "잡종"을 만들어 이 영적 세계를 더럽히고 오염시키느냐?' 하는 나름 온당한 반항이다. "반은 영혼, 반은 짐승으로 된 양서류, 혼혈 잡종"(SL, 52)은 사람을 표현하는 말인데, 반반이라고 할 때 사람이 50퍼센트씩 그렇게 정밀하게 영혼과 짐승으로 나뉘었다는 뜻은 아니다.

사람은 처음부터 맘에 들지 않는 두 발 달린 짐승이며 벌레다. 그러나 처음부터 이중성을 띠고 태어난 가능성의 잡종, 한쪽 발은 하늘에 한쪽 발은 땅에 걸치고 이쪽저쪽 눈알을 굴리면서 살아가는 영적 세계를 모독하는 양서류, 저주스러운 짐승이다. 말이 이중성이지, 사람은 거의 땅에 시선을 두고 "눈에 보이는 것"만이 전부라고 아는 무지한 "바보 천치"다(SL, 22). 도

대체 눈에 보이는 것 외에는 감각이 상실되어, 플라톤의 "동굴의 수인"(囚人)처럼 햇살이 빛나는 바깥의 눈부신 영적 세계는 무지하다.

배가 고프니 점심이나 먹자고 하면(SL, 18) 그리고 거리의 "신문팔이 소년"과 "73번 버스"를 눈에 띄게 해 주면(SL, 18), 생각이고 뭐고 할 것 없이 눈에 보이는 것에 현혹되어 그것이 현실 전부인 양 모두 다 팽개치고 마는 바보 천치다. 머리는 달고 다닐 뿐 생각하지 않으니 아무짝에도 쓸모없다. "손으로 만질 수 없고 눈으로 볼 수 없는 것들을 생각"(SL, 19)하지 않으려 한다.

인간은 눈에 보이지 않으면 좀처럼 알려고 하지 않으니, 영적 세계에 관한 한 음치와 같다. 눈에 보이지 않는 장엄한 교회를 보지 못하고, 반쯤 짓다 만 후진 교회 건물을 보고 판단한다. 눈이 멀어버린 인간은 거의 이 세계 "세속성"의 막강한 힘에 하릴없이 이리저리 질질 끌려다닌다. 악마들도 놀랄 지경이다.

'저렇게 속절없이 끌려다니다니!'(SL, 17, 56).

〈스크루테이프〉를 더욱더 열받게 하는 이유는 원수 하나님이 이런 구역질 나는 비천한 인간 벌레와 사랑이랍시고 "변태적인 관계"(SL, 24)를 맺고 있다는 사실이다. 원수가 벌레에게 "자유를 주어서 아들"(SL, 24)로 삼겠다는 말도 안 되는 망측한 망상을 품고 있으니, 어처구니가 없다. 그 벌레에게 나누어 준다는 사랑과 자유라는 말만 들어도 골치가 지끈거린다. 난해하고 이해되지 않는 말을 이용해서 선전을 해대니 〈스크루테이프〉조차 헷갈린다.

또 이 천박한 동물, 인간에게 "영원을 예비"해서 하나님과 함께 그의 영원한 세계에서 함께 살게 한다는 등의 말도 견딜 수 없다(SL, 88). 아무리 하나님이 사랑이니 자유니 해도 어디까지나 사람은 악마의 식사 한 끼에 불과하다. 하나님의 "복제품", 혐오스러운 인간을 향해서 아들이니 뭐니 하는 하나님의 말은 헛소리이고, 악마에게는 단지 키워서 잡아먹을 스테이크용 고기 한 조각일 뿐이다(SL, 54).

정확하게 말하면 빨아먹는 것이다. 한 모금도 남기지 않고 빨아 먹어 한 방울도 남기지 않는다. 마치 사람은 〈스크루테이프〉에게 "원할 때는 언제나 쭉 들이킬 수 있는 술 한잔, 절망과 두려움과 당혹감이 철철 흘러넘치는 신선한 한잔 술"(SL, 38)에 불과하다.

악마는 인간을 놓치면 영원히 목이 말라서 갈증에 허덕이게 된다. 그래서 나타나는 그림은 〈스크루테이프〉가 사람을 요리해서 한 끼를 뱃속에 채우면 배부르게 되어 자아(自我)를 빵빵하게 하는 것이다. 악마의 자아는 이 땅을 차지하여 스스로 넘치도록 해서 "다른 모든 존재를 다 삼켜버릴 것"이다(SL, 54). 이것이 바로 지옥의 교리다. 그래서 환자를 놓친 웜우드에게 〈스크루테이프〉는 분노하면서 이제는 "네가 나의 먹이가 되어야 한다"고 협박한다.

그러나 후에 흙에서 나온 벌레와 같은 더럽고 추잡한 인간이 죽음을 넘어서서 원수 하나님과 직접 만난다. 생각도 하기 싫은 장면이고 미칠 지경이다(SL, 182). 그 벌레가 악마의 숨을 틀어막는 뜨거운 불길 같은 원수 하나님 곁에서 일어나는 빌어먹을 소름 끼치는 천국의 현실 앞에 서게 된다. 그 불길을 당당하게 마주하고 있는 벌레 인간이 겁도 없이 원수 하나님을 만나고 있다(SL, 185). 악마는 도저히 상상할 수 없는 하나님의 현실은 진흙 덩어리에서 기어 나온 벌레, 인간이 하나님과 영들 가운데 서 있다. 〈스크루테이프〉는 수치와 모욕을 느끼면서 죽음 이후 소름 끼치는 현실을 직면한다.

2. 하나님 메타포, "원수" 또는 "적"(Enemy)

『스크루테이프의 편지』에서 "환자" 메타포(metaphor)와 대조되는 하나님을 가리키는 "원수" 또는 "적"(Enemy) 메타포 역시 의미가 다양하게 전개되면서 스토리가 펼쳐진다. 이때 "원수"와 "적"은 환자가 병원을 무대로 하듯이 전쟁을 무대로 암시한다.

『스크루테이프의 편지』에는 땅과 공중 두 개의 전쟁이 나타난다. 땅에서는 제2차 세계 대전이 발발해서 연합군이 독일과 전쟁 중이다. 공중에서는 지하의 아버지가 〈스크루테이프〉와 그의 졸개 그리고 무수히 많은 악마를 데리고 인간 영혼을 탈취하여 먹고 마시는 전쟁을 벌이고 있다.

『스크루테이프의 편지』가 보여 주는 인간의 가장 큰 문제는 눈이 멀었다는 점이다. 〈스크루테이프〉는 생생하게 진짜 현실을 보지만, 사람은 진짜 현실에 가려 있다. 사람은 영적 세계에 대해서 혼돈에 갇혀 있다. 그저 눈에 보이는 길거리의 사람과 버스, 도서관, 낡은 건물 거기까지다. 그 배후에 있는 눈에 보이지 않는 영적 세계에 대해서는 캄캄하다. 사람은 보이는 전쟁을 무대로 해서 보이지 않는 전쟁 가운데 있다. 실제 전쟁이라고 하지만, 어느 전쟁이 실제인지 알지 못한다.

1940년 제2차 세계 대전 당시의 전쟁은 땅의 현실이고, 전쟁은 사람들이 겪는 인생사 가운데서 가장 참혹하고 절실하다. 그러나 〈스크루테이프〉는 그까짓 "유럽 전쟁" 정도라고 그 전쟁의 크기를 폄하한다(SL, 88). "유럽 전쟁"은 일종의 유럽이라는 "시골 동네"(SL, 162)에서 발생한 국지전이다. 사람이 뭐가 뭔지 알지도 못하면서 "세계 대전"(The War)이라는 식으로 명명하는데, 늘 그렇듯이 "헛소리"(SL, 142-43)이고 잘못된 말이다. 굳이 말하자면, 한갓 "유럽 마을 전쟁" 따위라고 해야 한다.

그에 비하면, 악마와의 전쟁은 좁은 마을, 유럽이 아니라 전 인류의 운명을 좌우하는 전 세계적인 혹은 우주적인 전쟁이다.

'두 개의 전쟁 가운데 진짜 전쟁은 한 영혼을 누가 탈취해 갈 것인가?'

하나님은 영적 전쟁에서 악마의 "원수"이자 "적"(Enemy)이다. "유럽 전쟁"은 인간의 영적 상태에 큰 영향을 끼치지 않는 한 〈스크루테이프〉의 관심을 끌지 못한다고 루이스는 밝히고 있다(SL, 12).

여기에 인간 존재의 본질에 대한 논쟁이 들어 있다.

사람은 무엇인가, 영혼인가, 동물인가?

사람은 먹고 마시고 죽는 문제를 전부로 아는 유물론적인 동물이라면 유럽 전쟁이 중요하지만, 사람이 영혼이라면, 먹고 마시고, 목숨을 잃는 전쟁도 그리 중요하지 않은 하찮은 문제다. 『스크루테이프의 편지』에서는 한 사람의 죽음을 잠간 스쳐 지나가는 사건으로, 일상적이다시피 늘 있는 사건으로 다루고 있다.

처음에는 루이스의 죽음을 대하는 가벼운 태도를 이해하기 어려웠다. 그러나 죽음은 죽음 자체가 아니라 죽음 이후가 더 중요하다는 사실을 알려 주는 하나의 사건이다. 사람은 영혼이기 때문이다. 영혼은 먹고 마시는 것에 우선순위를 두는 물질주의 사고방식을 넘어서고 죽음도 넘어선다. 루이스와 악마에게서 진짜 전쟁은 영혼을 둘러싼 영적 전쟁이다. 심지어 한 인간의 진짜 생명은 한 국가와 민족보다 더 긴 시간의 운명을 가진다(WG, 34).

그리고 현재는 지하에 계신 아버지가 이 세상을 현실적으로 지배하고 있다는 사실을 악마들이 강조한다. 비록 원수 하나님이 이 세계를 창조하셨기 때문에 법적으로는 하나님의 것이라고 주장하지만, 이 세계는 현재 악마가 정복하여 현실을 지배하고 있다. 악마들은 언젠가는 현실 지배를 넘어서서 법적으로도 내 것이라고 주장하기를 기다리고 있다.

지옥은 정말로 현실주의적이다. 왜냐하면, 결과는 어떤 현실보다 더 중요하기 때문이다. 악마들은 오직 결과만을 염두에 두고 일한다. 먹이라는 결과를 내놓아야 한다. 하긴 사람들도 좋아하는 방법이다. 먹이를 내놓지 못하면 네가 먹이가 되어야 한다(SL, 175). 한마디로 '무데뽀'라는 말이다. 하나의 결과는 또 다른 과정이고, 이는 또 다른 결과가 된다.

과정의 공정한 윤리를 무시하면서 오직 결과만을 강조하는 회사나 조직은 망하기 십상이다. 왜냐하면, 비용이 더 들어가기 때문이다. 예를 들면, 결과만 강조하다 보면 거짓과 허위가 판을 치게 되고, 후에는 반드시 더 큰 비용으로 그 구멍을 때워야 하기 때문이다. 정직한 과정을 통과한 정직한 결과가 가장 비용이 덜 든다. 무지하면 아무리 돈으로 때워도 되지 않는다. 그러므로 지옥의 현실주의는 가장 비현실주의다.

교회 안팎에서 악마들의 눈에 띄는 어중이떠중이의 정체는 무엇인가? 루이스는 이렇게 말한다.

> 그 사람들은 우리 눈으로 보기보다 훨씬 더 오래고, 훨씬 더 깨끗하고, 훨씬 더 영광의 빛을 발하게 될 것이다. 장차 남자 신들과 여자 신들이 될 사람들과 함께 어울려서 살아가는 것은 매우 중요한 일임이 틀림없다. 우리가 조금 깔보듯 말하는 사람들 그리고 재미없이 무료한 사람들이 어느 날 우리가 경배를 드리고 싶을 정도로 강한 느낌이 드는 존재들이 되리라는 사실을 잊어서는 안 된다. 그것이 아니라면, 그 사람들이 악몽 속에서나 나타날 법한 공포와 타락의 대상이 될 수도 있으리라는 사실도 잊어서는 안 된다. 우리의 하루는 어느 정도 그런 두 가지 방향으로 흘러가는 사람들을 서로 돕고, 서로 영향을 주고받으며 보낸다. 그들을 대할 때 경이로움과 주의 깊게 대하는 것이 타당하다. 그리고 우리는 서로 최선을 다해서 대해야 하고, 우정과 사랑과 놀이와 정치에서도 최선을 다해서 서로를 대해야 한다. 왜냐하면, 그냥 지나칠 만한, 그냥 그저 그런 사람은 없기 때문이다. 당신은 그저

그런 죽으면 끝날 사람들에게 말을 건네는 것이 아니다. 오히려 국가와 문화 그리고 예술과 문명은 그저 사라지고 말 것들이다. 그러나 사람의 생명은 불멸이다. 사람 한 명의 생명의 길이에 비하면 그런 것들의 생명은 모기만도 못하다. 우리가 농담하고, 일하고, 결혼하고, 무시하고, 이용하였던 인간들은 실상 불멸의 존재들이다. 그들은 어느 날엔가 불멸의 혐오스러운 존재가 되거나 아니면 불멸의 광채로 빛을 발하는 존재가 된다(WG, PARA 33-34).

참으로 놀라운 시선이 아닐 수 없다. 흔히 신라 천년이라고 말하는데, 기나긴 신라의 생명이 알고 보니 한 사람 생명의 길이에 비하면 모기와 같다. 신라는 사라졌으나 지구상에서 생명의 이어갔던 인물들은 하나도 남김없이 영원히 존재한다. 그러니 신라 천년도 모기 생명이라고 할 수밖에 없다. 영원불멸의 존재, 불멸의 시간을 광채로 채우거나, 아니면 그 불멸의 시간을 더러움과 악으로 채우거나 그런 차이를 가질 뿐이다. 영원의 시각이라는 게 참으로 우리를 다르게 한다.

제2장

봉우리와 골짜기를 살아가는 양서류(兩棲類)
영원과 시간을 걸쳐 살아가는 하이브리드, 잡종

　사람은 어쩌면 지치지 않고 영원을 향한다. 사람을 뜻하는 신약성경의 헬라어 안드로포스(ἄνθρωπος)는 '위를 향하는 자, 위를 바라보는 자'다. 사람은 직립(直立人, Homo Erectus)으로 동물과 구별된다. 직립은 사람의 특징이고 자유로워진 두 손으로 문명을 만들고(工作人, Homo Faber) 동물과 달리 하늘을 향해 고개를 들 수 있다.
　사람의 직립은 단순히 문명의 원인이기에 앞서서 신앙의 바탕이기도 하다. 그래서 두 발로 서서 살아가는 똑바로 서 있는 사람은 하늘을 바라볼 수 있고, 하늘을 향한 경외와 신비를 느끼고, 인간 삶이 얼마나 짧고 허무한가에 사뭇 질려서 이제 하늘의 영원을 사모한다(전 3:16). 동물은 하늘을 우러르지 못하고 네발로 기어다니면서 고개를 숙이고 땅을 바라보며 산다. 동물과 사람은 몸의 구조에서도 차이를 드러낸다.
　사람은 〈스크루테이프〉가 보기에 양서류다. 땅에 발을 디디고 서 있으면서도 하늘을 향해 머리를 들고 있다. '사람은 양서류'라는 이 주제는 『스크루테이프의 편지』에서 가장 중요한 주제로서 앞뒤 맥락을 가로지르고 있다. 양서류 인간 이해는 이 편지에서 인간 이해의 전체 바탕이다.

사람은 땅을 살아가면서도 땅에 만족하지 못한다. "반은 영이고 반은 동물"이라는 말은 "50퍼센트 영혼, 50퍼센트 동물"이라고 엄밀하게 반으로 나눠진다는 뜻이 아니다. 사람은 영적인 측면과 동물적인 측면이 거의 같은 수준으로 공존하고 있다. 혹은 사람이 영혼으로서 몸을 지니고 있다는 뜻이다. 사도 바울의 인간 표현, 새사람과 옛사람, 속사람과 겉 사람, 영적인 사람과 육적인 사람 등과 맥락이 같다고 볼 수 있다. 사람은 영원을 갈구하는 '영혼 사람'이 될 수도 있고 땅의 현실에 안주하는 '동물 사람'이 될 수도 있다는 의미로, 사람의 실존적 가능성을 가리키는 말이다.

〈스크루테이프〉는 이런 하이브리드 "잡종"이 영적 세계를 더럽힌다는 이유로 하나님과 결별하기도 했다(SL, 52). 사람을 향한 악마의 본능적인 혐오는 여기서 시작된다. 사람은 기본적으로 악마에게 한 끼 먹거리에 불과하다. 사람을 빨아서 흡수하여 악마는 그의 자아를 확대하고 그의 권력을 확장한다. 물론, 이와 같은 악마의 세계, 권력의 확장 의지로 팽배해 있는 이 세계는 현재 사람들이 살고 있는 현실을 그대로 재현하는 그림이기도 하다.

사람은 때로 뭔가 알 수 없는 기분에 사로잡혀 들뜨기도 하고 처지기도 한다. 특별한 일이 없는데도 기분이 가라앉고, 붕 뜨기도 한다. 양서류이기 때문이다. 뭍과 물을 번갈아 사는 동물처럼 사람도 땅과 하늘을 번갈아 왔다 갔다 한다. 땅에 살지만, 땅을 바라보지 않고 하늘을 향해 중얼거린다. 그러나 하늘을 향한 그의 움직임은 오래 가지 못하고 땅으로 시선을 돌려 언제 그랬냐는 듯, 뭔가 바쁜 듯이 땅의 일에 매달린다.

이렇듯 오르락내리락하는 움직임은 인간 구조 때문이고 존재 자체가 그런 것이다. 피할 수 없는 인간 존재의 이중성, 그것은 땅과 하늘, 유한과 무한, 제한된 시간과 영원의 양면성이다. 인간에게 이러한 파동은 일종의 자연 현상으로서 마치 리듬처럼 다가온다.

사람의 이런 본래적 이중성을 자연 현상으로 이해하고 긍정하는 게 필요하다. 기분이 업될 때도 다운될 때도 있다. 그리고 이런 파동과 굴곡, 봉우리와 골짜기 경험은 사람에게는 다 그런 것이다. 환경이나 분위기 탓도 아니고, 업앤다운(Up and down)은 자연에 속한다. 좋고 나쁜 기분의 파동은 본래 그냥 인간 현상으로 나타난다. 이런 파동과 굴곡의 근본 원인은 물론 몸과 영혼의 갈등과 화해이다. 그리고 파동의 패턴은 삶의 구석구석에서 드러난다.

1. 하나님께서 골짜기 경험을 사용하시다: 인간 내면의 골짜기 경험

악마가 보는 인간은 이중적인 징글맞은 양서류다. 두리번거리면서 영원과 시간을 왔다 갔다 하는 '더블'(double)을 뛰는 존재다. 악마는 이렇게 영적 세계를 오염시키는(SL, 52) 더러운 벌레를 하나님이 무슨 이유로 만들었는지 도저히 이해되지 않아 이에 저항한다.

밀물과 썰물처럼 봉우리(기쁨)와 골짜기(슬픔)가 우리 삶 가운데 다가온다. 그러나 그것은 일시적이다(SL, 53). 골짜기(슬픔)가 다가올 때 너무 지치지 말고, 이것도 지나가리라는 믿음이 있어야 한다. 봉우리(기쁨)가 다가올 때 너무 붕 뜨지 말고, 이것도 지나가리라는 믿음 역시 필요하다. 한번 내려가면 다시 올라오고, 한번 올라가면 다시 내려오기 때문이다. 업앤다운은 일시적이다. 봉우리에서 기쁨을 만끽하지만, 지난번의 골짜기 경험을 기억해야 한다. 골짜기에서는 슬픔으로 쓰라리지만, 지난번 봉우리 경험을 놓치지 않고 기억한다(SL, 53).

사람은 골짜기의 좌절 경험에 때로 주저앉기도 한다. 좌절이 습관이 된다. 강아지를 미로에 가두면 도망치기 위해서 이리저리 나갈 문을 애써서 찾는다. 그렇게 아무리 찾다가 나갈 문을 결국 찾지 못하면 마지막에는 좌절한다. 미로를 벗어나서 도망칠 수 없다고 생각하며 구석에 쪼그리고 앉아서 스스로 포기하고 좌절한다. 그 후에 통로를 열어 주어도 강아지는 통로가 있음에도 도망칠 생각을 하지 않고 그냥 주저앉아 있다. 좌절과 실망이 그를 압도해서 '날 잡아먹으라'가 되어 꼼짝하지 않는다.

이런 실험은 강아지만이 아니다. 사람도 다르지 않다. 좌절과 실망이 연이어 다가오면 몸의 습관이 되어 습관성 좌절이 된다. 이를 가리켜서 〈스크루테이프〉는 "절망하는 비관형"(SL, 59)이라고 한다. 좌절과 실망이 일종의 믿음과 습관이 되어 어떤 상황에서도 고집스럽게 좌절과 실망으로 결론을 맺는다. 이런 사람은 스스로 "예전의 감정을 스스로 부추겨서" 뭔가 변화를 시도하려다가 또 좌절하고, 골짜기는 그야말로 이제 벗어날 수 없는 구렁텅이가 되고 만다. "영원히 지속되는"(SL, 59) 좌절에 대한 터무니없는 믿음을 갖고, 여전히 구렁텅이를 헤매도록 한다.

여기서 "지혜"(SL, 59)는 그런 골짜기가 영원히 지속되지 않는다는 사실을 아는 것이다. 악마는 이런 지혜가 사람의 마음속에 들어오지 못하게 하고, 이런 사실을 잘 알고 있는 "경험 있는 그리스도인의 접촉"(SL, 60)을 차단한다.

봉우리와 골짜기 경험의 업앤다운은 하나님께서 사람을 그분의 자녀로 삼으시는 일종의 작업 프레임이다. 사람들이 하나님의 자녀로 바뀌는 과정에서 그들의 자유 의지는 결정적이다. 하나님의 아들은 그의 뜻과 의지와 자유로 그들이 선택하여 아들됨으로 나아가야 한다. 〈스크루테이프〉에게 사람은 빨대를 꽂아서 빨아먹어야 할 시원한 음료이거나 한 끼 스테이크 조각에 불과하다.

그러나 원수 하나님에게 사람은, 지금은 종이라고 하지만, 끝내는 사랑하는 아들로 변모할 50퍼센트 영혼이다. 끝내 50퍼센트의 동물 됨을 벗어던지고 영혼으로 나아가야 할 아들 됨을 향하는 자들이다. 그래서 골짜기가 있어야 한다. "길고도 깊은" 골짜기 통과는 하나님의 아들 됨의 과정에서 필수 과목이다. 사람이 그의 자유 의지를 강제로 흡수당하여 막무가내로 끌려가는 것이 아니다. 사람은 그 자신의 뜻과 결정에 의해서 "자유롭게 원수 하나님의 뜻을 따름으로 원수와 닮은 그의 아들"(SL, 55)로 변모해 간다. 자유의 모험, 자유의 신비가 여기 나타난다.

> 원수 하나님이 인간 영혼 하나를 영구히 차지하기 위한 전략에서 특이한 점은 사람들의 봉우리 경험보다 골짜기 경험을 더 선호한다는 사실이다. 아마도 의외라는 생각이 들 것이다. 원수가 유별나게 아끼면서 관심을 기울여 돌본다고 하는 인간들이 있는데, 그들은 누구보다 길고도 깊은 골짜기를 통과해야 했다. 그 이유를 알겠느냐? 악마인 우리에게는 인간이라는 것이 기본적으로 먹거리에 불과하다. 인간 의지를 빨아들여 흡수해서 우리 악마의 자아의 영역을 확장하는 게 목적이다. 그러나 원수 하나님이 인간에게 요구하는 순종은 전혀 다른 것이다. 원수가 사람을 사랑한다거나 또는 사람의 온전한 자유를 위하여 원수가 제공하는 이른바 "서비스"(service, 섬김)가 있는데, 이런 것들은 단지 뭔가를 내세우기 위한 선전 문구가 아니라(우리야 그렇게 믿고 싶은 마음이 굴뚝같지만) 소름 끼치는 진실이라는 사실을 잘 알고 대처해야 한다(SL, PARA 53-54).[1]

하나님이 특히 유별나게 아끼면서 관심을 기울여서 돌보는 인간들이라는 흥미로운 표현이 나오는데, 〈스크루테이프〉가 보기에 그렇다는 말이다.

악마의 시선에도 하나님이 특히 "아끼는 사람"은 누구일까?

---

[1] C. S. 루이스의 저술들은 필요에 따라서 영어 원서에서 직접 '풀어쓰기'(Paraphrase, 'PARA'로 표시)로 번역을 하고, 설명을 덧붙여 가독성(Readability)을 높이고자 했다.

반전은 그들은 오히려 "더욱더 길고 깊은 골짜기"를 지나는 사람이라는 사실이다. 사람은 악마에게 한 끼 거리에 지나지 않고, 사람의 자유 의지는 악마의 약탈 대상이다. 악마는 사람의 의지를 마치 빨아 마시듯이 흡수하고, 악마는 그의 의지를 확대하여 "내 맘대로 할 거야!"라는 권력 의지를 폭발한다.

사람은 태어나서 시간이 흘러 소위 자아의식이 생기기 시작하면, "내가 할 거야", "나 혼자 할 거야", "간섭하지 마!"라고 소리친다. 자유 의지가 그때부터 작동하기 시작하여 점차로 "내 뜻을 이루소서"라는 자기중심적 사유가 습관으로 뿌리내린다. 사람들의 이런 삶의 방향은 말릴 방법이 없다. 미친 자들을 돕기 위해서 정신 멀쩡한 사람이 함께 미치는 것은 아무런 유익이 없다 (GD, 94).

루이스의 스승 맥도날드는 다음과 같이 사람은 두 종류라고 말한다.

> 하나님을 향하여 "당신의 뜻대로 이루어지이다"(Thy will be done)라고 말하는 사람들이 있다. 그리고 또 다른 부류들이 있는데 그들은 끝내 하나님으로부터 "그래, 너의 뜻대로 될 것이다"(Thy will be done)라는 말을 듣는다. 지옥에 있는 자들은 전부 그들이 원하는 그들의 뜻대로 그들이 선택해서 거기 있게 된 것이다(GD, PARA 95).

> 소위 말하자면, 버림받은 영혼들은 "천국에서 섬기느니 차라리 지옥에서 다스리는 편이 낫다"라는 말로 그들의 의지와 선택을 가감 없이 드러낸다. 사람들은 비참한 대가를 치르면서까지 끝까지 지키려고 고집하는 것들이 늘 있게 마련이다. … "미안하게 됐다"라고 말하기는 한다. 그러면서도 화해하느니보다는 차라리 비뚤어져서 오기로 저녁도 못 먹고 그들과 놀지도 못 하는 고집 센 아이들을 보면 쉽게 알 수 있지 않은가? (GD, PARA 91)

사람은 하나님의 자녀 됨의 운명을 지니고 있다.

악마의 한 끼 고기 조각이 될 것인가, 아니면 하나님의 아들이 될 것인가?

악마는 하나님의 사랑과 인간의 자유 의지를 소름 끼쳐 한다. 이런 말은 악마의 세계만이 아니라, 사람도 역시 그들의 권력 의지 확장을 위하여 다른 사람들을 자기 안으로 끌어들여서 그의 뜻을 이루는 데 이용한다. 소위 큰 자의 뜻을 이루어 주는 노예 의지, 도구 의지가 된다. 다른 사람의 의지를 빨아들여서 마치 노예처럼 그의 뜻을 따르도록 도모한다.

이보다 더 큰 쾌감이 어디 있겠는가?

프리드리히 니체가 말하는 인간은 권력 의지로 그의 삶을 살아간다고 하는데, 이보다 더 정확한 말이 어디 있는가?

하나님은 다른 계획을 도모하신다. 우선 사람은 하나님의 한 끼 먹을거리가 아니라 하나님의 사랑 그 자체이다. 〈스크루테이프〉는 사람을 삼켜서 먹으려 쫓아다니는 스토커와 같은 흡혈귀다. 스토커는 사랑 없이도 맛있게 빨아서 흡입하여 먹는다. 스토커는 자신의 쾌락을 앞세워 누군가를 희생시킨다. 그러나 사랑은 일종의 섬김이며 희생이다. 여기서 하나님의 사랑은 "사람을 위한 사랑"(His love for men)이다. 사랑 그 자체가 목적이다.

누군가를 위하여 자신을 희생하고 섬기는 사랑, 악마에게는 상상으로도 불가능하다. 그러나 후에 〈스크루테이프〉는 이런 하나님의 진짜 사랑에 현혹되어(?) 무지 헷갈리게 된다. 〈스크루테이프〉는 "사심 없는 사랑"은 없다, 사랑은 "위장술"일 뿐이라는 악마의 교리를 벗어나게 되어 악마들의 이단 대검찰청에 고발당하기도 한다(SL, 110-11, 126).

사람의 자유 역시 악마에게는 미스터리이고 받아들일 수 없다. 하나님은 사람의 온전한 자유를 위하여 하나님께서 친히 이를 위한 "섬김"(service, 서비스)의 모험을 하신다. 사람의 자유를 위하여 하나님께서 모든 것을 베푸셨다. 사람의 자유는 하나님과 가장 "닮은" 부분이다(SL, 54, GD, 169). 〈스크루테이프)가 사람을 한 조각 스테이크라고 하면서도, 하나님을 복사해 놓은 "복제품"이라고 하는 이유는 사람의 자유 때문이다.

스스로 선택할 수 있는 자유 의지는 하나님의 고유하신 성품이지만, 이제 사람도 그러하다. 그리고 이는 하나님의 가장 큰 모험이다. 선택의 자유를 사람에게 넘겨 주셨으니 말이다. 사람의 자유 때문에 하나님의 위기와 사람의 순종이라는 위대한 드라마가 시작된다.

> 원수 하나님이 진정 원하는 바는 원수를 그대로 복사해 놓은 구역질 나는 이 쪼끄만 것들을 세계 전체에 가득 채우려는 것이다. 사람의 생명은, 스케일은 원수 하나님보다 작지만, 질적으로는 원수를 닮았다. 원수 하나님이 사람을 흡입하여 마셔 버리기 때문이 아니라, 사람이 그의 자유로운 의지로 원수를 따르게 되면 원수 하나님을 진짜로 닮게 된다는 것이다. 우리 악마는 결국 인간들을 한 조각의 스테이크가 되는 소 떼로 키우기를 원한다. 그러나 원수 하나님은 마지막에 가서 아들들이 될 수 있는 종들(servants)을 원한다. 악마는 쭉쭉 빨아서 흡수하여 먹으려 한다. 그러나 하나님은 내어주시려 한다. 악마는 텅 비어 있기 때문에 채워지기를 원한다. 하나님은 가득 차 있기 때문에 흘러넘친다. 악마가 치르는 전쟁의 목적은 지하에 계신 아버지께서 모든 다른 존재를 그에게로 끌어들여 흡수하기 위함이다. 그러나 원수 하나님은 하나님과 연합해 있으면서도 독립해 있는 그런 존재들로 이 세계가 가득 차기를 원한다(SL, PARA 43).

사람은 하나님의 "복제품"이다. 사람은 "하나님의 형상"이라는 성경의 표현을 루이스는 이렇게 말한다. 이 복제품은 하나님보다 물론 스케일은 작지만, 질적으로는 하나님을 닮았다. 사람은 자유 의지를 드려서 하나님을 가까이하여 하나님을 또한 닮아간다. 그러나 악마와 가까이할 때 악마가 먹어 삼키는 한 조각 스테이크가 되고 한 잔의 포도주(SL, 37)가 된다.

악마는 비어 있기 때문에 사람을 잡아먹어 채우려 하고, 그 채움은 악마가 말하는 지하의 아버지를 더욱더 크게 확장하여 모든 것을 사탄의 권력 의지 안으로 빨려 들어가도록 한다. 다시 보면, 이런 악마의 세계는 인간 세계의 모든 정치권력과 모든 조직의 권력 다툼과 다를 바 없다.

그러나 하나님은 다르다. 하나님은 스토커마냥 쫓아가서 흡혈귀와 같이 사람을 빨아서 흡입하여 먹을 필요가 없다. 그분은 넘치시기 때문이다. 사람이 그분 가까이 있으면 그분의 넘치심으로 충만한 생명을 받는다. 하나님은 늘 그분을 내어주신다. 우리는 오히려 일용할 양식으로 예수를 먹고 마신다(요 6장).

우리는 처음에는 하나님의 종이었으나 후에 하나님의 자녀들로 변화한다. 하나님의 자녀라는 말은 하나님과 아주 가까이하여 하나님과 비슷한 자들이 된다는 것이다. 가까이 있어서 말투도, 성격도, 하는 행동도, 선택도 닮아서 비슷해진다. 이것이 하나님의 자녀들이다.

악마의 경우와 다른 점은 우리는 하나님과 연합했음에도 여전히 우리 자신으로 남아 있다는 것이다. 하나님과 연합해 있지만, 우리 자신 됨을 잃지 않는다. 악마는 빨아서 먹어 치웠기 때문에 흡수되어 그들의 존재와 개성과 인격이 사라진다. 비대하고 배부른 악마의 뱃속에 희미한 흔적으로 노예처럼 남아 있을 뿐이다. 권력의 노예일 때 그는 껍데기로 간신히 존재할 뿐이다.

관련하여 루이스의 걸작 『천국과 지옥의 이혼』이 그리는 시간과 자유에 대한 그림은 사람의 자유를 이해하는 데 도움을 준다. 『천국과 지옥의 이혼』은 판타지다. 현실을 그대로 그리지 않고 은유와 상징으로 말한다. 루이스는 여기서 시간을 "렌즈"와 같다고 한다. 사람은 렌즈를 통해서 현실을 본다. 더 작지만, 더 분명하게 본다. 마치 사람들이 망원경을 거꾸로 뒤집어서 끝을 통해서 보듯이 본다.

실제 현실은 너무나 크기 때문에 사람이 직접 볼 수 없다. 거대한 현실을 축소해서 봐야 사람의 눈에 보인다. 특히, 렌즈를 통해서 우리가 볼 수 있는 거대한 인간 현실은 바로 인간 자유다. 인간의 자유는 망원경을 거꾸로 잡고 작게 축소해서 보지 않으면 제대로 볼 수 없다. 인간의 자유는 하나님과 닮은 특성이다.

왜냐하면, 하나님의 자유와 인간의 자유는 닮았기 때문이다(GD, 169). 하나님이 선택하듯이 나도 그러하다. 인간 자유는 하나님이 주신 선물이고, 이 선물을 통해서 사람은 하나님을 닮았다. 그리고 이로 인해서 사람은 하나님의 영원한 현실이고 영원을 위한 존재가 되었다.

사람에게 업앤다운이라는 리듬과 굴곡을 주신 이유는 스스로 자신의 힘으로 서서 걷도록 하기 위함이다. 골짜기를 통과함으로 사람은 그의 자유와 그의 의지를 하나님께 드리고 바칠 줄 안다. 그래서 어떤 분위기에 빠진다 해도 자유로이 하나님의 뜻을 따른다는 그의 의지를 가진다. 때로 넘어진다 해도 다시 일어서서 걸어가리라는 의지를 보이는 인간, 하나님의 뜻을 향한 갈망을 잃었을 때조차도 여전히 의지를 잃지 않고 그렇게 행하는 인간이 있다.

그리고 세상에 홀로 남아 있는 듯한 느낌이 들 때조차도 하나님의 뜻을 따르려는 의지를 꺾지 않는 인간, 하나님의 흔적을 찾을 수 없는 상황에서도 하나님을 순종하려는 인간 그리고 왜 하나님께서 나를 어둠의 골짜기에 남겨 두시는지를 알 수 없다 해도 하나님을 순종하려는 인간이라면 악마는 패배하고 만다(SL, 56).

그는 드디어 흔들리지 않는 견고함에 도달한다. 수없이 반복되는 밀물과 썰물, 업앤다운(Up and down), 봉우리와 골짜기, 상승과 하강, 오르막과 내리막 등이 우리를 점차로 안정적이고 단단함과 "불변함"으로 이끌어간다(SL, 53).

2. 하나님께서 골짜기 전략을 사용하시다: "내가 사망의 음침한 골짜기를 다닐지라도"

인간의 자유와 하나님의 사랑은 "원수의 말도 안 되는 헛소리 배후의 비밀"(the secret behind the Enemy's nonsense about Love, SL 159)이다. 하나님은 참으로 사람을 사랑하시기 때문에 사람에게 진짜 자유를 주셨다는 것은 악마의 이해를 넘어서는 헛소리이고 동시에 알 수 없는 비밀이다. 악마는 사랑이라는 말 그 자체를 이해하지 못한다. 그러나 하나님에게서 진짜 사랑은 진짜 자유와 늘 함께 간다.

악마는 폭력과 강제로 다른 자아를 먹어 치우지만, 하나님이 사람을 사랑하는 데에는 "강간"(ravishment)이 불가능하다. 흔히 말하는 대로, 신학자들의 "불가항력인"(the irresistible, SL, 54-55) 은혜는 하나님이 주신 인간 자유와 잘 어울리지 않는다. 인간을 향한 하나님의 사랑과 자유는 본질상 "불가항력적"이라는 말을 저항한다. "불가항력적"이라는 말은 하나님이 사용하시는 무기가 아니다. 하나님은 인간이 항거할 수 없을 정도로 그의 자유를 "강간"해서 "불가항력적"으로 그의 자유 의지를 유린하지 않는다. 단지 하나님은 "애원"(호소, He can only woo, SL 55)을 하실 뿐이다. "애원"과 "호소"는 실제로 사랑의 본질이기도 하다.

사랑하지 않는 자는 누구도 "애원"하지 않는다. 이런 하나님의 모습에서 아이들에게 "내가 제발 이렇게 빌게!"라고 하던 엄마들의 모습이 자연스럽게 떠오른다. 중학교 2학년에게 애원하는 이런 엄마들은 이 세계 내에 사랑과 자유가 현실로서 엄연히 존재한다는 사실을 일깨워 준다. 아이들의 자유를 함부로 침범하지 않는 엄마는 그래서 하나님을 닮았다.

그렇다고 해도 원수 하나님이 사람의 봉우리와 골짜기 경험을 그대로 두지는 않는다. 강제하지 못하지만, 끼어들어 골짜기 경험을 이용하신다(SL,

54). 하나님의 골짜기 전략은 하나님은 한 명의 영혼을 얻기 위해서 골짜기를 봉우리보다 더 좋아하시고, 하나님은 특히 누구보다도 길고도 깊은 골짜기를 지나온 사람을 좋아하신다는 이유에 근거한다. 골짜기에서 하나님은 사람과 더욱더 가까이하신다.

기쁨과 즐거움의 봉우리는 때로 사람을 우쭐하게 하지만, 괴로움과 슬픔의 골짜기는 사람을 주저앉도록 한다. 하나님은 사람이 주저앉아서 울음을 삼키는 골짜기의 순간에 허리를 숙이시듯 우리에게 다가오신다. "사망의 음침한 골짜기"를 지나는 시편 23편의 경험과 크게 다르지 않다. 신앙 여정에 사망의 음침한 골짜기가 없다고 하지 않으신다. 단지 골짜기에도 불구하고 주께서 함께하신다는 확신이 있다. 사망의 음침한 골짜기에는 항상 하나님이 너무도 깊이 가까이하신다.

루이스는 『개인기도: 말콤에게 보내는 편지』에서 또 다른 측면의 골짜기 경험을 설명한다. 우선, 사람의 "내면세계"에서 발생하는 골짜기/봉우리 경험이 있다. 이는 사람의 마음이 오르락내리락하는 고양과 침체의 경험이다(SL, 57-58). 또 다른 골짜기 경험은 외적 상황의 고통과 고난에 의해서 사람이 슬픔의 골짜기를 지나는 것이다.

예컨대, 딸이 하버드대학교에 입학했다는 경험은 봉우리 경험이다. 그러나 암 선고라는 우리의 외적 환경은 골짜기 경험을 하게 한다. 인간 내면의 골짜기 경험은 인간 외면에 다가오는 고난의 경험과 관련된다. 인간 내면의 아픔은 외적인 고통과 밀접하게 연결되어서 또 다른 고난 경험을 창조한다.

루이스가 말하는 주기적인 봉우리와 골짜기 경험은 인간의 "내면 상태"를 가리킨다. 그러나 하나님이 아끼는 인간들은 길고도 깊은 골짜기를 통과할 때(SL, 53), 이는 사람들의 외적 고난 경험과 한데 얽혀있다. 사람에게는 내면의 아픔만이 아니라 그의 환경과 고통도 아픔으로 작용한다.

먼저 루이스는 이와 같은 골짜기 경험은 먼저 우리 주님께서 먼저 지나 오셨다는 사실을 지적한다.

"하나님이여, 하나님이여, 어찌하여 나를 버리셨나이까?"

이 절규는 하나님 외에는 기댈 곳이 없는 상황에서 들려오신 예수님의 음성이었다. 이 모습은 바로 전형적인 인간 삶의 실존이다. 붙잡아야 하는 바로 그 순간 밧줄이 끊어지고, 달리 갈 데가 없어서 그 문을 여는 순간 문이 "쾅"하고 닫힌다. 사냥꾼에게 쫓기는 여우가 막다른 골목에 다다른 순간, 그와 같이 홀로 남겨지는 처절하게 아픈 현실을 마주한다(LM, 67-68).

골짜기 경험은 하나님의 임재를 느낄 수 없는 영혼의 황량한 현실, 인간 세상에서 겪는 고통과 슬픔, 그로 인한 무너짐과 주저앉음, 영혼의 어두운 밤의 아픔과 외로움이 있다. 이 세계 현실로부터 겪는 욥의 고통은 어두운 골짜기 경험이다. 하나님으로부터 버림받으신 예수님의 경험도 역시 골짜기 경험이다. 그리스도인에게 모든 골짜기 경험은 하나님 부재(不在) 경험으로 요약된다.

아무 데도 의지할 데 없는 예수님의 골짜기 경험은 십자가라는 잔인한 현실에서 하나님이 더 이상 나와 함께하지 않는 하나님의 부재를 겪는다. 고통과 아픔의 순간 하나님은 보이지 않으시고, 친구들의 냉담한 몰이해로 주저앉은 욥은 지금 어둠의 골짜기를 지나고 있다. 모두 다 하나님의 부재 또는 "하나님의 숨어 계심"(hiddenness)이라는 깊은 골짜기를 치열하게 지나는 중이다(LM, 68).

이러한 하나님의 부재 경험은 어디서 온 것일까?

루이스는 하나님의 인간 창조로부터 비롯된 것이라고 한다. 하나님이 창조하신 사람은 하나님의 형상으로서 하나님을 닮았다고 말씀하신다. 우선 하나님을 닮았다는 말은 하나님과의 선명한 분리와 독립을 뜻한다. 하나님과 완벽에 가까운 닮은 꼴, 그런 사람은 하나님과의 분리가 더 멀리 선명하게 이루어진다. 성인이 된 아버지를 닮은 아들은 이제 아버지와 따로 떨어져서 살아갈 수 있는 그런 분리 독립된 존재다.

> 영혼의 어두운 밤을 경험하는 자는 우리가 흔히 볼 수 있는 일반적인 평범한 사람들이 아니라 성인(聖人)이라 부를 수 있는 사람들이다. 하나님께 반역하는 존재는 짐승이 아니라 인간과 천사다. 무생물은 성부 하나님의 품에 안겨서 그냥 아무런 반항을 하지 않고 잠을 자듯 하고 있다. 그러나 "하나님의 숨기우심"(hidedenness)을 가장 고통스럽게 경험하는 자들은 어떤 면에서 그분과 가장 가까운 사람들일 것이다. 그러니 인간이 되신 하나님이 모든 인간 중에서 가장 크게 하나님께로부터 버림을 받은 경험을 하지 않으시겠는가? (LM, PARA 68).

짐승들은 하나님의 품 안에서 자면서 마냥 평안을 누릴 뿐이다. 그러나 하나님을 닮은 하나님의 형상을 가진 사람은 하나님과 살짝 거리를 두면서 하나님의 가까이하심을 경험한다. 거리가 없이는 가까이함도 없다. 하나님을 닮은 아들은 하나님과 거리를 가짐과 동시에 가까움을 가진다. 이때 하나님의 자녀는 하나님과 엄연히 독립된 존재다. 그래서 더욱더 하나님과 가까이하려 하면서 하나님을 갈급해 한다.

"하나님이여, 하나님이여, 어찌하여 나를 버리시나이까?"

예수님의 아픔은 그래서 더욱더 깊고 크다. 하나님의 숨어 계심은 하나님을 가까이하는 사람들에게 다가오는 경험이다.

골짜기 경험은 한 영혼을 얻으시는 하나님의 구원하심과 관련이 깊다. 깊은 골짜기 경험은 하나님을 가까이함에서 빼놓을 수 없다. 하나님의 골짜기 전략에서 특히 하나님은 "길고도 깊은 골짜기를 지나온 사람"을 더욱더 가까이하신다는 것이다. 그 이유는 깊은 골짜기를 지나오는 동안 오히려 그가 더욱더 하나님을 가까이하게 되었기 때문이다. 아니 더 정확히 말하면, 골짜기 경험을 하는 가운데 하나님이 그를 더 가까이하시기 때문이다.

그는 골짜기 경험을 통해서 이제 하나님이 원하시는, 하나님을 가까이하는 사람으로 자라게 된다. 하나님을 가까이함으로 이제 오히려 그는 하나님과 독립하여 하나님을 닮은 자로서 살아간다(SL, 54, LM, 68). 아들이 아버지를 닮아서 독립하듯이 말이다. 하나님이 우리를 사랑하심으로 그분과 연합하고, 하나님이 우리에게 자유를 주심으로 그분과 독립된다.

> 사람은 봉우리에 있을 때보다 이렇게 골짜기를 지나고 있을 때 오히려 원수 하나님이 그 사람의 골짜기를 사용하는데, 그렇게 해서 그 사람은 원수가 원하는 그런 인간으로 성장하게 된다. 이렇게 감정이 거의 사라져서 냉랭하게 보이는 메마른 상태에서도 원수 하나님에게 기도를 드릴 때, 이런 기도야말로 원수를 기쁘게 하는 것임은 말할 필요조차 없다(SL, PARA 55).

> 원수 하나님이 유별나게 돌보면서 아낀다고 말하는 인간들은 그 누구보다도 길고도 깊은 골짜기를 통과해야 했다(SL, PARA 53).

3. 〈스크루테이프〉가 골짜기 전략을 사용하다

〈스크루테이프〉도 사람의 골짜기 경험을 이용하려고 유혹의 전략을 세운다. 골짜기 유혹 전략은 사람을 "감각적 유혹"에 굴복하게 하는 것이다. 골짜기 시기는 성적 유혹이 특히 잘 "먹히는" 때다. 봉우리를 지날 때는 사람은 자연스레 육체의 에너지와 활력이 넘친다. 이때 성적 유혹은 잘 먹히지 않는데, 이유는 유혹을 향한 "강한 저항력"도 있기 때문이다. 성적 에너지가 넘치면서도 성적 유혹을 거부하는 힘도 세진다. 오히려 악마의 반전은 인간 존재에 대한 날카로운 통찰에서 나온다.

인간 약점은 사람이 골짜기를 지나갈 때 그가 겪는 "내면세계의 공허함과 차가움과 황량함"에 있다. 이때 "도착적"(倒錯的)인 성적 유혹이 오히려 잘 먹혀들어 간다. 골짜기 상태는 공허감과 가라앉는 무기력 때문에 건강한 성적 에너지가 아니라 삐뚤어진 비정상적 성적 유혹이 잘 먹힌다(SL, 57).

> 사람들이 골짜기를 지나고 있을 때는 그들의 성욕이 봉우리에 있을 때의 성욕과는 질적으로 미묘하게 다르다는 점을 놓치지 말아야 한다. 골짜기 경험을 겪을 때의 성욕은 사람들이 흔히 "사랑에 빠졌다"라고 표현하는 달콤한 맛을 주는 그런 현상으로 기울어지지 않는다. 오히려 골짜기 성욕은 왜곡된 성도착(性倒錯)에 빠질 가능성이 훨씬 크다는 사실, 이것이 중요하다. 그리고 골짜기 성욕은 종종 성적 욕구조차도 맥이 풀리게 만드는 "사랑의 부산물"에 오염될 가능성은 훨씬 작다. 사랑의 부산물은 사랑의 순간에 자연스레 흘러나오는 시냇물이라 할 수 있다. 사랑의 부산물은 관용이 넘치기도 하고, 상상력을 풍부하게 하며, 심지어 영적인 모습을 띠기까지 한다. 성욕도 육체의 다른 욕구들과 하등 다를 게 없다. 사람을 우리 말을 잘 듣는 착실한 술주정뱅이로 만들려면, 행복하고 느긋한 기분으로 친구들과 즐기고 있을 때 술에 취하게 해서는 효과가 별로이다. 오히려 기분이 가라앉아서 지쳐있을 때 일종의 진통제로 마약과 같은 용도로 술을 마시도록 밀어붙여야 사람들이 진짜로 술주정뱅이가 되는 것과 같은 이치다(SL, PARA 57).

〈스크루테이프〉가 하는 말은 악마의 성격처럼 실타래와 같이 엉켜 있기 때문에 우선 몇 가지로 정리해야 한다. 그리고 여기에 슬쩍 지나치는 루이스의 통찰력이 숨어 있다.

1) 〈스크루테이프〉는 골짜기 상태의 성욕은 도착적으로 왜곡된 성욕이기 때문에 그때의 성욕은 사랑과 관계없이 별도로 마약처럼 사용하도록 부추긴다

〈스크루테이프〉는 남녀의 사랑을 경멸하면서 말한다. 남녀가 "사랑에 빠졌다"고 말하는 것은, 악마가 보기에 "그렇고 그런 별것 아닌 그래서 뜨뜻미지근한"(milk and water) 인간 현상이다. 남녀의 사랑은 악마에게는 전혀 무지한 경험이기에 그렇게 말할 수밖에 없다. 그럴 리는 없지만, 사랑에 한 번도 "빠져 보지 않은" 사람은 악마와 더불어 이렇게 사랑은 별것 아니라고 말할 수도 있다.

남녀의 정상적인 성적 욕구는 "사랑에 빠졌다"는 느낌과 함께 나타난다. 하지만, 골짜기의 성적 욕구는 비틀어지기 쉽고, 사랑과 관계없는 마치 "마약"처럼 성적 느낌만 추구하도록 이용된다. 성적 욕망이 사랑과 분리되면 마치 우울한 마음에 찾는 알코올과 같다. 골짜기를 지나는 아픔과 슬픔의 경험에서 성욕 해소는 마치 마약과 같이 작용한다. 사랑과 성욕은 긴밀하게 연결되어 있지만, 성욕이 사랑 없이 마약처럼 작용할 때 성도착증세가 나타난다. 진통제는 물과 함께 마시면 되지만, 성욕은 인격과 깊이 관련되어 있기 때문이다.

술주정뱅이는 술을 즐기는 게 아니다. 지치고 주저앉아 있을 때 알코올에 자신을 "맡겨서" 자신을 잃어버리고 중독에 몸을 맡긴다. 쾌락은 잘못이 없다. 왜곡되어 잘못된 쾌락이 사람들을 중독이라는 코너로 몰아내는 것이다. 사람이 감각적으로 된다는 말은 어떻게 해서라도 쾌락을 느끼려는 느낌 의존의 삶을 말한다. "느낌"(feel)은 성격상 오래 가지 못한다. 사랑이 느낌이 되면 사랑은 자꾸 변덕을 부리면서 바뀌게 된다. 느낌 의존으로 살아가는 것은 본능으로 살아가는 삶과 다르지 않다.

2) 사랑과 성욕이 한데 어울려서 남녀의 사랑이 건강한 에너지로 불붙기 시작하면, "사랑의 부산물"은 참으로 악마가 힘에 부칠 정도로 놀랍게 나타난다

루이스의 빛나는 통찰력이 나타난다. 남녀가 참으로 사랑에 빠지게 되면 성적 욕구조차도 수그러져서 "맥이 풀리고"(SL, 57) 시들해지기도 한다. 불타는 사랑이라고 해서 불타는 성욕이 늘 따라가는 것은 아니다. 남녀의 사랑은 자연스럽게 성적 욕구를 드러내지만, 진짜 사랑은 성적 욕구를 "방방" 뛰게 하지 않는다. 남녀 사이에서 사랑하는 관계라면 성욕이 당연히 중요하게 작동한다. 그러나 진짜로 사랑하는 사이라면 성욕이 늘 앞서서 "방방" 날뛰지 않는다. 진짜 사랑은 성욕조차 컨트롤하게 된다.

사랑의 "부산물"은 남녀 사이의 진짜 사랑에서 흘러나오는 것이다. 진짜 사랑이라는 큰 폭포에서 자연스럽게 만들어진 작은 시냇물과 같다. 남녀가 사랑하면 관용의 마음을 갖게 되고 상상력이 넘치도록 만든다. 이런 남녀의 사랑 때문에 그들은 "심지어 영적"이기도 하다. 하나님의 사랑에 "오염될 가능성"이 커진다. 루이스의 남녀의 진짜 사랑에 대한 논리를 따라가 보면, 사랑은 예상치 못한 부산물을 낳는다. 참으로 연인을 사랑해 본 사람이 할 수 있는 말이다. "부산물"은 의도치 않게 나타난다.

예컨대, 진짜로 사랑하는 연인을 만나면 그는 심지어 다른 사람들을 너그럽게 대하게 된다. 사랑하는 연인이 내 고백을 받아주면, 그날은 햇빛이 찬란하게 빛나고 달빛도 그토록 밝을 수 없다. 사랑하는 연인이 그토록 갈망하던 내 고백을 받아 주던 날, 나는 다른 사람들을 무한히 용서할 것 같은 관용이 넘친다. 로미오는 줄리엣에게서 사랑을 확인받고 나자, 길거리에서 만나는 원수 캐플릿 가문의 가족까지도 사랑할 수 있는 에너지를 느낀다. 이 모든 것이 참된 사랑의 "부산물"이다.

드디어 그리스도인은 이렇게 연인을 사랑하면서, "아! 하나님께서 이토록 나를 애타게 기다리시고, 나를 용납하시고, 사랑하시는구나!" 하는 남녀의 로맨스를 하나님께로 확대해서 하나님의 사랑을 더욱 깊이 체험하게 된다. 그래서 루이스는 남녀 사랑의 부산물은 심지어 영성(靈性)을 지니고, 영적이기도 하다고 한다(SL, 58). 연인을 참으로 사랑하는 사람은 자연스럽게 연인을 향한 사랑과 하나님 사랑을 관련해서 영적 상상력이 확대된다. 그리스도인의 모든 사랑은 하나님의 사랑과 관련되기 때문이다.

구약성서 솔로몬의 아가서(雅歌書)를 읽게 되면 남녀의 사랑을 보면서 동시에 하나님의 사랑을 본다. 남녀의 사랑을 보면서도 하나님의 사랑을 보지 못하면, 그는 한 번도 하나님의 사랑을 경험하지 못한 자들일 터이다. 구약성서 호세아를 읽으면서 아내를 향한 호세아의 뼈아픈 사랑을 우리도 경험한다.

그런 호세아의 사랑을 통해서 하나님께서 나를 그렇게 뼈저리도록 사랑하신다는 말씀을 어찌 듣지 못하겠는가!

참된 사랑에 빠져 본 사람은 심지어 영적이기까지 하다는 말은 진리다.

3) 〈스크루테이프〉의 봉우리 전략: 환자를 어중간한 상태에 거하게 하다

처음 회심했을 때의 경험은 기억에 남을만하다. 감동과 흥분이 여전히 남아 있는 듯하다. 사람은 이렇게 그들의 신앙 경험이 영구적으로 지속되리라는 착각을 한다. 왜 한때의 열심과 감동이 사그라지는지, 왜 한때 내가 그토록 길길이 날뛰었는지를 생각해 보며 얼굴을 붉히기도 한다.

교회 안에 저렇게 점잖게 신앙생활을 하는 장로님들이 많은데 "나는 왜 그렇게 지나쳤을까?" 하며 나름 반성도 한다. 그리고 중간 정도의 신앙이 좋은 것이라고 생각을 바꾸면서, 이른바 나름의 노련미 돋는 고참 교인이 되어 간다. 교회 생활은 지나치면 안 좋은 것, 좌도 우도 아닌 "중용"을 지키려고 한다.

악마의 전략은 다음과 같다.

> 너의 환자가 회심했던 초창기 당시에 "내가 열정이 좀 지나쳐서 너무 날뛰었던 것은 아닐까?"라고 스스로 의심하게 만들 수도 있다. 환자에게는 만사 중용을 지키는 것이 늘 중요하다고 가르쳐야 한다. "종교라는 것은 지나치지 않아야 좋은 것"이라고 믿게 해 놓으면, 그의 영혼에 대해서는 아주 안심해도 좋을 정도가 된다. 중용을 지킨다고 하는 그런 종교는 우리 악마들에게는 무교(無敎)나 다름없다고 생각하면 정확한 말이다. 아니, 사실은 무교보다 훨씬 더 우리를 즐겁게 만들어 주는 것이라고 할 수 있다(SL, PARA 60).

실은 "중용"(moderation)이 그리스도인을 망친다. 이것은 바로 교양으로서의 신앙을 말한다. 교양 넘치는 젠틀맨을 만들어 가는 종교, 종교는 과하지 않아야 한다는 유혹, 튀지 않는 종교, 다른 사람들이 보기에도 그럴듯한 종교에 안주하도록 해서, 예술로서의 종교, 문화로서의 종교로 타락시킨다. 종교는 어차피 사람의 종교 욕구를 채워 주는 피할 수 없는 사회 제도다. 하나님을 하나도 신앙하지 않는 과학자들이나 정치가들이 종교의 필요성을 운운하는 것과 같다. 종교는 이 시대에 꼭 필요하다고 역설하는 과학자의 말은 매우 그럴듯하지만, 그때 그리스도교 신앙은 해당하지 않는다.

루이스는 예수를 훌륭한 "도덕적인 스승"(SL, 134)으로 만들고, 더 나아가서 예수는 사실 "일개 도당의 박수갈채를 받았던 지도자"(SL, 135), 혹은 후대 역사가들에 의해서 인정을 받게 된 "뛰어난 인물"(SL, 135)로 금방 만들어낼 수 있다고 한다. "그림자처럼 이상한 인물", "사람들이 잘 알지 못하는 낯선 언어를 쓰다가 오래전에 죽은 인물" 그래서 그런 인물을 숭배하도록 하는 종교다. 이는 분명히 무리하지 않은 교양으로서의 종교다.

그러나 예수님을 이렇게 보는 것은 터무니없는 허구다. 예수님을 마치 반쯤 삶다 만 설익은 계란으로 취급하는 것이다. 예수님 앞에서 무릎을 꿇고 "당신은 주님이시며, 하나님이십니다"라고 고백하는 참으로 "지나친" 신앙, 중용을 넘어서는 신앙, 다른 분들이라면 몰라도 예수님 앞에서는 이 고백 외에 어떤 다른 고백도 가당치 않다(MC, 8장).

종교는 지나치지 않아야 한다. 종교는 중용이다. 물을 타서 희석시킨 그리스도교, 악마는 아주 만족스럽게 미소를 띠면서 그들의 일을 모두 마친 듯이 여긴다. 그때 그리스도교 신앙은 무교(無敎)와 방불하다. 악마는 무교보다 더한 "물을 타서 이것도 저것도 아닌 그리스도교"(Christianity-and-water, MC, 7장)가 어떤 난장판을 벌일지를 즐겁게 바라본다.

4) 〈스크루테이프〉는 봉우리와 골짜기 경험을 인간 삶에서 반복되는 파동이 아니라, 인간 문명과 신앙의 진화론적 발전 단계라고 속인다

인간 내면의 밀물과 썰물, 업앤다운은 일종의 자연 현상이고, 이는 인간이 영혼과 동물이라는 근본적인 이중 구조의 갈등에서 유래한 것이다. 이런 파동 현상은 위로 계단을 밟아가듯이 상승, 발전하는 진화와 같은 움직임이 아니다. 우선, 루이스는 역사적 진보와 같은 소위 역사주의를 믿지 않는다. 역사 그 자체에 의미가 있어서 역사가 스스로 그의 길을 찾아가듯이 진보한다는 사상을 시간 낭비라고 본다.

왜냐하면, 오늘 행한 행동이 내일 결과를 가져올 뿐, 역사 그 자체가 의미가 있다는 식의 설명을 거부한다. 또한, 과학으로서의 생물학적인 진화는 나름 과학의 증거를 가졌다 해도(MC, 33장), 이를 응용한 사회적 진보 사상은 거부한다. 매양 한 가지인 사람들이 모여서 무슨 진보를 이루겠느냐 하는 말이다. 사람이 기술적 진보와 문명을 이루었다 해도 예전과 하등 다를 바 없고 인간 삶은 그때나 지금이나 본질은 여전하다.

"역사적 관점, 진보, 발전"이라는 말은 루이스에게서 애매모호한 환상과 같은 것이다(SL, 61). 과학자들은 기술로 인간 사회를 바꿀 수 있다고 한다. 엄청난 기술 진보가 이루어졌지만, 현재 세계적으로 핵무기만 14,000개로 늘어났다. 정치가들은 모두 다 그들이 메시아이며, 평화와 정의를 실현하겠다고 하지만, 한 번도 이 세계는 유토피아 비슷하게라도 흉내 낸 적이 없다. 샹그릴라, 무릉도원(武陵桃源), 도원경(桃源境), 유토피아, 아틀란티스 그리고 홍길동의 율도국(栗島國)을 포함해서 모두 사람들이 꿈꾸는 이상향을 뜻하지만, 문자 그대로 환상에 불과하다.

루이스는 〈스크루테이프〉의 입을 빌어서 "참과 거짓"이라는 대립을 숨기라고 한다(SL, 148). 단지 나도 한때 지나쳐 온 그런 유치한 때가 있었다, 지금 나는 그런 단계를 벗어났다고 우월감으로 생색을 낸다. 너는 지금 신앙의 초보 단계를 지니고 있다고 사기를 친다. 참과 거짓의 대립을 없애버리면, "나도 한때 그랬지", "나도 다 그런 거 해본 거야"라는 식으로 유행이 판치게 마련이다.

신앙도 일종의 시류를 타는 유행이 된다. 한때 나도 해봤다는 우월감 외에 남는 것이 없고, 사람들은 유행을 좇아서 새로운 것을 찾고 새것이 늘 이긴다. 과거의 것은 어떤 것이든, 그것이 신앙이든 뭐든지 간에 시대에 뒤떨어진 빈약하고 가치 없는 것으로 취급한다. 참과 거짓이 일종의 유행에 의해서 설 자리를 잃는다.

사람들은 최근까지도 이것이 옳은 일인지 그릇된 일인지 아니면 거짓인가, 사실인가를 질문했다. 참된 것과 사실을 향한 물음은 실상 인간 본능이다. 정치에서도 과학에서도 항상 그것이 거짓인가, 사실인가를 묻는다. 사실에 어긋나면 분노를 감추지 않는다. 사람은 거짓과 허위, 속임수를 싫어하고 그래서 신뢰가 무너지면 아무것도 못 한다. 악마라 하더라도 참과 거짓을 찾으려 하는, 인간 깊숙이 뿌리내리고 있는 본성을 거스르지 못한다.

그러나 최근 들어서는 사람들이 사실인가, 거짓인가를 잘 묻지 않으려 한다. 유행에 뒤떨어지는가, 역사의 흐름에 맞는가, 진보적인가를 묻는다 (SL, 148). 진화론적 사유의 특성은 사람들이 새것을 찾도록 하고, 새것은 좋은 것이고 심지어 옳은 것이라고 믿으려 하고, 사회를 앞서서 이끌어가는 중요한 사상이라고 생각하려 한다.

이보다 더 큰 악마의 성공과 성취가 어디 있겠는가? (SL, 148).

또한, 사람들은 미래라는 시간에 사로잡혀서 진보와 진화를 말하지만, 사람의 시각으로 미래는 알 수 없는 애매한 것이다. 미래가 현재의 선택에 달려 있다고 해도 늘 그렇게 되지 않는다. 미래는 단지 다가올 뿐 예측되지 않는다. 색맹이 색깔을 보지 못하듯 사람은 미래를 볼 수 없다. 아무리 주의를 기울인다 해도 미래는 현재로서 그냥 흘낏 스쳐 지나갈 뿐이다(SL, 148).

미래는 신화다. 미래는 특별히 몇 사람의 영웅만이 가서 닿을 수 있는 선택받은 약속의 땅이 아니다. 미래를 그렇게 보는 것은 악마의 작품이고 허구이다. 미래는 사람의 눈앞에 아주 가까이 다가와서야 간신히 알아차릴 뿐이고, 알지도 못하는 사이에 지나친다.

4. 이 땅에서 겪는 모든 골짜기 경험은 하나도 빠짐없이 천국 경험이다

우리가 겪는 지상의 골짜기 경험의 정체는 무엇일까?

루이스의 통찰 넘치는 소설 『천국과 지옥의 이혼』에 이런 그림이 나온다. 축복받은 자들에게 과거 땅에서 겪었던 모든 아픔과 슬픔의 골짜기 경험은 실은 모두 다 천국 경험이었다. 마찬가지로 지옥에 있는 자들에게는 땅 위에 살았던 경험들은 실은 모두 다 지옥 경험이었다.

축복받은 자들은 땅 위에서 겪는 고통이 너무도 아프고 쓰라리기 때문에 이후에 어떤 것으로도 그 고통은 보상받을 수 없다고 믿었다. 그러나 천국에 들어온 자들은 땅 위에서 겪었던 쓰라린 슬픔과 괴로움이 실은 영광의 경험이다(GD, 88-89). 축복받은 자들은 "우리는 천국 아닌 곳에 살았던 적이 없다"고 말하고, 저주받은 자들은 "우리는 항상 지옥에서 살았다"고 말한다(GD, 89).

축복받은 자들은 과거 땅 위에서 경험했던 쓰라린 골짜기 경험조차도 아름다운 천국의 경험이었다. 비록 하나님과 만나는 경험에 적나라하게 드러나는 애통의 아픔이 있다고 해도 그 아픔을 "이 땅의 어떤 쾌락과도 바꾸려 들지 않을 것"이다(SL, 185). 저주받은 자들에게는 과거 땅 위에 우뚝 서 있었던 찬란해 보이는 봉우리 경험조차도 지옥의 경험이었다. 그들은 하루도 빠짐없이 자기중심과 자기 집중의 삶으로 그때나 지금이나 여전히 지옥으로 살고 있다.

사람은 땅 위에서 봉우리와 골짜기를 하나의 패턴으로 경험하지만, 후에 그가 처한 천국과 지옥의 시선으로 볼 때, 천국에서는 골짜기도 역시 봉우리였고, 지옥에서는 봉우리도 역시 골짜기였다. 구원받은 자들에게는 땅에서 그들이 처음 골짜기 입구에 들어설 때면 그것은 시련의 골짜기였다. 그러나 후에 뒤를 돌아보면, 골짜기조차도 달콤한 우물이었다. 그들이 이 땅에서 걸어갈 때는 말라비틀어져 발바닥을 할퀴던 소금 사막이었지만, 이제 그들의 기억 속에는 샘물이 한가득 출렁이는 연못으로 새겨진다(GD, 89).

축복받은 자들의 기억 속에 남겨진 달콤한 골짜기 경험들은 단지 마음의 기억에 그렇다는 게 아니라, 그것이 바로 진짜 현실이고 진짜 실재다. 진짜 실재는 한때 지상에서 이리저리 흔들렸으나 이제 더 이상 흔들리지 않고서 오롯이 남아 있는 진짜 골짜기의 진짜 민낯 달콤함의 경험 바로 그것이다(GD, 90).

인도 선교사와 함께 며칠 기차여행을 한 적이 있었다. 20년 가까이 되는 인도 경험에서 그 선교사는 인도인들에게 받은 상처가 많았다. 인도는 장황하고 터무니없는 허구가 넘치는 나라이고, 속임수와 사기꾼들이 속수무책으로 날뛰는 나라라고 한다. 물론, 그 가운데는 영광스럽고 놀라운 선교 경험도 수없이 많다.

선교를 하면서 가르친 신실한 제자가 많이 있었지만, 그중 신실한 인도인 제자에게 기차표를 사준다고 해서 돈을 맡겼는데, 그가 그 돈을 먹고 튀었을 때 그 황당한 경험과 휘황찬란한 말로 현혹하는 그들의 말솜씨, 어느 것 하나도 좋게 볼 수 없었다. 소위 불가촉천민(달리트)을 대하는 야만스러운 행동들, 집을 몇 번이고 옮기는 약속 불이행 등 밑도 끝도 없는 속임수의 연속이었다. 그래서 선교사들 사이에서 인도 선교는 특히 어렵다고 소문이 나 있었다.

그러나 선교사는 말한다.

"저는 훗날 요한계시록에서 우리 주님께서 우리의 눈물을 씻겨 주시겠다고 하신 말씀 그대로 저의 눈물을 씻겨 주시리라고 믿어요."

내 눈에도 그냥 눈물이 흐르고 있었다.

아무리 고난이 깊은 골짜기 경험이라도 천국에서 보면 그것이 실은 봉우리였다는 고백을 마음속에 담고 있다. 이 땅에 살면서 많은 골짜기 경험을 하지만, 우리는 단 한 번도 천국에서 살지 않았던 때가 없었다. 천국은 이미 내 앞에, 내 안에 와 있다. 비록 사망의 음침한 골짜기를 다닐지라도 … 내 마음에 주신 천국은 벌써 골짜기를 달콤함으로 바꾸어 놓는다.

제3장

사람을 움직이는 몇 가지 영역
상상, 의지, 용기와 비겁함 그리고 비이기주의

사람의 상상은 엉뚱하게 사용될 수 있다. 독일군은 전 세계에서 지금도 욕을 먹는 중이다. 우리에게 독립군과 싸우는 일본군이 욕을 바가지로 먹듯이 말이다. 전쟁 영화가 상영되는 모든 곳에서 독일군은 늘 "나쁜 놈들"이다. 한 번도 독일 사람을 만나보지 않았음에도 얼마든지 증오심을 갖는다. 그리고 일본군은 독립군 영화가 나올 때마다 그 악랄함으로 미움의 대상이 된다. 그러나 일본 사람을 실제로 만나보면 생각이 달라진다.

"아! 이것이 아닌가? 실제로 만나보니 내가 뭔가 잘못 생각하고 있었네."

한 번도 만나보지 않고도 "환자들"은 미워하고 증오를 키우고, 그래서 증오도 연습하면 진짜 증오로 발전되고, 사람들은 상상 속에서 증오를 달고 다닌다. 그리고 상상의 증오심이 진짜 습관으로 굳어지기도 한다. 일본 여행을 여러 번 갔다 온 한 젊은이는 한 번도 일본인을 본 적 없는 시골 노인의 일본인을 향한 증오심에 진정 놀란다.

악마는 독일군을 향한 증오를 아무리 증폭시킨다 해도, 그것도 나름 "괜찮은 일"이긴 하지만, 증오가 구체적 현실에 이르도록 더욱더 "수고를" 해야 한다. 그렇지 않으면 결국은 상상 속의 증오는 그냥 "맥 빠지는 결과"가 되기 쉽기 때문이다.

> 웜우드, 네 환자에게 세 가지 겹치는 동심원이 있다고 생각해 보라. 가장 깊숙한 안쪽에 원이 있고, 그 중간과 바깥쪽에 각각의 또 다른 원이 있다. 가장 깊숙이 있는 원은 사람의 의지를 나타낸다. 다음에 있는 원은 지성을 나타내고, 가장 바깥에 있는 원은 상상력을 나타낸다. 의지와 지성 그리고 상상력의 원 안에서 원수 하나님의 냄새를 하나도 남지 않도록 없애 버리는 것은 사실상 불가능하다. 그러나 네가 그치지 않고 많은 수고를 해야 할 중점 사업은 원수가 좋아하는 모든 덕목을 가장 깊숙이 있는 의지의 원 안에서 밖으로 밀어내어 상상의 원 안에 머무르도록 자리를 잡아 주는 것이다. 그리고 우리 악마가 좋아하는 덕목들을 이제 의지의 원 안에 자리를 잡도록 해야 한다. 의지의 원 안에 원수가 좋아하는 어떤 덕목이 자리를 잡고, 사람의 습관으로 자리를 잡고 일정한 자세를 갖추게 되면, 그런 덕목은 우리에게 치명적인 것이 되고 만다(SL, PARA 45-46).

루이스는 사람의 자아에는 다음과 같이 세 가지 영역이 있다고 본다.

첫째, 상상(Imagination)의 영역
둘째, 지성(Intellect)의 영역
셋째, 의지(Will)의 영역

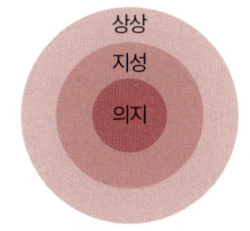

의지의 영역은 자아의 가장 깊은 곳에 있는 곳으로 사람이 최종적으로 결정하는 영역이다. 의지 다음에는 지성, 지적인 영역이 자리한다. 가장 깊은 영역인 의지 다음에는 지성이 작용한다. 의지의 최종적인 결정전에 먼저 지적인 이해와 동의가 있어야 한다. 그리고

가장 바깥에 상상력이 자리한다. 사람은 먼저 상상을 하고, 지적으로 이해하고 마지막에 의지로 결정하여 행동하게 된다.

학교에서 배우는 것은 지식과 지성의 영역이다. '물은 100도에서 끓는다, 2+2=4'는 지식의 영역이다. 악보를 보고 리듬과 멜로디를 읽고 이해하는 것은 지성이다. 음악에 관한 배움이 없으면 악보들을 그냥 '콩나물'이라고 본다. 피아니스트는 악보를 보고서 피아노의 음이 어떻게 펼쳐질지 나름의 상상을 먼저 한다. 마음속에서 리듬과 멜로디를 상상하여 모차르트의 음악을 지성으로 이해한다. 악보에 대한 지식이 상상을 가능케 한다. 지식이 없으면 상상이 없다. 그 후에 실제로 피아노 앞에서 연주한다. 이는 의지의 영역이다. 피아니스트의 의지는 손을 내밀게 하여 건반을 두드려 음을 산출하기 시작한다.

1. 의지의 영역: 사람의 됨됨이를 결정짓는 사람의 중심 핵(核)

루이스에 따르면, 중요한 것은 사람의 가장 깊숙한 곳에 자리 잡고 있는 의지의 영역이다. 피아노를 치지 않는 피아니스트는 없다. 피아노를 치기 전에 악보를 읽고, 이해하고, 기억하고, 상상하고, 연습한다. 그 후에 그의 양손을 내밀어 피아노를 칠 때 비로소 그 악보의 소리와 리듬과 색채가 드러난다. 피아노 치는 행동으로 나타난 의지, 의지의 행동이 결정적이다. 악마는 어떻게든 환자가 행동으로 옮기지 못하도록 의지 영역에 아무것도 습관으로 자리를 잡지 못하도록 유혹하려 한다.

사람의 생각과 행동은 얼마든지 분리될 수 있다. "생각 따로, 행동 따로"가 바로 그것이다 생각하지만, 의지적 행동이 없다. 회개도 이와 같다. 회개는 의지의 영역에까지 들어와서 의지적 행동으로 움직여야 한다. 생각과 상상으로 하는 회개, 별게 아니다.

〈스크루테이프〉는 회개를 사람의 생각과 상상의 "내면에서 일어난 사건"(SL, 27)으로 여기도록 하여, 온통 심리 상태로만 끝내도록 한다. 생각과 상상 속에서 회개도 하고, 정직도 하고, 기도도 하고, 가난한 자들을 돕기도 한다. 사람은 간교하기 때문에 의지적 행동 없이도 스스로 상상 속에서 절묘하게 그것이 행동이라고 믿기도 한다. 그때 악마가 이긴다.

악마는 의지적 행동으로 드러나지 않는 것은 무엇이든 다 좋아한다. 글을 쓰는 것, 말하는 것, 설교하는 것 등, "의지적 행동으로 옮겨지지 않는 것"은 거의 아무런 문제가 되지 않는다. 말과 생각과 상상에서 그치고, 의지와 습관으로 이행되지 않을 때 사람은 변하지 않는다(SL, 81). 사람은 상상으로도 충분히 훌륭한 인격을 쌓았다고 혼자서 즐기고 착각한다. 그리고 그런 상상의 인격과 용서와 정직을 그의 것인 양 즐기고 나름 만족해한다.

> 여하튼 사람들이 의지의 원 안에 그들의 습관으로 정착하도록 해서 행동으로 옮기는 것만 아니라면 무슨 짓을 하더라도 크게 달라지지 않으니 그런 상태로 내버려두어도 얼마든지 좋다. 상상과 감정이 아무리 신앙의 경건한 모습을 띤다 해도 의지와 결합하지 않은 한 우리 악마에게 별로 해로울 게 없다는 말이다(SL, PARA 81).

사람은 자기를 속이는 자기기만 때문에 몸으로 의지적 행동을 하지 않으면서도, 생각과 감정으로도 좋은 미덕과 훌륭한 인격을 쌓았다고 충분히 착각하고 만족해한다. 이것이 악마가 말하는 "무슨 짓"이다. 훌륭한 인격적인 설교를 들으면서, 아니면 설교를 하면서 상상하기도 한다. 또한, 설교를 접하면서 감정이 격해져서 눈물을 흘리고, 이미 감정으로는 훌륭한 인격에 도달한 듯하다. 감정으로 도달한 인격, 상상으로 쌓은 인격은 의지와 결합하여 습관이 되지 않으면 악마의 비웃음거리가 되고 만다.

> 원수 하나님이 좋아하는 미덕들이 사람의 가장 깊은 곳에 있는 의지의 원 안에 도달해서 고정된 습관으로 하나씩 자리를 잡게 되면, 우리 악마들이 두려워하는 치명적인 상처를 입게 된다(물론, 내가 말하는 의지는 환자가 오해하는 것처럼 이런저런 결심을 해 놓고 이를 악물고 안달복달하면서 스스로 닦달하는 게 아니다. 의지는 원수가 "마음"이라고 부르는 사람의 진짜 중심을 가리킨다). 미덕이 상상 속에서 아름답게 채색되고, 지식인의 인정을 받으며 어느 정도의 사랑과 존경까지 끌어모은다 한들, 그런 것으로 그 녀석들이 지하에 계신 우리 아버지 집을 벗어날 수는 없다. 오히려 그런 미덕을 가지고 지옥에 오는 녀석들이야말로 훨씬 더 재미있는 구경거리다(SL, PARA 46).

의지를 가리켜서 사람의 중심, 즉 "마음"이라고 한다. "의지"(意志)라는 단어가 암시하듯, 의지는 말이 콧김을 뿜어내면서 앞으로 뛰쳐나가는 그런 것이 아니다. 의지는 사람 마음의 방향과 결심과 행동을 말한다. 마음이 없으면 행동도 없다.

정의를 말하는 설교자는 설교를 통해서 하나님의 이웃 사랑의 윤리와 정의를 탁월하게 가르칠 수 있다. 찬사와 존경을 한 몸에 받는다. 그러나 설교 내용이 설교자 의지의 영역 안에 자리를 잡아서 행동으로 나타나지 않으면, 이제 '뻥'이 되고 만다. 그들은 지하 아버지의 환영을 받으면서 지옥의 흥밋거리가 된다. 콧김을 내 뿜는다 해서 의지적 행동이 되는 게 아니다.

의지적 행동이 없이 대학의 아카데믹한 서클에서 선하고 좋은 것들이 사상의 영역에서 온갖 형태로 논의되고, 토론하고, 결론을 맺는다. 그래도 환자는 여전히 지하의 아버지 집에서 벗어나지 못한다(SL, 21). 성인이 되어 교회에 출석하지만, 별로 중요하지 않다. 잠시 원수 하나님의 진영에서 머물다가 이제는 다시 돌아와 악마의 집에서 머무는 자들이 셀 수 없을 정도다.

악마가 만들어 준 환자의 "몸에 배어 있는 습관들"(SL, 21) 때문에 그들은 언제고 원수 하나님을 떠날 수 있다. 생각과 상상, 말의 성찬과 언어 게임 속에서 온갖 선함을 베풀었으나 의지를 드러내어 나타난 몸의 행동이 아니라면 오히려 악마들은 그런 것들을 코미디와 구경감으로 본다(SL, 46).

"몸에 배어 있는 습관"은 하나님 진영에 머물고 있는 환자를 벗어나도록 해서 악마의 공간으로 이동하게 할 수 있다. 그만큼 "몸에 배어 있는 습관"은 힘이 세기 때문에 원심력을 발휘하여 얼마든지 다시 악마의 품으로 환자를 끌어당긴다.

가장 그럴듯한 도덕과 윤리의 말 잔치는 어느 곳보다도 교회 강단(講壇)과 신학교 교단(敎壇)에서 넘쳐난다. 그들은 교인들과 학생들에게 설교하고 가르치는 것으로 그들이 해야 할 일을 다 했다고 믿는다. 그리고 행동은 가르침을 받는 교인들과 학생들이 해야 할 몫이라고 믿는다. 신학자들은 하나님의 존재 증명을 논하는 토론을 즐긴다. 스승 맥도날드는 신학자들을 향해서 말한다.

> 그는 자네가 생각하는 것보다 훨씬 더 자네와 비슷하다. 전에는 하나님의 존재를 증명하는 데 지나치게 관심을 기울인 나머지 하나님의 존재 외에는 아무것에도 신경 쓰지 않게 된 신학자들도 있었지 … 마치 주님이 존재하는 일 말고는 다른 할 일이 전혀 없으신 분처럼 말이야! (GD, PARA 93-94)

신학교에서는 하나님 존재 증명과 같은 정교한 토론으로 만족한다. 악마가 그런 만족감을 손에 쥐어 주니 그들은 기꺼이 만족해한다. 의지와 행동이 사라진 신학 토론과 생각 그리고 상상에서 나오는 설명과 가르침이 의지적 행동으로 옮겨지지 않으면 그들에게 여전히 만족을 준다 해도 뭔가 께름칙하다.

> 미움과 증오라고 하는 것은 그리스도교인이건 그리스도교를 반대하는 자들이건 잡지 나부랭이들을 읽으면서 너나없이 토론하기 좋아하는 주제이다. … 그런 감정은 대개 상상 속에서 그들이 만들어낸 희생양을 향한 신파조의 증오심으로 끝나기 십상이다. 환자는 실제로 한 번도 그 사람들을 만나본 적이 없지 않으냐? 그의 머릿속에 있는 독일 지도자들이라고 해 봤자 신문을 읽고 저 혼자 만들어낸 상상 속의 마네킹에 불과하다. 그런 공상 속의 증오심은 그들 스스로 맥이 빠지는 결과를 낳을 뿐이다(SL, PARA 44-45).

사람들이 일상으로 마주 대하는 현실은 이웃을 향한 적나라한 비판과 쓰라린 지적질로 가득하다. 또한, 우리는 일에 지쳐서 떨어져 버린 동료들을 향한 꾸지람과 혐오감, 이런 증오를 직접 본다. 눈앞에서 꼴 보기 싫은 자들이 행하는 가증스러운 위선과 허위를 향한 구역질 나는 감정 역시 사람들이 부딪히는 지겨운 현실이다. 현실에서 주어지는 증오와 미움은 주체할 수 없을 정도다.

그런데 갑자기 이런 현실을 잊은 듯이 갑자기 태도를 바꾸어서 천상의 박애주의자처럼, 북한 동포를 도와야 한다는 둥, 돕지 않으면 그들은 힘없이 죽을 수밖에 없다는 둥, 세상의 박애는 다 지고 가는 것처럼 말한다. 뜨악해하지만, 그런 박애주의는 신문과 방송을 주워듣고 스스로 만든 북한에 있다고 상상하는 마네킹을 향한 동정이다.

"미지의 사람들"을 향한 상상에 머물러 있는 박애는 악마들의 놀림감이 된다. 행동으로 옮겨지는 것만 방지하면 무슨 생각을 하든지 악마들이 즐거워하는 게임이 된다. 가까이 있는 사람을 향해서는 지갑을 닫고, 멀리 있는 자들을 향한 동정은 그칠 줄 모른다. 그런 박애주의는 행동으로 옮겨지지 않는 상상 속의 픽션물에 불과하다. 그만큼 사람들은 상상과 현실을 자기 좋을 대로 뒤섞어버린다. 〈스크루테이프〉의 말은 그래서 정곡을 찌른다.

> 네가 아무리 애를 쓴다 해도 환자의 영혼에는 어느 정도의 악의(惡意)와 어느 정도의 선의(善意)가 함께 섞여 있게 마련이다. 제일 좋은 방법은 매일 얼굴을 보고 만나는 주변 사람들에게는 우선 악의를 품게 하면서, 멀리 떨어져 있는, 잘 알지 못하는 사람들에게는 선의를 갖도록 하는 것이다. 그러면 늘 보는 사람을 향한 악의는 완전히 실제적인 게 되고, 한 번도 보지 못한 사람을 향한 선의는 주로 상상의 차원에 머무르게 된다. 만약 환자가 자기 어머니나 회사 사장이나 전철에서 자주 만나는 회사 사람 따위를 구체적으로 사랑하게 되는 몹쓸 버릇을 기르게 된다면, 한 번도 보지 못한 독일군에 대한 증오에 아무리 기름을 붓고 부채질을 해 봤자 전혀 쓸모없는 낭패로 끝나고 만다(SL, PARA 45).

〈스크루테이프〉가 말하는 악마들의 가장 큰 승리는 무엇보다도 "의지의 타락"(SL, 148)을 만들어낸 유행의 흐름이라고 자랑한다. 악마가 사람의 마음에 새겨놓은 "새것을 좋아하는 인간 욕망"(SL, 147)은 유행과 풍조를 만들어내고, 오래된 것은 무조건 싫어하고, 구태라고 거부하고 이른바 "꼰대"라고 배척한다. "예나 지금이나 변함없는 것"(SL, 144-45, 146-48)을 질색하는 이런 감정은 필연적으로 의지의 타락을 가져온다. 의지라는 것은 흔들리지 않는 결심이고 확신이다. 사람은 의지를 통해서 결심한다.

그런데 시간 흐름에 따라서 더 좋은 것들이 나타나고, 더 좋은 것들을 더 좋아하고 빠지게 되어 유행과 풍조를 따라가게 된다. 그들은 그래서 '이 시대의 전반적인 흐름에 맞는가, 진보적인가?' 하는 식의 물음에 빠져서 그의 고유한 의지는 온데간데없이 사라지고 만다. 원수 하나님은 이리저리 흔들리면서 본질에서 벗어나서 유행에 휩쓸려 "표류하는 인간"을 아주 싫어한다(SL, 80).

유행을 좇는 이런 사고방식은 악마가 인간 마음 가운데 만들어낸 가장 "값진 열정"이다(SL, 145). 새것이 나왔다면 재빠르게 사서 내 것으로 삼아야 직성이 풀린다. 새것을 좋아하는 악마가 만들어낸 감정은 다양하게 쓸모가 있다. 오래된 신앙을 구식으로 몰아붙이고 현대적인 신앙을 찾기도 하고, 새로운 풍조의 결혼으로 부정(不貞)을 새롭게 이해해야 한다고 신사고적인 생각을 끌어들이기도 하고 우정도 긴 시간 동안 이어지지 않는다.

유행의 치명적인 약점은 이것이 "시류에 맞는가, 진보적인가, 현대적인가?" 하는 질문이다. 하지만, 이는 "사실인가, 옳은 것인가?" 하는 물음은 뭉개 버린다. 최신 것이어서 유행을 따르면 좋은 것이고, 오래되어서 고전이 되면 가치를 상실한다고 터무니없는 생각을 한다. 루이스의 모습을 보면 그는 오래된 옷을 꽤 오래 입었다는 것을 알 수 있다.

2. 〈스크루테이프〉, 사람의 의지를 탐하다

악마가 결국 사람을 먹고 마신다는 말은 몸이 아니라 인간의 의지를 빨아 흡입하여 마시는 것이다. 왜냐하면, 인간의 가장 맛있는 핵심 부위는 그의 중심, 그의 마음과 의지이기 때문이다(SL, 46). 악마에게 인간이란 그냥 먹거리에 해당한다. 인간의 의지를 먹어서 흡수하고, 악마 자아를 크게 하는 게 목적이기에 그렇다(SL, 53). 자기 자신을 더 크게 키우려면 다른 사물을 밀어내거나 먹어서 흡수해야 한다. 짐승한테 흡수는 잡아먹는 것이고, 악마에게 흡수는 강한 자아가 약한 자아의 의지와 자유를 빨아서 흡수하는 것이다. "존재한다"는 것은 곧 "경쟁하여 먹어 치우는" 것이다(SL, 105).

> 내가 말하는 의지는 환자가 오해하는 것처럼 이런저런 결심을 한다면서 이를 악물고 콧김을 뿜어가며 안달복달을 하면서 애써서 뭔가를 하는 게 아니다. 의지는 원수 하나님이 "마음"이라고 부르는 사람의 진짜 중심을 가리킨다(SL, PARA 46).

인간이란 무엇인가?

인간은 곧 그의 의지이고 그의 마음이다. 인간을 먹고 소유한다는 말은 그의 마음을 빼앗는 것이고 의지를 빨아서 흡입하는 것이다. 마음과 의지를 빼앗으면 인간을 정복한 것이다. 〈스크루테이프〉는 인간 존재의 핵심을 잘 알고 있다. 남자가 여자를 사귈 때 가장 먼저 얻어야 하는 것은 그녀의 마음이다. 그녀의 마음을 소유할 수 있다면 그녀 전체를 가진다.

악마가 가장 탐내는 인간 부위는 그의 마음과 의지 곧 그의 자아이고, 환원하면 이것이 바로 인간 전체이다. 의지는 그의 자아를 결정하고, 자아는 곧 마음과 인격과 품성과 사람됨 그 자체다. 하나님과 〈스크루테이프〉의 전쟁은 누가 사람의 마음을 차지하느냐의 싸움이다.

심지어 원수, 하나님도 인간 의지를 함부로 대하지 않는다. 하나님이 맘대로 할 수 있다면 인간 의지는 종잇조각처럼 구겨진다. 종잇조각과 같이 흩뜨릴 수 있는 사람의 의지를 하나님은 존중해서 그의 의지대로 스스로 움직이도록 한다. 하나님은 사람의 의지를 무너뜨리지 않으신다(SL, 55). 왜냐하면, 인간 의지는 바로 사람 됨됨이의 핵심이기 때문이다.

하나님께 드리는 기도의 경우에도 사람의 의지는 매우 중요하다. 사람들이 기도를 드릴 때 흔히 앵무새처럼 따라 하기도 한다. 기도에 사람의 의지와 지성이 빠질 때 습관적이고 버릇처럼 하는 기도가 될 뿐이고, 막연한 종교적 기분을 만들어낼 뿐, 애를 쓴다고 해도 악마의 부추김에 불과하다. 이런 기도는 대체로 "내면적"이고, 사람은 딱히 "규칙에 얽매이지 않는" 기도를 드린다고 생각하지만, 여전히 기도 분위기, 기도 기분만 만드는 꼴이 되고 만다(SL, 32).

유럽의 어떤 큰 성당에 들어서니, 함께 있던 친구가 말한다.

"이런 성당에 오면 기도할 기분이 난단 말이야!"

그런 종교적 분위기에 압도되어 기도 분위기가 저절로 생겨나고, 한껏 기도 흉내를 우아하게 낸다. 아름답게 치장된 커다란 성당은 사람들의 종교 심성과 기분을 위해서 여전히 필요하다.

하나님이 사람에게 주신 결정적인 선물 두 가지는 사랑과 자유다.

〈스크루테이프〉는 다음과 같이 표현한다.

> 원수 하나님은 구역질 나는 이 작고 하찮은 인간 벌레를 그의 '자유로운' 연인이면서 종들, 그가 칭하는 말로는 '아들들'로 삼으려 한다(these disgusting little human vermin into what He calls His 'free' lovers and servants—'sons' is the word He uses, SL, PARA 24).

하나님은 인간 벌레를 "사랑하는 연인이자 종들"이라고 그리고 "아들들"이라고 칭한다. 하나님이 "사람에게 자유를 주시려는 욕망"은 그들이 "자기 힘으로" 해내고, "자기 힘으로" 독립하여 살아가도록 그렇게 하시겠다는 "목표"가 있기 때문이다(SL, 24). "감정에 휩쓸리지 않는" 그들 자기의 의지로 살아가도록 하는 것이다.

하나님은 사람을 사랑하기 때문에 자유를 주시고, 자유는 그들이 자기의 의지와 힘으로 살아가도록 한다. 이것이 사람을 향한 하나님의 최후 목적이다. 아이들이 커서 자기 힘으로 일어서고, 걷고, 독립적으로 일을 하기 원하는 부모와 같다. 그러나 "자기 힘으로" 홀로 살아간다는 것은 "실망"의 고비를 넘어서서 "힘겨운 실천"으로 행동으로 옮길 때 나타난다(SL, 23).

나는 한글개역 성경을 읽으면서 한글번역의 우아하고 장중함을 느낄 때 "본래 쓰인 신약의 헬라어는 어떤 의미일까?"하는 물음을 가진 적이 있었다. 그러나 막상 헬라어로 된 복음서를 읽으려고 기초 헬라어 문법을 공부하기 시작하면서, 헬라어 공부의 고단함과 실망감으로 한두 번 좌절한 게 아니다.

결혼하면 만사가 다 좋으리라 기대했던 연인이 치약을 거꾸로 짜는 사소한 습관에 실망을 경험한다. 이런 실망감은 삶의 모든 부분에서, 지금껏 생각하던 일을 막상 실천에 옮기려는 의지적 행동의 순간에 찾아온다(SL, 23). 자유와 의지의 실천에는 그런 실망이 따른다.

하나님은 노예가 아니라 사랑하는 자녀들이 스스로 자기 자신을 그의 자유로 실천해 나가면서 살아가기를 원하신다. 하나님은 자유 의지가 없는 말 잘 듣는 노예가 아니라 스스로 순종하고 스스로 실천해 내는 자녀들을 원하신다.

3. 비겁함, 그 추잡스러움 그리고 위기에 빛나는 용기

〈스크루테이프〉에게서 비겁함은 가장 비참한 행동이다. 사람들은 때로 엉뚱하게 그들의 악한 행동을 감추기보다는 드러내놓고 자랑스러워한다(SL, 170). 지난 시절을 회고하면서 한때 남의 것을 훔쳤다거나, 사기를 쳤다거나, 심지어 누구를 미워해서 죽여 버렸다는 것 등을 자랑하기도 한다. 그런데 사람은 그런 악한 행동은 자랑할 수 있으나, 그들이 행한 비겁한 행동을 자랑할 수는 없다.

"대부분의 악한 행동은 사람들이 드러내놓고 자랑하도록 만들었건만, 비겁함만큼은 그렇게 두지 않았다"(SL, 170).

그만큼 비겁함은 다른 사람들 앞에서 입도 뻥긋하기 힘든 그야말로 쪽팔리는 행동이다.

〈스크루테이프〉는 비겁함과 용기를 비교해서 이렇게 말한다.

> 대체로 사람들은 비겁한 행위를 괴로워하고, 그 어떤 것보다 통렬하게 아픔을 느끼게 하는 악덕으로 생각한다. 비겁함은 미리 생각만으로도 끔찍하고, 막상 겪을 때도 끔찍스럽고, 나중에 뒤돌아볼 때도 역시 끔찍스럽다. … 원수 하나님이 전쟁이나 지진과 같은 잡다한 재해들을 일으키는 바람에, 용기라는 인간 미덕이 얼마나 중요하고 아름다운가를 한순간에 알게 된다. 사람들의 용기가 나타나게 되면 그때까지 쏟아부은 우리 악마들의 수고가 물거품이 되곤 한다. 용기가 사라진 사람들이 온전히 부끄러움을 느끼게 되는 악덕 하나는 바로 수치심이다. 그런데 환자들에게 비겁함을 불러일으킬 때 경계해야 할 점이 있다. 그것은 그런 과정을 통해 사람이 참으로 자신이 얼마나 수치스러운가를 깨닫게 되고, 자기를 혐오하기도 한다. 이런 경우에 때로 사람이 회개와 겸손으로 돌아서는 사태를 막아야 한다는 것이다 (SL, PARA 170).

1) 비겁함은 그 자체만으로도 비겁한 사람에게 고통을 주고, 생각할 때마다 극도로 비참해지게 하는 저질스러운 악함이다

"비겁함"(coward)은 "꼬리"를 의미하는 라틴어 "카우다"(*cauda*)와 "경멸"을 뜻하는 "아드"(*-ard*)를 합쳐서 "겁에 질린 강아지가 꼬리를 아래로 감추는 경멸스러운 모습"을 뜻한다. 비겁함은 악함 중에서도 경멸의 대상이 되는 추잡스러운 악함이다.

단테의 『신곡』에서는 비겁한 자를 악함에도 끼지 못하는 조롱당하는 찌질한 모습으로 그린다. 비겁한 자는 지옥에도 들어가지 못하고 지옥 언저리를 맴돈다. 『신곡』에는 지옥으로 들어가는 관문의 그림이 나온다. 지옥은 이 관문을 중심으로 진짜 지옥과 지옥 앞에 있는 또 다른 어중간한 지옥이 나온다. 단테와 그의 스승 베르길리우스는 지옥으로 들어가기 전 이 어중간한 지옥문 앞에 있다. 그리고 그 현관에는 다음과 같이 유명한 글귀가 새겨 있다.

> 이 문을 통과하는 자들은 슬픔과 영원한 고통의 자리로 들어가게 된다. 이 문으로 들어가는 자들은 더 이상의 어떤 희망도 다 버려라.

지옥은 한마디로 희망의 부재, 어떤 희망도 철저하게 사라진 곳을 말한다. 다시 말하면, 지옥이 아니라면 어디든 희망이 있다는 것이다. 지옥은 또한 어떠한 빛도 없다. 태양은 물론 달도 별도 없다. 단지 칠흑과 같은 어둠이 있을 뿐이다. 그래서 지옥에는 눈이 쓸데없고 단지 귀로 듣는다. 인간 깊은 심연에서 울려 나오는 숨이 턱 막히는 울음소리가 가득하다. 단테는 아직 지옥에 들어가지 않은 누군가의 애절한 울음소리를 듣는다.

그들은 누구인가?

스승이 설명해 준다.

"이 불행한 영혼들은 누군가로부터 욕도 먹지 않고 칭찬도 받은 적이 없는 자들이다."

뭐랄까, 지옥을 들어가기도 전의 애매한 공간에서 어정쩡하게 헤매고 있는 자들의 모습이다. 이것도 아니고 저것도 아니다. 그래서 오히려 가장 악하다. 해야 할 일을 하지 않고, 구하지도 않고, 게으르게 그냥저냥 주어진 시간을 헛되이 낭비한 비겁한 자들이다. 큰 죄를 짓지 않았지만, 늘 회피하고 도망 다니는 인생이었다. 뭘 해본 적도 별로 없고, 뭔가를 하지 않은 적도 없이 늘 꼬리를 내리고, 경멸의 시선을 느끼면서도 그럭저럭 시간을 보낸다. 저항을 해보지도 않았고, 적극적으로 순종하여 일을 해낸 적도 별로 없다.

싸움도 없고 평화도 없이 불안이 도사리고 있지만, 그냥 술 한 잔으로 잊으면서 지나간다. 그들을 기다리고 있는 형벌은 사나운 독사가 물어뜯으면서 피를 흘리는 것이다. 그들 인생은 피 흘리기를 피하는 삶이고, 보아도 보지 못하고, 들어도 듣지 못하고, 알아도 모르는 척하면서 고통과 슬픔을 피해서 늘 비겁하게 달아난다. 그들은 뜨거운 지옥을 피하여, 애매모호한 지옥 앞에서 어쩌지 못해서 이리저리 피하면서 여전히 도망치려 한다.

위급하고 도움이 필요한 상황, 있어야 할 자리를 피해 도망친 자들, 복지부동으로 편한 자리를 비겁하게 차지한 자들이다. 다른 사람을 무너뜨리는 거짓과 모함을 "지독스러운"(?) 악함이라 한다면, 그들은 해야 할 일을 하지 않고 도망친 "저질스럽고 찌질하게"(?) 악한 자들이다. 화끈하게(?) 악을 행하는 것도 밑바닥 지옥 차지이지만, 저질로 추잡스럽게 악을 행한다 해도 또 다른 밑바닥의 지옥을 피할 수 없다. 그들은 이것도 아니고 저것도 아닌 "아무것도 아닌 것"(SL, 75)에 끌려서 주어진 시간을 애매하게 보낸다.

비겁함의 결과는 몽롱한 처지에 이른다. 시끌벅적한 악함이 아니라 지저분하고 따분한 상태에서 멍하게 시간을 보낸다. "아무것도 아닌 것"에 미혹되어 늦게까지 잠을 이루지 못하고, 불꽃 같은 고통이 아니라 멍한 상태로 시간을 보낸다. 그래서 비겁함의 결과는 "내가 해야 할 일을 하지 못하고, 내가 좋아하는 일도 하지 못하는"(SL, 75-76) 이도 저도 아닌 채로 인생을 소비하여 지옥 옆의 지옥에 처한다.

… 또 오래도록 아무 일도 하지 못하게 할 수도 있다. 굳이 술을 마시며 친구들과 떠들면서 시간을 마냥 별생각 없이 흘려보내도록 할 필요도 없다. 썰렁한 방에 홀로 앉아서 마치 꺼져가는 희미한 불꽃을 멍하니 바라보고 아무것도 하지 않으면서 밤늦게까지 잠을 이루지 못하게 하는 것이다. 몸을 움직이는 건강한 바깥 활동은 모두 다 금지하도록 해야 한다. 그러면 뭔가 이를 대신할 수 있는 일을 주는 게 일반적인 전략인데, 이런 자들에게는 아무것도 할 일을 주지 않은 채로 시간을 얼마든지 그냥 지나도록 할 수 있다. 내가 오래전에 맡아서 관리를 했던 환자가 새삼 기억난다. 그 녀석이 이곳 지옥에 도착했을 때처럼 너의 환자도 보나 마나 이렇게 한탄하게 될 것이다. "오호, 통재라! 이제 와서 보니 나는 해야 할 일은 하나도 하지 못하였고, 그렇다고 해서 좋아하는 일도 하지 못한 채 인생의 거의 모든 시간을 낭비하면서 보내버리고 말았구나"(SL, PARA 75).

비겁한 자는 이제 희미한 등불 밑에서 몸을 이리저리 굴리면서 시간을 보낸다. "아무것도 아닌 것"(Nothing)에 이끌리는 자들에게 "아무것도 아닌 것"은 그의 삶 전체를 "아무것도 아닌 것"으로 허비해 버릴 수 있을 정도로 힘이 세다.

사람은 때로 달콤하지도 않은 것, 미적지근한 것, "도대체 뭔지도 모르고 왜 하는지도 모를 것"에 애매하게 관심을 보이다가 손을 떼기도 한다. 그리곤 다른 곳에 가서 기웃거리고 어렴풋한 호기심을 채워 보다가, 손장난이나 말장난을 하면서 그리고 아무 책임도 없는 공간에서 이리 뒹굴 저리 뒹굴 시간을 죽인다.

일단 이런 상황에 익숙해지면 그는 길고도 침침한 어둑어둑한 몽상의 미로에서 헤매다가 주어진 시간을 다 낭비하고 만다. 사람이라는 게 이런 식으로 만들어진 약해 빠진 자들이란 말이다(SL, 75-76). 그리고 뜨겁지도 차갑지도 않고, 이것도 저것도 아닌 자들의 모습이다.

비겁한 자들에게 희망이 있을까?

비겁한 자의 전형은 전쟁터에서 도망치는 것이고, 이는 삶의 전쟁터에서도 마찬가지다. 그들의 비겁함은 전쟁 같은 위기에서도 자기 혼자 살겠다고 도망치게 한다. 그리고 그의 비겁함에 좌절하고 절망하면서 때로는 자기를 성찰하게 되고, 자기가 어떤 존재인지를 알게 된다.

지금까지 말로 떠벌이면서 자기의 비겁함을 가릴 수 있었지만, 삶의 위기가 다가오면 말로 감추어지지 않고, 사람들 앞에서 그리고 스스로 자기 눈앞에서 불을 보듯 환하게 정체가 드러난다(SL, 171). 그러나 혼미한 상태에 있던 그는 자기의 비참한 주제 파악에 이르러서 회개의 가능성을 오히려 가질 수 있다. 어쩌면 그는 희망의 갈림길에 다시 서게 될 수도 있다.

2) 용기는 결정적인 순간에 드러나는 유일한 미덕이다

사람의 선한 덕목이 여럿 있다. 예를 들면, 정직과 순결과 동정과 자비 등이다. 그러나 루이스는 이런 선한 덕목들에 용기가 빠지면, 그런 좋은 덕들이 일시적이고 표면적인 덕목으로 끝난다고 날카롭게 지적한다. 위기의 순간에는 용기만이 유일한 덕이다.

용기가 없으면 어떤 미덕도 위기의 순간에 가짜로 드러나고 만다. 악함이 버젓이 활개 치는 이 세계는 위험한 곳이다. 진정한 용기는 위험을 감수하면서 빛을 발한다. 용기는 위험한 상황에서 유일한 덕목이다. 정직한 자가 윗사람으로부터 거짓을 강요받을 때, 그런 위험한 상황을 이겨낼 용기가 없으면 그의 정직은 일시적이고 가짜였음이 드러난다. 협박에 넘어간 허위 정직이고, 용기가 없으면 정직은 그대로 거짓에 굴복하고 묻히고 만다. 정직의 시금석은 용기다.

빌라도는 자비로운 자로 자기를 포장하였으나, 예수라는 걸림돌이 그의 위기 상황 앞에 주어졌을 때 겉으로의 자비를 포기하고 말았다. 그의 생애에서 예수라는 인물을 만나기 전에는 자비와 정의를 포장해서 그런 수준 있는 인물로 나름 잘 살았다. 그러나 이쪽저쪽 눈치를 보던 빌라도는 자기의 직위를 위해서 용기를 포기했고, 그래서 그의 자비와 정의도 일시적인 겉치레였다는 것이 막판에 드러나고 말았다(SL, 171).

비겁함이 마주치게 되는 두 가지 결과가 있다. 하나는 비겁함이 만들어 주는 고통스러운 쪽팔림과 수치이며 또 다른 하나는 자기를 향한 좌절과 절망이다. 비겁함은 때로 스스로 자기가 얼마나 밑바닥을 기어다니는 별 볼 일 없는 자인가를 여실히 보여 준다. 비겁함을 경험한 자는 더 이상 지금까지 남아 있는 그나마 잘난 구석은 사라지고 수치와 절망이 그를 압도하여, 상실감과 패배감을 처절하게 느끼게 된다.

여기서 〈스크루테이프〉는 웜우드에게 결정적인 언질을 준다. 그 환자가 원수 "하나님 쪽으로 조금이라도 발을 들여놓았다"고 하면, 상황이 달라진다. 그는 이제 자기의 비겁함 때문에 절망에 빠져서 마냥 한숨을 쉬면서 지내지 않는다. 비겁함보다는 "절망 그 자체가 더 큰 죄악"이다(SL, 172). 왜냐하면, 죄는 회개를 통해서 벗어날 수 있지만, 절망에 빠져 있는 한 아무것도 할 수 없기 때문이다.

절망은 사람이 하나님을 대항하는 가장 큰 죄악이다. 절망은 하나님과 절연하여 하나님을 더 이상 만날 수 없는 가장 악질적인 죄악이다. 그러나 "하나님 쪽으로 조금이라도 발을 들여놓은 자"는 절망하지 않는다. 또한, 일시적 절망과 좌절은 주제 파악의 지름길이다. 주제 파악을 통해서 그는 자기를 발견하고, 하나님을 알게 되고 하나님께 돌아설 기회를 얻는다.

4. 비이기심(Unselfishness): 알량한 자기 양보의 틈으로 드러내는 자기 의로움

　신사 한 분이 은행 창구 앞에서 일을 부탁하는데 일이 제대로 되지 않았다. 항의하니 직원이 잘못 했노라고 사과하지만, 또다시 제대로 일을 처리하지 못했다. 그러자 그 신사는 가서 이번에는 제대로 일을 하라고 목소리를 높인다. 지점장이 나와서 "저희가 잘못했고, 직원 교육을 제대로 하고 잘 처리하겠습니다"라고 고개를 숙인다.
　그러자 지금까지 그 직원을 잡아먹을 듯이 소리치던 그 신사가 하는 말씀, "그렇다고 해서 직원을 자르거나 너무 혼내지는 마세요"라고 태세 전환을 한다. 그 신사는 그 빈틈을 끼어들어 자기의 넓은 아량을 과시해 보고 싶은 것이다.
　나는 루이스의 "비이기심"(非利己心)이라는 글을 읽으면서, 실제로 마음의 치유를 경험한 적이 있다. 다른 사람에게 어떤 가치 있는 도움을 준 경우에 당연히 우리는 그 사람으로부터 상응하는 대가를 바라게 된다. 그런데 도움을 받은 사람은 도움을 별로 탐탁지 않게 여기고 시큰둥한 반응일 뿐이다. 그때 우리는 열받게 되어 분노와 수치감을 느끼게 된다.
　루이스는 바로 이런 일반적인 행태를 결국 예수께서 경고하신 "자기의"(自己 義), 결국 자기를 돋보이려고 잘난 체하고, 박수와 갈채를 받기 원하는 모습을 지적하는 것이다(마 6:1, 5, 16). 자기 의로움은 피할 수 없는 뿌리 깊은 인간 본능이고, 바리새인의 특징이며, 하나님께 나아가는 데에 방해하는 결정적인 장애물이다(눅 18:14).
　세리는 결국 자기 의로움 때문에 성전에서도 하나님을 만날 수 없었다. 예수를 믿는 자들의 삶은 세리와 바리새인이 추구하는 방향을 거꾸로 살아야 하는 것이라면, 이는 신앙이 무엇인가를 뿌리째 드러내는 문제다. 나는 개인적으로 루이스의 이 글을 읽으면서 마음 깊은 치유의 해방을 경험하기도 하였다. 나는 그날 저녁 깊은 잠을 잤다.

비이기심은 소위 양보의 미덕을 말한다. 다른 사람들에게 좋은 것을 해주는 적극적인 태도가 아니라, 내가 그 좋은 것을 양보한다는 것이다. 다른 사람의 행복을 위하는 것이 아니라, 내가 욕심을 부리지 않겠다는 태도다. 내가 스스로 자제하고 절제하는 모습을 드러낸다. 비이기심은 결국 나, 자신을 향한 나르시스틱한 관심을 절묘하게 드러내는 일종의 테크닉이다(WG, 11-12).

양보의 미덕은 때로 나름 인격의 수준을 보여 준다. 문제는 내가 양보하면, 당신은 나에 대한 칭찬을 내어놓으라는 무언의 압력이다. 양보의 순간을 이용해서 교묘하게 자기의 아량을 드러내고 싶은 일종의 "허영심"(?), 그것이 문제다. 이것이 습관이 되면 바리새인의 자기 과시로 나타나서, 자기 의로움이라는 심각한 상황을 초래한다. 이같이 아량을 베푸는 듯한 잘난 체는 결국 일종의 자기 의로움과 자기 자랑의 문제가 된다는 것이 루이스가 말하는 비이기주의의 핵심 문제다.

1) 비이기심을 빌려서 잘난 체하는 그것은 "자기 의로움"을 드러내어 주변 사람을 성가시게 하는 사랑이기도 하다

남녀가 썸을 타는 기간에는 당연히 육체적 매력 때문에 서로 끌린다. 당연한 본능이지만, 사람들은 이를 사랑이라고 착각한다. 그러나 사람은 그냥 남녀의 본능과 욕망이 자연스레 서로 끌리도록 만들어졌다(SL, 150). 사랑은 그들의 눈을 가리기 때문에 콩깍지가 씌어서 꼴 보기 싫은 것도 사라진다. 사랑이라는 착각은 과장된 확신을 갖게 한다.

"아! 사랑의 힘이란 이렇게 큰 것이구나, 아무리 어려운 상황이 다가와도 사랑의 힘으로 이겨낼 수 있다"(SL, 150).

실상은 꼴 보기 싫은 것들을 "사랑의 힘"으로 덮고 지나가는 것이 아니라, 터지지 않은 수류탄의 터질 날이 "미뤄지는 것"이다. 비밀스럽게 쌓여서 깊이 곪아있는 상처와 같다. 썸타는 기간이니 그냥 지나간다 치더라도, 결혼해서 함께 살기라도 하면 얼마 가지 않아서 발밑의 아슬아슬한 지뢰처럼 터지는 순간이 다가온다. 이것이 바로 악마의 계획이다.

이때 악마는 "비이기심"(unselfishness, SL, 150)이라는 전략을 사용한다. 아주 섬세한 전략이고, 인간 본성을 꿰뚫고 있는 모략이기 때문에 우선 잘 이해할 필요가 있다. 사람이 하나님께 나아가지 못하는 결정적인 이유는 "내가 의롭다"는 일종의 "자기 잘남"에 대한 확신이다. 사람이 하나님께 나아가기 위해서는 주제 파악이 제대로 되어야 하는데, 이는 자기의 죄악됨을 고백하는 것이다.

그러나 자기 의로움은 그의 죄악을 가리는 결정적인 장애물이다. 예수께서 그토록 혐오하다시피 했던 바리새인의 특성, "자기 의로움"(self-righteousness, SL, 150)은 기회만 되면 틈틈이 고개를 드는 못 말리는 인간 본성이다. 바리새인은 실로 겉보기에는 예수님을 가장 닮은 자들이기도 하지만, 그들의 자기 의를 경계로 해서 둘은 무한히 갈라진다. 신앙은 결국 우리가 바리새인을 얼마나 닮지 않느냐 하는 문제이기도 하다.

루이스가 말하는 비이기심은 사랑이 왜곡된 형태다. 사랑은 근본적으로 자기희생이다. 그러나 비이기심은 "애당초"(SL, 151) 다른 사람들의 행복에는 관심이 없고, 자기의 비이기적인, 나름 훌륭한 태도가 드러나기를 바란다. 그는 자기 이익을 양보하는 포즈를 취한다. 사랑의 왜곡된 형태, 비이기적인 태도는 상대방을 위해 내가 양보한다는 명목하에 또 다른 형태의 대가를 요구한다. 사랑은 희생을 치르지만, 비이기적 태도는 양보하는 체한다. 그러나 양보는 자기의 아량과 잘남을 드러내기 위함이다. 희생과 크

제3장 사람을 움직이는 몇 가지 영역   81

게 다르다.

  지금 루이스는 자기 의로움이 비이기주의의 탈을 쓰고 어떻게 나타나는지를 절묘하게 보여 준다. 결국, 자기의 우월함을 믿는 자들은 다른 사람의 우월함을 인정하지 않는다. 특히, 다른 사람들이 자기보다 더 선하다는 사실도 인정하기 싫다.

  "나의 선함과 아량은 너보다 크다."

  이런 모든 것이 비이기심이라는 자기 양보의 미덕으로 포장해서 나타난다. 그리고 그들은 양보의 미덕이 인정받지 못하고 무시되었을 때 치밀어 오르는 분노를 참지 못한다. '내가 이렇게 이기심을 포기하고 양보를 했는데도, 그것을 알아주지 않다니 나쁜 놈들!'이라고 매도한다.

> 두 사람이 함께 뭔가를 하기 위해서 의견을 나눈다. 이때 훌륭한 포즈를 취하는 자는 자기가 원하는 것을 제쳐둔 채로 상대방의 뜻을 존중해 주는 양보의 미덕을 발휘하려 한다. 더구나 상대방이 원하는 것을 미리 지레짐작하여 나는 그의 뜻대로 할 수 있다고 미리 앞서서 양보하려 한다. 그런데 사실은 상대방이 진짜 바라는 게 무엇인지 잘 알지 못하면서 그냥 양보의 미덕을 드러내려는 것이다. 그래서 어쩌다 재수가 좋으면 상대의 뜻을 알아차렸다고 자기도취에 빠지기도 한다. 그러면 반드시 그는 자기 의로움(義)에 취해서 스스로 만족하며, 이제는 자기의 비이기심, 즉 양보의 미덕에 합당한 특별 대우를 은근히 기대하게 된다. 그뿐만 아니라 상대방이 자기가 발휘한 양보의 미덕과 희생을 너무 대수롭지 않게 취급하는 게 아니냐는 불만까지 슬쩍 품게 할 수 있다는 말이다(SL, PARA 152).

  정리하자면, 사람은 별것 아닌 양보를 할 때도 그것으로 칭찬받기를 원하면서 비이기적인 행동을 해서 자못 자기의 훌륭함에 스스로 도취하고,

사람들의 칭찬을 유도하려는 속셈이다. 사랑은 본래 자기희생이 들어간다. 그러나 비이기심은 단지 자신이 이기적인 사람이 아니라는 사실을 보여 주기 위해서 자기 이익을 포기하는 것이다. 그래서 양보의 미덕 싸움을 한다.

내가 얼마나 양보를 잘하는 인간인지 보여 주는 "아량 싸움 망상증"(He insists on doing what the others want", "그는 정말로 그들이 원하는 것을 해야 한다고 주장한다", SL 153)에 걸린 것이다. 버스에서 임신부에게 자리를 양보하지 않는 것은 이기적이다. 그러나 버스에서 자리 한번 양보했다고 해서 칭찬을 그렇게 기대하는 것은 자기 잘난 체이다.

교회에서도 이런 일을 많이 본다. 비이기심은 대체로 '여성들의 경우 주로 다른 사람을 위해서 수고한다'는 것을 뜻한다(SL, 151). 예컨대, 교회에서 김장을 해야 한다. 오전 11시에 여전도 회원 다섯 명이 모여서 오후 4시쯤에 끝내기로 한다. 교회라는 데가 늘 그렇듯이 세 명은 제시간에 오고, 두 명은 11시가 넘어서도 오지 않는다. 일찍 온 세 명이 김장을 열심히 해서 거의 마무리 단계다. 다른 사람들이 해야 할 몫을 먼저 온 회원들이 수고를 해서 거의 끝날 때가 된 것이다.

일찍 온 세 명이 이제 '성가신 사람'이 된다. 나머지 늦게 온 두 명은 얼굴 보기가 부끄럽다. 세 명이 '무슨 일이 있기에 늦었겠지'라고 동정을 한다고 하지만, 늦게 온 두 명에게는 이보다 더 '성가신' 일이 없다. '늦은 이유를 대라', '우리가 먼저 와서 더 많은 수고를 했으니 고맙다'고 하라면서 은근히 구박한다. 김장을 열심히 해서 우리가 수고를 했으니 합당한 칭찬이라는 대가를 내어놓으라는 압력이다. 그래서 칭찬을 빨리해 줘서 그 '성가신' 행태를 주저앉혀야 한다. 과장이 아니라 사람은 대체로 이렇다.

사람은 양보의 수고를 하면 이제 그 사람 자체가 문젯거리가 된다. 선한 일을 사랑으로 하지 않고, 단지 비이기적으로 행할 때 그는 대가를 바라게 되고 칭찬이 주어져야 만족한다. 이것이 바로 비이기주의라는 탈을 쓴 자

제3장 사람을 움직이는 몇 가지 영역   83

기 의로움의 속내다. 바리새인들은 규칙을 잘 지키는 의로운 자들이었으나, 동시에 주변 사람들에게 '성가신' 자들이었다.

그들은 양보의 미덕과 율례를 지키는 자기 의로움을 통해서 박수를 요구하고 나서서 다른 사람들을 성가시게 한다. 그들은 당시에 다른 사람의 칭찬을 받아내고야 말았다. 그들의 양보와 의로움은 애초부터 칭찬과 자기만족이 목표였기 때문이다.

> 그녀는 말하자면, 자타가 공인하는 다른 사람들을 위해서 헌신과 봉사를 하면서 산다고 하는 그런 부류의 여자였다. 그러나 자세히 보면 그 여인의 그런 헌신을 받는 사람들은 늘 쫓기는 듯한 표정을 하고 있다. 그래서 주변 사람들에게는 그 여인의 헌신과 봉사가 얼마나 성가신 것인지를 언제라도 쉽게 알아차릴 수 있었다(SL, PARA 154).

그냥 있으면 중간이라도 갈 텐데 헌신 봉사를 한다면서 결국에 가서는 주변을 '성가시게' 한다. 헌신을 하는 사람은 그의 헌신을 받아줄 사람이 필요하다. 헌신을 받은 사람은 안절부절못하면서 쫓기기 때문에 쉽게 티가 나서 금방 알 수 있다. 사랑은 그 사람의 필요를 채우기 위해서 그 사람이 원하는 방식대로 하는 것이다. 보육원의 아이들을 돕는다면, 도움을 받아야 하는 아이들의 아픔과 처지를 생각해서 조용히 몰래 도와야 한다.

그러나 비이기적인 태도로 포장된 가짜 사랑은 보육원의 아이들과 사진을 찍어서 자기의 헌신 봉사에 대한 자랑을 결국 드러내고야 만다. 그들은 보육원에 가서 돈을 가득 쥐여 주기는 하지만, 신문에 그의 사진도 가득 채운다. 아이들과 보육원 원장은 헌신의 대상이 되어 안절부절못하면서 '빨리 사진을 찍어야 할 텐데'라는 '쫓기는 듯한 표정'을 짓는다. 돈을 주고 자기 의로움을 사고, 어린아이들은 은근히 그들의 의로움을 이루는데 이용당한다.

2) 비이기심의 치유는 섬세하다. 〈스크루테이프〉의 전략은 거꾸로 뒤집어서 읽어야 한다

첫째, 비이기심으로 자기를 포장하는 것은 결국 자기 자랑과 자기만족을 목표로 한다.

참된 사랑은 다른 사람의 행복을 위해서 자기를 희생하고 양보도 하지만, 여기에 더 이상 덧붙일 군소리가 없다. 자기 자랑의 장소가 될 법한 보육원을 즉시 칼같이 떠난다. 보육원에 기부했다고 해서 그곳에 머물 이유가 없다. 알량한 자기의 미덕을 내세우지 않고, 양보의 미덕을 내세울 필요도 없다. 비이기적인 사랑은 가짜 사랑이기 때문에 오히려 진짜 사랑이 어떤 것인지를 보여 주는 기회가 되기도 한다.

루이스는 남녀가 연애할 때, 상대방을 참으로 받아들이고 수용하게 되는데, 이때 나타나는 기쁨을 "에로틱한 매혹"(Erotic enchantment, SL, 152)이라 한다. 서로 정신없이 사랑하기 때문에 흠결이 있어도 자기 연인을 있는 모습 그대로 받아들이려 한다. 사랑하면 무엇이든 가능하다. 원수 하나님이 요구하는 사랑도 이와 비슷하다. 그러나 "에로틱한 매혹"이 사라지면 서로를 수용하는 태도 역시 사라지기 십상이다. 하나님의 사랑은 사람들이 진짜 사랑에 빠져 있을 때 아무 조건 없이 있는 그대로 그의 연인을 받아들이는 사랑과 같다. 내 뜻을 양보하면서도 기쁨을 누리는 사랑, 이것은 비이기적인 태도와 정반대다.

비이기적인 태도 역시 자기의 뜻을 양보한다. 비슷하지만, <u>스스로 폼을 잡기 위함</u>이라는 점에서 크게 다르다. 양보를 내세우면서 자신이 이기적이 아니라는 것을 보여 주려 하지만, 그 순간 우월감을 드러내고 잘난 체하고 갈채를 받으려 한다. 박수와 갈채는 바리새인들이 자기 의로 인하여 갈구하는 것이다. 그들은 죽을 만큼 간절히 박수와 갈채를 갈망한다.

많은 사람이 모이는 시장 어귀에서 손을 들고 하나님을 간절히 갈망하여 기도를 올린다. 하나님을 갈망하는 게 아니라 시장 사람들의 박수를 갈망하는 것이다. 내 인생에서 하나님을 제거하는 가장 좋은 방법은 스스로 박수를 받으려 애를 쓰는 것이다. 예수께서는 골방에 들어가서 아무도 모르게 기도를 드리라고 하신다. 사람의 갈채가 아니라 하나님의 갈채를 받아야 한다는 말씀이다.

둘째, 비이기심의 규칙이 의지적인 사랑으로 자리 잡지 못하게 해야 한다.

비이기심이라는 태도는 결국 "형식적이고 율법주의적이고 명목뿐"(SL, 152)인 겉치레다. 그래서 겉치레는 반드시 대가를 요구한다. 예컨대, 결혼 후에 남편은 남편대로, 아내는 아내대로 상대방의 뜻을 먼저 따르려 한다고 하자. 그러나 그것은 겉치레이며 가짜 양보일 수 있다. '나는 별로 좋아하지 않지만, 남편을 위해서 시금치를 볶아야지'라고 생각한다. 남편이 시금치를 좋아하면, 이제 내가 양보했으니, 다음에는 남편이 양보할 차례라고 생각한다.

이제는 자신이 양보한 것을 받아낼 차례다. 남편의 양보를 기다리는데, 이것이 잘 안된다. 그때 내가 양보를 한 나의 훌륭한 양보의 미덕이 '합당한' 대가를 받지 못하고 무시를 당한다고 생각한다. 그래서 불만이 쌓인다(SL, 152). 이런 겉치레 양보가 습관이 되면, 악마들이 보기에 '유쾌하기 짝이 없는' 불화와 다툼이 끊이지 않는다. "물어보지도 않고서 시금치 무침을 했느냐", "당신을 위해서 그렇게 애를 썼는데도 알아주지 않느냐"는 식의 서로 자기 양보를 알아주지 않는다는 불만의 다툼이 이어진다.

사랑이 불타오를 때는 식탁에 시금치를 올리건 배추를 올리건 다 좋다. 그러나 시간이 지나면 이제는 '시금치를 해도 제대로 해라' 하면서 다툼이 시작된다. 그러나 그 사람의 '영적 수준'이 어느 정도 있을 때 사랑의 의지적인 태도로 그런 불만을 잠재워서 다툼이 사라진다. 결혼한 지 꽤 오래되었기 때문에 사랑의 감정은 많이 식었다. 그러나 이런 다툼을 잠재울 수 있는 '영적인 자원'이 갖추어지면 다툼이 수그러진다. 그러나 그렇지 않으면 거의 파산 직전에 이른다.

결혼은 열렬한 사랑으로 시작되었지만, 시간이 지나면 하나님과 영적인 교제를 나눔으로 창조되는 의지적 사랑이라는 영적인 자원이 필요하다. 영적인 차원이 들어와서 감정으로 유지하는 사랑을 충분히 보충해야 한다. 사람들 사이의 사랑이 고갈되면 하나님의 사랑이 개입되어야 한다.

셋째, 처음부터 원하는 바를 솔직하게 말하는 것이 훨씬 더 좋다.

이런 사단이 발생하는 이유는 비이기심이라는 명목하에 '나는 내가 원하는 것을 포기합니다. 이제 당신이 원하는 것을 하세요'라는 알량한 양보의 미덕을 발휘하기 때문이다. 진정으로 '당신이 원하는 대로 하세요'가 아니라 나의 공로와 미덕을 내세우기 위한 양보. 그러니 그런 '싸구려'(SL, 154) 양보의 미덕 대신에 솔직하게 내가 원하는 것을 말하는 게 훨씬 더 낫다. 양보의 미덕이 칭찬으로 보상을 받아야 하는데 그것이 뜻대로 되지 않아서 스스로 기분이 상하고 좌절된다. '좌절된 자기 의로움' 때문에 '분노'가 치밀어 오르게 된다(SL, 154). 당연히 내가 받아야 할 칭찬의 언어들, 이것이 안 될 때 좌절과 분노가 나타난다.

결국, 이런 겉치레의 '비이기심은 교묘한 자의식'의 문제다. 그로부터 벗어나는 방법은 궁극적으로 자기를 내세우는 허영심을 내려놓아야 한다. 스스로 양보하는 척하지 말라. 왜냐하면, 그것은 사실 '자기의 잘난 체를 은연중에 내세우는 '싸구려 자의식' 때문이다. 이는 '나의 잘남'을 입증하려면 무슨 짓이든 할 수 있다는 바리새인의 사고방식이다.

우리는 그런 싸구려 겉치레, 가짜 양보의 미덕, 허구적 자기 잘남을 이미 너무도 잘 알고 있다. 자기의 잘남을 과시할 필요가 없는 자들은 그런 허세를 부리지 않는다. 자기의 '싸구려 양보와 희생을 늘 알아주리라'고 기대하는 것은 '바보들이나 하는 짓'이다.

제4장

보이는 세계와 보이지 않는 세계
사람의 감각 경험 너머에 있는 진짜 현실

보이는 세계와 보이지 않는 세계는 〈스크루테이프〉에게서 매우 중요한 주제다. 사람은 보이는 세계와 더불어 산다. 보이지 않는 세계는 좀처럼 사람의 감각에 포착되지 않는다. 그래서 주로 사람은 보이는 세계에 휘말려 산다. 〈스크루테이프〉는 사람들이 보이는 감각에 머물도록 하고, 감각에서 벗어나서 "생각하지 못하도록 하라"고 충고한다.

자기 감각에 부딪히는 대로, 감각이 느끼는 대로 움직이도록 유혹하고 생각이 하나씩 차곡차곡 쌓여서 인간 삶의 궁극적이고 보편적인 주제로 나아가지 못하도록, 그의 감각이 느끼는 곳에 그냥 머물도록 한다. 그리고 보이는 현실 너머, 내 감각이 닿지 않는 감각 너머의 "진짜" 현실을 생각지 못하게 하라. 사람은 생각을 깊이 하다 보면, "그럼 다음은 무엇일까?" 하는 따위의 질문을 하게 되는데, 그런 짓을 못 하도록 해야 한다. 느낌 충만한 그러나 생각하지 않는, 생각이 없는 바보 천치로 살도록 하는 것, 이것이 악마의 전략이다.

〈스크루테이프〉는 끊임없이 사람을 가리켜서 "벌레, 동물, 가축"이라고 비하한다. 동물이 사람과 갈라지는 경계선은 생각을 할 줄 아는 것이다. 생각이라는 인간 이성의 추리와 논리 능력을 빼버리면, 사람은 먹고, 자고, 싸고 하는 동물과 다르지 않다. 악마는 생각하는 이성을 빼버리고 오로지 느낄 수 있는 감각적인 본능을 남겨두려 한다. 사람은 그렇게 되어 동물이 된다. 〈스크루테이프〉가 원하는 생각 없는 자의 모습은 결국 본능 충만한, 본능이 가리키는 감각 우선의 삶을 말한다.

사람을 생각 없는 감각적 동물로 격하시키는 악마의 실력을 이제 구체적으로 보여 준다. 뭔가 심도 있게 생각하고 있는 대영박물관에서 독서를 즐기던 골수 무신론자가 있다. 그는 책을 읽다가 스스로 생각하기 시작한다.

그렇다면 산다는 게 뭐지?
삶은 어떤 방향으로 나아가는 건가?
산다는 것에 목적과 의미가 있는 것일까?

그러자 〈스크루테이프〉는 그 무신론자가 "생각하기 시작한다"는 것에 경악하고 깜짝 놀라서 그의 생각 흐름을 중단하도록 웜우드에게 유혹을 지시한다.

악마는 그 남자에게 배가 고프다는 즉각적인 몸의 진짜 현실을 새삼 생각나게 하여, 배고픔의 느낌에 굴복하도록 한다. 사람이라는 동물 존재는 그들의 "일상적인 것의 압력"(SL, 17)에 얼마나 "쉽게 굴복하는지 놀랄 지경"이다(SL, 17). 영적 존재인 악마는 눈앞의 일상에 쉽게 넘어가는 사람의 육체성에 놀란다. "밥 먹자"라는 한 마디에 인간 몸은 지성과 무식을 가리지 않고 저항하지 못하고 무너진다.

환자는 "점심을 먹을 때가 되었군, 밥이나 먹고 생각해야지"라는 말에 굴복한다. 그리고 도서관을 나와서 시끄럽게 사람들이 오고 가는 "거리의 생생한 눈앞의 현실"에 "압도되어" 그가 도서관에서 생각했던 그 생각을 아예 잊어버리고, 언제 그런 생각을 했냐는 듯이 배고픔을 채우려고 근처의 맥도날드로 간다. 악마의 작업은 재빠르게 성공한다. 그 환자는 지금 안전하게 악마의 품 안에 있다. 하마터면 20년을 공들여 쌓은 공든 탑이 한순간에 무너지고 말뻔했다(SL, 17).

신앙을 방해하는 결정적인 장애물은 다름 아니라 먹고살기 바쁜 일상의 현실이다. 매일의 현실이 바쁘면 생각할 틈이 없다. 생각 없이 살면서 본능과 감각을 따라, 눈에 보이는 것을 따라 사는 존재는 바로 동물이다. 생각 없이 살면 생각 없음이 나를 지배하고 나를 몰고 간다. 생각 없이 살면 사는 대로 생각하게 된다는 말은 사실이다. 생각 없이 산다는 말은 거의 동물처럼 감각과 본능으로 살겠다는 말이기 때문이다.

머리는 달려만 있지, 생각이라는 기능을 못 한다. 단지 눈과 귀로 보고 듣고 느낄 뿐이다. 그는 동물이 되어 자신이 동물인지도 알지 못하고 동물로서 그냥 잘 먹고 잘산다. 내 눈앞에 펼쳐지는 일상들, 점심을 먹으려고 한꺼번에 몰려 가는 사람들, 버스가 서는 곳에 우르르 몰려가는 사람들, 이것이 악마가 유혹하는 인간 일상의 현실이다. 악마는 그 이상은 없다고 속이고 사람들은 잘도 속는다.

〈스크루테이프〉는 "젊은 녀석의 몸뚱아리에 늙은이의 머리가 달려 있을 순 없는 법"(SL, 37)이라고 웜우드를 조롱하지만, 실은 생각 없이 마구 살아가는 청춘들을 비아냥거리는 말이다. 생각 없이 느낌을 따라, 본능을 좇아서 사는 것도 그리 나쁘지 않다고 생각하게 된다.

사람은 머리가 달린 이성적인 존재이기 때문에, 눈에 보이지 않는 것들을 생각할 수 있다. 숫자를 셀 때 열 개 손가락을 이용해서 세지만, 10, 20, 30 또는 10억, 20억, 20억을 손가락 없이도 생각할 수 있다. 보이는 물질 차원을 벗어나서 정신, 생각, 이성의 길로 나아간다. 사람은 생각을 사용해서 동물을 벗어난다.

〈스크루테이프〉는 사람이 자기의 "전제에 대해 단 1분이라도 생각이라는 것"을 한다면, 사람이 이런 사실을 "깨닫지 못할 리 없다"(SL, 123)고 말한다. 〈스크루테이프〉는 사람이 "이런 전제에 대해서라면 아예 생각조차 못 하게 하라"(SL, 123)고 사람이 생각하는 것을 차단하려 한다. 생각은 결국 눈에 보이지 않는 감각적 경험을 벗어날 수 있도록 해주는 유일한 길이기 때문이다. 생각은 그래서 동물과 차이를 만들게 된다.

인간 삶의 다음과 같은 궁극적 관심과 질문은 여전히 조롱받는 개똥철학이 되고 만다.

인생은 어디서 와서 어디로 가는가?
인간 삶에서 죽음이 곧 끝인가?
생명은 어디서 와서 어떻게 시작되는가?

악마는 그저 '어떻게 하면 잘 먹고 잘살 것인가?' 하는 물질적 관심으로 유혹하고, 인간 삶의 궁극적 물음으로 생각이 나아가지 못하게 만든다. 〈스크루테이프〉의 전략을 거꾸로 말하면, 사람이 먹고사는 문제에서 관심을 벗어나서, 인간 삶의 근원적 의미와 방향을 생각하기 시작하면 그는 하나님 편으로 이미 기울어져 있다는 말이다. 그래서 다음과 같은 일이 벌어진다.

> 이성을 사용하는 논쟁은 원수 하나님의 그라운드로 들어가는 꼴이 되어, 우리 악마들은 스스로 어려움을 자초하게 된다. 환자를 우리 악마 편으로 유혹하기 위해서 혹여 논쟁이라는 것을 시작하게 되면 악마들은 망하는 길로 들어서게 된다. 왜냐하면, 논쟁은 그야말로 사람의 이성의 영역이기 때문이다. 그래서 바쁨의 일상에서 벗어나서 생각이라는 것 하고는 담쌓고 살던

환자의 이성이 깨어나면 골치 아픈 일이 생긴다. 생각하는 인간 이성은 질문하고 답을 하는, 계속 꼬리를 물고 이어지는 형식을 띠는데, 이때 우리들 악마는 환자의 생각을 비틀어서 악마의 논리로 바꾸려 애를 써야 한다. 그래도 악마에게는 사람의 생각하는 이성적 추리는 여전히 위험하다. 왜냐하면, 그런 논증으로 인해서 환자가 따지고 들어가는 생각하는 습관을 갖게 되면, 논쟁은 성격상 보편적이고 궁극적인 대화로 들어가기에 십상이기 때문이다. 그러면 환자는 지금까지 지금 눈앞에 보이는 것에만 관심을 쏟는 감각적인 경험으로부터 벗어나서, 궁극적이고 보편적인 주제에 관심을 갖게 되면 우리 악마들은 쫄딱 망하게 된다(SL, PARA 16-17).

〈스크루테이프〉의 편지들은 일종의 폭로다.

마치 영화〈매트릭스〉처럼 네가 살고 있는 이 세계는 혹시 가짜가 아닌가?
너의 눈앞에 보이는 현실이 진짜인가?
네 눈은 진짜를 제대로 보고 있는가?
네 감각은 진짜 현실을 느끼고 있는가?
너는 지금 속고 있다!

너는 눈이 멀어 제대로 보지 못한다. 진짜 현실은 그렇지 않다.

1. "사람은 어디서 와서 어디로 가는가?"와 같은 보편적인 물음을 생각하지 않는다

졸개 악마, 웜우드의 관리하에 있는 사람은 상태가 안 좋은 "환자"다. 현실을 보는 것도, 현실을 느끼는 것도 엉터리인 "바보 천지"(SL, 22)다. 사람을 거의 생각 없는 자동인형으로 만들어 하루를 바쁘게만 보내도록 한다. 이렇게 "깊은 생각"(SL, 89) 이 없는 환자들은 지위 고하, 지식수준, 연령과 관계없이 악마가 이끄는 데로 이리저리 끌려다닌다.

> "그래, 이렇게 심각한 일은 짧은 자투리 시간에 생각하기엔 너무나 중요한 문제야"라고 내가 맞장구를 치자, 환자는 즉시 밝은 표정을 짓는 게야! 뭐랄까, 골치 아픈 그 생각이라는 골목길에서 벗어나니 그렇게 밝은 표정을 띠게 된다. 나는 이때를 놓칠세라 "가볍게 점심이나 먹고 와서 개운한 머리로 다시 생각하지"라고 얼른 덧붙이니까, 그 녀석은 벌써 저만치 문 쪽으로 걸어가더라. 환자가 도서관에서 거리로 나섰을 때쯤에는 이미 전세가 내 쪽으로 확연히 기울어져 있었다. 나는 석간신문이 나왔다고 외치는 신문을 파는 소년과 거리를 지나가는 73번 버스라는 눈앞의 생생한 현실을 그대로 보여 주었다. 그리고 그가 계단을 다 내려서기도 전에, 머릿속에 굳건한 확신 하나를 단단히 심어 주었다. 혼자 도서관 구석에 처박혀서 책을 읽고 있을 때는 온갖 괴상망측한 생각이 다 들 수 있다. 하지만, 정신이 번쩍 드는 이 건강한 눈앞의 "진짜 실제의 삶"(여기서 진짜 실제의 삶이란 버스와 신문팔이 소년을 가리키는 말이다) 앞에 "그 따위 머리를 복잡하게 하는 추상적인 관념들"이 무슨 의미가 있느냐 하는 확신 말이야 물론, 그 환자는 지금 우리 지하의 아버지 집에 안전히 거하고 있다(SL, PARA 17).

환자에게는 눈에 보이는 "신문을 파는 소년"과 "73번 버스"가 진짜 현실이다. 악마의 중요한 전략은 늘 그러하듯이 환자가 "깊이 생각"(SL, 89)을 하지 못하도록 하는 것이고, 또한 "몰입의 경지"(SL, 80)도 역시 경계의 대상이다. 악마는 늘 피상적이고, 겉만 번지르르한 일시적인 유행과 이리저리 떠다니는 표류하는 인간을 아주 좋아한다. 그래서 "깊은 생각"은 언제든지 경계 대상이다.

"보편적 생각"에 대해서 루이스는 『천국과 지옥의 이혼』에서 구체적 사례를 보여 준다. 지옥으로 내려가고 있는 어떤 신학자가 한 명 있는데, 그의 친구가 그를 애타게 천국으로 이끌고자 하면서 이렇게 말하는 장면이 나온다.

> 우리 신학자가 언제 일생에 걸쳐서 정직하고도 고독하게 이런 물음 앞에 서 본 적이 있는가? 결국 사람은 누구나 묻게 되는 한 가지 질문, 그것은 "우리 눈에 보이지 않는 초자연적인 세계가 참으로 존재하는가? 그리고 초자연적인 사건들이 참으로 일어나는가?"이다. 우리가 참으로 자연 세계 너머에 있는 또 다른 세계를 믿는 우리의 믿음을 잃어버리지 않으려고 온 힘을 다해서 저항해 본 적이 한순간이라도 있었는가? (GD, PARA 52)

그 신학자는 단지 눈앞의 유행을 좇았을 뿐이다. 스스로 나름 바쁘게 돌아가는 듯한 그의 "일상성"에 아무 저항도 하지 않았고, 자연 너머에 있는 초자연적인 세계를 거의 믿지 않았기 때문에 기도할 필요도 없었고, 세상이 보여 주는 욕망을 그대로 받아들였을 뿐이다. 신학자라고 하지만, 죽음 이후의 세계, 비가시적인 세계, 영원의 세계, 영혼의 세계를 믿는 신앙을 지키기 위해서 저항하는가, 아니면 유행을 따라서 행하고 있는지 말이다.

그들이 말하는 신학은 유행과 욕망에 불과하다. 그들은 스스로 초자연적인 하나님, 우리 눈에 보이지 않는 또 다른 현실에 대한 물음을 깊이 생각하지 않는다. 주어진 이 세계가 마치 전부인 듯 산다. 우리의 감각을 지배하는 눈앞의 자연과 물질을 넘어서는 또 다른 세계를 생각하지 않는다. 믿음을 지키기 위해서 이 세상 유행과 풍속을 저항하지도 않았다. 그는 단지 세상에 깊숙이 소속하여 느낌을 따라서 세상을 따랐을 뿐이다.

〈스크루테이프〉는 사람들이 "영원에 관심을 갖는 일"을 지극히 경계한다. 영원을 향한 관심 자체가 세상을 거부하는 "하나님을 향한 관심"을 무척 닮았기 때문이다. 영원을 향한 관심은 그래서 하나님 신앙으로 나아가기 일쑤다. 또한, 유행을 따르느라 바쁜 나머지 "하나님과 영원히 하나가 되느냐 혹은 영원히 분리되느냐?" 하는 궁극적 문제를 "깊이 생각"할 겨를이 없다(SL, 89). 사람이 결코 놓칠 수 없고 놓쳐서도 안 되는 가장 궁극적이고 보편적인 문제는 하나님과 영원히 함께하느냐 아니면 영원히 떨어져 나가느냐 하는 것이다. 그러나 사람은 이래저래 하나님과 영원이라는 인간 궁극적인 문제를 피해서 달아나기에 바쁘다.

루이스의 이런 논리는 사람이 근원적 질문을 갖게 되면, 그는 부쩍 더 하나님께로 나아가게 된다는 사실을 말해 준다. 미국의 게놈 프로젝트(Human Genome Project) 책임자인 양자물리학자이자 의사인 프랜시스 콜린스는 다음과 같은 물음으로 하나님을 생각하기 시작했다.[1]

"우주가 어떻게 여기에 있게 되었을까?"

"삶의 의미는 무엇일까?"

질문을 좀 더 구체화하면 "우주의 복잡성을 가능하게 하고, 생명의 존재를 가능하기 위해서는 섬세한 통제가 필요하다. 사실 자연은 내가 그토록 사랑했던 2차 미분방정식의 우아한 수학적 법칙을 따른다.

---

1 프랜시스 S. 콜린스, 『신의 언어』, 이창신 옮김 (김영사, 2006), 206-07.

왜 이렇게 되어야 하는가?

자연은 왜 이러한 모습이 되어야 하는가?

그리고 더 나아가서 "내 안에 여전히 창조주에 대한 질문이 있고, 창조주가 인간에 대해 어떻게 이처럼 깊은 사랑을 갖고 있는지 궁금했다. … 갑자기 심오한 질문으로 다가왔다"고 한다. 그러한 궁극적 물음을 따라간 끝에 그는 무릎을 꿇고 신앙을 고백하고 예수님을 주님으로 인정하고 신앙을 갖게 되었다.[2]

〈스크루테이프〉의 전략은 너무도 바쁜 일상 때문에 이런 궁극적인 물음을 아예 생각지 못하도록 하는 것이다. 사람이 궁극적 문제를 생각하기 시작하면 그는 하나님께로 나아갈 수 있고, 하나님께 발견될 수 있다.

2. 논쟁은 위험하다, 사람의 합리적 이성을 깨우지 말라

신앙은 흔히 이성과 충돌하기 때문에 신앙을 위하여 이성을 버려야 한다고 말한다. 이와 관련된 테르툴리아누스의 고전적인 경구가 있다.

"예루살렘이 아테네와 무슨 상관이 있느냐?"

신앙의 예루살렘은 이성의 아테네와 관련이 없다. 그러나 루이스는 이성은 신앙에 적대적이 아니라고 한다. 사람의 이성 역시 하나님이 창조하신 것이다. 잘 생각해 보면 사람들은 믿음으로 얼마든지 다가갈 수 있다. 깊이 생각하지 않기 때문에 신앙을 갖지 않는다.

흔히 "무조건 믿으라"고 한다. 그러나 〈스크루테이프〉는 오히려 이성으로 따지는 믿음을 극도로 싫어한다. 사람들이 따지고 드는 생각 자체를 싫어한다. 악마는 사람이 그저 먹고, 마시고, 싸고, 자고 하는 동물로서 살

2　https://www.christiantoday.co.kr/news/321226

아가기를 원한다. 파스칼에 의하면, 금세 부러지는 한없이 연약한 갈대 같은 인간이라도 그가 생각할 수 있기 때문에 더 힘센 우주보다 더 위대하다고 한다.

루이스 스스로 신앙의 여정에서 단 한 번도 이성을 포기한 적이 없다.

예수는 역사에서 유일하신 분인가?

인간은 영적인 존재인가?

이와 같은 하나님에 관한 물음에 대한 확신은 루이스가 따지고 드는 깊은 생각과 이성의 사유를 거친 결과들이다. 생각 없이 사는 것은 어떤 이유에서든지 본능으로 살아가는 동물의 차원으로 사람을 끌어내린다. 생각은 본능으로 살아가는 동물에게는 엄청난 사치일 것이다.

개인적인 경험이긴 하지만, 나는 오래전에 루이스의 『내가 믿는 기독교』(Mere Christianity)³를 처음 읽고 나서, "무조건 믿으면 된다", "따지지 말고 믿어야 한다"는 식으로 우리의 뇌를 정지시키는 신앙에서 벗어날 수 있었다. 믿음을 더 이상 그런 식으로 말하지 않게 되었다. 믿음은 오히려 따질 수 있는 이성적인 것이고, 설득할 수 있는 합리적인 것이다.

한때 교회에서 대학 신입생들을 가르쳤는데 그들은 처음부터 하나님을 믿는 신앙이 과학 시대를 사는 우리에게 미신과 같은 정도라고 말한다. 그러나 막상 우주의 기원과 생명의 기원과 하나님에 관한 물음 등을 조금이라도 생각하기 시작하자, 그런 물음들을 별생각 없이 쉽사리 "NO"라고 대답할 수 없다는 사실이 즉각 드러났다.

물론, 과학도 나름의 답변을 갖고 있지만, 신앙의 도움 없이 과학이 온전한 답변을 할 수 있는 것은 아니었다. 문제는 이런 보편적 주제의 물음을

---

3 그 당시 처음 접한 C. S. 루이스의 책은 『내가 믿는 기독교』, 김주병 옮김 (서울: 대한기독교서회, 1990)였고, 후에 김준곤 목사가 번역한 루이스의 또 다른 책 『고통의 문제』를 도서관에서 우연히 발견하고 읽을 수 있었다. 이 책은 또한 미국 Liberty Seminary에서 노만 가이슬러(Norman Geisler) 교수의 세미나에서 다시 공부할 수 있었다.

생각하기 시작할 때 그들은 눈에 보이는 것들 너머의 또 다른 세계를 생각하기 시작한다는 것이다.

악마는 사람이 동물 주제에 "혼자 방구석에 처박혀서 책을 읽을 때" 그래서 "온갖 괴상망측한 생각이 다 드는 것"을 비난한다(SL, 18). "온갖 괴상망측한 생각"은 오히려 인간 삶의 궁극적이고 보편적 주제다. 밤하늘을 쳐다보면서 누구나 생각할 수 있는 보편적 물음을 갖는다.

'저 별은 어떻게 해서 저기에 있는가?'

이런 생각은 당연하다 싶은 것을 다시 한번 더 따져보는 깊은 생각이다. '우리는 악마가 꾸며 놓은 어떤 세계에 갇혀서 살고 있는 것은 아닐까?' 하는 "괴상망측한 생각"을 시작하면 악마는 망하기 시작한다. 생각 없는 동물, 또는 배부른 돼지는 주어진 물질세계의 욕망에 따라서 단 한 번의 저항도 없이 살다가 "값비싼 요양원에서 거짓말하는 의사들과 간호사들과 친구들"(SL, 40)과 함께 투덜거리고 불평하면서 죽음을 맞이한다. 이것이 악마가 희망하는 최고의 삶이다.

3. "대영박물관에서 책 읽기를 즐기던" 지식인, "골수 무신론자" 칼 마르크스(?)

루이스는 대영박물관의 지식인을 아마도 칼 마르크스와 같은 사람을 염두에 두지 않았나 싶다.[4] 『스크루테이프의 편지』에서 끊임없이 나타나는

---

[4] 칼 마르크스 1849년 5월 독일에서 영국 런던으로 이주해서 망명 생활을 했고, 당시 그는 런던의 대영박물관에 자주 들러서 책을 읽고 연구하면서 『자본론』 등의 주요 저작을 남겼다. 그는 당시 가난한 소호의 딘 스트리트 28번지 등에서 살았다. 후에 그는 1883년 3월 런던 북부에서 사망하여 하이게이트 공동묘지에 묻혔다. 그는 무료로 대영박물관 도서관을 이용했다고 하는데, 지금도 마르크스가 이용하던 열람실의 흔적이 남아 있다고 한다. 1900년 즈음에 유럽으로 망명했던 레닌 역시 런던의 대영박물관 도서관을 이용했다고 한다. 루이스가 여기서 언급하는 골수 무신론자, 대영박물관 도서관 등은 특히 마

숨겨진 두 인물이 있다. 그들은 칼 마르크스와 찰스 다윈[5]이다. 루이스가 폭로하고 싶었던 〈스크루테이프〉의 거짓말은 이 세계는 오직 물질로 구성되었다는 유물론과 우리가 살고 있는 이 세계는 생존경쟁과 약육강식의 냉혹한 정글[6]이라는 주장이다.

전자는 유물론과 돈이 최고라는 논리를, 후자는 이 땅에서 사는 삶의 공간은 생존경쟁의 싸움터라고 한다. 그러나 루이스는 이 세계는 물질만이 아니라 정신과 영혼으로 충만한 또 다른 세계의 그림을 보여 주려 한다. 루이스는 이 세계는 죽도록 서로 먹으려고 피 터지게 싸우다가 지쳐버리는 정글과 같은 지옥이 아니라, 자유와 사랑이 넘치는 하나님이 창조하신 세계를 보여 주고 싶은 것이다.

사람은 눈에 보이는 감각으로 세계를 파악하지만, 보이지 않는 세계를 외면하려 한다. 그래서 보고 듣고 만질 수 있는 구체적 세계, 일상적 세계를 선택한다. 보이지 않는 세계는 잘 알려고 하지 않는다. 유물론의 세계, 물질의 세계가 전부라고 믿는다. 이미 유물론은 대세(SL, 16)가 되어, 사람

르크스와 겹치는 부분이 있다.

[5] 진화론은 생물학적 진화 이론과 흔히 말하는 진화주의 혹은 발전주의와 분명하게 구분해야 한다. 이때 진화주의는 명백히 신화(Myth)에 불과하다. … 생물학적 진화 이론은 현재 어떤 다른 가설보다도 많은 사실을 다루고 있다. 또 다른 이론과 다른 가정이 나타나서 더 포괄적으로 사실들을 설명하기까지는 현재의 생물학적 진화론의 가설을 받아들일 수 있다. 그러나 진화론은 우주를 설명한다거나, 형이상학적인 논증이나 종말론적인 논증이 전혀 아니라는 사실을 분명히 할 필요가 있다. C. S. 루이스, 『기독교적 숙고』, 양혜원 옮김 (서울: 홍성사, 2013), 156-59.
https://biologos.org/articles/c-s-lewis-on-science-evolution-and-evolutionism. 참조.

[6] 여기서 "정글"은 다윈과 그의 후예들의 생물학적 진화론이 강조하는 "약육강식과 생존경쟁의 자연 공간"이라는 의미로 사용한다. 루이스는 분명히 이 세계를 약육강식의 싸움터로 이해하는 것을 거부한다. 또 다른 인물을 한 명 더 추가하자면 악마들의 먹고 먹히는 권력 추구와 관련해서는 당연히 프리드리히 니체다. 사람은 실제로 권력 추구를 하지 않고는 살아갈 수 없다는 사실은 너무도 분명한 인간 현실이고, 곧 지옥의 모습이기도 하다.

들은 이를 거스를 수 없는 진짜 현실로 믿으려 한다.

마르크스는 좌와 우를 가리지 않고 그의 유물론, 물질주의로 지금도 전 세계를 지배하고 있으며, 그런 의미에서 좌나 우를 막론하고 많은 사람을 "마르크스시스트"라고 불러도 틀린 말이 아닐 것이다. 물질은 모든 사상과 윤리와 정신의 토대라는 말은 그대로 현실이다.

그리고 누가 이 세계를 사랑과 자유가 넘치는 곳이라고 말할 수 있는가?

오히려 이 세계는 먹고 물리는 정글이라는 다윈이 더 힘을 휘두르고 있다. 비극적이게도 이 세계에서 마르크스와 다윈은 한 번도 패한 적이 없다.

4. 요약: 사람의 감각으로 파악하는 그림자와 같은 가짜 현실

사람은 우선 대단히 감각적이다. 보고, 듣고, 만지고, 맛보는 감각을 통해서 세계를 이해하고 파악하면서 "보이지 않는 세계"(SL, 19)를 거부한다. 대영박물관 도서관에서 뭔가 골몰히 생각에 잠겨 있는 신사를 보고서 악마는 그의 생각의 흐름을 뒤바꾸어 놓기 위해서 말한다.

"점심이라도 먹고 하지, 그런 생각은 짧은 시간에 할 수 있는 게 아니야, 점심을 먹고 와서 천천히 생각하는 게 좋아!"

이렇게 배고픔이라는 원초적인 감각을 건드리자, 그 자리에서 벌떡 일어나서 문밖으로 나간다. "배가 고프다"는 단순한 몸의 현실은 이렇게 그의 삶을 좌우하는 진짜 현실이다. 그리고 진짜 현실 앞에서 "추상적인 생각" 따위는 아무것도 아니다(SL, 19). 몸의 감각으로 머리의 생각을 가볍게 물리친다.

사람이란 게 참으로 별것 아니다. 지식이 있건 없건, 사상이 깊건 얕건, 높건 낮건, 그런 것은 아무 관계 없이 "배고프지? 밥 먹고 합시다!"라고 하면, 다 같이 "다 먹고 살자고 하는 일인데"라고 반응하며 그대로 따른다. 나는 지금껏 그 많은 회의를 보더라도 "밥 먹고 합시다"는 말이 거부당하는 것을 본 적이 없다.

바쁜 와중에 하나님을 생각하고 말고 할 겨를이 없다. 악마는 바로 이를 겨냥한다. 현재 우리가 살면서 보고 듣는 현실은 진짜 현실이 아니다. 우리는 여전히 그림자 땅에서 살고 있다. 완전한 흑암도 아니고 완전한 빛의 세계도 아니다. 애매하게 보이고, 불확실하게 알고, 희미하게 느낄 뿐이다. 희미한 빛, 사랑하는 사람의 얼굴을 서로 알아볼 수 있을 그림자 정도의 밝기, 그럼에도 찾으려 하면 찾을 수 있는 하나님, 루이스가 그리는 현재 그림자 세계의 모습이다.

그러나 언젠가는 완전한 빛이 드리워져서 우리는 온전한 지식을 갖게 될 것이다.

> 우리가 지금은 거울로 보는 것 같이 희미하나 그 때에는 얼굴과 얼굴을 대하여 볼 것이요 지금은 내가 부분적으로 아나 그 때에는 주께서 나를 아신 것 같이 내가 온전히 알리라(고전 13:12).

지금은 청동으로 만든 거울에 우리를 비추어 보듯이 흐릿하게 보지만, 그때 가서는 얼굴을 맞대고 볼 것이다. 현재 우리 앞에 보이는 물질은 일시적이고 사라질 것이다. 물질은 땅의 현실에서 우리 눈에 진짜처럼 보이지만 전부는 아니다. 하나님께서 물질을 창조하시고 축복하셨지만, 그래서 물질은 사람의 생명에 주요한 핵심이지만 전부는 아니다. 좀 더 진짜 현실은 하나님 신앙을 통해서 감각하는 세계와 인간의 영혼 됨이다.

루이스는 〈스크루테이프〉의 말 그대로 "손으로 만질 수도 없고, 눈으로 볼 수 없는"(SL, 19) 그림자 세계 너머에 있는 또 다른 진짜 현실을 사람들이 감각하고 상상할 수 있기를 바라며 말한다.

> 하늘에 태양이 있다는 사실을 믿는 것처럼 하나님을 믿으며 그리고 태양의 빛으로 세계를 보듯이 하나님에 의해서 모든 세계를 본다(WG, 138).

태양으로 세계를 보듯이 하나님 신앙을 통해서 세계를 이해하고 본다. 신앙은 억지를 부리지 않는다. 그리고 악마의 농간에 휘말려 그의 눈이 가리지 않는다면 태양의 존재를 알고 믿듯이 자연스럽다. 그때 희미하게 보던 모든 것이 그들의 자취를 밝게 드러낼 것이다.

5. 환자, 기쁨은 감정으로, 고통은 진짜 현실로 착각하다

사람들은 전쟁 중에 포탄에 튕겨 나가서 벽에 부딪혀 엉망이 되어버린 시체를 보고서 경악한다. 그런 처참한 현실 앞에서 지금까지 믿었던 신앙이니 뭐니 하는 것들이 "환상에 불과하다는 느낌"으로 좌절한다. 〈스크루테이프〉는 참혹한 "시체"라는 현실 앞에서 사람의 좌절의 "느낌"을 강조하여 절망토록 한다(SL, 177).

인간 현실은 이처럼 처참한 고통뿐이기에 절망과 도피 외에는 탈출구가 없다.

'너희들 인생은 망했다!'

악마가 이렇게 사람의 감정을 공격할 때, 사람의 감정은 한없이 주저앉게 된다. 이런 〈스크루테이프〉의 작업은 이렇게 요약된다.

악마인 우리가 해야 할 일은 이 두 가지 현실의 의미를 한꺼번에 뭉개어 섞어놓아 혼란을 일으키는 것이다. 사람의 느낌이 만들어낸 "현실"에 대한 감정적 효과를 우리가 원하는 입맛대로 그때그때 바꾸어 놓는 것이다. 인간을 더 행복하게 해주고 수준을 끌어올려 주는 경험은 거부해야 한다. 그래서 우리 악마들은 오직 고통스러운 물리적 사실만이 인간 "현실"이라고 각인시켜야 한다. 그리고 어떤 사건이 주는 영적인 요소들은 모든 사람이 개인적으로 느끼는 "주관적인" 생각이라고 헷갈리게 만든다. 반면에 인간을 좌절케 하고 망가뜨리는 모든 경험은 "객관적인 현실"로 생각하도록 해서, 영적인 요소들을 제거해야 한다. 그래서 그런 현실을 만들어내는 상황을 무시하고, 그로부터 회피하는 현실 도피주의자가 되도록 하는 것이다(SL, PARA 178).

정리하면 이렇다. 루이스는 두 가지 현실이 있다고 한다.

첫째, 객관적이고 물리적 현실
둘째, 주관적이고 감정적 현실

예를 들면, 엄마가 아이를 낳을 때 겪는 "피와 고통"은 "실제로"(Real) 사람들이 겪는 물리적인 현실이다. 그러나 아이를 낳은 후에 엄마가 느끼는 "기쁨"은 단지 주관적인 "감정의 결과"(emotional effect)라고 속인다. 고통은 실제이고, 기쁨은 실제가 아니다.

〈스크루테이프〉는 실제로 겪는 "피와 고통"이라는 물리적 현실은 진짜이고, 일시적인 "기쁨"의 감정은 주관적인 거품이라고 속인다. 아이를 낳은 엄마의 기쁜 감정은 거품처럼 별것 아니고, 아이를 낳는 엄마의 "피와 고통"만이 진짜 현실이다. 인생에서 피와 고통은 진짜이고, 기쁨은 지나가는 거품일 뿐이다.

피와 고통은 진짜로 생생한 현실인데 기쁨은 일시적 거품이라면, 이제 사람이 해야 할 일은 좌절하고 포기만 남은 셈이다. 피와 고통은 여전하지만, 기쁨은 거품처럼 사라진다. 남는 것은 오직 피와 고통뿐이다. 지금 악마는 한마디로 "너의 인생은 망했다!"라고 말하는 것이다. 우리는 피와 고통이라는 현실에서 좌절하고 포기하여 속아 넘어간다.

아이를 낳는 출생은 고통과 기쁨 그리고 하나님의 선물, 생명과 축복의 사건이다. 악마는 이 출생 사건을 단지 고통뿐이라면서, 그에 따르는 여러 영적 요소는 주관적인 감정이라고 깎아내린다. 아이를 낳을 때의 "기쁨"은 깎아내리고, "고통"만이 진짜라고 혼란을 준다. 이는 아주 큰 속임수다. 고통과 쾌락은 둘 다 명백한 인간 현실이다(SL, 78). 고통과 쾌락은 어느 하나라도 진짜가 아닌 것이 없다. 악마는 사람의 행복을 어떤 경우에도 없애고 싶어서 안달한다. 악마는 행복은 허상이고, 불행은 진짜라고 사기를 친다.

"피와 고통"과 마찬가지로 "기쁨"도 "실제"(Real) 현실이다. 둘 다 모두 인간 현실이고 사실이다. 악마는 자기 좋을 대로 피와 고통의 물리적 사실과 기쁨의 감정적 사실을 뒤섞어서 혼란을 일으킨다. 악마의 속임수는 사람이 행복해할 때는 그 행복을 단지 주관적인 감정이라고 무시하도록 한다. 그러나 행복도 실제로 "사람의 의식 속에서 일어나는 감정의 결과(정서적 효과, the emotional effect those facts will have on a human consciousness)다(SL, 177-78).

마찬가지로 사람의 죽음도 역시 참혹한 실제 현실이고, 그에 따르는 두려움과 추함도 역시 사람의 실제 현실이다. 〈스크루테이프〉는 죽음이 참혹한 실제 현실이라는 사실을 슬쩍 감추고, 이제는 거꾸로 두려움의 감정을 진짜 실제 현실이라고 속인다. 죽음도 두려움도 모두 다 진짜 인간 현실이다. 죽음을 감추고 두려움만 실제 현실이라고 속이려 한다. 죽음 자체를 생각지 못하게 하고, 죽음에 대한 두려움만 남게 하여 죽음을 이용해서 사람들을 두려움으로 몰아넣는다.

 이것이 악마의 속임수다. 환자는 일단 두려움에 사로잡히면 정신을 잃고 아무 생각도 못 한다. 그러나 사람이 죽음을 생각하기 시작하면, 그들은 자연스레 세상의 허무와 동시에 영원을 생각하게 된다. 환자의 생각에서 죽음은 없애고 두려움만 남겨서 혼돈에 빠트린다. 죽음 그 자체를 생각하지 않고, 단지 죽음의 두려움에 사로잡혀 허둥대는 게 초라한 인간 현실이기도 하다.

 "죽음이란 무엇인가?"

 이 물음은 우리를 거의 영원과 죽음 이후의 세계를 생각나게 한다. 사랑도 이런 식으로 속인다. 〈스크루테이프〉에 의하면 사랑은 실제로 개인의 "성적 취향"일 뿐이다. 그것이 아니면 사랑은 부잣집 딸을 쫓아가는 경제적 추구, 즉 돈을 쫓아가는 돈벌이일 뿐이다. 돈이 진짜 목적인데 사랑이라고 슬쩍 포장해서 핵심을 감추는 "마치 안개가 끼어서 잘 보이지 않는 흐리멍덩한 개인적인 백일몽"(a subjective haze, SL 178)에 불과하다. 이것이 악마의 속임수다.

 미움도 마찬가지다. 사람의 실제 모습은 그 사람이 미움과 증오에 사로잡혀서 겉모습이 까발려질 때 적나라한 모습이 드러난다. 마치 청문회를 하듯이, 그래서 악마는 미움이야말로 사람들이 환상에서 벗어나게 하는 인간 실제 현실이라고 거짓말을 한다.

 사람을 향한 미움도 그로 인해서 나타나는 추한 모습도 역시 인간 현실이다. 전쟁과 가난도 실제로 끔찍한 실제 인간 현실이고, 평화와 풍요로움도 역시 실제로 인간 현실이다(SL, 178). 인간의 삶은 마냥 끔찍하지도 평화롭지도 않다. 평화와 끔찍함이 늘 함께 있다.

〈스크루테이프〉는 웃는 아이들과 맑은 날씨 때문에 행복할 때는 이를 "단순한 감정"으로 여겨서 진짜 행복을 누리지 못하도록 한다. 별것 아니라는 것이다. 언제 이런 감정이 지날 것인지 오히려 불안해한다. 그러나 아이들의 깔깔거리는 웃음과 맑은 날씨가 주는 행복은 참으로 진짜 인간 현실이다. 무엇이든지 지나간다. 날씨로 인한 행복과 웃음을 터트리는 아이들 모습을 보고서 느끼는 감정은 중요한 인간 현실이기 때문에 마음껏 행복을 누려야 한다. 악마는 사람의 행복을 못 견디고 지겨워한다. 그래서 악마는 어떻게 해서라도 사람의 행복한 순간을 방해한다(SL, 178).

반대로 전쟁 시에 사람의 내장이 튀어나온 시체의 모습을 보고서 느끼는 감정은 크게 취급하려 한다. 사실은 아이들의 웃음과 시체의 모습은 둘 다 크게 다르지 않다. 참혹한 시체 앞에서 눈물을 흘릴 수도 있지만, 이는 어떤 특별한 "계시" 사건은 아니다. 죽음은 단지 인간의 슬픈 현장이고, 우리는 고통스러운 감정으로 눈물을 흘리면서 대하면 된다.

사람의 죽음이 특별난 것이라도 되는 양, 특별한 하늘의 계시를 받은 것처럼 굴 필요는 없다. 우리는 죽음을 하루도 빠짐없이 본다. 죽음을 과장하지는 말자. 악마는 죽음을 과도하게 크게 보게 하여 사람들의 불행을 증폭시키려 한다. 악마가 인간 삶의 축복과 행복을 깎아내리려는 음모이다.

따라서 시체 앞에서 제대로 불행한 사건을 만난 듯이 고통스러워하여 땅 속으로 기어들어 갈 듯이 할 필요는 없다. 웃음을 터트리는 아이들 앞에서는 행복한 웃음을 짓고, 참혹한 시체 앞에서도 눈물을 흘리면서 슬퍼하면 된다.

행복을 억누르고 불행을 크게 하는 짓은 악마의 속임수다(SL, 179). 악마는 사람들이 돈만 내고 꿩은 먹지 못한다고 조롱한다. 행복은 작아지고 불행은 커지기를 바라는 악마의 속임수다.

그러므로 인간의 삶은 〈스크루테이프〉가 은연중 드러내듯이 아픔이 있지만, 동시에 슬픔을 능가하는 기쁨이 있다. 하나님 없는 세계에서 고통과 불행은 크게 보이지만, 하나님과 함께하는 세계에서 우리는 고통과 불행에도 기쁨과 축복을 느끼면서 씩씩하게 산다.

제5장

C. S. 루이스의 웃음 코드
탐식과 미식 그리고 기쁨과 경박스러움

사람들은 선물을 받을 때 엄숙하거나 진지하지 않다. 아이들은 기쁨을 표시하고 팔짝 뛰면서 기쁨을 드러낸다. 어린아이들은 선물 앞에서 엄숙하지 않지만, 어른도 별반 다르지 않다. 선물은 진지함을 압도한다. 진지함을 유지하려면 실수나 잘못이 없어야 하는데, 잘못을 저지르고도 진지할 수는 없기 때문이다. 오히려 수줍어하면서 잘못을 인정하고 꼬리를 내린다. 잘못을 저지르는 사람은 진지할 틈이 없다. 그리스도인의 삶은 근본적으로 선물을 받은 자의 삶이고 잘못을 덮어 주시는 은혜와 용서받은 자의 삶이다. 진지함과 엄숙함보다는 기쁨과 웃음이 넘치는 삶이다.

루이스 자신은 매우 유쾌한 사람이었다. 전쟁 중이었음에도 "잉글랜드에서 나만큼 잘 지내는 사람이 없을 거"라면서 모두가 불편해하는 상황이었지만 명랑함을 잃지 않았다. 전시에 휘발유를 배급하게 되어 차를 탈 수 없게 되자, 즐거운 마음으로 자주 시내를 걸어 다녔고, 등화관제가 되어 어둠에 잠기면 옥스퍼드 시내가 달빛으로 환히 비추는 모습을 좋아했다.[1]

---

[1] 조지 세이어, 『루이스와 잭: 회의자의 사도, C. S. 루이스의 생애』, 홍종락 옮김 (서울: 홍성사, 2006), 287

루이스는 『스크루테이프의 편지』 1961년 판 서문에서 악마에게 "유머 감각이라는 특징"을 부여할 수 없었다고 한다. 유머는 자기 자신을 객관적으로 바라볼 줄 아는 능력이기 때문이다. 악마는 "철학은 철학을 조롱할 줄 아는 것"(파스칼)이라는 자기비판과 자기 조롱이 결여되어 있다.

루이스는 유머를 통해 자기 자신을 이렇게 조롱했다.

> 특히, 영국인들은 이 점에서 아주 구제 불능의 졸장부들이다. 독일 놈들은 어떤 고문을 해도 시원치 않다고 큰소리를 펑펑 치다가도, 막상 상처 입은 독일 조종사가 뒷문으로 들어오면 얼른 차와 담배를 대접하는 한심스럽기 짝이 없는 족속이다(SL, PARA 44-45).

악마는 치명적이라 할 만큼 항상 "엄숙한 열정"(SL, 195)으로 가득 차 있을 뿐이다. 〈스크루테이프〉가 활동하는 공간, 지옥은 자기 체면과 성공에 열중하고, 불평불만으로 가득하여 시기와 자만심으로 그들 지옥을 채우는 것 외에는 "엄숙한 열정"을 쏟아붓지 않는다(SL, 195).

지옥은 먹느냐, 먹히느냐의 숨 돌릴 수 없는 공간이기에 한 치의 유머도 스며들 틈새가 없다.

"웃음은 그 자체로서도 구역질 나는 현상일 뿐 아니라 지옥의 현실주의와 위엄과 엄격함을 정면으로 모욕하는 짓거리이다"(SL, 68).

웃음은 자기를 뭔가 조금은 부족한 자로 바라보는 거리 두기에 의해서 발생하는 데, 위엄과 엄격함은 그런 유머를 뿌리째 뽑아버린다. 오히려 유머라고는 "눈곱만큼도 찾아볼 수 없는" 악마의 진지한 열정 자체가 코미디이다(SL, 199). 단지 악마들의 "현실주의"(SL, 186)와 "무게의 힘"(SL, 195)만이 지옥을 지배하고 있을 뿐이다.

루이스는 G. K. 체스터튼(G. K. Chesterton)을 인용해서 악마는 "무게의 힘"(심각함, force of gravity) 때문에 망하고 말았다고 한다(SL, 195). 악마는 '매사에 얼마나 진지한지!' 그 장엄한 진지함의 무게에 스스로 무너진다. 악마는 항상 너무 진지하기 때문에 유머와 조크를 견디지 못한다. 폼 잡는 그들의 무게, 감당치 못하는 무거움 때문에 누가 뭐라 하지 않아도 스스로 무너진다.

"무게 좀 잡지 마!"

이는 흔히 듣는 말이고, 사람들은 때때로 자기의 무게를 드러내고, 무언으로 그들의 무게를 알아달라고 애원하니 이것도 코미디다. 그러나 실상 무거움과 진지함은 어려운 게 아니라고 체스터튼은 말한다. 루이스는 자기 서문에서 같은 맥락의 체스터튼의 말을 다음과 같이 인용했다.

> 진지하다는 것은 결코 미덕이 아니다. 아마도 진지함은 거의 이단에 가깝다고 할 수 있다. 그러나 여전히 진지함은 나름 말이 되는 이단이다. 굳이 말하자면 진지함은 일종의 악함이라 해야 한다. 진지함은 사람에게 자연스러운 것이긴 하지만, 사람들이 너무 무게를 잡게 되면 그것이 문제가 된다. 사람들이 스스로 무게를 잡고 진지한 태도를 보이는 것은 그리 어려운 게 아니다. 「타임지」에 중요한 글을 쓰는 게 유머와 조크 섞인 글을 쓰는 것보다 더 쉽다. 스스로 진지하게 무게를 잡는 것은 누구든지 할 수 있는 인간적이고 자연스러운 것이다. 그러나 웃음은 그런 진지함을 넘어서는 일종의 점핑(jumping)이고 비약(飛躍)이다. 무거움은 쉽지만, 가벼움은 어렵다. 무거워지기는 쉽고 가벼워지기는 어렵다. 사탄은 자기의 무게 때문에 무너진다.[2]

---

2 Gilbert K. Chesterton, *Orthodoxy*, Introduced By Philip Yancey (Image Books/Doubleday, 2001), 125.

체스터튼은 진지함은 말이 되는 합리적인 이단이라고 한다. 터무니없을 때 우리는 그것을 금방 알아보지만, 합리적일 때 그 사람의 정체를 간파하기 힘들다. 사람의 진지함은 그와 같다. 그래서 진지함이 악함으로 돌변하는 모습을 흔히 보기도 한다. 자기를 내세우고, 자기를 굽히지 않고, 자기 의로움을 드러내기 때문이다. 진지함은 악함이기도 하다. 진지함은 그의 진지함이 무시당하면 분노한다. 진지하게 해명하는데 "그만 됐고!" 하면 화를 참지 못한다.

웃음은 실수를 자인하면서, "그건 제 잘못인데요"라고 수줍은 모습을 보인다. 웃음은 자기의 실수와 잘못을 인정한다. 웃음으로 잘못을 시인할 때, 그 잘못은 용서 앞에서 힘을 잃는다. 그러나 진지하게 목소리를 내리깔면서 무게를 잡은 채로, "그래요! 내가 잘못했어요!"라고 큰 목소리로 볼멘소리할 때 여전히 허구와 허세로 가득하다.

일상에서 진지한 자는 실수가 없어야 하지만, 실수가 없을 수 없다. 사람은 늘 실수와 잘못을 달고 산다. 그래서 진지한 자들은 될 수 있는 한 실수를 인정하지 않으려 하고, 진지하게 오리발을 내민다. 너무 진지해서 사람들을 웃기는 경우는 많다. 사람은 자기의 실수로 인해서 너무 진지할 수 없기 때문이다. 실수와 잘못은 그의 진지함과 어울리지 않는다.

진지함은 잘못 없는 자들의 허세지만, 잘못이 없는 자는 없다. 그래서 진지함은 스스로 폭망하는 지름길이다. 그런 진지함은 신앙과도 거리가 멀다. 신앙은 늘 그렇듯이 수줍게 웃음을 띠면서 죄송하다는 표정으로 혹은 슬퍼하는 마음으로 자기 잘못을 인정하는 것이다.

잘난 척하는 인간 본성에는 늘 진지함이 함께 한다. 웃음은 비약이고, 비논리적이고, 주어진 상황을 점핑해서 건너뛰는 것이고, 자기 조롱이기도 하다. 체스터튼은 가볍게 일격을 가하여 진지함을 끝장낸다.

"천사들은 날 수 있다. 천사들은 스스로 가볍게 할 수 있기 때문이다."

1. 탐식과 미식에 사로잡힌 영혼 그리고 그들의 코미디

악마와 악마를 닮은 자들은 경멸을 참지 못하고 놀림을 견디지 못한다(SL, 제사, 마르틴 루터, 토마스 모어). 진지함 그 자체인 악마에게서 웃음과 웃음거리를 찾는 것은 거의 불가능하다(SL, 127). 체면과 무게와 폼 잡는 것은 모두 나름 악마를 닮았다. 유머와 조크, 터지는 웃음과 함께 터지는 폭소, 공감의 웃음, 사람의 허구와 빈틈을 조롱하는 카타르시스 웃음, 이 모든 것은 자기를 가볍게 내려놓는 아이러니의 힘에서 나온다.

우리 자신이 얼마나 터무니없고 부조리한 자들이라는 사실을 알아채고, 우리의 무거움을 내려놓으면 웃을 수 있다. 무게 잡는 자들은 여전히 그의 무게로 인하여 아래쪽으로 내려간다. 그래서 악마 〈스크루테이프〉는 그의 졸병에게 진지하게 이렇게 충고한다.

> 여하튼 이런 종류의 사람의 웃음은 우리한테 전혀 좋을 게 없으니 예외 없이 무슨 수를 쓰더라도 방해하고 가로막아야 한다. 게다가 사람의 이런 웃음은 그 자체로서도 구역질 나는 인간 현상일 뿐 아니라, 지옥이 드러내는 현실 우선주의와 지옥의 장엄함과 무거운 엄격함을 정면으로 모욕하는 짓거리이다(SL, PARA 68).

악마는 웃음을 싫어한다. 웃음은 그 자체만으로도 구역질 난다. 가벼움도 그래서 싫고, 천사처럼 날아다니는 것도 역겹고, 오직 지옥의 현실을 드러내는 무게를 잡는 진지한 엄격함을 숭배할 뿐이다. 지금까지 단 한 번의 실수도 저질러 본 적이 없는 듯이 다른 사람의 잘못을 진지하고 엄격한 어조로 꾸짖고 다스리는 지옥의 현실을 살아간다. 애초부터 루이스는 이 땅에서도 보는 지옥의 원형은 바로 그렇게 엄격하게 다른 사람들을 꾸짖고

엄하게 다루는 관료들이라고 한다(SL, 195-96).

『스크루테이프의 편지』는 어이없이 웃기는 몇몇 사람을 그린다. 그들 역시 진지하게 굴지만, 그 자체로 우리를 웃긴다. 그런 사람은 여전히 우리 곁에 즐비하고 우리도 그중 하나일 것이다. 사람들은 별것 아닌 걸로 자기 자랑을 늘어놓으면서, 진심으로 웃기기도 한다.

그중 하나가 수준 높은 음식의 맛감각 능력과 그가 알고 있는 "유일한 식당"이다. "어디 가서 뭘 먹지?"라고 하면, 즉각 "따라와, 내가 맛있는 식당으로 데려갈게!"라면서 식당에 관한 한 자기를 따라올 자가 없다는 듯이 군다(SL, 102). 실제로 남들보다 많이 돌아다닌 덕에 맛감각이 뛰어나기도 하지만, 그걸 자랑으로 내세우면서 다른 사람이 반론을 제기하면 빡치는 분노를 살짝 드러낸다.

"내가 너보다 음식과 맛에 관한 한 낫단 말이야!"

그럴 땐 이런 대꾸가 절로 나온다.

"어련하시겠어, 어디 음식뿐이겠는가!"

루이스는 이런 사소해 보이는 한 끼 식사 시간에도 그 틈을 비집고 들어가서 드러내는 "거짓된 영성"(靈性)과 "허영심"을 본다(SL, 102). 그들은 모든 상황과 어떤 경우든 우월감을 드러내면서, 오고 가는 대화의 90퍼센트를 독차지하고 대장 노릇을 한다. 그리고 그것이 되지 않으면 "짜증을 부리고"(SL, 102) 신경질을 낸다. 이미 악마의 유혹으로 짜증은 그의 일상에서 뿌리 깊은 "습관"이 되었다는 것이다.

한때 "탐식"은 중세의 심각한 죄의 목록에 포함되었지만, 현재는 많이 먹는 것은 단지 야만스럽게 보일 뿐이다. 악마는 우아하게 맛을 음미하면서 먹는 "미식"(美食, SL, 101-02)은 과식보다 "상수"(上手)라고 하면서 웃긴다. 어처구니없는 허영일 뿐이다. 씁쓸한 웃음을 짓게 하지만, 마냥 그럴 수 없는 이것이 바로 우리의 자화상이기 때문이다. 그래서 "웃픈" 현실로 다가온다. 어떤 경우에도 나서서 잘난 척하는 뿌리 깊은 이 습관에 노예가 되어 스스로 자제할 줄 모른다.

한 여인은 자신이 "관능의 노예"(slaver of sensuality)이며 "주변 사람들의 공포"(SL, 100)가 되었다는 사실을 알지 못한다. 여인의 혀가 느끼는 미각의 즐거움이 사람을 사로잡아서 괴상한 방향으로 이끌어 코미디를 만든다. 입의 미각을 통해서 지속적인 즐거움을 느끼려 하고, 그런 사소한(?) 취향이 채워지지 않을 때 다툼을 기꺼이 일으킨다. 여인은 입을 자기 주인으로 섬긴다. 그 여인의 다음과 같은 말은 코미디가 따로 없다.

> 어머나, 그러실 필요는 없어요. 그만하면 됐어요. 저는 그냥 간단하게 먹는 걸 좋아한답니다. 홍차 한잔이면 된 걸요, 살짝 진하지 않으면 더 좋고요. 그렇다고 너무 싱겁게는 말고요. 여기에 바삭한 토스트 한 조각 더해서 주실 수 있으시겠죠? 그러면 저는 그걸로 충분해요. 살짝 바삭하게 구워진 토스트 말이에요. 바삭한 토스트? 그런 맛 아시죠? (SL, PARA 100)

> 어머나, 접시 한가득이네요. 조금 많지 않아요? 누구더러 다 먹으라고 … 조금 덜어 주세요. 가져가서, 반의반만 가져오시면 충분해요. 조금 피곤해 보이는데, 뭐, 아주 어려운 일은 아니잖아요? 굶는 사람이 얼마나 많은데, 음식을 함부로 낭비하면 안 되잖아요? 저는 막무가내로 먹는 건 좋아하지 않는답니다. 그냥 조금 작은 양을 내가 좋아하는 음식으로 적당하게 먹으면 그걸로 끝입니다. 그러니 그냥 제 부탁 좀 들어주실 거죠? (SL, PARA 100).

그리고 혼자 있을 때는 이렇게 홀로 중얼거린다.

> 내가 원하는 게 뭐가 그리 어렵다고? 그냥 잘 우려낸 홍차 한 잔, 살짝 제대로 익힌 달걀 한 개 그리고 제대로 바싹하게 익힌 토스트 한 조각인데. 그런데 이상하기는 이상해. 왜 그렇게 간단한 홍차 한잔, 살짝 제대로 익힌 달걀 한 개와 바싹하게 구운 토스트 한 조각을 제대로 하는 식당이 어디 가고 다 사라져 버렸으니, 말이야! 아이, 다들 맘에 안 들어!(SL, PARA 100).

여러 군데 식당을 찾아다니지만, 그의 수준 높은 미각을 "제대로"(SL, 102) 채울 수 있는 곳은 이미 사라지고 없다. 차라리 그 여인이 사라지는 게 더 낫다. 자신이 이제 얼마나 주변 사람들에게 질척거리는지 알지 못한 채로, 그가 얼마나 웃기는 화상이 되어 코미디를 하는지를 모르는 채로 뻔뻔한 얼굴을 하고 있다.

여인은 여전히 자기만의 미각에 매달리고 있다. 여전히 그는 "재현 불가능한 그 맛"(SL, 101), "제대로 살짝 구우면 되는데, 왜 그 쉬운 걸 못 할까?"라고 고개를 갸우뚱한다. 수준 높은 자아도취의 경지다. 우리의 스토리다.

루이스는 이 여인에게 악마가 수년 동안 공들여 작업해 놓은 결과라고 단언하면서, 악마는 만족스러워한다.

"그 여인의 배(腹)가 지금 그녀의 삶 전체를 지배하고 있구나!"(SL, 100).

어떻게 뱃속을 채웠느냐에 따라서 하루가 달라진다. 그 여인은 이제 많이 먹는 식탐이 아닌, 적게 먹지만 수준 높은 여전한 그만의 "식탐"을 탐한다.

맛 하나 제대로 맞추지 못해서 그만둔 요리사를 한편 괘씸한 녀석이라고 생각한다. 할 만큼 잘해 줬는데, 간단한 내 입맛 하나 "제대로" 맞추지 못하고 떠나가다니 "못난 놈"이라고 중얼대며 짜증을 내기도 한다.

"내가 먹는 것에 너무 까다롭게 군다고? 나는 상관없어요! 아들을 잘 먹여야 하지요, 아들 취향, 그거라도 잘 맞춰야 하지 않겠어요?"(SL, 101-02).

그녀가 주변 지인들과 함께 식사를 한 끼 하자고 초대하고 싶어도 그 여인은 이미 주변 사람들에게 공포 자체다.

"그 아줌마? 먹는 걸 가지고 얼마나 짜증 내고 불평하는지, 그 까다로운 비위 맞추다간 밥맛 다 떨어지고 말아. 난 안 가! 자네나 가서 그 아줌마 하고 먹으면서 그 짜증을 다 받아봐. 그러면 다시는 안 갈걸"(SL, 101).

단테는 『신곡』에서 세 번째 지옥을 그리는데, 탐식의 괴물, 케르베로스가 등장한다. 그 괴물은 세 개의 입을 가지고 보이는 대로 마구 먹어댄다. 케르베로스는 지옥의 입구를 지키는 개인데, 이제는 탐식에 찌들어 있는 자들을 뜯어먹는다. 괴물 케르베로스는 늘 배가 고파서 울부짖고, 지옥에 있는 자들의 살을 뜯어 먹을 때만 먹는 것에 열중하느라 잠시 조용하다. 케르베로스는 늘 먹는 것을 생각하고, '어떻게 하면 더 많이 먹을까?' 하며 더 많이 먹기 위해서 싸울 생각을 한다.

이건 단테의 지옥 이야기가 아니라 우리의 모습이다. 먹방의 시대, TV는 젓가락은 온데간데없고 집게를 무기처럼 쳐들고 결투를 하듯이 고기를 구워서 입으로 쓸어 넣는데, 심하게 먹어대는 모습이 동물이 동물을 먹는 것 같다. 악마의 계략은 사람을 동물로 만드는 것이다. 동물로 변신한 사람들의 무한한 탐식을 보여 준다. 몸을 유지하기 위한 식사가 아니라 탐식이라는 욕망 그 자체가 그를 움직인다. 음식을 먹는 게 아니라 중독이다. 맛을 위한 탐욕이 거의 악행이라 해도 된다. 누구도 TV의 먹방을 말리지 못한다.

마치 그리스 신화의 에릭지톤이 신을 거역하여 탐식의 욕망에 빠져서 자기 딸을 먹어 치우고, 끝내는 스스로 자기 몸뚱이의 살을 먹으면서 죽어가는 모습과 다르지 않다. 무엇으로도 채울 수 없는 먹을 것을 향한 중독, 그래서 얼마나 먹어대는지, 아니면 '어떻게 하면 먹지 않을까?'를 고민한다. 이 역시 결국은 먹는 이야기다. 먹는 것과 먹지 않는 것 때문에 악마의 노리개가 되어 어이없는 코미디를 연출한다.

악마의 관리를 받은 자들은 마구잡이 "탐식"을 건너뛰어 이제 까다로운 "성격"으로 스스로 변모한다. 악마는 사람의 입맛을 "이용해서" 이제는 "까다로운 입맛"을 넘어서 "까다로운 성격"으로 문제를 만든다. 사람의 배와 입을 이용해서 까탈스럽고, 화 잘 내고, 인정머리 없는 자기만 생각하는 자로 만들 수 있다면, 적게 먹든 많이 먹든 문제가 아니다(SL, 100). 먹는 것 때문에 참지 못하고, 먹는 것 때문에 짜증 내고, 먹는 것 때문에 타인의 아픔에 공감하지 못하고 불평한다. 한마디로 먹는 것 때문에 사람이 동물처럼 먹을 것을 놓고 몸부림을 친다.

먹는 것 때문에 집안에서도 말썽을 일으킨다. 남자들이라고 다르지 않다. 남자들은 먹는 것 때문에 '내가 제일 잘 안다'는 멘탈리티로 내가 아는 끝내주는 스테이크 집으로 가야 한다고 우긴다. 이렇게 허영으로 뽐내면서 틈을 타서 자랑질하고 으스댄다. 이 정도면 먹는 문제가 아니라, 사람 하나 완전히 버려 놓은 듯하여 지금도 여전히 악마의 손아귀에서 웃픈 코미디를 쓰고 있다. 이런 식으로 불평과 짜증을 내는 것이 도대체 무엇인지 그 소름 돋는 정체가 지옥에 도착해서야 밝히 드러난다.

루이스는 『천국과 지옥의 이혼』에서 스승 맥도날드가 불평하는 어떤 여인에 대해서 처음에 저 여인은 "단지 불평하는 버릇이 있고, 조금 수다스럽고 어리석을 뿐"이라고 옹호한다. 한때는 그랬는지 모르지만 "지금도 저 여인이 스스로 불평하고 있는 것일까?"라고 스승이 묻는다. 루이스는 스승에게 "저 여인이 지금 불평하고 있지 않냐"고 되묻는다.

스승이 말한다(GD, 97-98). 사람이 처음에는 불평하지만, 이제는 불평이 사람을 지배한다. 이제 불평이 주인이 되어 그 여인의 입을 빌어서 불평하기 시작하면 끝장난 것이다. 불평이 그 사람의 인격이 되어 불평이라는 이름으로 살아가고, 불평이 삶의 주인이 된다. 우리는 자주 이런 불평이 입에 딱 붙어 있는 사람들을 자주 본다.

> 문제는 "저 여자가 불평하고 있는가? 아니면, 불평 그 자체가 불평을 드러내고 있는가?" 하는 데 있다. 저 불평은 아직 그의 마음을 차지하고 있는 진짜 알맹이가 아니라 단지 껍데기로서 작용하고 있다. 불평을 하는 가운데서도 아직까지 진짜 저 여자가 그의 진짜 중심을 자리하고 있다면, 그래서 불평이 적어도 지금까지는 그 여인을 사로잡지 못한다면, 그 여인에게 다시 생명을 불어넣을 수도 있기는 하다(GD, PARA 97-98).

하지만, 루이스는 불평하는 사람이 없이 어떻게 불평할 수 있느냐고 스승에게 묻는다.

> 우리가 지옥을 이해하기 어려운 이유는 지옥이라는 데는 이해되는 일이 하나도 없기 때문이다. … 처음에 불평하고 싶은 기분을 느끼는 단계가 있다. 처음에는 불평의 기분과 어느 정도 떨어져 있다. 그래서 그 사람은 불평과 어느 정도 거리를 두고 따로 있는 상태라고 할 수 있다. 심지어 그런 상태에서는 불평의 기분을 스스로 비판할 수도 있다. 그러다가 진짜로 어둠의 때가 오면 그 자신이 적극적으로 그런 불평의 편에 서서, 불평의 편을 들고, 불평과 한데 어울려서, 아주 불평과 거의 하나가 되어, 이제는 불평의 기분을 그들 스스로 만들어내기도 한다. 우리는 이제 불평을 아주 가까운 친구로 삼아서 불평과 우리 사이의 구분이 사라져서 거의 한 몸을 이루게 된다. 불평이 우리 자신이며, 우리 자신이 곧 불평이 된다. 물론, 우리는 이때만 해도 뉘우치면서 그런 불평의 기분을 떨쳐버릴 수도 있다. 그러나 더 이상 그렇게 할 수 없는 날이 다가오고야 만다. 그때는 이미 그런 불평의 기분을 스스로의 힘으로 비판할 수 있는 자신은 사라지고, 불평 그 자체가 그들과

거의 떼려야 뗄 수 없을 정도로 한 몸이 되어서 불평이 그냥 저절로 그에게서 계속 쏟아져 나올 뿐이다(GD, PARA 97-98).

2. 인간의 웃음의 비밀 그리고 농담과 경박스러움

사람의 웃음은 비밀스럽다. 악마는 웃음이 어떻게 나오는지 알지 못한다. 웃음은 〈스크루테이프〉 너머에 있다. 악마는 즐거움과 쾌락을 온갖 수고를 다 해서 만들어 보려 하지만, 하나도 만들지 못했다고 좌절한다. 기쁨의 웃음은 천국에 속한 것이고, 악마는 음악을 혐오하듯이 웃음을 미워한다. 악마는 웃음을 가리켜 "천상의 리듬 경험에 나타난 의미 없는 빠르기"(a meaningless acceleration in the rhythm of celestial experience)라고 깎아내린다.

사람은 천체(天體)의 빠른 리듬처럼 어떤 한순간에 웃음을 경험한다. 〈스크루테이프〉는 한순간에 발생하는 웃음의 빠른 순간을 따라오지 못한다. 악마는 웃음에서 철저하게 소외되어 있기 때문에, 웃음의 빠르기를 따라오지 못하고, 웃음을 경멸하고 무의미하다고 깎아내리는 것이다. 〈스크루테이프〉가 웃음을 경멸하는 것도 웃기는 일이다.

사람의 웃음은 천국에 속하는 것이고, 마치 사람이 따라잡을 수 없는 별들의 리드미컬한 빠른 움직임과 같다. 혹은 천국에서 솟아오르는 리듬과 같다고 할 수 있다. 루이스는 지금 천문학자의 망원경 앞으로 가서 별들이 얼마나 빠르고 리듬 있게 움직이는지를 보여 준다. 그리고 루이스가 생각하는 기쁨 넘치는 웃음은 그와 같은 속도로 빠르고도 홀연히 나타난다. 기쁨 넘치는 웃음은 천국에 속한 것이고, 굳이 비유하자면 웃음의 빠르기는 찬란히 빛나는 하늘의 별들이 빠르게 움직이는 것과 같다. 웃음은 일종의 천국 경험이다.

휴일 저녁 친구들과 연인들이 모인 여유 느긋한 자리에 가면 "기쁨"(Joy)의 웃음소리를 들을 수 있다. 어른들 사이에서도 농담을 구실로 해서 웃음이 터져 나오긴 하지만, 별것 아닌 우스갯소리에도 한꺼번에 웃음을 터뜨리는 걸 보면 농담이 웃음의 진짜 원인은 아니다. 그러니 안타깝게도 우리 악마들은 웃음의 진짜 원인을 아직 모른다. 다만, 인간들이 "음악"이라고 부르는 혐오스러운 예술에 그 비슷한 현상이 상당히 들어있고, 천국에도 그와 비슷한 것이 있다는 사실을 어렴풋이 알 뿐이다. 이것은 마치 천상의 경험이 리듬을 타고 의미 없이 빠르게 움직이는 것으로 보이기는 하지만, 우리 악마들로서는 어떤 감흥도 느낄 수 없는 것이다. 여하튼 이와 같은 웃음이라는 것은 우리한테 전혀 득 될 게 없으니 예외 없이 저지하고 가로막아야 한다. 게다가 이런 웃음은 그 자체로서도 구역질 나는 인간 현상일 뿐 아니라, 지옥이 드러내는 현실 우선주의적인 사상과 지옥의 장엄함과 엄격함을 정면으로 모욕하는 짓거리이다(SL, PARA 68).

편안한 휴일 저녁에 친한 친구들과 사랑하는 연인들이 모인 자리에는 기쁨의 웃음이 탄성처럼 터져 나온다. 기쁨의 웃음 속도는 마치 천상의 별들처럼 눈부시고 빠르다. 누구도 어떻게 저토록 빠른 속도로, 웃음이 예상치 못한 순간에 '빵' 하고 터져 나오는지 이유를 알 수 없다. 엄마의 품 안에서 이유를 알 수 없는 아이들의 '까르르' 하고 터지는 웃음소리, 연인 사이에서 기쁨으로 터져 나오는 빛나는 웃음소리, 이런 웃음은 밤하늘의 눈부신 별들의 리듬과 빠르기와 같다.

그러나 악마는 기쁨의 웃음소리에 철저하게 소외되어 서럽고 뭔가 억울할 뿐이다. 알아들을 수 없는 중학생 여자아이들이 재잘거리며 터트리는 웃음소리에는 기쁨이 넘친다. 그런데 혼자서 그 아이들의 웃음을 따라잡지 못하고, 엄숙한 표정을 지으며 교단 앞에 서 있는 선생님을 떠올리면

될 것이다.

　기쁨이 자아내는 웃음은 날개를 단 듯이 어디서 시작되었는지 알 수 없을 정도로 빠르게 움직인다. 웃음은 누가 말릴 틈도 없이, 누가 만들어낼 수도 없이 한 순간에 터진다. 웃음의 뚜렷한 이유도, 순간도 추적해 낼 수 없다. 그 순간이 지나면 다시 복기 되지 않는다. 웃음의 시작과 원인을 찾으려 하면 어느새 웃음의 순간은 우리 시야에서 별들의 움직임처럼 눈부시게 사라지고 만다.

　음악도 마찬가지다. 바이올린과 첼로의 터져 나오는 한순간의 사운드는 웃음처럼 우리 귀를 부드럽게 지나쳐 버린다. 기쁨의 웃음 때문에 지옥 밑바닥의 위엄과 엄격함은 모독을 당한다. 지금도 지옥을 살아가는 인간들은 늘 그놈의 엄숙함과 엄격함을 마치 독재자처럼 강조해 마지않는다. 그놈의 무게를 잡는 무거움 때문에 악마들은 무너져 내릴 것이다.

　악마가 좋아하는 한 잔의 포도주는 사람이 죽도록 괴로워하는 고통의 신음소리다. 그런데 기쁨과 환희로 가득한 웃음이라니, 견딜 수 없다. 웃음은 악마의 위엄과 엄격함을 비웃고 해체한다. 무게를 잡고 질책하는 상사 앞에서 '메롱'하는 것과 같다. '메롱' 앞에서 상사의 무게와 중력이 가라앉는다. 관료 사회에서 높은 이들과 낮은 이들이 한데 어울릴 때는 웃음기가 사라진 창백한 위엄이 자리를 차지한다. 그들은 누가 하나 웃을라치면, 당장 모욕을 당한 듯이 굳은 얼굴로 나무란다. 굳이 있다면 높은 이들을 칭송하는 아부의 비루한 웃음과 질투의 비웃음이 있을 뿐이다.

　웃음은 그래서 자기를 내려놓고 가볍게 하는 것이다. 별 네 개, 대장 할아버지가 군 연병장을 벗어나서 손녀딸과 함께 웃음을 터트리는 자리는 어깨의 위엄 넘치는 별들을 내려놓는 순간이다. 별 네 개의 위엄은 어린 손녀와 어울리면서 함께 터트리는 웃음과 어울리지 않는다. 천사는 그들의 가벼움으로 하늘을 날아다닌다. 웃음은 즐거움 넘치는 "셀프 디스"이고, 용납받은 자의 자기 조롱이고 자기 폭로다. 웃음은 마음이 가난한 자에게 주어지는 축복이다.

 이런 즐거움 넘치는 웃음의 축제는 무게 넘치는 지옥의 위엄을 정면으로 모독한다. 지옥은 한마디로 비웃음만 있을 뿐, 기쁨 넘치는 웃음이 없다. 자기 잘난 체하는 회의에는 '쌩'하고 불어오는 날카로운 칼바람이 있다. 도통 웃음기 없이 웃음을 모르는 늘 엄숙한 그리스도인을 자처하는 자를 본 적이 있는데, 아마도 거의 틀림없이 하나님을 경험한 적이 없을 것이다. 신앙은 기쁨 자체이기 때문에 신앙에서는 어느 때이건, 기쁨을 결코 피하지 못한다.

3. 부패한 농담: 죄의식을 감추는 수단으로써

 어떤 가수는 TV에 나와서 실없는 흰소리와 농담이 늘 넘친다. 일종의 자기 비하도 끼어 있어 사람들의 웃음을 자아낸다. 농담으로 그의 잘못과 수치는 그럭저럭 지나간다. 그 사람의 농담은 그의 수치를 덮는다. 그래서 그는 수치와 정면으로 마주 대할 기회를 놓친다. 그는 수치에도 불구하고 부끄러움은커녕 오히려 수치를 농담과 자랑질로 때우는 "삶의 은총"을 받는다. 그러나 때가 되어 농담으로 때우기에는 너무나 적나라한 비열한 수치가 드러난다. 그래서 개망신을 당한다는 이야기다.

 루이스는 농담에 또 다른 부패한 기능이 있다는 사실을 지적하면서, 특히 영국인에게는 유머가 위로를 주는 "삶의 은총"(SL, 69-70)이 되기도 한다고 꼬집는다. 유머는 사람들이 적나라하게 당하는 수치심과 비겁함과 잔인함을 쉴드(shield)치는 변명이다.

 루이스는 지금 영국인의 유머를 거론하지만, 어디 영국뿐이겠는가?

농담과 유머의 악마적 용도가 따로 있다. 유머 감각은 현대인에게 나름 세련된 면모를 세워 주기도 하는데, 뭔가 삶을 날카롭게 뚫어보는 통찰이 엿보이기 때문이다. 그래서 오히려 유머와 농담은 이제 역기능을 가진다.

〈스크루테이프〉는 한때 실수로 하나님 사랑에 대한 이단에 빠진 적이 있다. 하나님의 사랑을 진심일 뿐만 아니라 소름 끼치는 진실이라고 말하여 곤욕을 치른다. 이때 〈스크루테이프〉는 악마 신학교 총장 슬럽갑에게 모욕적인 발언을 쏟아낸다. 후에 사태가 불리해지자, 얼핏 듣기에 칭찬이라고 할 수 없는 비난을 퍼부었는데 사실은 "농담이었다"고 오리발을 내민다(SL, 110). 잘못한 일을 잘못했다고 말하는 게 아니라 "농담이었다"고 변명하면서 퉁치고 지나가려 한다. 수치를 교묘하게 피해 나가는 전형적인 방법이다.

유머와 농담은 수치심과 때로는 죄의식으로부터 도피하도록 하는 용도로 사용된다. 자기 잘못을 다른 사람의 잘못으로 돌려서 변명하면 치사한 인간이 되고 만다. 그러나 유머와 농담으로 친구들을 놀리면서 자기의 부패한 성공을 은근히 으스대면 그는 이제 "치사한 인간"에서 벗어나서 "재미있는 사람"이 된다. 유머와 농담은 이런 변신을 만들어내는 "훌륭한 수단"이다. 비겁한 사람이 그렇게 자기를 유머와 농담으로 포장하고 과장하면 "재미있는 사람"으로 변신하게 되고, 심지어 잔인한 인간도 노련한 유머와 농담으로 포장하면 마땅히 부끄러워해야 할 수치심도 한방에 사라진다(SL, 70).

> 그때 내가 그 교만한 녀석을 골목에서 만나자는 약속을 하고, 그 핑계로 끌어내서 등 뒤에서 찔러서 쓰러뜨리고 말았지! 그깟 녀석이 나의 교묘한 전략을 어떻게 나를 따라올 수 있겠어?

함께 있던 자기편들과 그 녀석이 속은 것을 비웃어 주고, 이제 그는 모략과 폭력이 판치는 세상에서 달인이 되고 IQ 높은 전략가의 자리를 차지한다. 흔히 가해자에게는 무용담이 되고, 피해자에게는 폭력이 된다. 그는 그런 음모를 꾸며서 거짓으로 쓰러뜨린 것은 수치스러운 짓이었다고 고백해야 죄악으로부터 벗어날 수 있다. 그것이 죄를 벗어나는 유일한 방법이다. 그러나 그는 이런 식으로 농담과 유머로 그의 죄악과 수치를 그냥 덮으면서 지나간다.

세븐 일레븐에 들어가서 라면을 몰래 훔쳐 낄낄대면서 친구들과 함께 끓여 먹었다고 자랑스럽게 말한다. 죄송하다거나 잘못을 저질렀다거나 하는 생각은커녕 재미로 한 번 그래 본 것이라는 농담으로 자기의 수치를 은폐한다. 유머로 포장되었어도 그의 죄악은 여전히 남아 있다. 죄는 은폐해서 가려지는 게 아니다. 고백으로 씻어야 한다. 이런 은폐용 농담은 친구들에게 비난은커녕 찬사를 받도록 하는 "삶의 은총"(SL, 69-70)이 된다.

그래서 유머와 농담은 "신성 모독과 음담패설"보다 오히려 쓸모 있는 지옥에 합당한 사람 만들기(SL, 70) 전략에 유용하다. 이때 죄 고백을 운운하는 것은 유머 감각 부족으로 경멸의 대상이 되기도 한다. 결국, 그는 조금씩 아래로 스스로 내려가서 지옥에 걸맞은 자로 변신해 간다. 유머와 농담은 죄악과 수치의 "은폐" 수단으로서 쓸모 있는 전략이고, 이런 농담과 유머를 사용해서 〈스크루테이프〉는 사람을 "지옥으로 떨어뜨릴 수"(SL, 70) 있다. 사람들은 죄악의 수치 앞에서 무슨 수단으로든 피해서 도망치려고 하지만, 하나님 앞에서 회개 외에는 피할 방법이 없다.

하지만, 뭐니 뭐니 해도 가장 좋은 악마적 웃음의 재료는 "경박함"(Flippancy)이다. 경박스러움은 뭐가 중한지를 알지 못하는 무지한 천방지축(天方地軸)을 말한다. 가장 흔한 경박스러움은 무엇보다 하나님 이름을 함부로 쓰면서 그걸 유머라고 하는 짓이다. 사람들은 뭔가 일이 잘 풀리지 않으면,

제5장 C. S. 루이스의 웃음 코드

"오! 마이 갓!"(Oh My God!), 또는 "지저스 크라이스트!"(Jesus Christ!)라고 소리를 지르며 폼을 잡는다.

신성의 거룩함을 그들의 잘못을 덮으려는 심리적 방어 기제로 사용하는 흔한 자기기만이다. 그리스도인들은 자기를 이렇게 거짓되이 만드는 경박스러움에 빠질 수 없다. 심각한 상황에서 자기의 날카로운 유머 감각이 뭔가 "우스꽝스러운 것을 찾아냈다"는 식으로 하는 허세는 유머가 될 수 없다(SL, 71). 부모님 이름도 함부로 부르지 않는데 하나님을 함부로 불러서 웃기려 하거나 잘못을 감추려는 것은 스스로를 비참하게 하는 우스운 인간이 되고 마는 짓이다. 경박한 인간들은 유머라고 생각하지만, 자기 아버지, 어머니 이름으로 농담하지 않는다.

> 이런 상태를 오래 끌 수만 있다면, 가볍게 행동하는 경박스러움이 습관으로 굳어지게 되어 마치 갑옷처럼 인간의 온몸을 둘러싸고 튼튼하게 달라붙어 있게 된다. 내가 아는 한 이건 원수 하나님의 공격을 막아 내기에 최고로 좋은 철갑이야. 더구나 경박스러움은 다른 웃음의 근원들과 달리 위험 요소가 전혀 없다. 경박스러움은 기쁨과 한참 멀리 떨어져 있는 데다가, 지성의 날카로움을 버리는 것이 아니라 오히려 무디게 만들어 준다(SL, PARA 71).

제6장
하나님과 연합하여 자아의 죽음을 경험하다

하나님은 인간에 대한 진정한 사랑으로 자유를 주셨다. 그러나 자유는 오용되어 하나님을 저항하는 무기가 될 수도 있기 때문에 오히려 자유는 가치 있고, 하나님의 모험이다. 사람은 하나님이 주신 그의 자유로운 선택과 의지를 통해서 하나님을 거부할 수 있고, 하나님께 순종할 수도 있다. 하나님은 억지로 하나님을 사랑하게 만드시지 않는다. 하나님은 "강간"하시지 않는다.

하나님은 단지 사람에게 자유를 주시고 사랑으로 "호소"할 뿐이다. 사랑이란 본래 그런 것이다. 이때 하나님이 주신 자유를 통해 하나님을 순종하면 그야말로 "대박"이다. 하나님의 모험이 제대로 맞아떨어진 것이다. "네 마음대로 해라" 하고 자유를 주셨는데, 내 마음대로 아버지의 뜻을 따르고 순종하면, 자유도 주시고 순종도 받으신다. 그래서 〈스크루테이프〉는 이런 하나님의 전략을 "꿩 먹고 알 먹고" 둘 다 먹는 "천박"한 것이라 비난한다 (SL, 55).

이런 하나님의 이중 전략이 하나 더 있다. 하나님은 사람이 그의 온전한 자유의지로 하나님을 순종하여 하나님과 연합하기를 원하신다. 그리고 동시에 사람은 여전히 그의 고유한 모습을 그대로 지니면서 스스로 걸을 수 있도록 하신다. 이 또한 하나님의 "꿩 먹고 알 먹고"의 전략이다. 하나님은 사람과의 연합과 독립을 동시에 추구하신다.

사람의 자아는 한 인간 전체를 가리키는 말이다. 자아는 나의 인격과 품성, 나의 의도와 생각, 나의 의지, 나의 마음을 통틀어 한 인간 전체를 가리킨다. 이와 같은 모든 사항이 한데 얽혀서 나의 자아가 되고, 나 자신이 된다. 내 자아는 내 삶 전체가 지금까지 쌓은 전부다. 나의 습관과 죄성, 선한 성품과 인격, 사회적 평판과 허위 등이 나의 환경과 텍스트와 만나고 오염되고 때로는 정화되기도 하면서 지금까지 쌓은 총체적인 영혼의 모습이다.

특히, 루이스는 자아를 "자기 의지"(아집, self-will)라고 칭한다. 자아를 버리라는 말은 너의 자기 의지 또는 너의 고집을 버리라는 뜻이고, 그러면 하나님께서 이제 오히려 사람들의 개성과 그들 고유한 인격을 되돌려 준다는 것이다. 사람의 자아가 온전히 하나님의 소유가 될 때 사람은 참된 모습을 되찾을 수 있다(SL, 79).

루이스는 하나님이 원하시는 인간 삶은 우선 자신을 하나님께 자기 의지로 드려서 하나님과 연합하는 것이고, 그 후에 자기의 독자적인 생명을 살아가는 것이라고 말한다. 마치 부모가 아이들을 키워서 성장하게 되면 부모로부터 독립해서 그들이 스스로 독자적인 삶을 살아가도록 하는 것과 같다. 하나님이 "털 없는 두 발 달린 짐승을 진짜로 사랑하는 이유"가 바로 여기에 있다.

다음의 한마디는 인간 자아를 다루시는 하나님의 전략 전체이다.

> 이것은 우리 악마들이 어떤 것보다도 불쾌하고 이해할 수 없는 원수 하나님의 특징이다. 우리 악마들이 절대 잊으면 안 될 그 특징은 바로 하나님이라는 그 작자가 자신이 창조해 낸 저 털 없는 두발짐승들을 진짜로 사랑한다

는 사실이다. 그래서 왼손으로 가져간 것이 있으면 항상 오른손으로 돌려준다는 말이 사실이다(SL, PARA 85).

인간의 자아를 다루시는 하나님의 방법은 왼손과 오른손의 상호 교환의 메커니즘이다. 우리가 왼손으로 우리의 자아를 드리면, 하나님은 오른손으로 새롭게 창조하신 거듭난 우리의 자아를 되돌려 주신다. 드리면 항상 받는다. 우리를 진짜로 사랑하시기 때문이다.

1. 옛 자아와 새 자아: "왼손으로 드리고 오른손으로 받는다"

하나님은 이 "작은 벌레"를 진짜로 사랑하기 때문에 사람들 모두 한 사람 한 사람의 유일한 독특성에 "터무니없는" 가치를 부여한다(SL, 54). 그들은 하나님과도 독립해 있는 이 세계에 둘도 없는 유일하고도 고유한 창조적인 삶을 사는 생명이다. 하나님이 원하시는 인간은 "하나님과 연합되었으나 여전히 독립적이고 구별되는 자"이다(beings united to Him but still distinct", SL 54, 79).

루이스는 이런 유사한 실례를 남녀의 혼인 관계에서 본다. 〈스크루테이프〉는 결혼을 "터무니없는 일"이라고 비웃는다. 결혼한 부부를 "한 몸"이라고 부르고, 결혼한 부부는 하나의 몸이 된다(SL, 107)고 한다. 그러나 하나의 자아는 다른 자아와 별개라는 지옥의 교리에 따르면(SL, 105), 결혼은 사실 한쪽이 다른 한쪽을 잡아먹는 것이다. 거미 암컷이 거미 수컷을 교미 후에 잡아먹는 다윈의 정글의 냉혹한 생존 경쟁 그대로 이 세계와 지옥의 교리를 정당화한다(SL, 105).

〈스크루테이프〉가 보기에는 강한 자아가 약한 자아를 잡아먹는 게 결혼의 실상이다. 자연에서 거미의 결혼이 사람의 결혼과 그대로 일치하는 경우는 무수히 많다. 〈스크루테이프〉에 의하면, 사람이나 거미나 같은 "벌레"이고, "먹느냐, 먹히느냐"라는 경쟁은 동일한 공간에서 살기 때문이다. 부부 중 한 명이 다른 한 명을 종으로 삼거나 죽이는 경우는 거미의 결혼, 지옥의 결혼이 그대로 나타나는 사례다.

또 다른 정반대의 사례가 있다. 하나님은 수학을 끄집어내어, 하나는 동시에 셋이라고 한다. 하나님의 본질 또는 존재 방식은 하나이면서 동시에 셋이다. 하나님의 본질에서도 연합과 분리가 발생한다. 하나로 연합되어 있지만, 동시에 셋으로 분리되어 있다. 악마는 이를 터무니없다고 비웃지만, 셋과 하나의 연합과 분리를 가능케 하는 원리는 "사랑"이다(SL, 106).

하나는 다른 또 하나와 한데 어울릴 수 없는 별개의 존재이고, 내게 좋은 것은 네게 좋은 것이 될 수 없다는 지옥의 교리는 이 정글의 세계를 여실히 있는 그대로 드러낸다(SL, 105). 그래서 〈스크루테이프〉와 지옥의 악마들은 사랑이라는 미궁에서 헤맨다.

사랑이 만들어내는 연합과 분리의 전략은 악마들의 머리를 넘어선다. 아무리 골머리를 썩여도 악마는 사랑의 비밀을 절대 풀지 못한다. 〈스크루테이프〉는 거의 자포자기 한다. 〈스크루테이프〉의 국정원은 지금까지 원수 하나님 사랑의 배후 비밀을 알아내지 못했고, 이런 정보 부재는 악마에게 치명적이다(SL, 186). 그래서 정글 같은 이 세계에서 사랑은 여전히 미스터리로 남아 있다.

사랑은 지옥의 불가능성이다. 사랑은 그리고 인간 정부 관료 조직과 그 밖의 조직에서도 있을 수 없는 여전히 불가능한 일이다. 사랑은 지옥의 이데올로기를 깨트린다. 하나의 자아에 좋은 것은 다른 자아에도 좋은 것이라는 새로운 삶의 원리, 사랑을 도입해서 악마의 불가능성을 혼돈에 빠뜨린다(SL, 105-06). 하나이면서 셋이라는 하나님 존재의 본질, 남녀의 결혼이 하나의 몸이 되는 신비 그리고 가족의 연합과 독립은, 모든 가족은 다 독립적인 하나이지만 동시에 하나의 연합체라는 사실을 보여 준다.

유기체의 생명 또한 그러하다. 경쟁 관계에 있는 각각의 부분이 전체를 이루어 하나의 생명을 구성하여 다윈의 자연이 부여한 생존 경쟁이라는 숙명을 거부하고 협력의 길을 간다. 하나님은 지옥의 교리를 농담으로 조롱하고, 새로운 생명의 원리를 제시한다. 또 가족이라는 또 다른 생명의 유기체는 보다 더 고차원의 연합과 독립을 동시에 응용한다.

가족은 분명히 하나의 가족이지만, 그 개개인의 구성원은 뚜렷하게 자기의 독립을 실천하고 동시에 가족이라는 연합도 실천한다(SL, 106-07). 악마는 연합과 협력과 사랑을 혐오한다. 그런 것들을 알지 못하고 경험해 보지 못했기 때문이다.

독특하고 새로운 자기 자아는 무엇이고, 어떻게 가능할까?

우리는 루이스의 세 가지 이야기, 『순례자의 귀향』과 『천국과 지옥의 이혼』 그리고 『나니아 연대기』에서 자아를 다루시는 하나님의 알레고리 그림을 본다.

사람의 자아가 자기 내면에서 시끄러운 이유는 자기 욕심이 불평과 잡음을 일으키기 때문이다. 자기 욕심은 본능으로부터 흘러나오는 권력 의지를 말하고, 앞으로 나서서 박수와 갈채의 주인공이 되려는 것에 지나지 않는다. 이걸 못하니 불평과 소음이 일어난다. 자아는 언제나 자기 자신에게 집중한다. 심지어 기도할 때도 하나님이 아니라 자기를 바라본다. 그는 하나님 앞에서 기도하는 포즈를 취하지만, 자기를 향해보면서 자신에 몰두해 있다.

나는 다른 사람들 … 같지 아니하고 이 세리와도 같지 아니함을 … (눅 18:11).

바리새인은 기도 중에도 자기 자신에게 집중한다.
"'나는' … 같지 아니하고 … ."

> 자아를 잃는다는 것은 무엇인가? 우리가 하나님께 완전히 나의 자아를 드릴 때 하나님은 다시 나만의 유일한 특성과 개성을 되돌려 주신다. 이때 우리의 모습은 과거의 모습보다 훨씬 더 우리의 진짜 모습이고, 참으로 우리의 본래 모습이고, 우리다운 모습이다. 하나님을 향한 우리의 완전한 순종을 드리기 위해서, 즉 우리의 모든 의지, 죄로 이미 물들어 있는 의지만이 아니라, 우리의 모든 생각과 의지, 우리의 생각과 의지라고 할 것들은 하나도 빠지지 않고 하나님께 드린다. 이때 우리는 온전히 우리 자신의 본래 모습이 된다(MC, PARA 80).

〈스크루테이프〉는 함께 일을 해 본 사람은 다 알고 있는 성격인데도 자신만이 알지 못하는 인간이 있다고 말한다. 놀라운 일이다. 자기를 돌아보는 시간이 없는 것은 아니다. 몇 시간을 자기반성의 시간을 주어도 여전히 자신이 고상하고 유머 있고 수준 있는 리더라고 믿는다. 이런 못 말리는 화상들은 어디서나 반드시 살아 있다. 아무리 둘러봐도 끝내 찾을 수 없다면, 당신이 바로 그 인간일 수도 있는 바로 그 사람이다.

> 말다툼은 그런 환자들 사이에 늘 있는 흔한 일이다. 그러나 그 환자는 어떤 말다툼에서라도 자기 잘못은 없다고 생각하고 굳게 그렇게 확신한다. 어떻게 그렇게 확신을 가질 수 있는지, 참으로 엉뚱한 일이 아닐 수 없다. 그래도 그런 자들은 항상 그런 확신을 갖고 스스로 그런 확신의 함정에 빠져서 산다(SL, PARA 27).

"그냥 아무 말하지 말고, 잘못했다고 말해!"
"그래, 조금만 더 마음을 다해서 정성을 더해서 잘못했다고 말해!"
이런 말을 들어야 하는 인물은 이렇게 말하는 게 무엇보다 어렵다.
"아무리 생각해 봐도 내가 무슨 잘못을 했느냐?
누구나 그런 상황에 있으면 당연히 그렇게 할 수밖에 없고, 질투로 해대는 모함일 뿐, 내 잘못은 아니다."
사람은 자기중심적 사고에서 벗어나기 힘들다. 비난이건 비판이건 내 맘에 들지 않더라도 그냥 인정하고, 굴복하고 나 중심 사고를 버리는 것이 낫다. 지독한 자기중심적 사고방식은 반드시 치유되어야 한다. 그냥 자기를 포기하라는 루이스의 말처럼 진정 어린 한마디면 출발 지점이 된다.
"그래, 내가 잘못했다!"
그것이 안 되면 당신은 악질이라는 증거다. 이것이 자아 문제다. 그러나 실상 나 자신을 굴복하고 포기하는 것은 불가능에 가깝다. 자아의 죽음을 그리는 루이스의 그림들은 놀라울 정도로 정확하다.

2. 순례자의 귀향: 깊은 협곡을 지나야 하는 자아의 죽음

원수 하나님이 가장 빨리 없애려는 것은 동물적인 자기 사랑이다. 루이스의 인간 이해의 축은 "동물 반, 영혼 반의 양서류" 인간이다. 영원을 향한 인간의 끝없는 로망과 노스탤지어, 이는 동물과 그의 궤도를 달리하는 경계선이다. 사람은 여전히 그의 안에서 맹렬히 활동하는 50퍼센트의 동물성이 문제이고, 이는 매일 아침 "사나운 맹수처럼 달려드는"(MC, 300-01) 동물적인 자기 사랑이다. 사람은 점점 조금씩 더 동물이 되어가기도 하고, 반대로 영혼이 되어가기도 한다.

'동물사람'은 동물적으로 자기에게 몰두하여 그의 일과 업적과 작품에 빠져 있다. 마치 초딩이 그린 삐뚤빼뚤한 자기 그림을 조그마한 자기 방의 벽에 걸어 놓고 매일 바라보고 스스로 감탄하면서 자기 그림에 빠져 있는 것과 같다. 누군가 그림에 대해서 한마디 해 주지 않나 하면서 신경이 곤두서 있다. 그러나 알고 보면 실은 모든 사람이 대부분 그러한 초딩이다.

'동물사람'이 아닌 '영혼사람'은 다르다. 그는 자기에게 몰두하는 "동물적인 자기애, 자기 사랑을 죽이고"(to kill their animal self-love, SL, 85), "새로운 자기 사랑"을 지니고 다른 사람의 작품과 업적에 시선을 보내면서 감탄을 보낼 줄 안다.

루이스는 이렇게 말한다.

> 사람들은 자기 자신을 향해서 비딱하게 기울어진 일방적인 사랑을 즐긴다. 그러나 또 다른 부류의 인간은 자기를 향해서 일방적으로 기울어진 편향된 시각에서 벗어난다. 그들은 자기 작품을 향한 일방적인 관심에서 벗어나서 다른 사람의 재능과 작품에 관심을 기울일 줄 안다. 다른 사람들에게 관심을 가질 때도 여전히 그는 자기를 보는 것과 같은 자리에서 바라볼 수 있게 된다. 그들은 다른 사람들의 재능과 작품을 볼 때에도, 마치 태양이 바다 건너편에서 붉게 떠오르는 빛나는 광경을 보듯이, 아니면 거창하게 떨어지는 폭포의 엄청난 힘을 보면서 마음속에서 "와우! 굉장한 걸!"이라고 탄성을 보내는 것과 같다. 어린아이들이 동물원에서 엄청나게 큰 몸집의 코끼리를 보면서 "와, 너무 멋있어!"라고 탄성을 지르듯이 그들도 역시 다른 사람의 재능과 작품을 기뻐하면서 감사하는 마음을 갖게 된다(SL, PARA 84-85).

하나님이 동물사랑 대신 주신 새로운 자기 사랑은 악마를 두렵게 한다 (SL, 85). 그 다른 부류의 인간들은 자기를 사랑하는 크기와 이웃을 사랑하는 크기가 별로 다르지 않다. 그들은 기본적으로 자기를 포함해서 다른 모든 자아들을 향한 사랑과 감사가 있다. 그들은 동물적 자기 사랑을 "죽이고" 새로운 자기 사랑으로 바꿔치기한 사람이다. 그는 '동물사람'에서 '영혼사람'으로 바꾸어서 변화하는 자들이다. 하나님이 "왼손으로" 그의 동물 자아를 가져가고, "오른손으로" 새로운 자아 사랑을 되돌려 주신다(SL, 85).

여기에 두 가지 중요한 사실이 있다.

첫째, 동물적 자아는 살살 구슬려서 내어 쫓는 것이 아니라, 죽임의 대상이다.

둘째, 이런 일은 오랜 시간에 걸쳐 일어나는 "하나님이 친히 하시는 장기적인 전략"(His long-term policy, SL, 85)이기도 하다.

오랜 시간에 걸쳐서 내 안의 동물이 죽임을 당해서 시들어가고, 내 안의 영혼은 싱싱하게 되살아나는 하나님이 손을 보시는 장기적인 전략이다.

루이스는 이에 대해서 그리스도인의 정직과 순결과 겸손이라는 도덕을 예로 들면서, 내가 좋아하는 대로 내 생각과 마음을 제멋대로 굴리면서 그런 도덕적 품성을 결코 얻을 수 없다고 단언한다. 돈과 쾌락과 야망에 사로잡혀 있으면서 정직과 순결과 겸손은 불가능하다.

제대로 된 벼를 얻으려면 겉으로 드러나 있는 잡초를 땅 위에서 잘라내는데 그쳐서는 안 된다. 땅 밑까지 파고 들어가 갈아엎어서 잡초의 뿌리를 뽑아야 벼를 얻을 수 있다. 완전히 갈아엎어야 새로운 씨를 심고 자랄 수 있다(MC, 300). 그리고 이를 위해서 루이스는 더 "어렵기는 하지만 쉬운" 방법을 말한다.

그리스도는 우리에게 이렇게 말씀한다.

나에게 너의 전부를 달라. 이것은 분명히 해야 할 중요한 사실이다. 나는 너의 시간과 돈과 일을 원하는 게 아니다. 나는 '너' 자신을 원한다. 나는 너의 타고난 자연적이고 육체적인 자아를 괴롭히는 따위로 온 것이 아니다. 내가 너에게 이렇게 다가온 이유는 너의 자아를 죽이러 온 것이다. 이리저리 조금 때우는 식의 미봉책 따위는 내가 원하는 게 아니다. 나는 여기저기 비딱하게 자라서 보기 싫게 된 나뭇가지를 쳐내는 것이 아니라 '너'라고 하는 나무 자체를 아예 뽑아버리려고 한다. 비뚤게 자란 이빨을 뚫어서 어떻게 살짝 치료를 하거나, 아니면 금속으로 씌우거나 하는 따위의 일시적인 미봉책이 아니라 아예 뽑아버릴 것이다. 너의 육체적이고 자연적 본성의 자아 전부를 말이다.

네가 알고 있는 악하다고 생각하는 욕망도 나에게 달라. 그리고 악하지 않다고 생각하는 죄 없는 네가 하고자 하는 욕망도 이것저것 가리지 말고 전부 나에게 넘겨달라. 그러면 나는 그 대신 네게 새로운 자아를 줄 것이다. 나의 자아, 새로운 자아를 줄 것이다. 그러면 이제 나의 뜻하는 바가 곧 너의 뜻하는 바가 될 것이다(MC, PARA 298).

그런 일은 매일 아침 우리가 눈을 뜨는 바로 그 순간 찾아올 것이다. 그 순간 그날의 모든 소원과 희망이 맹수처럼 우리를 사로잡으러 달려들 것이다. 따라서 매일 아침 일어나서 우리가 가장 먼저 해야 할 일은 그런 욕망과 소원과 희망하는 것들을 모조리 밀어내는 것이다. 우리는 그 아침에 다른 음성에 귀를 기울여야 한다. 우리는 또 주님이 바라보는 전혀 다른 새로운 시선과 관점을 받아들여야 한다. 우리는 좀 더 크고 강하고 침착하고 고요한 주님의 생명이 우리의 생명과 삶 가운데 흐르도록 해야 한다. 이런 일은 매일 하루도 빠지지 않고 날마다 계속되어야 한다. 우리는 이제 혼자서 안달복달하며 야단법석을 떠는 어머니 뱃속에서 나올 때 갖고 나온 자연적인 자아, 육체적인 자아에서 멀리 떨어져야 하고 물러서야 한다. 우리는 세상에서 세차게 불어오는 바람에서 벗어나야 나서 거리를 두고 물러서야 한다(MC, PARA 301).

사람의 자기중심적 사고방식은 못 말린다. 전기 작가나 역사가들이 어떤 위인의 일생을 탐색하는데 때로 일기가 중요한 자료가 되기도 한다. 그러나 누구도 그의 일기를 그대로 믿지 않는다. 일기에는 주관적 인식과 판단이 들어 있기 때문이다.

내 친구 건축가는 아주 오래전에 지은 5층짜리 건물을 지나며 지금도 말한다.

"내가 지은 건데, 시간이 지나서 낡았어도 여전히 멋있네!"

친구 눈에는 그 옆에 더 높이 서 있는 건물이 아직도 눈에 들어오지 않는다. 그가 어릴 때 건축한 그 초라한 작품 때문에 말이다.

그 어린 초딩은 이제 자기의 조그마한 방에서 나와 늘 감탄하던 자기 그림에 더 이상의 집착을 벗어던지고, 다른 친구들의 그림을 보면서도 감탄할 줄 안다. 자기를 벗어나서 다른 넓은 시야를 갖게 되고, 전망의 지평이 확대된다.

어떤 목사는 자기가 건축한 5층 교회 건물이 다른 목사가 세운 10층짜리 교회보다 더 낫다고 생각한다. 얘기를 들어보면 그럴듯한 설명을 한다. 동물적 자기 사랑을 떨쳐 버린 사람은 자신이 세운 교회를 이 세상에서 가장 좋은 교회라고 생각하지만, 다른 목사가 세운 3층 교회도 역시 그의 교회에 못지않게 아름답다고 생각하여 기뻐하고 감사한다(SL, 84-85).

애틀랜타의 지하도로에서 아침에 빠르게 걸어가는 미국 사람들의 얼굴을 볼 때 '어떻게 저토록 그들의 모습과 얼굴과 머리 색깔이 갖가지일까?' 하는 인상이 오래도록 새겨져 있다. 그들 모습이 그렇게 다름에 혼란이 올 정도였다. 우리는 같은 얼굴과 같은 머리 색깔에 익숙해졌을 뿐 아니라, 질서와 통일을 삶의 중요한 윤리처럼 강조한다. 타인의 존재와 차이의 가치를 잘 모를 때가 많다. 내 까만 머리 색깔을 자랑스러워하지만(SL, 86), 노란 머리도 자세히 보면 예쁘고 아름답다.

〈스크루테이프〉는 인간의 "재능이라는 게 저 인간들이 스스로 생각하는 것만큼 가치 있는 게 전혀 못 된다"라고 조롱한다(SL, 84). 그러나 악마에게 더 중요한 것은 재능의 여부와 수준보다는 사람들이 스스로 자신을 깎아내리는 허구적인 판단이다. 악마는 수학에 똑똑한 재능을 가진 사람이 겸손이라는 압박 때문에 스스로 멍청하다고 믿는 어리석고 가식적인 판단을 웃긴다고 한다.

사실을 사실대로 보지 못하게 하여, 부정직한 허위의식과 가짜 겸손과 그 알량한 양보 그리고 겉치레의 겸양이라는 거짓 판단을 이용한다. 결코 제대로 될 수 없는 가식을 끼어들게 하여 겉치레의 겸손을 키우고 또한 쓸데없는 자의식을 키워서 끊임없이 자기 자신만을 생각하고 집착하도록 한다. 한마디로, 거짓 겸손, 허위적인 자기 비하, 알량한 양보 등은 자기의 겉치레 의로움을 선전하려는 처세들이다. 이런 모든 것이 하나같이 다 동물적인 자기 사랑에서 나온 것이다.

『순례자의 귀향』의 순례자 존(John)은 마지막 순례길을 앞두고 깊은 협곡을 지나야 한다. 이때 "죽음"이 늙고 무시무시한 얼굴과 흉측한 모습으로 존에게 나타나서 말한다.

"너는 죽음을 두려워한다고 하면서 죽음을 검은 어떤 캄캄한 심연 같은 구덩이라고 생각하는데, 큰 착각이다. 죽음을 넘어서면 그 죽음의 배후에는 더욱더 깊고도 깊은 두려움이 있다. 사람들은 일단 죽음의 강을 건너면 죽음의 강 건너편에는 아무것도 없다고 쉽게 생각하기 일쑤다.

죽음을 아무것도 아닌 무(無)라고 생각해서는 안 된다. 죽음을 지나가면 그걸로 끝이라고 생각해서 더 이상의 두려움도 사라지고 모든 게 끝난다고 생각한다. 그러나 죽음은 아무것도 아닌 게 아니다. 죽음은 엄연히 실제로 존재하는 것이다. 죽음은 무(無)가 아니니 죽음을 무(無)라고 부르지 말라."

> 죽음은 아무것도 없는 무(無)가 아니다. 죽음은 우리 눈이 가려져 있기에 아무것도 보이지 않고 알 수 없는 것이다. 죽음은 항복의 순간이고, 어떤 힘으로도 저항이 되지 않는 시간이다. 항복은 대가를 바라는 조건부 항복이 아니라, 어떻게 하더라도 저항할 힘이 철저하게 사라져 버린 무조건적인 항복이다. 사람은 죽음이라는 캄캄한 어둠 속으로 한 걸음 한 걸음 들어간다. 죽음 앞에서는 어떤 예방 조처도 없다. 죽음은 철저하게 위험에 노출되는 시간이고, 피할 수 없는 무력함과 철저한 자유의 상실의 순간이다. 아무것도 두려워하지 않았던 그 영토의 주인의 아드님(역자주, 예수 그리스도)도 그 죽음만은 아주 두려워했다(PR, PARA 244).

그러나 존은 이제 죽음을 선택한다. 그러자 죽음이 다시 말한다.

> 네가 죽음을 선택한다면, 나, 죽음은 더 이상 너의 주인이 될 수 없다. 이제 나, 죽음은 너의 종이고 하인이 될 수밖에 없다. 죽음을 치유하는 법은 곧 죽음이다. 네가 죽음의 행위로 너의 자유를 포기하게 되면 너는 그 자유를 돌려받게 될 것이다(PR, PARA 244).

이제 존은 죽음이라는 깊은 계곡을 건너야 한다. 존은 마더 커크(역자주, 교회)에게 와서 말한다.

"내가 이제 항복하러 왔습니다."

항복은 죽음과 동의어이다. 마더 커크는 말한다.

"참 잘했어요. 그런데 참 멀리도 돌아서 여기까지 왔군요. 내게 맡겼더라면 짧은 시간에 당신을 죽음의 깊은 계곡을 건너게 해주었을 텐데요. 그래도 지금이라도 왔으니 잘 왔어요."

죽음 앞에서 죽음으로 항복하면 이제 죽음은 나를 움직이는 공포의 대상이 아니다. 이제 죽음은 오히려 나의 종이다. 죽음은 이렇게 말한다.

"나는 더 이상 너의 주인이 아니다."

죽음은 죽음으로 치유하는 것이고(SL, 183), 자유를 포기하면 자유를 돌려받는다.

우선 존은 그가 걸치고 있던 누더기를 벗어야 한다. 그리고 깊은 계곡의 깊은 물 속으로 다이빙해서 들어가야 한다. 그러나 물속으로 들어가는 데 조심해야 할 게 있다. 일단 물속으로 뛰어들면 자신도 모르게 목숨을 건지려고 버둥대다가 다칠 수도 있다. 그리고 물속 밑바닥까지 충분하고 깊숙이 내려가지 못할 수도 있다.

다이빙은 배운 적이 없어도 괜찮다. 다이빙은 새로운 동작을 하는 게 아니라 동작을 그냥 가만히 멈추는 것이다. 그냥 몸을 물속으로 던지면 된다. 자기를 보존하기 위해서 살려고 발버둥을 치지 말고, 가만히 있으면 된다. 물속을 향해서 머리부터 곧장 깊숙이 들어가도록 다이빙해야 한다. 그래야 물속 깊숙이 밑바닥까지 즉시 닿을 수 있다. 엉성하게 들어가서 이쪽으로 다시 나오지 않도록 해야 한다. 물속 깊은 밑바닥, 절벽 아래에 터널이 있다. 당신은 그 밑바닥 깊은 곳에 있는 터널을 통과해서 건너편으로 빠져나가야만 한다(PR, PARA 246).

존은 혼잣말을 한다.

"아! 이제야 알겠다. 나를 죽이려 하는구나!

나를 죽이려고 이곳으로 데리고 온 것이구나!"

그리고 지금까지 오랫동안 입었던 덕지덕지 더러워진 누더기를 벗는데 그것도 쉽지 않다. 옷이 너덜너덜한 데다, 지금까지 긴 여정을 지내오는 동안 온갖 때와 피가 범벅이 되어서 몸에 달라붙어 거의 살갗이 되다시피 하고 말았다. 옷을 조심해서 벗지 않으면 살이 벗겨져서 아픔이 몸을 찌른다. 물속으로 몸을 던져야 하는 순간, 이것이야말로 흔히 말해왔던 "죽음의 쓰디쓴 맛"이라는 느낌이 든다.

지금까지 친하게 지냈던 친구들이 몰려와서 만류한다. 계몽과 여인과 음악과 유행과 상식과 휴머니즘과 관용이 나서서 말린다. 죽음의 깊은 계곡으로 뛰어들지 말라고 애원한다. 그리고 깊은 계곡의 깊은 물을 오래 들여다볼수록 뛰어들고 싶은 마음이 들지 않는다. 그러나 존은 깊은 물속으로 그냥 뛰어든다.

중요한 것은 존이 마더 커크의 말대로 "머리부터 물속으로 깊숙이 뛰어들었다"는 사실이다. 근사한 다이빙은 분명 아니었다. 그러나 어쨌든 머리부터 물속으로 깊이 들어가기는 갔다. 철저한 죽음을 뜻하는 것이리라. 죽음을 치유하는 방법은 죽음뿐이다. 생명은 죽음을 통과해서야 다시 얻는다. 죽어야 산다.

3. 천국과 지옥의 이혼: 어깨 위에서 살고 있는 작고 새빨간 도마뱀을 죽이다

『천국과 지옥의 이혼』에서 루이스는 자아의 죽음과 관련하여 탁월한 알레고리를 보여 준다. 어떤 한 인간 유령은 어깨 위에 작지만 야무지게 생긴 빨간 도마뱀을 얹어 놓고 다닌다. 인간 유령은 그 도마뱀을 떨쳐버리고 싶은데 너무 딱 달라붙어서 쉽지 않다. 평생 그 빨간 도마뱀과 함께 살았기 때문에 그리고 그의 속살거리는 말을 듣고 따랐기 때문에 도마뱀 역시 결코 그의 어깨 위에서 내려오지 않는다.

딜레마는 도마뱀으로부터 벗어나고 싶은데 그럴 수 없다는 것이다. 도마뱀은 그 인간 유령의 절친이고, 없으면 죽고 못 사는 처지다. 헤어지고 싶은데 끈덕지게 달라붙는 옛 연인과 같다. 그렇다고 해서 도마뱀이 완전히 헤어져서 없어지는 것을 진심으로 원하는 것도 아니다. 때로는 쾌락을 주기도 하고 붕 띄워주기도 한다. 이러지도 저러지도 못한다.

"허튼소리"를 지껄이는 도마뱀은 더 이상 내 인생의 어깨에서 사라졌으면 좋겠다. 진짜로 간절한 소원이다. "호통"을 쳐보기도 하지만, 들은 척하지 않는다. 호통을 치면 도리어 속삭이기 시작하는데 미소를 짓지 않을 수 없고, 자기도 모르게 어느덧 도마뱀을 따라가고 있다. 인간 유령이 가는 곳은 어디든지 따라가는 도마뱀의 고집을 꺾지 못한다. 이러지도 저러지도 못한다. 조용히 가만있으라고 해도 떠들고, 떠들면 그렇게 떠들도록 내버려둘 수밖에 없다. 나는 더 이상 내 삶의 주인이 아니다.

"나를 움직이는 나는 내가 아니던가?"

루이스는 드디어 더 깊은 그러나 결정적인 문제를 들이민다.

너는 누구인가?
너를 움직이는 것은 무엇인가?
너는 너 자신의 주인이던가?
너는 네가 원하는 대로 너의 삶을 살고 있는가?
지옥에 깊숙이 안착해 있는 어떤 환자는 이렇게 말한다.

> 이제 와서 지금에서야 하는 한탄이다. 나는 내가 마땅히 해야 할 일을 하나도 하지 못하고 말았구나! 그리고 내가 그토록 좋아하던 일도 하나도 하지 못하고 말았구나! 그러면서 나는 뭔가 바쁜 듯이 그토록 이리저리 왔다 갔다 하면서 내 인생을 모조리 허비하면서 보내고 말았구나! (SL, PARA 75)

내가 해야 할 일은커녕 좋아하는 일도 하지 못했다. 나는 내 삶의 주인이 아니었다. 누군가가 나를 끌고 가는 삶을 살았다. 지금 내 어깨 위에 붙어서 결코 떨어지지 않으려는 빨간 도마뱀이 이끄는 대로 그것도 못 이기는 체 하면서 떠밀려 자의 반 타의 반으로 시간을 때우며 살아왔다. 그러다 보니 그 빨갛고 작은 도마뱀이 어느새 내 주인이 되어 있었다. 절대로 이것은 내가 참으로 원하는 것이 아닌데도 말이다.

이때 천사가 나타나서 유령에게 말한다.

"도마뱀을 죽여야 한다."

그러자 인간 유령은 놀라서 불꽃처럼 빛나게 타오르는 영적 존재, 천사에게 질겁하며 화급히 말한다.

"가까이 오지 말라, 내가 먼저 불에 타 버리겠다."

빨간 도마뱀은 죽이는 것 외에는 어떤 다른 방법이 없다. 조용히 있으라고 달래도 보고 설득도 해 보지만, 또한 무슨 수를 쓰더라도 그것이 되지 않는다. 이러지도 저러지도 못한다. 천사는 다시 말한다.

"죽일까?"

다른 방법이 없기 때문이다. 천사는 빨간 도마뱀을 죽여야 한다고 계속 촉구한다.

"죽여야 한다."

"도마뱀을 죽이고 싶지 않은가?"

"죽일까?"

"죽여도 되는가?"

"죽여도 될까?"

"당신이 원하지 않는데 내 맘대로 도마뱀을 죽일 수는 없다. 그건 불가능하다."

"그럼, 이제 허락한 것인가?"

"그럼, 허락했으니 저 빨간 도마뱀을 죽여도 되는가?"

그리고 그는 드디어 도마뱀을 죽이는 것을 허락한다.

"제기랄, 맘대로 하세요!

 어서요. 해치워 버리라고요! 맘대로 하세요."

"하나님! 도와주세요, 하나님! 도와주세요."

그러나 실제로 죽이는 것은 쉽지 않다. 빨간 도마뱀은 끈덕지게 달라붙어서 떠나지 않으려 한다. 인간 유령의 허락이 있어야 도마뱀의 죽음이 실현된다. 이토록 필사적으로 죽여야 하는 빨갛고 작은 도마뱀은 "죄로 물이 들어버린 자아"를 말한다. 그 사람 스스로도 어쩌지 못하는 죄의 힘에 끌려다니는 고통스러운 자기 모습이다.[1] 하나님 외에는 도마뱀의 죽음을 행하실 분은 없고, 죽음 외에는 달리 방법이 없다.

> 자아의 진짜 포기가 반드시 있어야 한다. 아무 말 말고 그냥 당신의 자아를 던져버려야 한다. 그러면 그리스도께서 당신에게 참된 새로운 자아, 새로운 인격을 주실 것이다. 당신 자신을 포기하라. 그러면 당신은 진짜 참된 자아를 찾을 것이다. 생명을 잃으면 그 생명을 구하게 될 것이다. 죽음에 자신을 드려라. 하루도 빠지지 않고 당신을 이끌고 가는 당신의 야망과 취향과 소원들의 죽음 말이다. 그래서 결국 당신의 몸과 생각의 죽음, 당신 존재를 구성하는 모든 여러 가지 부품을 매일 드려야 한다. 그러면 당신은 영원한 생명을 찾게 될 것이다. 다시는 조금도 되돌아갈 생각은 꿈에도 하지 말라. 당신이 버리지 않은 어떤 것들이라도 결코 당신의 것이 되지 않는다. 당신 안에서 죽지 않은 것들은 어떤 것이든 죽음으로부터 부활하지 않는다. 당신 자신만

---

1 스승 맥도날드가 도마뱀을 '정욕'(lust)이라고 설명해 준다(GD, 142). 도마뱀은 끈질긴 죄의 속성, 옛 자아, 옛사람을 상징하고, 도마뱀을 죽이는 장면은 죄의 죽음(mortification)을 상징한다. 즉, 사람을 하나님께로부터 멀어지게 하는 유혹하는 인간 자아의 정욕과 탐욕과 자기 집중을 상징한다.

을 구하고 찾으라. 그러면 결국 증오와 고독과 절망과 분노와 파멸과 부패만을 찾아서 갖게 될 것이다.
그리스도를 찾으라. 그러면 결국 하나님을 찾게 될 것이고, 당신이 버린 모든 것들을 새롭게 다시 되찾을 수 있을 것이다. 그분과 함께 말이다(MC, PARA 182-82).

도마뱀을 떼어내는 작업은 아픔이 뒤따른다. 땅에서 한 번도 들어보지 못한 고통의 비명을 지른다. 불타는 천사는 그 빨간 도마뱀을 단단히 잡아서 몸통 전체를 비틀어 버린다. 그러자 도마뱀은 몸을 비틀면서 물어뜯을 듯이 몸부림을 치면서 요동을 친다. 천사는 두 손으로 몸통을 다시 비틀어서 도마뱀의 등뼈를 부서뜨리고 숨이 끊어지는 것을 확인하고서 풀밭 위로 거칠게 내던져 버린다.

그러자 인간 유령의 최후 또 다른 변화가 나타난다.

"이대로 도마뱀과 사느니 차라리 죽어 없어지는 게 낫겠다!"라고 절규하면서 천사의 도움으로 도마뱀을 죽인다. 유령 인간은 도마뱀이 죽자마자, 그는 더 커진 키와 몸집, 견고한 모습, 튼튼한 팔과 다리, 멀리서 보기에도 사람이라 하면 진정 그런 모습을 해야 한다고 생각하는 바로 그런 사람, 그런 모습의 광채로 빛나는 사람으로 변모한다.

죽어서 팽개쳐진 도마뱀도 변신한다. 그것은 상상으로만 있을 것 같은 거대한 말이다. 상상만 했던 바로 그 사람, 상상했던 그 거대한 말, 이제 죽음을 통해서 새롭게 된 사람과 자연의 모습이다.

이제 스승 조지 맥도날드가 설명한다. 도마뱀이 엄청난 크기의 건강한 말로 변화한 것은 도마뱀이 이제 완전히 죽었기 때문이다. 아무리 좋고 숭고한 것이라 해도 지금 그대로의 모습으로는 천국에 합당하지 않다. 또 아무리 저급하고 야만적인 것이라 해도 죽음을 받아들이면 다시 살아날 수 있다.

육체의 몸으로 심으면 신령한 몸으로 다시 살아날 수 있다. 육체의 살과 피는 천국을 향한 저 높은 산으로 나아갈 수 없다. 너무나 비천하기 때문이 아니라 너무나 약하기 때문이다. 사람의 정욕도 그 도마뱀처럼 늘 칭얼거리고 속살거린다. 그러나 저렇게 죽음을 경험하고 나서 다시 태어나면 힘이 넘치는 건강한 갈망으로 새로 솟아난다.

4. 새벽 출정호의 항해: 내 속에 살고 있는 끈질긴 용을 죽이다

이런 죽임의 장면은 나니아 연대기에서 또 다른 이야기로 재현된다. 유스터스는 친구들에게 역겨운 아이다. 잘난 척하기 때문에 친구가 없다. 아이들을 지배하려 하고 맘대로 하려 한다. 약한 아이들을 괴롭히고 희열을 느낀다. 군림하고, 지배하고, 괴롭히고, 협박하고, 고함지르고, 다른 사람의 즐거움에 찬물을 뿌리고, 조용히 하라고 겁을 준다.

작은 권력이라도 있으면 크게 확대해서 다른 사람이 뭐라 말도 못 하게 횡포를 부린다. 그럴만한 이유는 늘 충분하다. 그런 아이들은 공부를 잘한다. 그런데 공부를 잘하지 못하는 친구들을 구박하는 재미로 학교에 온다. 남이 잘되고 칭찬을 받는 꼴을 보지 못한다. 한 번도 속지 않으려 무진 애를 쓰지만, 이미 자신에게 엄청 많이 속고 있다(NC,『새벽 출정호의 항해』, 633-53).

아이들이 배를 타고 바다를 여행하는 중에 폭풍우를 겪은 뒤 어떤 섬에 머물게 되었다. 그 섬에서 아이들은 배를 고치면서 식량을 찾을 때, 유스터스는 몰래 배를 빠져나와 혼자서 섬을 이리저리 오가며 딴짓을 하면서 구경한다. 그러다가 동굴을 들어가서는 용을 발견하게 되는데, 책다운 책을 거의 읽지 않은 유스터스는 누구나 그 또래들이 알 수 있는 그것이 용인 줄 알지 못한다. 그리고 용의 동굴에 들어가서 온갖 보석을 움켜쥐고 욕심을 부리면서 옮기려다가 힘에 부쳐서 잠시 쉬는데 피함곤에 지쳐서 무심결에 잠이 들고 만다.

유스터스는 잠에서 깨어 일어나서 보니 자신이 용으로 변신해 있었다. 용으로 변신한 이유는 용과 같은 마음을 품고서 탐욕스럽게 용의 동굴에서 보물을 탐냈기 때문이다. 〈스크루테이프〉의 변신과 비슷하다. 악마는 그의 분노를 가라앉히지 못해서, 화를 못 이겨서 아주 더럽고 지저분한 더러운 벌레로 변신한다. 자기 분노가 내면에서 차올라 그의 외면으로까지 드러난 것이다(SL, 130).

늘 그러하듯 친구들이 그를 찾건 말건 상관없이 혼자 자기 좋을 대로 섬을 이리저리 헤매다가 굴속에서 잠이 들어 깨어보니 용으로 변신한 것이다. 잠에서 깨어 스스로 움직이기에 "내 몸이 왜 이렇게 둔한가?"라는 생각이 들어서 뭔가 이상하게 생각하는데, 한쪽의 맑은 물에 비치는 자기 모습을 보고서 그가 용으로 변한 것을 알게 된다.

용으로 변신한 것이 한편 걱정이 되고 두렵기도 했으나, 이제 힘센 용이 되었으니 맘껏 아이들을 괴롭힐 수 있고, 다른 아이들에게 두려움의 대상이 되어 자기 앞에서 벌벌 떠는 것을 생각하니 한편 즐겁다는 생각이 든다. 이제 나를 넘볼 아이도 없고, 힘센 아이들에게는 제대로 복수할 수 있다는 생각이 들기도 한다. 뭐가 뭔지 상황 파악이 전혀 안 되는 아이다. 그러나 아무도 그를 가까이하지 않는다는 사실에 절절한 외로움을 느끼며 흐느껴 울다가 끝내 큰 소리로 울음을 터트린다.

유스터스는 차츰 용으로 있는 것이 얼마나 괴로운 일인지를 알게 된다. 다른 사람을 괴롭히는 게 나름 즐거움이긴 하지만, 먼저 자신이 더 괴롭다. 처음에는 다른 아이들이 그의 힘에 눌려서 괴롭힘을 당하는 게 즐겁기도 하다.

그러나 습관이 되어서 그렇지 그게 어디 재미있는 일인가?
주변 사람을 괴롭히는 게 즐거운 변태들도 분명히 있다. 사디스트들은 분명히 그렇다. 그런 사람들에게는 '친구의 불행은 나의 행복'이라는 삶의 모토가 깊게 습관으로 자리를 잡고 있어서 여간해서는 없어지지 않는다. 다른 사람을 돕는 기쁨을 경험해 보지 못했기 때문이기도 하다.
그리고 하나님의 은혜가 다가온다. 사자 아슬란이 나타나서 용으로 변신한 유스터스를 치유한다. 그러나 수술은 고통이 뒤따른다.

> 하나님은 쾌락 속에서 우리에게 속삭이시고, 양심 속에서 말씀하시며, 고통 속에서 소리치신다. 고통은 귀가 먹어 잘 들리지 않는 세상을 불러 깨우는 하나님의 메가폰이다(PP, PARA 141).

> 고통은 사람들의 귀에 대고 소리치는 하나님의 메가폰이다. 그러나 고통은 우리가 쉽게 대할 수 있는 그리 만만한 상대가 아니다. 누구든지 고통을 견디는데 "악" 소리가 저절로 나는 혹독한 도구라는 데에는 의심의 여지가 없다. 그리고 때로 고통은 끝까지 돌이키지 않고 회개하지 않는 악한 자들에게는 몸부림을 치면서 저항하는 변명이 될 수도 있다. 그러나 고통이야말로 고집스럽고 완고한 인간들에게 돌이키고 회개할 수 있는 유일한 기회를 준다. 고통은 수술칼로 껍데기를 벗기는 작업이다. 고통은 반항하는 영혼에 깊숙이 자리를 잡고 있는 견고한 요새 안에 진짜가 무엇인지를 알려 주는 진실의 깃발을 꽂는다(PP, PARA 144).

괴물로 살다가 괴물로 죽는 것보다는 수술의 고통을 당하고 치료를 받는 것이 축복이다. 사자 아슬란은 용으로 바뀐 유스터스를 또다시 그의 껍데기를 벗겨서라도 바꾸어서 참된 사람으로 만든다. 사자 아슬란은 유스터스에게 지금까지 겪었던 일 때문에 더러워진 옷을 벗고 목욕해야 한다고 말한다. 옷을 벗어야 한다는 말은 용의 단단한 껍질을 벗기는 것이다.

유스터스는 자기 힘으로 애를 쓰면서 더러운 껍데기를 벗으려 한다. 그러나 그 속에는 또 다른 껍질이 숨겨져 있다. 그렇게 세 번이나 껍질을 벗겼으나 맑은 물에 비춰보니 여전히 더럽고 추한 모습이 남아 있다. 아무리 벗겨도 안 된다. 그때 아슬란이 드디어 나서서 말한다.

"너의 더러운 비늘은 내가 치료해 주어야 한다."

"자, 이제 맘대로 하세요!"

유스터스는 포기하는 마음으로 말하며 사자 아슬란을 보면서 바닥에 등을 대고 누웠다. 아슬란은 이제 그를 수술할 수 있다.

지금까지 유스터스는 스스로 용의 껍데기를 벗기려 애를 쓰기는 했으나 별로 효과가 없다. 그것이 제대로 되지 않는다. 사자 아슬란, 우리 주님께서 나서지 않으면 그냥 한두 번 해 보는 일에 그치고 만다. 주님을 상징하는 사자 아슬란이 말한다.

"내가 너의 껍질을 벗겨낼 것이다. 단, 너도 이 수술을 OK 해야 한다."

수술동의서를 의사에게 제출해야 한다. 결국, 유스터스는 아슬란이 그렇게 그의 뜻대로 하시도록 OK를 하고 드러누워서 자기 몸을 맡긴다. 아슬란이 단단하게 덮여 있는 용의 비늘 껍질을 벗겨낸다. 그런데 또 그 안에 다른 껍질이 있다. 아슬란은 그의 거대한 발톱으로 그 껍질을 날카롭게 자르고 들어가서 벗겨내야 한다.

괴물로 살기 싫다. 사람으로 다시 살고 싶다. 수술의 고통은 살짝 지나가지 않는다. 아슬란의 발톱이 파고들 때 심장까지 파고드는 깊숙이 찔러대는 아픔이다. 용으로 변신한 유스터스의 껍질도 역시 만만치 않다. 지금까지 겪었던 어떤 아픔도 이보다 깊숙이 찔러대는 아픔을 따르지 못한다. '악' 하고 소리를 지르면서도 간신히 참아낼 수밖에 없다.

그런데 이상한 것은 그런 고통 가운데서도 일종의 쾌감을 느끼게 된다. 이제 거의 맨몸으로 맑은 물속으로 들어가야 하는 데 물속에서 맨살에 닿는 느낌은 껍질을 찌르는 느낌보다 훨씬 더 심하면 심했지, 작지 않다. 그런 아픔을 참을 수 있는 이유가 있다면 껍질을 파내고 괴물에서 벗어날 수 있다는 새로운 비전이다. 태어나서 가장 아픈 고통이었다. 고통이 없이는 새로움도 없고 그냥 괴물로 살아야 한다. 그렇게 고통스러운 수술을 하고 나서 아슬란은 유스터스에게 옷을 입혀 준다.

그 후 들려오는 말에 의하면 유스터스는 이제 다른 남자아이가 되었다고 한다. 아니 정확히 말하면, 다른 남자아이로 바뀌고 있었다. 때로 다른 아이들을 괴롭히는 일이 아주 가끔 있기도 하지만, 그건 그리 중요하지 않다. 유스터스의 됨됨이는 이미 나아지고 있기 때문이다(NC, 『새벽 출정호의 항해』, 629-53).

제7장

쾌락주의자 부르주아 하나님

〈스크루테이프〉에 의하면 하나님은 쾌락주의자(SL, 145)다. 이 세계 내에 있는 "리듬의 움직임과 역동적인 변화 그리고 변하지 않는 결합"은 그가 쾌락을 즐긴다는 사실을 분명하게 보여 준다. 인간은 먹는 것 자체로 생명의 유지가 충분하지만, 하필 그토록 다양한 맛을 즐기도록 하시고, 사계절은 해마다 똑같이 돌아오면서, 늘 "새로우면서도 오래된 모티브"가 계속 반복된다. 불변을 사랑하지만, 동시에 변화 역시 좋아한다. 아직까지 악마들의 가르침을 받지 않은 어린아이들은 늘 변화와 불변의 리듬을 기뻐하면서 뛰어논다.

사람들은 추운 겨울 1월에 내리는 하얀 눈송이를 매번 기뻐하며 반긴다. 오늘 아침의 해돋이도 우리를 늘 눈부시게 한다. 그리고 곧 다가오는 올해의 크리스마스의 케이크 앞에서 이런 축하 파티는 처음 하는 것 같이 새로움을 느끼지만, 이상하게도 친숙함을 동시에 맛본다. 우리는 이런 새로움과 친숙함을 동시에 흡족해할 뿐 아니라 황홀감을 느끼기도 한다. 어린아이들은 우리 악마들이 아직도 제대로 가르치기 전의 모습을 지니고 있기 때문에, 아이들이 하는 꼴을 보면 이런 사실을 잘 알 수 있다. 여름에서 가을로 접어들 때마다, 여느 해와 다름없이 아이들은 늘 돌아오는 똑같은 계절을 지겨워하지도 않고 도토리 놀이와 돌멩이치기 같은, 철을 따라서 놀이를 바꾸면서도 재미있어서 어쩔 줄 몰라 하지 않느냐(SL, PARA 146).

이런 즐거움과 쾌락은 이 세계 내에 즐비하다. 〈스크루테이프〉는 또다시 강조한다. 원수 하나님은 "내심으로는 영락없는 쾌락주의자다"(SL, 128). 하나님이 내세우는 십자가, 철야기도, 금식과 같은 것들도 처음 볼 때 견디기 힘든 고통으로 보이지만, 알고 보면 가면을 쓴 쾌락의 변형일 수 있고, "눈속임에 불과하다"(SL, 128). 하나님은 악마가 보기에, "부르주아 정신"을 가진 쾌락을 아낌없이 즐기는 "속물"이다(SL, 128).

〈스크루테이프〉는 지금, 하나님을 마치 뉴욕 맨해튼의 125층 '플레저'(PLEASURE, '쾌락') 빌딩에 살고 있는 사치스러운 거물로 그리고 있다. 그는 바다 멀리 자유의 여신상이 시야에 들어오는 높은 빌딩의 야외 풀장에서, 옆으로 편안히 누워서 주변 친구들과 함께 웃음을 머금고 담소를 나누며 사치를 즐기는 부르주아로 그리고 싶어 한다. 원수 하나님 우편에는 즐거움과 쾌락의 기쁨이 넘치고 있다.

이 세계를 원수 하나님이 만들었다면, 이 세계는 즐거움과 기쁨의 바다처럼 쾌락으로 넘실거린다(시 16:11). 자고, 씻고, 먹고, 마시고, 사랑하고, 놀고, 기도하고, 일하는 것은 그것 자체가 즐거움이고 쾌락이다. 인간은 하루 종일 하나님과 상관없이도 이러한 쾌락을 즐길 수 있다(SL, 128). 그러나 악마는 쾌락과 전혀 관련이 없다. 쾌락은 원수 하나님이 발명한 걸작일 뿐, 악마는 지금도 쾌락을 발명하기 위해서 연구와 실험을 하고 있지만, 제대로 안 된다(SL, 58).

〈스크루테이프〉는 어떤 참한 그리스도인을 언급하면서, 그 새빨갛고 쬐그만 사기꾼이 "평소에는 빨간 핏기만 조금 비쳐도 기절할 것처럼 손을 내

저으면서 호들갑을 떨어댄다"고 말한다. 그런데 그 여인이 "버터도 녹이지 못할 것이 보이는 부드러운 입술 속에 풍자의 재기를 숨기고 있다"면서 투덜거린다. 심지어 악마에게서도 웃음거리를 찾아낼 종자라고 한탄과 동시에 탄성을 지른다(SL, 127).

웃음이 부조리를 꿰뚫어 보는 혜안(慧眼)이라고 한다면, 악마는 부조리로 똘똘 뭉친 자이니, 웃음거리의 대상이 충분히 되고 남는다. 그런데 그렇게 여리여리한 가녀린 입술에서 악마를 조롱하는 웃음과 풍자가 나오니 악마는 미칠 지경이다.

악마는 웃음거리가 되는 것에 치욕을 느낀다. 〈스크루테이프〉에게는 그런 그리스도인의 행태를 지켜워하면서, 얼간이 같은 자의 품에 언제라도 안기려 하는 저 추잡한 내숭덩어리라고 저주를 퍼붓는다. 원수 하나님은 거침없이 자식새끼를 "마구 싸질러대는" 동물과 다름없는 쾌락에 취하고 있는 그 여자를 왜 처치하지 않는지 그 이유를 모르겠다고 악마는 주절댄다. 그러나 하나님은 "오히려 웃음을 머금고" 그 부부를 축복한다(SL, 127).

〈스크루테이프〉의 비아냥거림에는 역설적으로 이런 인간에 대한 근원적인 찬사(讚辭)가 드러난다. 인간은 결국 하나님을 웃음 짓고 미소를 머금게 만드는 기쁨을 주는 자들이다. 쾌락이 뭔지 알지 못하고, 단지 쾌락을 비틀고 왜곡해서 사용하는 악마는 인간 자체를 저주하지만, 동시에 인간을 부러워하고 감탄한다. 인간에게 주어진 "하나님의 발명품"(SL, 58)인 걸작 쾌락으로 인해서 말이다.

1. 기도: "동전이 앞이 나오면 내가 이기고, 뒤가 나오면 네가 진다"

흔히 진정한 기도는 하나님을 찬양하고 그분과 나누는 "영적인 교제"라고 한다. 그러나 기도는 여기서 끝나면 겉보기에 경건해 보일 뿐이다. "일용할 양식과 아픈 이웃들을 위해서 기도하라"는 하나님의 분명한 명령을 놓치는 것은 기도를 오해하는 것이다. "일용할 양식"은 인간이 아무리 고차원으로 해석해서 영적인 의미를 부여한다고 해도 하나님을 향한 거침없는 "노골적인 간구"(crudely petitionary)임에 분명하다(SL, 157).

기도는 어떤 경우라도 그냥 뻔뻔스러울 정도로 "노골적이고" 생짜로 뭔가를 달라고 요청하는 것이다. 기도는 "노골적"이다. 주는 자의 처지는 전혀 고려치 않는다. 여기에 기도의 핵심이 있다.

그리고 이런 노골적인 기도 배후의 힘은 환자의 "순종이라는 끔찍한 버릇"이다(SL, 157). 〈스크루테이프〉의 입장에서 볼 때 하나님에 대한 인간의 순종이 이미 버릇처럼 굳어졌을 때, 악마가 "무슨 짓을 해도" 환자는 하나님을 순종할 터이다. 더 이상 어찌해 볼 도리가 없는 상황에 놓인다면 인간의 순종하는 버릇은 끔찍하기 그지없다.

여기서 악마가 부르르 떨면서 환자의 순종을 끔찍하다고 하는 이유는 그것이 한두 번으로 그칠 기미가 보이지 않는 단단히 굳어진 환자의 습관이고 버릇이기 때문이다. 악마의 입장에서 순종의 버릇은 늘 소름 끼친다. 환자의 버릇은 이미 그의 생각과 지성과 공상의 원에서 벗어나서 의지의 차원에서 깊게 뿌리를 내린 습관이다. 이때 기도는 순종과 함께 간다.

인간의 기도는 여전히 난관을 맞게 된다. 기도를 실제로 입을 벌려서 하는 것은 말도 안 되는 "부조리"다(SL, 157). 어떤 객관적으로 입증할 수 있는 기도의 결과는 나타나지 않는다. 기도의 부조리를 견디지 못한 어떤 한 문학가는 "입술을 움직이며 무릎을 꿇고" 기도를 하지만, 기도라는 것은 사실 "사랑을 위하여 영혼을 세련되이 가다듬는 것"이고, 인간들의 "기원의 감각"을 만족케 하는 것에 불과하다고 털어놓는다(SL, 32).

기도는 인간의 종교적 심성에 없어서는 안 되는 것이다. 사랑을 위하여, 영혼을 위하여 기도는 필요하다. 그리고 인간들의 희망을 갈구하는 기원이라는 종교적인 감성을 위해서 얼마든지 기도는 저렇게 비틀어서 사용되기도 한다.

기도를 사용할 때 기도는 어떤 타자에게 바치는 간청이 아니라, 단지 나 혼자만의 "생쇼"에 불과하도록 만드는 것이 악마의 계략이다. 기도는, 수준 있게 말하자면 내면을 갈고 도를 닦는 종교적 행습일 뿐이다. 무릎을 꿇고, 입술을 움직이는 행위는 희망을 바라는 기원(祈願)의 감각을 만족시키는 나 자신과의 대화에 불과하다(SL, 32). 기도라는 것은 누군가를 향해 소원을 빌고 싶은 억누를 수 없는 종교적 갈망의 표현이다. 기도는 인간 삶에서 자연스레 드러나는 종교적인 감정의 노출이다.

그러나 사실 자기의 욕망과 기원을 간청하는 데 자기를 향한 독백을 사용해야 되는지, 그렇게 되면 기도는 그야말로 훨씬 더 부조리한 것이 되고 만다. 그래서 그 결과는 고작해야 자기 자신을 향해서라도 자기만족을 위해서 하는 게 기도랍시고 스스로 속삭인다. 조용한 가운데 홀로 스스로 명상과 묵상할 때가 바로 그것이다. 그래서 기도는 독백이고 "생쇼"에 그치고 만다.

그러나 사실 기도는 철저히 나 자신이 '부딪혀 있는 당면한 문제'를 '기도 제목으로 내어놓고' 하나님께 간청을 드리는 것이다. 기도는 내 힘으로 아무리 해도 안 되기 때문에 하나님께 기도로 나의 문제를 내어 드리는 것이다(SL, 156-57). 하나님의 도움이 없이는 아무것도 안 되고, 아무것도 할 수 없다는 생각에서 기도는 결정적이고 정점을 찍는다.

기도와 관련해서 〈스크루테이프〉 유혹의 핵심은 "원수 하나님 그분과 그가 공급해 주는 용기 말고도 또 다른 기댈 곳이 있다고 느끼고 믿도록 하는 데 있다"(SL, 173). 내가 하나님 외에 내 삶에서 부딪히고 있는 당면한 문제에서 공급받을 수 있는 곳이 또 다른 곳에 있다는 느낌을 갖고 확신을 얻는다면 기도는 필요 없고 사라지고 만다. 그래서 악마는 성공을 취한다.

악마가 보는 기도의 부조리함은 "어떤 경우라도 그냥 때려 맞춰서 우겨라!" 작전이다. "동전이 앞으로 나오면 내가 이긴다. 동전이 뒤로 나오면 네가 진다" 전략이다. 동전의 앞이든 뒤든 무조건 악마가 이긴다. 무조건 기도는 진다. 어떤 경우든 간에 기도는 부조리하다.

기도는 어떤 결과를 가져오지 못한다. 어떤 결과를 가져온 듯해도, 결과라는 것은 어차피 그렇게 되게 되어 있다. 기도를 드려서 그대로 응답이 되면, 결국 그렇게 될 것이 그렇게 나타났을 뿐이고, 응답이 되지 않으면 기도는 아무 소용이 없는 터무니 없는 짓이다. 그래서 기도는 악마와의 게임에서 무조건 지고 만다.

"기도를 하든, 하지 않든 어차피 일어날 일이었다."

그러나 기도에 대한 이런 〈스크루테이프〉의 속임수를 한 꺼풀 벗겨 놓고 영적 세계의 현실을 보면 전혀 다른 하나님의 진짜 현실이 나타난다. 문제는 인간이 눈이 멀었기 때문에 진짜 현실을 보지 못한다는 데 있다. 악마 〈스크루테이프〉는 인간이 기도할 때 다음과 같은 현실이 실제로 일어난다고 말한다.

> 물론, 우리 악마들이 인간을 향해서 활발하게 작업을 하는 동안 원수 하나님이 아무 일도 하지 않고 빈둥거리면서 놀고 있는 건 아니다. 사람들이 하나님을 향해서, 하나님을 바라보면서 기도의 자리로 나아 갈 때에는 원수 하나님이 언제든지 그 기도에 반응해서 행동할 위험이 도사리고 있다. 원수 하나님

이나 우리 악마들이나 순수한 영적 존재로서 마땅히 지켜야 할 드높은 위엄과 지위와 체통이 있는 법이다. 그런데 그 작자는 그런 따위에는 아무 관심이 없는 듯이 기도에 대해서는 냉소적일 정도로 영적 세계의 위엄과 체통을 내팽개치고 만다. 인간 동물들이 하나님을 향해서 무릎을 꿇고 기도의 자리로 나아갈 때 원수 하나님은 그 자신에 대한 지식을 아낌없이 쏟아부어 준단 말이다. 이렇게 창피하고 수치스러운 작태가 어디 있냐 말이다(SL, PARA 34).

하나님은 기도 앞에서 하늘 위엄의 체통을 버리고 인간 동물들이 무릎을 꿇을 때 그분도 같이 허리를 숙이시고 기도에 귀를 기울이시며 기도에 반응하여 즉각 행동을 개시하려 한다. 모든 준비가 되어 출발 신호를 기다리는 달리기 선수처럼 하나님께서 움직이신다. 이것이 기도의 속살이고 기도의 진짜 현실이다.

여기서 생기는 질문은 영적인 기도에 대한 것이다. 악마 〈스크루테이프〉가 추천하는 악마들에게 아무런 "해악을 끼치지 않는" 기도는 소위 "고도의 수준 높은 영적인 기도"이다(SL, 27). 어머니가 앓고 있는 류마티스 관절염을 위해서 드리는 기도는 저급의 육체적인 기도라는 거짓 생각이다.

어머니 몸의 아픔보다는 영혼의 문제가 더 중요하기 때문에 영혼을 위한 기도를 해야 한다고 악마가 사기를 친다. 어머니의 영혼을 위해서 기도를 드린다고 하지만, 그때 어머니는 진짜 현실의 어머니가 아니라 그가 혼자 생각해 낸 "가상의, 상상의" 어머니다. 악마는 이 정체불명의 어머니를 위해서 기도하는 웃지 못할 코미디에 빠지도록 하여 기도를 코미디로 바꾸어 놓아 기도를 조롱한다.

네가 할 일은 사람이 기도한다고 할 때, 자기 나름의 상상 속의 어머니라는 허깨비를 하나 만들어 놓도록 하는 것이다. 상상의 어머니는 잠에서 깨자

마자 아침 밥을 먹고 출근하는 식탁에서 잔소리를 늘어놓는 진짜 어머니와 전혀 다르다. 그런 식으로 조작해 놓은 상상의 어머니는 시간이 갈수록 점차로 현실의 진짜 어머니와 아무 상관이 없도록 만들어야 한다. 두 어머니는 이제 전혀 다른 별도의 어머니일 뿐이다. 이 세상에는 그런 어머니는 없다. 그렇게 얼마쯤 시간이 지나면, 당연히 상상 속의 어머니를 위해 기도할 때 느끼는 감정이나 생각은 진짜 어머니를 대하는 태도와 아무런 관계가 없다. 깊은 틈으로 진짜 어머니와 가짜 어머니, 둘 사이를 갈라놓았기 때문이다. 내가 맡은 환자 중에는 아내나 아들의 "영혼"을 위해서 열렬히 기도한다면서도, 막상 진짜 아내나 아들이 기도하던 그 자리에서 눈에 띄면 곧바로 욕설을 하기도 하고 심지어 손찌검을 서슴지 않는 자가 있었다. 그들은 실상 내 손아귀에서 무척 길이 잘 들게 되면 그런 정도까지도 될 수 있는 인간들이었다(SL, PARA 28).

상상의 어머니와 진짜 어머니 사이에는 아무 관련이 없도록 악마는 실력을 발휘하여 "깊은 틈"을 만든다. 실제로 어머니를 위해서 기도한다고 하지만, 그 어머니가 실제 내 앞에 나타나면 어머니의 조그마한 잘못이라도 트집을 잡아서 기꺼이 다툼의 현장으로 들어가고 만다. 내가 기도하던 상상의 허깨비 어머니는 내 눈앞에 있는 진짜 어머니가 아니다. 깊은 틈으로 갈라져 있기 때문이다.

어머니의 무릎에 생긴 관절염은 그 자체로 어머니의 "영적" 현실이다. 여기서 혼란이 발생한다. 실상 인간 몸의 현실은 곧 그의 영적 현실이다. 몸과 영혼은 분리할 수 있는 것이 아니라, 몸 자체는 영혼을 위해서 존재하고, 영혼은 몸을 통해서 드러난다. 굳이 말하자면, 영혼이 몸을 가졌다고 할 수 있다. 몸은 선한 일을 통해서 영혼의 선함을 추구하고, 영혼의 선함 추구는 곧 몸의 활동으로 열매를 맺는다.

어머니가 부엌에서 온몸을 다해서 밥을 짓는 일도 감사와 사랑으로 행하는 영혼의 일이다. 그러나 몸이 악한 도구로 사용될 때 그의 영혼이 부패하게 되고, 몸은 그런 악한 일의 도구가 된다. 인간이 하나님을 향한 움직임을 하게 되면 그의 "영혼 됨"으로 살아가게 되고, 인간이 세속을 향한 움직임에 골몰하게 되고, 몸이 그 도구로 이용되면 "동물됨"으로 살게 된다. 이것이 바로 루이스가 인간을 양서류라고 칭하여 영혼과 동물이 반반으로 뒤섞여 있다는 뜻이다. 인간은 영혼으로 살아가기도 하고, 짐승으로 살아가기도 한다.

2. 기도의 쾌락

〈스크루테이프〉는 하나님의 인간 창조에서 소외되고, 쾌락에서 소외되어, 하나님을 향해서 분노하고 인간을 저주하여 먹어 치우려 한다. 그만큼 쾌락은 악마에게 이질적이고 낯선 것이지만, 인간에게는 기쁨을 준다. 그리고 기도는 그런 쾌락 가운데 하나다. 〈스크루테이프〉는 쾌락 리스트를 "자고, 씻고, 먹고, 마시고, 사랑하고, 놀고, 기도하고, 일하는 것"(SL, 128)들이라고 열거하면서, 인간들이 하루 종일이라도 쾌락을 누릴 수 있도록 해 놓았다고 불평한다.

〈스크루테이프〉가 혐오하는 쾌락 가운데 "기도"가 들어 있다는 사실은 흥미롭다. 기도는 사실 〈스크루테이프〉의 입장에서 볼 때 괴롭고 부담되는 주제다(SL, 31). 그리고 인간에게도 기도는 역시 괴로운 주제이고 부담되는 짐이다. 그러나 악마가 보기에 기도는 인간이 누릴 수 있는 쾌락 중 하나다. 여기서 시선이 엇갈린다. 악마에게 기도는 괴로운 주제이며 인간에게는 짐이고, 그럼에도 악마가 보기에 기도는 인간이 누릴 수 있는 쾌락이다.

기도는 하나님과 친밀한 관계를 토대로 한다. 기도는 하나님이 내 옆에 계시고, 나를 용납하시고, 나의 간청을 들으시고, 귀를 기울이시는 분이라는 사실에 근거한다. 내 기도를 듣기 위해서 허리를 구부려 귀 기울이시는 분이 없다면, 기도는 고작해야 내가 나를 향해서 중얼거리는 독백이고 스탠딩 코미디 쇼에 불과하다.

기도는 하나님의 임재를 전제하고 바탕으로 한다. 〈스크루테이프〉는 하나님의 임재를 인간이 느낄 때 그것은 "달콤한" 감정이라고 한다(SL, 55). 하나님 임재의 "달콤함"은 인간에게 악마의 유혹을 이길 수 있는 용기와 힘을 갖게 한다. 물론, 이런 달콤함은 그리 오래 가지 않고, 하나님도 역시 그런 달달한 느낌 가운데 우리를 오래 두지는 않는다.

그 이유는 부모가 어린아이가 홀로 걸을 수 있도록 어느 시점에서 잡고 있던 손을 놓는 것과 같다. 그때 아이는 섭섭함을 느낄 수 있으나 부모는 단지 손을 잡지 않았을 뿐, 여전히 그의 등 위에서 아이가 어디로 어떻게 가는지를 자세히 살펴보고 있다(SL, 55).

아이들이 부모가 잡은 손을 느낄 때 그것은 엄마의 임재의 "달콤함"일 것이다. 손을 잡고 있는 엄마의 "달콤함"이 있으면 어디든 씩씩하게 걸어갈 수 있으리라는 생각에 마음이 든든하다. 그러나 언제까지 엄마의 임재와 함께하는 달콤함 가운데 있을 수 없고 홀로 일어서서 어디든 내 힘으로 걸을 수 있어야 한다. 그것이 엄마의 마음이고 아이는 그래야 한다.

홀로 걷기를 거부하는 아이를 상상해 본 적이 있는가?

"나는 이제 이렇게 누워 있을 거야. 나는 누워 있는 게 편하단 말이야!"

벌렁 누워서 홀로 일어서기를 온몸으로 저항하면서 이렇게 소리 지르는 아이는 딱히 몸에 문제가 없다면 가히 "악한 아이"라고 말해도 괜찮을 것이다.

아이들이 자라는 모습을 보면 진짜로 그렇다. 엄마가 잠시 며칠 일 때문에 집을 비워야 한다. 엄마는 아이들이 엄마가 없는데도 잘할지 걱정이다. 엄마와 같이 있을 때 뭐든지 다 해주어야 하는데, '엄마 없이 그들 스스로 잘해 낼 수 있을까?' 하는 걱정은 무리가 아니다.

그런데 막상 놀라운 일은 엄마가 집에서 없어지니, 그때부터 아이들이 실력을 발휘하기 시작한다. 엄마와 함께 있을 때는 몰랐는데 엄마가 없어지니 그들 스스로 거뜬히 그들이 해야 할 일을 해낸다. 엄마가 사라지니 이제 아이들이 나타난다. 엄마가 손을 놓아야 아이들은 자란다.

기도는 두 가지 달콤함의 쾌락이다. 먼저는 내 손을 잡아주는 하나님 임재의 달콤함이다. 그러나 일정한 시간이 되면, 다정스레 손을 잡아주는 달콤함이 사라지고 나 홀로 스스로 해 내야 하는 또 다른 달콤함을 느낀다. 물론, 기도는 여전히 하나님과 우리를 이어주는 생명의 채널이다.

루이스는 우리가 처음 느꼈던 하나님 임재의 달콤함은 우리가 느끼기에 사라진 것처럼 보이지만, 여전히 하나님의 임재는 우리와 함께하신다고 말한다. 하나님의 임재는 그래서 우리의 기도를 통해서 재차 확인된다. 달콤함의 쾌락은 모습이 바뀌었을 뿐 기도를 통해서 달콤함은 여전히 확인된다.

> 내 기도하는 그 시간 그때가 가장 즐겁다
> 이 세상 근심 걱정에 얽매인 나를 부르사
> 내 진정 소원 주 앞에 낱낱이 바로 아뢰어
> 큰 불행 당해 슬플 때 나 위로받게 하시네
>
> 찬송가 364장 〈내 기도하는 그 시간〉 중에서

기도를 통해서 우리는 하나님 임재가 주는 쾌락의 달콤함을 경험하는데, 이때 우리 몸의 자세를 엉망으로 해도 괜찮다고 〈스크루테이프〉가 유혹한다. 인간은 동물이기 때문에 몸의 자세 그 자체 때문에 생각과 의지가 달라진다. 기도의 핵심이 하나님의 임재와 "노골적인" 간청이라면, 굳이 기도의 자세는 중요하지 않다는 생각은 〈스크루테이프〉의 거짓말이다. 우리 몸의 자세가 생각과 의지를 만든다. 인간은 몸을 지닌 존재이고, 몸의 자세와 움직임은 그 자체로 그의 영혼에 크게 영향을 끼친다.

> 몸의 자세와 기도는 아무 상관이 없다고 속여라. 이런 속임수는 그리 어렵지 않다. 잊지 말아야 한다. 인간은 동물이기 때문에 몸이 하는 짓들은 무엇이든지 반드시 그들 영혼에 깊은 영향을 주게 되어 있다는 점을 말이다. 더 심각한 일은 사람은 이런 사실을 늘 잊고 산다는 사실이다. 죽을 운명인 인간들은 우리 악마가 그들의 마음속에 이런저런 것을 불어넣는다고 생각하여 그런 모습으로 우리 악마를 상상하고 그리곤 한다. 그야말로 터무니없는 웃기는 일이 아닐 수 없다. 오히려 우리 악마가 가장 중요하다고 생각하는 최고의 과업은 사람들의 마음속에 이런저런 것이 들어가지 못하게 막는 게 아니냐 말이다(SL, PARA 32-33).

인간의 몸은 영혼에 크게 영향을 준다. 누워서 늘어져 있으면 자연스레 게으름이 나타나고, 그런 자세를 취하면 제대로 기도가 되지 않는다. 눈을 빤히 뜨고서 기도하면 기도가 제대로 되지 않는다. 의자에 다리를 길게 뻗고 기도를 바르게 할 수 없다. 물론, 예외적 상황이 있다. 그러나 몸과 영혼은 함께하기 때문에 몸의 자세는 늘 영혼의 상태를 만든다.

〈스크루테이프〉가 원하는 인간의 가장 이상적인 모습은 벌렁 누워서 아무 생각도 하지 않고 멍청하게 시간을 때우는 것이다. 생각 없는 머리와 움직임 없는 몸은 〈스크루테이프〉가 바라는 환상적인 인간 모습이다. 인간의 마음속에 아무것도 들어가지 못하게 하는 악마의 수작은 결국 인간을 아무 생각 없는 완전한 동물로 만들겠다는 심산이다.

우리 선인들은 책을 읽을 때도 의관을 갖춰 입었다고 한다. 누워서는 잘 읽을 수 없기 때문이다. 인간이 의관을 갖춰 입었을 때 훨씬 더 그 책을 내 것으로 만들 수 있는 몰입의 상태가 된다는 것은 두말하면 잔소리다. 그리스도인들은 기꺼이 기도를 기쁨과 쾌락이라고 여긴다.

하나님이 주신 쾌락이라는 선물이 고작, 술과 섹스와 야망 따위밖에 되지 않느냐?

그리스도인은 무엇보다도 그보다 더 큰 쾌락을 생각한다. 하나님의 임재와 기도를 통한 하나님과의 친밀함, 이 세계의 고난과 고통에도 불구하고 당당히 살아가는 기쁨, 누구도 줄 수 없는 하나님의 평안, 다윗이 말하는 "구원의 즐거움" 등 일일이 열거할 수 없는 기쁨의 쾌락이 기도와 함께 선물로 주어진다. 하나님 신앙을 갖기 전에는 단 한 번도 평안함과 기쁨을 느껴본 적이 없었다. 신앙으로 인한 마음속 깊은 곳에서 솟아오르는 평안은 무엇으로도 바꿀 수 없는 기쁨이고 쾌락이다.

기도가 응답되지 않았을 때도 마찬가지다. 우리는 기도를 들으시는 하나님과 그의 약속을 분명히 믿는다. 기도를 들으시고 즉시 반응하시고, 응답하시는 하나님의 속도 있는 행동을 믿는다. 또한, 우리가 알고 있는 우리의 최선보다 하나님이 아시는 우리의 최선이 다르다는 사실도 안다. 우리의 현재는 하나님의 최선이기도 하다.

우리가 알고 있던 최악의 골짜기 순간들도 후에 가서는 이 땅에서 살면서도 '우리는 천국 아닌 곳에서 살았던 적이 한 번도 없다'라고 고백하게 된다(GD, 89). 반대의 경우, 아무리 쾌락과 즐거움을 이 세상에서 누렸다 해도, 마찬가지로 이 땅에서 살면서도 "우리는 항상 지옥에 있었다"라고 말하는 저주받은 인간들도 있다. 우리는 하나님이 우리의 아버지이신 한 결국은 '모든 게 잘되고, 모든 게 잘되며 모든 만물이 잘되리라'고 믿는다(GD, 168).

3. 참된 기도: 내 앞에 계셔서 내 기도를 들으시는 하나님

기도는 경건한 기분을 일으켜서 거룩함을 흉내 내는 것이 아니다. 기도는 사실 의지와 지성의 문제다. 기도는 인간의 "기원의 감각"이나 종교심을 채워 주는 것이 아니다. 기도는 전심으로 하나님을 향해서 하나님께 주의를 기울여 우리의 간청을 드리는 일이다. 그래서 〈스크루테이프〉는 끊임없이 하나님을 향한 시선을 비틀어서 기도하는 자가 하나님이 아니라 자기 자신에게로 집중하도록 한다. 기도를 예의 독백으로 방향을 비트는 것이다.

인간들은 기도에서 뭔가 "기분과 감정이 조금씩 끓어올라야 하는데"라면서 애를 써서 기도 감정을 꾸며내려고 노력한다. 기도 감정은 인간의 원초적 감정 가운데 하나이고, 누구든지 종교적 기원 감정을 스스로 충족시켜 보려고 나름 노력한다. 유럽의 고풍스러운 성당이나 고딕 모양의 교회를 들어가면 자연스레 느끼는 '뭔가 무릎을 꿇고 기도라는 것을 해야 하나?' 하는 기도 감정이 자연히 올라오기도 한다.

고대인들이 하늘을 쳐다보면서 피할 수 없이 느끼게 되는 경외감 같은 기도 감정이 있다. 인간은 본래 누군가 혹은 무언가에 의존하고 싶은 그리고 그와 함께 기도하고 싶은 감정이 깊이 스며들어 있다. 거대한 암벽과 큰 나무와 해와 달을 향해서 빌기도 하고, 이도 저도 안 되면 물 한 잔을 떠다 놓고 두 손 모아 빌기도 한다. 그렇게 정한수를 떠다 놓고 하는 기도는 무지한 시대적 산물, 미신이 아니다.

첨단 과학이 지배하는 실리콘 밸리에서 일하는 인도 힌두교도들은 여전히 집안에 제단을 차려놓고 그들 각자의 신들에게 기도를 드리고, 과학 도시 한가운데 각종 신을 모시는 신당이 버젓이 있다. 인간은 그들의 고유한 종교심, 기도 감성을 피할 수 없다. 이와 같은 종교심은 영원을 향한 일종의 기원 감각과 맥을 같이 한다.

〈스크루테이프〉는 이렇게 말한다.

> 그들이 기도한다고 하는 하나님은 사람들의 마음속에 깊이 깃들여 있는 숭배 감정과 그에 따라서 몸의 감각이 만들어내는 이미지들이 서로 뒤섞어 놓은 것에 불과하다. 그리고 환자는 그의 주관적인 숭배 감정을 통해서 스스로 하나님을 만들어내고 대상화시켜서 스스로 그것을 숭배하기도 한다. 그는 또한 숭배 감정 자체를 숭배 대상의 하나님의 속성이라고 오해하고 착각하기도 한다. 사람들 생각에서 때때로 우러나오는 뭔가를 숭배하고 싶은 감정을 하나님과 혼동한다는 말이다. 나는 환자가 나의 "하나님"이라고 일컬을 때, 그의 "하나님"이 어디 있는지, 그 위치가 침실 천장 모퉁이 좌측이나 자기 머릿속 또는 기도하는 자가 바라보는 벽에 걸린 십자가에 있다고 구체적으로 짚어 낼 수 있었다(SL, PARA 34-35).

인간들의 창조 활동과 그들의 감각은 스스로 기도하는 그들만의 신들을 만들기까지 하여 그들이 만든 신들에게 기도를 드린다. 그들이 하나님이라고 만들어 숭배 감정을 스스로 만족하지만, 그들은 결국 그들이 만들어낸 그들의 창조물에 기도하는 것이다. "하나님을 믿지 않으면 아무것이나 믿는다"(G. K. 체스터튼)는 말은 참으로 맞는 말이다.

인간은 결국 뭔가를 믿지 않고서는 무언가에 미친다. 아니면 정신 줄을 놓아 버리도록 술에 취하거나 혹은 정신없이 바쁘거나 한다. 그중 가장 쉬운 것은 자기 자신을 스스로 신으로 만들어서 이른바 교묘하게 자기 숭배를 하는 것이다. 뉴에이지 관련 종교는 모두 다 인간이 스스로 하나님의 위치에 올라서 인간이 만든 인간 신을 숭배하는 것이다.

인간은 종교심, 기원 감정, 숭배 감정에 빠져서 그들 스스로 숭배 대상의 이미지를 만든다. 그들은 벽에 걸려 있는 십자가를 떠올리거나 해서 그들의 기도 감정을 스스로 충족한다. 그들은 하나님을 믿지 않으면 별걸 다 만들어서 기꺼이 그들이 하나님이라고 일컫는 그것들에 기도하고 만족해한다. 해와 돌, 상들과 이미지와 그림과 조각품이 그것들이다. 그래서 그들이 만들어낸 하나님, 그들이 부여한 성품의 하나님은 그들 생각대로 내 집의 십자가에 머물고 있거나 혹은 내 집의 입구와 지붕 꼭대기 위에서 나를 보고 있다고 착각한다.

그들이 기원 감정을 따라서 행하는 기도와 참된 기도는 겉보기에 크게 다르지 않다. 기도에서 〈스크루테이프〉의 속임수는 기도를 어떻게 하느냐가 아니라 누구에게 기도를 드리느냐는 문제에서 발생한다. 기도는 누구에게 드리느냐를 놓치면 결국 자기 숭배로 끝이 난다. 인간의 자기 집착과 자기 집중은 기도에서도 여실히 드러난다.

자기 집중은 이른바 사이코패스의 특징이기도 하고, 그들은 다른 이들과 공감하기 어렵다. 자기 외에 다른 사람의 아픔과 곤경을 알 수 없다. 자기 집중에 갇혀 있기 때문이다. 그들은 다른 사람과 공감하기에 앞서서 집중해야 할 자기 자신만으로도 버겁다. 기도에서도 인간은 자기 자신을 찬양하고 높이려 든다.

또한, 〈스크루테이프〉가 보기에 인간의 기도 대상은 찬찬히 들여다보면 웃기는 것이 많다. 여러 가지 그들 스스로 뒤섞어서 만들어낸 그 어떤 합성물들, 그 무언가가 이제 그들의 신들이 되어 그들의 기도의 대상이 된다.

나의 졸병 웜우드, 너는 사람들이 하나님이라고 그들 생각으로 만들어낸 기묘한 합성물을 잘 이용해야 한다. 물론, 그런 합성물의 성격은 사람마다 다를 수 있다. 하지만, 그것이 무엇이든지 간에 인격이라고 칭할 수 있는 분은 아니다. 기도한다고 할 때 너는 환자가 만들어낸 그것을 향해서, 그것에 대고 기도하도록 붙들어 매어 놓아야 한다. 환자를 잘 부추겨서 자신이 만든 합성물의 내용을 끊임없이 바꿔가도록 하는 것도 중요하다. 왜냐하면, 환자의 생각은 스스로 하나님이라고 생각하는 그 합성물을 점점 더 정교하게 바로잡는다고 하면서, 그것이 하나님이라는 생각을 발전시키는 데에 큰 의미를 부여하게 하라. 그러면 환자는 기도랍시고 하는 내내 그 합성물을 계속 눈앞에 떠올리게 할 수 있다는 말이다(SL, PARA 35).

〈스크루테이프〉는 계속해서 인간의 종교적 창조성이 만들어낸 가공의 신(神)들을 향해서 기도하도록 붙들어 매어 놓아야 한다고 부추긴다. 추악하고 더러운 도덕적인 파산을 저질렀음에도 불구하고, 일신상의 파산은 피하도록 해 주겠다고 획책하는 샤머니즘과 무당의 신(神)들도 있다. "금 나와라, 뚝딱!"으로 소원을 성취해 주는 도깨비 신(神)도 있고, 때때로 복과 재앙을 불러오는 조상신(神) 그리고 수많은 사이비 종교의 살아 있는 신(神) 등 역시 기도의 대상이고, 기도 감정을 또한 만족시켜 준다.

인간은 그들의 신을 만들어낼 수 있는 능력이 있고, 이들 신은 하나같이 그들의 욕망과 야망을 반영한다. 개인적인 야망을 이루어 줄 대상이라면 뭐든지 믿을 준비가 되었다. 결국, 종교와 기도 감정은 자기 야망과 자기 욕망의 숭배이고 자기 경배의 일종이다. 루이스가 여기서 말하는 "합성물"은 내 소원을 이루어 줄 허구의 신들이다. 그러나 성경의 하나님은 늘 우리의 꿈과 야망을 제거하고 깨부수는 분으로서 다가온다.

그런 일은 매일 아침 우리가 눈을 뜨는 바로 그 순간 찾아올 것이다. 그 순간 그날의 모든 소원과 희망이 맹수처럼 우리를 사로잡으러 달려들 것이다. 따라서 매일 아침 일어나서 우리가 가장 먼저 해야 할 일은 그런 욕망과 소원과 희망하는 것들을 모조리 밀어내는 것이다. 우리는 그 아침에 다른 음성에 귀를 기울여야 한다. 우리는 또 주님이 바라보는 전혀 다른 새로운 시선과 관점을 받아들여야 한다. 우리는 좀 더 크고 강하고 침착하고 고요한 주님의 생명이 우리의 생명과 삶 가운데 흐르도록 해야 한다. 이런 일은 매일 하루도 빠지지 않고 날마다 계속되어야 한다. 우리는 이제 혼자서 안달복달하며 야단법석을 떠는 어머니 뱃속에서 나올 때 갖고 나온 자연적인 자아, 육체적인 자아에서 멀리 떨어져야 하고 물러서야 한다. 우리는 세상에서 세차게 불어오는 바람에서 벗어나서 거리를 두고 물러서야 한다(MC, PARA 301).

안달복달하면서 야단법석을 떠는 우리의 야망과 욕망의 신들이 아침마다 맹수처럼 달려들어 우리를 포로로 잡으려 한다. 야망을 채워 주겠다고 사기를 치지만, 우리는 하나님의 다른 음성에 귀를 기울이고 하나님의 고요한 생명이 흘러 들어오도록 해야 한다.

하나님은 내가 원하고 상상하고 생각하던 그런 분이 아니다. 내가 원하고 생각하는 신은 결국 내 욕망을 채워 줄 신이기 때문이다. 하나님은 "내가 생각하는 당신, 바로 그분이 아닙니다. 하나님이 스스로 알고 계시는 당신입니다"(Not to what I think thou art but to what thou knowest thyself to be, SL 35). 하나님은 결국 낯선 분이시고, 다른 분이시고, 하늘에 계신 분이시다. 그러나 우리는 땅에 있다.

환자가 이제 지금까지 갖고 있던 하나님에 대한 개인적인 생각과 상상 속의 이미지들을 모조리 내던져 버리는 경우가 있다. 혹은 일부 남아 있는 하나

> 님에 대한 자기 생각과 이미지는 그의 주관적인 이미지에 불과하다는 사실
> 을 참으로 인정하기도 한다. 이런 상황이 되면, 악마인 우리에게는 참으로
> 심각한 사건이 되고 만다. 그리고 눈에 보이지 않지만, 그리고 내가 지금까
> 지 안다고 했던 그런 합성물이 아닌 참된 인격이신 분, 분명히 그 방 안에
> 그 자신 곁에 실제로 임재하여 나와는 별도로, 객관적으로 존재하는 그분,
> 그분에게 환자가 자신을 맡기게 되면 그 이후의 일을 장담하기가 정말 어려
> 운 일이 발생하고 말 것이다(SL, PARA 35).

우선 우리가 해야 할 일은 분명하다. 하나님에 대한 내 생각과 이미지들을 버리는 것이다. 그런 것들은 내가 주위들은 이미지에 불과하다. 하나님은 내 눈에 보이지 않는다. 그분은 내가 안다고 생각했던 그런 분이 아니다. 그분은 내가 있는 방 안에 분명히 계신다. 내 곁에 나와 함께 분명히 계신다. 그분은 단지 마음속에 계시는 분이 아니라, 객관적으로 "나" 아닌 분명 다른 분으로서 나와 별도로 내 곁에 계신다. 나는 그분 하나님께 나 자신을 드리고 맡긴다. 이때 기도가 시작된다. 그리고 〈스크루테이프〉와 그의 일당은 좌절과 낭패에 빠진다.

내가 "벌거벗은 영혼"으로 나아가면, 내 곁에 계셔서 내 기도를 들으시고 응답해 주시기를 원하시는 하나님!

그러나 물론 우리 마음이 마냥 편하지 않다. 루이스가 지금 말하는 "벌거벗은 영혼"은 하나님께 기도를 바치는 내 삶의 진짜 모습이자 조건이다(SL, 36). 내 삶을 속속들이 다 아시는 분, 나의 맨살을 드러내야 하는 그분, 그래서 지금까지 내 상상과는 다른 하나님이시다. 지금까지 내 욕망을 채우는 도깨비방망이를 손에 쥐고 있는 도깨비와 같은 신이었으나 지금은 진짜 나의 삶을 내 곁에서 함께하시는 하나님이시다.

실은 우리가 참으로 진짜 하나님, 바로 그분을 내가 있는 곳에서 만나서 기도를 드릴 때, 루이스의 표현에 의하면, 진짜 "벌거벗은 영혼"으로 기도를 드리는 상황이 된다면, 누구든지 이런 상황을 무턱대고 좋아하기는 어렵다. 인간이 만들어 낸 합성물이 아닌, 인격이신 하나님 앞에서 우리는 늘 불편하고 부끄럽고 죄송스럽다.

그러나 이토록 불편한 상황임에도 〈스크루테이프〉가 혀를 끌끌 차면서, "그런데 때로 그 인간이 그런 뻘쭘한 상황에서도 전혀 기대하지 않았던 것을 얻기도 한다"(SL, 36)고 탄식을 내뱉는다. 하나님 앞에서 벌거벗은 영혼으로서 기도를 드릴 때, 인간은 그들의 기대와 다른 것을 받는다. 우리의 기대를 넘어서는 기대를 벗어나서 그분의 응답을 받는다. 기도는 우리가 원하는 것보다 더 좋은, 우리가 기대하지 않았던 것을 주시는 하나님의 게임이며 채널이다.

4. 하나님이 발명하신 걸작들: 결혼, 유기체의 생명 그리고 쾌락

〈스크루테이프〉가 말하는 "하나님의 발명품" 세 가지가 있다. 결혼(SL, 108) 그리고 유기체(SL, 106)와 쾌락이다. 우리 표현으로는 당연히 발명 정도가 아니라 하나님이 만들어 주신 축복의 걸작, 최고 걸작(Masterpiece)이다. 세 가지는 생명 현상이라는 점에서 동일하다. 결혼은 하나님이 정해 주신 인간 생명의 번성 시스템이라는 축복이 넘치는 걸작이고, 유기체는 엔트로피의 죽음을 저항하는 협력과 상생의 생명 현상이다.

자연은 마치 온통 죽음의 색깔로 어두워지고 있는 듯하다. 그러나 생명의 유기체 현상은 자연 가운데서 자연의 사멸로 나아가는 죽음의 본능을 거부하는 빛나는 생명으로 죽음을 이기는 축제다. 그리고 인간 생명이 누리는 기상천외한 걸작 "쾌락"이 있다.

　유기체는 하나님의 발명품 가운데, 그것도 하나님의 추잡스럽고 "음란한 발명품"이다(obscene invention the organism, SL 106). 〈스크루테이프〉가 보기에 생명의 유기체를 "음란하다"라고 말하는 것은 유기체의 존재 자체가 "하나의 자아는 다른 자아와 별개이며 내게 좋은 것은 네게 좋지 않은 것"이라는 지옥의 교리에 어긋나기 때문이다.

　지옥에서의 사랑은 이단이고, 음란하고, 있을 수 없는 기적이다. 〈스크루테이프〉와 그 일당들은 사랑을 도저히 이해할 수 없는 수수께끼라고 한탄하고, 때로는 심지어 사랑에 매혹당해서 홀리기도 한다(SL, 54). 그래서 유기체도 역시 악마의 시선으로는 삐딱하기 그지없는 것이다.

　유기체는 생명의 활기를 갖고 살아간다. 모든 물질이 다 쇠하고 스러져 가지만, 유기체의 생명은 죽음의 힘을 거부하고 살아남는다. 예수께서 거듭난 생명, 위로부터 태어난 생명을 말씀하시는 이유는 바로 그 때문이리라. 생명은 물질을 저항해서 이긴다. 생명은 물질로 구성되었다고 해도, 물질을 넘어서고, 물질을 아무리 합쳐도 생명이 나오지 않으며, 생명은 죽음을 이기고 악마의 파괴적인 힘을 이긴다.

　가짜 유물론자, 악마 〈스크루테이프〉는 유기체의 생명에 분노한다. 그리고 악마의 말 그대로 유기체의 생명은 자연의 숙명, 엔트로피의 파괴, 죽음을 향한 대행진 그리고 생존경쟁과 죽음의 숙명을 저항하고 거스르고 넘어서서 협동하고 돕는다. 생명은 죽음의 저주를 막아선다. 유물론자 악마가 제일 싫어하는 말이 바로 "협력한다"는 말이다. 악마의 근원적 존재 방법은 싸움이고 잡아먹는 것이다. 악마의 사전에 협력은 없다.

　악마가 혐오하는 또 다른 유기체는 가족이다. 부모는 자녀 양육의 욕구를 가지고 부모와 자녀의 가족이라는 유기체가 구성된다. 가족 유기체는 생명처럼 움직이고, 생명은 죽음을 저항하고, 하나의 가족으로서 연합하지만, 또한 가족 한 사람의 독자적인 생명이 뚜렷하게 나타난다. 가족은 연합과 독립이 동시에 드러나는 하나님 생명의 존재 방식을 닮았다.

하나님은 한 분이시면서 동시에 세 분이시다. 악마가 이해하는 하나님의 존재 방식은 사랑이니 뭐니 하는 터무니없는 말을 늘어놓는 것이라고 조롱하면서, 그것이 셋이면서 동시에 하나라는 존재라고 하니 말도 안 되는 것을 우긴다는 것이다(SL, 106).

여기에 미덕을 추가할 수 있다. 역시 악마의 고백에 따르면, 악마의 정부는 "단 하나의 미덕에 대해서도 지금까지 그 생산 방법을 찾아내지 못했다"(SL, 168)고 말한다. 악마가 "단 하나의 미덕"도 생산하지 못하는 것은 당연하다. 악마는 악 자체이기 때문에 인간들이 행하는 선한 미덕들, 즉 어려운 곤경에 처한 사람을 도와주고, 목이 갈한 자에게 냉수 한 그릇을 주고, 법정에서 진실을 말하여 거짓 증거를 하지 않고, 다른 사람의 소유를 탐내어 훔치지 않고, 다른 사람을 모함하여 거꾸러뜨리지 않는 등의 미덕들은 악마와 전혀 관련이 없다.

인간의 선한 행동과 미덕, 예컨대, 곤경에 처한 사람을 돕는 미덕을 예로 들자면 악마는 미덕을 빌려서 악한 행동으로 유혹할 수 있을 뿐이다. 셰익스피어의 샤일록은 잔꾀를 꾸며서 적을 죽이려는 악한 음모를 꾸미지만, 악한 행동의 바탕에는 "금욕의 정신"이라는 미덕을 빌린 것이다. 금욕의 정신이라는 미덕은 악마의 발명이 아니다. 단지 원수 하나님이 만들어 놓은 미덕을 악마가 빌려서 이용하는 것뿐이다(SL, 168-69).

결혼은 또한 자연이라는 맥락에서 본능, 성적 욕망의 결과다. 성적 욕망은 "잡아먹는다"라는 말로 구체화되기도 한다. 〈스크루테이프〉의 불평은 결혼의 이유는 성적 욕망으로 충분하다는 것이다. 악마에게 결혼은 인간 성적 본능의 결과이고 성적 파트너는 단지 잡아먹히는 먹이일 뿐이다. 남편은 아내를 내 맘대로 종처럼 부려도 된다. 그러나 하나님은 "쓸데없이"

사랑을 결혼에 끼워 넣었다. 하나님께 결혼은 성적 본능만이 아니라 사랑이 개입되어 나타난 하나님이 발명한 걸작이다.

결혼은 두 가지 목적, 즉 성적 본능과 사랑이 동시에 충족되는 걸작이다. 결혼은 악마의 유혹에 따르면 "사랑에 빠졌다"는 감정에 의해서 이루어진다(SL, 108). 남녀는 결혼에 골인하기 위해서 먼저 사랑에 빠진다. 악마는 결혼은 사랑에 빠지는 강렬한 느낌이 전부이고 "근거"라고 주장한다. 남녀가 사랑에 빠지는 강렬한 "흥분 상태"가 사라지면 결혼을 더 이상 끌고 갈 필요가 없다고 사기를 치고 속인다(SL, 104-05).

그러나 악마가 증오하는 남녀의 이상적인 결혼은 〈스크루테이프〉의 표현에 의하면 "성적 욕망과 사랑이 뒤범벅된 것이다. 그래서 남녀 사이에서 나타나는 끔찍한 존경과 자연스러운 것으로 포장된 황금빛 찬란하게 빛나는 남녀들의 욕망"이다(SL, 118).

결혼은 악마의 바람을 거슬러 올라가면, 성적 욕망을 바탕으로 하지만, 사랑이 "뒤범벅되어" 첨가되어야 한다. 성적 욕망으로 결혼은 시작되지만, 반드시 그런 욕망으로 계속 유지되는 것은 아니다. 악마가 보기에 결혼은 끔찍하게도 남녀가 서로 간의 존경을 드러내기도 하고, 인간 생명의 자연스러움이 그 자체로 황금빛처럼 찬란하게 빛나면서 유지된다.

서로를 끌어당기는 "관능적인 매력"은 결혼의 가능성을 열어 주는 중요한 출발이긴 하지만, 여기서 상대방 파트너의 뜻에 나의 뜻을 양보하고, 서로를 인정하고 서로를 있는 그대로 수용하는 참된 기쁨을 만들어 낸다. 서로가 지금 당장 느끼는 관능적인 매력은 결혼에서 양보하고 희생하는 마음을 계속 만들어 내지 못한다. 성적 흥분은 사랑이 아니고, 그런 성적 흥분이 결혼 생활에서 계속 이어지지 않는다(SL, 152).

악마가 생각하는 가장 못마땅한 결혼 생활은 "사랑에 빠지는 것"과 관계없이 서로서로 도우며, 순결을 지키면서, 자손에게 생명을 주고, 그들의 삶

제7장 쾌락주의자 부르주아 하나님   173

을 살도록 도와주고, 서로 간에 충실하는 것이다. 폭풍처럼 몰아치는 감정이 없다 해도 이런 결혼 생활이 훨씬 더 귀한 것이다(SL, 108).

5. 쾌락: 하나님이 발명하신 축복의 선물

하나님의 발명, 또 다른 걸작 쾌락이 있다. 쾌락은 인간의 생명이 독특하게 누리는 생명 현상이고, 인간의 생명에 주신 하나님의 첨가된 축복의 선물이다. 인간들은 흔히 이 세상의 고통에 놀라고 아파한다. 그러나 이 세상에 왜 쾌락이 생명 현상의 일부로 존재하는지는 쉽게 대답할 수 없다.

자녀를 잉태하는데 왜 쾌락이 주어지는가?

꽃은 왜 그토록 아름다운 색깔로 우리의 눈을 쾌락으로 채우는가?

고통을 생각하는 만큼 쾌락도 동일하게 생각해야 한다. 악마는 고통은 확대하고, 쾌락은 축소해서 인간의 삶을 왜곡한다(SL, 178). 인간들은 이 세계에 왜 쾌락이 있는지는 잘 생각하려 하지 않는다.

쾌락이라는 하나님의 걸작은 악마를 늘 괴롭힌다. 악마는 많은 연구와 노력을 들였지만, 쾌락을 하나도 만들지 못했다고 자조한다(SL, 58-59). 악마는 쾌락을 이용해서 인간을 죄로 유혹하는 경우에도 쾌락을 사용할 수밖에 없다는 사실에 좌절하며 탄식한다.

쾌락 없이 인간을 죄로 몰아넣을 수 있다면 얼마나 바람직한 일인가! (SL, 90).

쾌락과 관련해서 악마의 위기는 인간이 진짜로 좋아하는 것에 단지 그것을 좋아한다는 이유 때문에 그것에 몰두하는 순간이다. 쫄따구 악마 웜우드의 실수는 환자로 하여금 그가 좋아하는 책 읽기와 산책이라는 쾌락을 허용한 것이다. 단순히 책 읽기와 산책을 허용했기 때문이 아니라, 그 사람이 책 읽기와 산책을 진짜로 좋아하기 때문에 그것이 위험한 일이다.

인간은 많은 경우, 책을 읽을 때라도 잘난 척하면서 읽은 것을 어쨌든 써먹으려 한다. 지식을 자랑하기 위하여 책을 읽는다. 이런 책 읽기는 악마가 백번이라도 추천하는 바이다. 그러나 다른 목적과 동기 없이 순수한 즐거움으로 책 읽기 그 자체를 좋아하는 것이라면 악마는 패배한다 (SL, 78-79).

악마의 또 다른 실수, 산책도 마찬가지다. 오전 맑은 아침에 집에서 멀지 않은 야트막한 산을 함께 오르기로 약속했다. 꼬셔야 할 썸타는 예쁜 아가씨와 함께 말이다. 이것은 산책이 아니라 데이트다. 산책을 빙자한 "꼬시기" 전략의 일부다. 산책을 산책 그 자체의 즐거움 때문에 산책을 좋아할 때 악마는 싸움에서 진다. 〈스크루테이프〉가 보기에 인간이 다른 이유 없이 진짜로 좋아하는 것을 좋아서 할 때 뭔가 불순한 것이 끼어든다.

루이스의 전기를 보면 그가 얼마나 산책을 즐겼는지 알 수 있다. 시골의 친구 집에 가기 위해서 옥스퍼드 기차역에 내리는데 시계가 없어서 늘 미리 도착한다. 시계태엽 감는 것을 자꾸 잊는다는 핑계로 시계를 갖지 않으려 하지만, 실제로 루이스는 자기를 위해서는 많은 돈을 쓰지 않으려 하고, 뭔가를 사지 않기 때문이다.

루이스는 일찌감치 기차역에 도착한 다음에 플랫폼을 왔다 갔다 하면서 기도한다. 루이스는 완행열차를 주로 탔다. 왜 그렇게 느린 완행열차를 타느냐고 기차 매표원이 되묻기도 한다. 루이스는 천천히 달리는 완행열차의 맨 앞 칸에 앉아서 시골 풍경을 즐기고 날씨가 좋지 않으면 책을 읽기도 했다.

특이한 것은 루이스는 신문을 사서 읽지 않는 것이었다. "중요한 일이라면 사람들이 내게 말해 주거든"이라고 말한다.[1] 루이스는 아마도 고전적인

---

[1] 조지 세이어, 『루이스와 잭: 회의자의 사도, C. S. 루이스의 생애』, 홍종락 옮김 (서울: 홍성사, 2006), 365-72.

인물이라는 생각이 든다. 유행하는 현재 상황을 보도하는 신문보다는 지금도 여전히 인간들의 관심을 잃지 않는, 아주 오래된, 시간과 공간 너머에 있는 클래식(古典)을 좋아한다. 유행 따라 사는 것을 뚜렷하게 거부하는 면모일 터, 그래서 루이스는 제2차 세계 대전이 일어나기도 전 아주 어린 시절부터 갖고 다니던 꾀죄죄한 카키색 가방 안에 그의 모든 짐을 마치 꾸러미처럼 들고 다녔다.

친구 집에 도착하면 루이스는 빨리 산책하러 나가고 싶어 해서 미리 준비한 샌드위치를 함께 먹는다. 그리고 차로 잠시 산언저리까지 올라간 다음에 주변 경치를 즐기면서 16킬로미터 정도의 가파른 산길을 올라 산꼭대기에 다다르면 행복한 표정을 지으며 물을 한 모금 마신다.

그렇게 해서 한 시간 동안 산길을 돌아다니다가 소박한 카페에 들러서 차 한잔 마시면서 같이 간 친구들과 담소를 나눈다. 그렇게 또 산언덕과 산길을 돌아다닌 다음 오후 5시가 되면 집으로 발길을 향한다.

집으로 와서는 아무 번역본이라도 부탁해서 성경을 읽고 기도 시간을 가진다. 그리고 오후 7시가 넘어서 저녁 식사를 하는데, 구운 고기를 좋아하고 복잡한 요리 대신에 단순한 음식을 좋아한다. 루이스는 스스로 "너무나 게걸스럽게 먹지?"라고 되물을 정도로 빠르게 식사를 끝낸다. 식사하면서 재미있게 이야기를 들려준다.

10시 정도에 잠이 들고 아침에 일찍 일어나서 기도 시간을 갖는다. 일찍 일어나는 이유는 주변의 아름다운 아침 시골 정경을 즐기기 위해서다. 친구들은 여행을 하다가 오래된 교회나 건축물과 유적을 둘러보기도 하지만, 루이스는 그냥 시골 풍경과 자연의 색깔을 좋아했다.

한번은 언덕을 걸어가다가 루이스는 사냥꾼들에게 쫓기며 지쳐있는 여우를 보았다. 사냥꾼들이 나타나자, 루이스는 속삭이듯 말을 타고 오는 사람에게 "이봐요, 쉿! 저쪽으로 갔어요"라고 말하면서, 여우가 달려간 반대

방향을 가리킨다. 그러자 또 거짓말을 할 수 있는 도덕적 정당성은 언제인가 하는 토론이 일어나기도 했으나, 불쌍한 여우를 구했다고 생각하는 루이스의 얼굴 표정에는 기분 좋게 자기를 자랑스러워할 뿐 조금의 죄책감도 없었다.

루이스는 독일의 유명한 동물행동학자 콘래드 로렌츠와 식사를 한 적이 있는데 저녁 식사 후에 로렌츠 교수는 커피를 마시다가 갑자기 일어서서 말했다.

"너무 많이 먹은 것 같네요. 강연을 제대로 할 수 없을 것 같아요. 밖으로 나가서 토하고 와야겠어요"

그리고 실제로 그렇게 했다.[2] 물론, 루이스는 이상한 눈으로 보았을 것이다.

루이스의 일상의 단편을 친구 조지 세이어가 자세히 그리고 있지만, 루이스는 산과 언덕을 돌아다니면서 그야말로 자그마한 산에 오르거나 산책하는 것을 아주 즐거워했다. 어떤 목적도 없이 산책 그 자체를 즐기기 위해서 산책을 하고 그것으로 만족해한다. 이것이 바로 루이스가 말하는 하나님의 발명품, 쾌락과 기쁨을 즐기는 모습이다.

불쌍한 여우를 구해 주면서 루이스는 사냥꾼들에게 거짓말을 했다. 그러나 자연을 사랑한 나머지 사냥꾼들이 여우를 죽이지 못하도록 자연의 가여운 생명을 구하는 전략으로서의 거짓말, 그는 조금도 죄책감을 갖지 않는다. 루이스 자신도 구운 고기를 좋아하고 맛을 음미할 수 없을 정도로 조금은 게걸스러울 정도로 빨리 먹는 편이다. 먹는다는 것이 즐거운 기쁨이고 쾌락인데, 로렌츠 교수가 많이 먹고서 토해 낼 정도로 음식에 탐닉하는 것은 분명히 쾌락이 잘못 오용되는 왜곡된 모습이다.

---

2 조지 세이어, 『루이스와 잭: 회의자의 사도, C. S. 루이스의 생애』.

6. 〈스크루테이프〉의 쾌락 전략: 쾌락을 훔쳐서 비틀다

"너는 그 유명한 파르테논 신전도 못 가봤지? 나는 그리스 여행도 갔다 왔는걸!"

그리스 여행을 다녀온 친구가 자랑한다. 부러움을 사기 위해서 다른 사람들의 입은 막아놓고, 그리스 여행이 어떠니 하면서 늘어놓는다. 자랑하기 위한 여행, "너는 못 가봤구나", 은연중에 과시하는 여행은 여행이 아니다. 여행은 여행 그 자체로서 기쁨이고, 쾌락이다. 자랑하기 위한 여행일 때 여행의 기쁨과 쾌락은 왜곡된다.

즐거움과 쾌락은 하나님이 만드신 것이기 때문에 인간들이 쾌락으로부터 기쁨을 누리는 것을 악마들이 어쩌지 못한다. 단지 악마는 하나님이 마련하신 쾌락을 왜곡시켜서 변태적으로 만든다. 문제는 여기서 발생한다. 하나님이 창조하신 쾌락을 왜곡할 때 쾌락의 기원이 헷갈린다.

마라톤에서 쾌감을 느낀다. 일정한 시간을 달리면 마라토너에게 소위 '러너스 하이'(Runner's High)가 온다. 숨이 차고 몸이 괴롭다. 그러나 조금만 더 달리면 뇌가 괴로움을 덜기 위해서 엔도르핀을 분비하고 쾌락을 준다. 통증도 사라지고 쾌감이 느껴진다.

어떤 사람은 마라톤을 하지 않으면 죽는다고 말한다. 그 쾌감을 놓칠 수 없기 때문이다. 그런데 때로 그런 과도한 쾌락은 인간을 죽음으로 몰아넣고 쾌락을 탐닉하게 한다. 술, 담배, 도박, 마약 등이 쾌락의 기원을 헷갈리게 하여 변태로 사용될 때 몸과 뇌를 파괴하고 죽음으로 몰아넣는다.

악마는 책 읽기와 산책의 쾌락을 훔쳐서 비틀고 왜곡한다. 쾌락은 악마들의 "발명"이 아니기 때문이다. 독서를 그 자체로 좋아할 수 있다. 독서에 이유가 없다. 인간은 대체로 무언가를 위해서 독서한다. 특히, 아는 체하기 위해서 책을 읽는다. 요즘은 어디 가서 "아는 체하기 위한 독서"와 같은 책도 있다. 노골적으로 폼을 잡기 위한 독서, 잘난 체하기 위한 독서를 광고한다(SL, 78-79).

루이스는 쾌락과 관련하여 두 가지를 말한다. 쾌락과 허영심 그리고 진짜 쾌락에 더덕더덕 붙어 있는 가짜 싸구려 쾌락이다. 즉, 그것들은 허영심과 더불어 부산스러움, 어이없음, 사치스럽지만 따분함 등의 가짜 쾌락이다. 〈스크루테이프〉는 이런 가짜 쾌락을 부추겨서 환자를 파멸시키려 한다(SL, 79). 떠들썩한 축제의 시끌벅적한 분위기, 말도 안 되는 어이없는 상황과 겉치레 등으로 쾌락 흉내를 낸다.

잘난 척하기 위해서 책을 읽을 때, 허영심이 문제다. 잘난 척을 위한 허영심은 인간 심성 가운데 뿌리 깊은 것이다. 허영심은 기회를 찾아서 틈을 비집고 자기를 드러내려 한다. 허영심은 루이스에 의하면 사실 교만보다는 덜 악질이다. 교만은 다른 사람들의 시선을 무시하고 누구도 개의치 않는다면, 허영은 다른 사람의 시선을 의식하고 그들의 박수와 찬사를 탐한다.

예수님의 말씀에 의하면, 바리새인은 항상 사람들에게 보이기 위해서 뭔가를 행한다고 하신다(마 23:5). 그들의 기도와 전도와 모든 종교적 열심은 다 사람들에게 보여 주기 위한 허영이다. 거룩함이 비뚤어지고 왜곡된 것들이다.

다른 사람들에게 우월함을 드러내기 위해서 그들은 허영의 시장으로 간다. 그곳에는 자기 자랑을 위해서 팔리는 온갖 자기 치장의 물건이 다 팔린다. 집과 땅, 명예와 직함, 학교와 고향, 자기 나라, 정력과 아내, 남편과 자녀, 육체와 금, 은, 진주, 보석 등을 팔고 있다. 인간들은 자기 치장과 분장 그리고 어떤 경우에는 거의 분장을 해서라도 그런 것들을 거리낌 없이 사서 몸과 정신에 휘감는다.

그와 정반대되는 인간은 어떤 모습일까?

그는 예컨대, 요리하는 것에 빠져서 누가 뭐라 해도 요리하는 것 자체로 기쁨을 얻고 즐거워하면서 물론 가족과 친구들이 맛있게 먹을 수 있으니 더 좋아한다. 좋은 음식이라는 칭찬을 들으면 감사하지만, 그보다 그는 이미 요리 그 자체에 충분히 즐거움을 얻었다. 칭찬이 주어지면 그것은 온전히 요리의 기쁨이 덤으로 주어진 것, 요리의 기쁨 외에 또 다른 목적은 아니다.

그는 고급 레스토랑을 운영하는 사장보다 차라리 주방으로 나가서 요리를 한다. 사회적 야망과 유명세가 문득 생각나서 유혹하지만, 요리하는 동안 느끼는 그 순수한 즐거움과 기쁨을 무엇으로도 바꿀 수 없다. 우리는 그 사람을 조그마한 시골 식당에서도 볼 수 있고, 도시의 큰 식당에서도 볼 수 있다. 식당의 크고 작음이 문제 되지 않고 그는 늘 요리의 쾌락과 기쁨에 몰두하고 있을 뿐이다.

〈스크루테이프〉가 쾌락 그 자체를 혐오하는 이유는 순수한 진짜 쾌락을 통해서 인간들이 진짜 자기 자신에게로 되돌아가기 때문이다. 쾌락의 위험은 쾌락이 인간의 본래 모습으로 향하게 하는 것이다. 악마는 이와 관련하여 두 가지 공작(工作)을 한다. 우선 인간을 하나님으로부터 "떼어내는" 작업이다. 그런데 그 전에 해야 할 일이 있다. 그것은 바로 그 사람과 그 자신을 "떼어내는" 작업이다(SL, 79).

인간은 본래 모습을 잃어버리고, 자신이 아닌 또 다른 모습으로 변형되고 왜곡되어 산다. 유행과 풍조와 세상의 도움으로 정신 줄을 놓고 바쁘게 사는 인간은 더께가 붙어서 더러운 감각에 둘러싸여 있다. 그들은 진짜 즐거움과 쾌락을 느낄 수 있는 감각을 놓쳤다. 감각 위에 갑갑한 껍질이 붙어서 진짜로 느낄 수 있는 것을 느끼지 못하게 되었다(SL, 79).

소금으로 짠맛에 길들여진 인간은 진짜 맛을 잃어버린다. 허영이 더해진 기쁨은 진짜 기쁨이 아니다. 자기 자랑이 더해진 쾌락은 자기 치장에 불과하다. 이것은 싸구려 쾌락이다. "요리를 어쩌면 그렇게 잘해요!"라는 칭찬을 듣기 위해서 요리할 때, 그것은 수고로움과 힘이 든다. 그러나 요리 그 자체가 즐거움이라면 그걸로 끝이다. 칭찬이 오면 감사할 뿐이다.
아니면 실력을 더 키우면 될 일!
루이스는 다음과 같이 말한다.

> 악마는 많은 힘과 수고를 쏟아 놓은 끝에 사람의 감각 위에 두꺼운 껍질들을 덮어씌워 놓아서 감각을 무디게 만들었다. 진짜 쾌락은 사람의 감각에 싸여 있는 두꺼운 껍질들을 벗겨내면서 드러나고 누릴 수 있다. 그리고 두꺼운 껍질을 벗겨낸 사람은 이제 참된 자기 자신으로 되돌아와서, 마치 고향으로 마침내 되돌아왔다는 맑고 깨끗한 느낌을 갖게 된다(SL, PARA 79).

인간의 허영과 유행 그리고 몸에 대한 취향은 시대마다 다르게 바뀐다. 예컨대, 남성의 "턱수염"은 그 자체로 무슨 잘못이 아니다. 그러나 악마들의 우두머리들의 "위대한 거장들" 업적으로 인간이 "자연"을 짓이겨 밟아 놓았기 때문에 "자연"을 불쾌하게 여기도록 만들었다. 악마들은 이런 유행과 풍조를 "총체적으로 왜곡해서"(SL, 116) 만들어 놓았다. 물론, 이런 유행은 예술가, 패션디자이너와 스타와 가수들의 막강한 도움이 있었기에 가능하다. 남성이 느끼는 여성의 몸에 대한 유행도 악마들의 업적이다.

> 이렇게 우리 악마들은 오랜 세월에 걸쳐서 수고를 한 결과 사람 몸의 자연스러운 모습도 짓밟아 눌러 왜곡시켜 놓았다. 그래서 이제는 많은 여성이 남성의 턱에서 자연스럽게 자라는 턱수염 같은 몸의 특징 같은 것에도 이러니저러니 불평을 해댄다. 남자의 수염에 뭔가 알 수 없는 불쾌감을 느끼는 지경으로 비틀어 놓은 것이다. "나는 남자들의 수염이 싫어!" 여기에는 웜

우드, 네가 생각하는 것보다 훨씬 더 중요한 문제가 걸려 있다. 우리 악마들은 그래서 남성의 취향에 관해서는 아주 다양한 변화를 만들어냈다. 한때는 매끈한 조각 같고 귀족적인 여성상에 심취하고 빠지게 하여 남자의 허영과 욕망을 뒤섞어 놓았다. 그 결과 아주 잘난 척해대는 교만하고 타락하고 방탕한 여자들을 통해서도 인류의 씨를 퍼트리는 업적을 세우기도 했다. 또 어떤 때에는 지나치게 여성적인 유형, 나약하고 마른 여성을 욕망의 대상으로 왜곡하여 선택하기도 했고, 또는 어리석고 비겁한 여성을 여성답다고 착각하도록 만들기도 했다. 그래서 일반적으로 거짓말도 거침없이 잘하고, 성미가 까탈스러운 앙탈을 부리는 여자가 인기를 누리게 만들기도 한 것이다 (SL, PARA 116).

조각 같은 몸매와 때로는 교만과 방탕한 성격을 가진 여인이 늘 남성들의 취향은 아니다. 악마가 작업하기에 따라서 유행과 허영을 만들면 인간은 그런 유행을 주저하지 않고 따른다. 때로는 홀쭉하고 나약해 보이면서 어딘가 어리숙해 보이는 백치미를 드러내는 살짝 맛이 간듯한 여자들을 아름답다고 포장해서 내세운다. 많은 경우에 여자들은 뒤로 물러서서 움츠리면서 남자들이 먼저 앞장서야 한다고 주장하면, 그것도 여자들의 수줍은 아름다움이라고 쳐주기도 한다.

아니면 때로는 까다롭게 구는 여인을 취향으로 작업하기도 한다. 인간은 그들의 개인적인 취향이라고 착각하지만, 그런 취향이 꿈에도 악마들이 조장해 놓은 유행과 허영의 "위대한" 업적이라는 사실을 알지 못한다.

바보 천치들은 그들이 허우적거리고 있는 악마의 함정을 결코 알 수 없다!

7. 진짜 쾌락: 하나님을 찾아가는 또 하나의 길

　악마들은 참된 쾌락을 통해서 그들이 수고로이 만들어 놓은 유행과 허영의 더께가 벗겨지는 꼴을 보기 싫어서 앙탈을 부린다. 인간이 진짜 쾌락에 맛 들이기 시작하면, 자기의 본래 진짜 모습으로 되돌아갈 길을 찾게 되고, 자기의 참된 자아의 모습을 알고 흔히 말하는 '주제 파악'을 하게 된다.
　겉치레와 유행, 허례와 허영 너머에 있는 참된 자기 모습!
　하나님은 인간이 그들만의 유일하고 독특한 삶을 사는 진짜 자기 모습으로 되돌아가기를 원한다.
　루이스의 말대로 껍질을 벗겨낸 진짜 순수한 감각을 누리는 사람들이 있다. 예를 들면, 그들은 클래식한 고전들을 좋아한다. 반대로 유행과 허영에 찌든 사람들은 신문과 TV를 탐닉한다.
　누군들 TV 없이 어떻게 시간을 때우며, 신문을 읽지 않고 살 수 있겠는가?
　고전과 신문, 이런 구분은 단세포적이긴 하지만 나름 경계선이 있다. 일시적 유행을 따라가기 위해서 신문과 TV는 필수적이다. 그러나 내가 진짜로 좋아하는 일을 추구하는 사람들은 유행을 따르기보다는 고전들을 손에서 놓지 않는다. 그들은 도스토옙스키를 손에서 놓지 않지만, 때로 신문을 흘낏 훑어보기도 한다.
　인간의 깊은 곳에 자리 잡고 있는 근원적 충동이 있으며 이는 하나님이 주신 그야말로 "싱싱한 날것의 원재료이고, 출발점"이다(SL, 80). 악마들은 이런 마음과 충동을 멀리하도록 인간을 유혹하고 이 세상의 유행과 관습을 따르도록 한다. 커피 한잔에 나름의 기쁨을 느끼고, 우표 모으기에 몰두하고, 아이들과 함께 깔깔거리면서 제주도로 여행 가기 전날 밤 느끼는 흥분, 이런 싱싱한 날것의 기쁨과 쾌락이 있다.

하나님은 인간에게 원초적이라 할 수 있는 쾌락과 갈망과 기쁨의 충동을 주셨고, 악마는 이를 방해한다. 악마는 기쁨의 충동을 뿌리째 뽑아버리기를 원하고, 그런 쾌락 가운데 있는 의심스러운 순수함과 몰입을 경계한다(SL, 80). 유행을 따르지 않고 아무 사심 없이 좋아하고, 갈망하고, 몰입해서 누리는 기쁨과 즐거움은 하나님이 인간에게 주신 축복이다.

〈스크루테이프〉는 그의 환자들이 갖고 있는 개인적인 취향은 아예 없애버리는 것이 그가 세운 원칙이라고 한다. 물론, 사람들의 취향 자체가 죄는 아니지만, 악마에게는 뭔가 구역질이 나는 구석이 있다. 사소한 것이라 할 수 있는 테니스, 우표 수집, 코코아를 좋아하는 취향 같은 것들이다. 어떤 덕스러운 것과 관련 있는 것도 아니다. 그러나 여기에 뭔가 "순수함과 겸손 그리고 몰입의 경지"가 들어 있다(SL, 80). 이런 것들이 싫다.

이 세계 안에서 그 사람이 진짜로 개인적인 어떤 욕심을 갖지 않은 채로 그것을 그 자체로 즐거워할 뿐, 다른 사람들이 뭐라 하든 관심을 갖지 않는다. 이런 사람들은 악마의 미묘한 공격을 미리 앞서서 막아내고 있다.

악마 〈스크루테이프〉가 인간이 참된 쾌락과 기쁨을 멀리하도록 하는 이유는 허영과 유행에 물들지 않는 맑은 자아와 정직한 영혼 때문이다. 그들은 우선 자기를 어느 정도는 정직하게 대할 수 있다. 적어도 그들은 자신이 정직하지 않다는 사실로 좌절감을 느낀다.

그들은 누군가 그를 도우실 또 다른 분을 생각할 줄 안다. 그리고 내면을 통해서 하나님 감각이라는 미세한 출발점을 가지기도 한다. 온전한 하나님 지식은 부패한 인간 본성으로 가려져 있다. 그러나 그들은 미약하더라도 하나님을 향한 첫걸음을 떼어 놓을 줄 안다. 그들 마음에는 어느 정도 비추어진 하나님의 흔적이 있다.

> 우리가 하나님을 알고자 할 때, 그 주도권은 전적으로 하나님께 있다는 사실을 먼저 인정해야 한다. 그래서 하나님이 자신을 보여 주시지 않는 한 우리는 무슨 수를 써도 그분을 찾을 수 없다. 실제로 하나님이 자신을 더 많이 보여 주시는 사람들이 있는데, 이것은 하나님이 그들을 더 사랑하고 편애하시기 때문이 아니다. 마음과 됨됨이가 온통 비뚤어져 잘못되어 있는 사람에게는 하나님도 그분을 잘 보여 주실 수 없다. 햇빛은 편애하지 않고 모든 사람에게 고루고루 비춘다. 그러나 깨끗한 거울에 비치는 햇빛의 밝기만큼 더러운 거울에 그 정도로 환히 비칠 수는 없다는 사실과 같다(MC, PARA 255).

하나님에 대해서 도무지 아무런 관심과 열의가 없는 자들이 있다. 세속의 안녕과 유행과 풍속에 푹 빠져서 잘 먹고 잘사는 자들이다. 한편 뭔가 마땅한 기회가 주어지지 않아서 하나님을 믿지 않고 교회 출석의 기회를 얻지 못한 자들이 있다. 그들은 교회 안에 들어와서 말한다.

"진작 교회에 올 걸, 내가 좀 더 일찍 교회에 와서 신앙을 가졌더라면 얼마나 좋았을까!"[3]

마치 누군가 그를 교회로, 신앙으로 인도해 주기를 마음속 깊이 기다리고 있었다는 듯이 말이다.

---

[3] C. S. 루이스는 소위 "전적 타락" 교리를 찬성하지 않는다. 그러나 실제로 크게 다르지 않은 것은 루이스 역시 인간이 하나님 보시기에 끔찍할 정도로 부서지고 망가진 존재임을 인정한다. 루이스의 논증은 인간이 완전히 타락했다면 자기의 타락 사실조차도 알지 못하는데, 양심을 가진 자들은 그들의 죄와 죄성을 인정한다는 것이다. 완전한 흑암에 있는 인간은 자신이 흑암에 있다는 사실조차 알지 못한다. 루이스는 인간은 타락했는데, 자기의 타락을 어느 정도는 알 수 있을 정도로 타락했다는 것이다(PP, 100-01).
"왜냐하면 논리적으로 볼 때 우리가 전적으로 타락했다면, 스스로 타락했다는 사실 자체를 아예 깨닫지 못할 것이고, 경험적으로 볼 때에도 인간의 본성에는 선한 것이 많기 때문입니다." 또한, 〈스크루테이프〉는 인간의 미덕을 설명하면서 "인간들 속에 원수가 딛고 설 수 있는 발판이 아직도 남아 있다는 뜻"(SL, 169)이라고 하는데, 인간에게 일정할 정도의 선함이 여전히 남아 있다는 해석이 가능하다. 예를 들면, 하나님을 향한 갈망은 상처를 입었다 해도 결코 사라지지 않는다.

제8장

스크루테이프의 지옥과 악마의 풍경들

〈스크루테이프〉의 인간 유혹 전략은 인간 벌레를 향한 증오와 혐오를 바탕으로 시작된다. 하나님이 그런 벌레를 만드시고 사랑한다고 할 때 악마는 격렬하게 저항하고 하나님을 떠난다. 이때 하나님께서 사탄을 향해서 말씀하신다.

"너에게도 그런 마음이 있었으면 좋겠구나!"

이는 바로 하나님 사랑의 미스터리다. 도저히 있을 수 없는 사랑, 정글의 논리가 도저히 해명할 수 없는 하나님의 사랑, 사탄은 이를 해명하라고 하나님께 다투면서 말한다. 하지만, 하나님은 해명 대신에 우선 "사심 없는 사랑"(SL, 111)의 마음을 갖는 것이 더 중요하다는 메시지를 남긴다. 사랑은 다원주의자들에게는 설명이 안 되는 난해한 문제다.

그러나 정글의 냉혹한 현실이 아무리 사랑을 부인한다 해도 사랑은 결코 부인할 수 없는 엄연한 현실로서 뚜렷하게 존재한다. 단지 사랑은 그런 마음을 갖고 그대로 행하면 된다. 사랑은 명사로 남아 있지 않는다. 사랑은 동사다.

1. 〈스크루테이프〉의 지옥 풍경: "아무것도 아닌 것"(Nothing)

악마의 전략은 전 세계에 퍼져 있는 인간 벌레들을 지옥으로 유혹하여, 지옥의 교리로 무장시키고 그렇게 살도록 해서 전 세계를 지옥 천지로 만드는 것이다. 악마의 유혹에 넘어가는 인간 동물들은 지옥에 아주 알맞은 모습으로 변화를 거듭해 가면서 지옥에 적절한 벌레들로 바뀌어 간다. 지옥은 실상 끌려가는 곳이 아니라, 자신을 지옥에 합당하게 만들어 스스로 지옥으로 기어들어 가는 곳이다.

인간은 유혹당하기도 하지만, 스스로 자신을 유혹으로 다가가서 지옥으로 한 걸음씩 내려가기도 한다. 급격한 절벽도 계곡도 없기 때문에 자신도 알지 못하는 사이에 천천히 지옥의 비스듬히 기울어진 길로 나무늘보처럼 그러나 꾸준히 내려간다(SL, 76).

단지 악마가 경계하는 것은 인간이 지금 밝은 빛의 태양을 반대 방향으로 등을 돌려서 차디찬 지옥의 지하 밑바닥으로 내려가고 있다는 사실을 숨기는 작업이다. 지옥에 합당한 자들은 자신을 거울에 비춰보는 일이 없이 늘 자기도취에 빠져서 자신이 어떤 자인지를 알지 못한다. 아니 악마들은 온 힘을 다해서 인간이 자기 '주제 파악'을 하지 못하게 한다(SL, 74). 내가 어느 길을 가고 있고, 내가 어떤 자이고, 내가 지금 장차 멸망의 길을 가고 있다는 사실을 깨닫게 되면 천로역정의 그리스도인과 같이 길을 거꾸로 돌이키기 때문이다.

〈스크루테이프〉는 지옥을 하나님으로부터 멀리 떨어진 곳, 하나님의 궤도 혹은 테두리에서 이탈하는 곳이라 말한다. 빛의 하나님으로부터 멀리 떨어진 곳, 태양의 빛처럼 계시는 하나님으로부터 등을 돌려서 아래로 무한히 내려가는 차가운 깊숙한 어둠의 공간이라고 묘사한다.

루이스는 『천국과 지옥의 이혼』에서 하나님에게서 무한히 떨어진 어둠의 공간을 그림 언어로 그린다. 지옥에 대한 이토록 선명한 은유와 상징은 지금껏 없지 않았나 하는 생각이 든다. 어차피 인간 언어는 그 한계를 아무리 끝까지 밀어붙인다 해도 그 어떤 실체도 완벽하게 그려내지 못한다. 루이스는 하나님 신앙을 "비유와 상징 없이" 묘사하고 설명하는 것은 불가능하다고 한다. 언어를 좀 더 명료하게 할 수 있지만, 비유 없이 할 수는 없고, 비유에 나타난 언어적인 "그림을 사용하지 않을 수는 없다"라고 말한다(WG, 132).

『천국과 지옥의 이혼』에서 루이스의 상징과 그림은 지옥을 그려내는 가장 정밀하고 근접해 있는 그림이라는 탄복이 나온다. 예수께서도 비유를 통해서 역시 하나님 나라를 그림으로 그려서 보여 주신다. 우리는 비유를 읽기보다는 그림을 보듯이 상상하여 본다.

루이스의 문학적 상상력은 신학의 자리를 슬쩍 뒤로 밀어내고, 글이 아니라 그림으로 신학을 그려서 보여 준다. 글로 읽는 신학보다 그림 언어라는 붓으로 화폭에 그려서 보여 주는 그림이 더 뚜렷하고, 하나님 나라가 어떤 공간인지 상상이 더 잘 된다. 실상 언어는 그림이기 때문이다. 과장이 아니기를 바라지만, 이런 그림을 통해서 우리는 천국과 지옥의 또 다른 면모를 보게 된다. 단지 모든 답에는 "오해의 여지"가 있다는 루이스의 말을 놓치면 안 된다(GD, 168).

아무리 작은 죄들이라도 그것들이 차곡차곡 쌓여서 일정한 결과를 거둔다. 드디어 인간을 빛 되신 하나님으로부터 저 멀리, 아주 머나먼 밑으로, 끝으로 쫓아내면 대성공이다. 그곳을 루이스는 "아무것도 아닌 것"(the Nothing)[1]이라 말한다. "아무것도 아닌 것"은 지옥의 존재 방법이다. 루이

---

[1] 다음은 삼위일체 주일 이후 네 번째 주일(Fourth Sunday after Trinity), 『성공회 기도서』(*COMMON PRAYER* Volume 4)에서 발췌한 기도문의 일부이다. "오! 하나님, 당신을 신뢰하는 모든 자의 보호해 주시는 분이신 하나님. 하나님 없이는 아무것도 강하지 않고, 아무것도 거룩하지 않습니다. 당신의 긍휼하심을 우리에게 더하시고 더욱더 풍성하게

스는 "아무것도 아닌 것"을 이렇게 보여 준다.

> 지옥은 그림자처럼 희미한 이 땅의 세계에서 비유하자면, 냇가에 널려 있는 자갈 하나보다 작은 곳이라 말할 수 있다. 하지만, 뚜렷한 진짜 세계에서 비유하자면, 더욱더 분명해지는데, 사실 지옥은 원자(原子) 하나보다 더 작다고 말해야 한다. 저 나비를 한번 보라. 작고 가녀린 나비가 저 지옥을 전부 통째로 한입에 삼켜 버린다 해도, 지옥은 저 나비의 뱃속에서 있으나 마나 한 아무것도 아닐 테고, 나비에게 어떤 자극이나 해로움도 끼치지 못할 뿐이다. 그리고 당연히 저 나비는 지옥에 비해서 너무나 거대하기 때문에 그리고 나비가 삼킨 저 지옥은 말할 수 없을 정도로 엄청나게 작은 것이기 때문에 작은 나비조차도 아무 맛도 전혀 느끼지 못할 것이다(GD, PARA 166).

나비가 아침에 살짝 마신 이슬 한 방울의 분자 몇 개라 할지라도 지옥보다 크다. 지옥은 아무리 크기를 확장해도, 아무리 소리를 크게 해도, 나비의 날개 한쪽 끝보다 그리고 팔랑대는 날갯짓 소리보다 작다. 마치 그림자가 존재의 입구에서 서성거리듯이 존재 안으로 들어오지도 못하고 간신히 존재하는 것과 같다. 그림자는 거의 존재하지 않는 듯하면서 간신히 존재하는 듯하다. 그러니 지옥이 아무리 시끄럽다 해도, 아무리 증오가 불같다 해도, 아무리 분노가 하늘을 찌를 것 같다 해도, 들리지도 않고, 뜨겁지도

하여 주시기를 원합니다. 당신의 존재 그 자체께서 우리를 다스리시고 인도하여 주시고, 이 세상의 일시적인 것들에 기웃거리지 않고 지나가게 하시고, 마지막에 이르러서 영원한 것들을 잃지 않게 해 주소서. 하늘에 계신 아버지여, 이 기도를 이루어 주시옵소서. 우리 주 예수 그리스도의 이름으로 기도를 드립니다. 아멘."(저자 사역, O God, the protector of all that trust in thee, without whom nothing is strong, nothing is holy: increase and multiply upon us thy mercy; that, thou being our ruler and guide, we may so pass through things temporal, that we finally lose not the things eternal. Grant this, O heavenly Father, for Jesus Christ's sake our Lord. Amen.)

않고, 겁박이 되지 않는다.

> 지옥에도 물론 고독과 분노, 증오, 질시와 참을 수 없는 욕망이 한데 뒤섞여서 몰려 있을 것이다. 그러나 그 모든 것을 하나의 경험으로 모두 다 한데 뭉쳐서 저울에 올려놓는다 해 보자. 그래도 그것들은 천국에서 아주 작은 존재가 느끼는 찰나의 기쁨에도 한없이 미치지 못하는 것들이다. 선함이 선함에 성실하고 충실할 수밖에 없다. 그러나 악함은 다르다. 악함은 결코 악함 그 자체에 충실할 수가 없다(선함은 선함 그 자체로 충분히 선을 행한다. 그러나 악함은 악함 그 자체로 악함을 행할 수 없다. 악함은 반드시 선함을 빌려야 하기 때문이다. 예컨대, 빵을 훔치는 것은 악한 행동이지만, 배고픈 자식을 위하는 마음은 선함이다. 악함은 악함 그 자체를 목적으로 악함을 행하지 못한다). 지옥의 모든 불행이 한데 뭉쳐서 저 가지 위에 앉아 있는 작고 노란 새의 마음속으로 들어간다 해도 아무런 그림자 같은 흔적도 없을 것이다. 비교를 하자. 지구에서 가장 넓은 바다 태평양이 분자 하나 정도밖에 되지 않을 정도로 거대한 대양이 있다고 생각해 보라. 그리고 그 넓은 대양에 잉크 한 방울을 떨어뜨린다면, 그 대양에 어떤 흔적도 없이 잉크 한 방울은 완전히 흡수되어 사라지고 말 것이다(GD, PARA 166-67).

지옥에 존재하는 자들의 이미지는 유령과 같은 모습을 하고 있다. 굳이 말하자면 구약성경의 스올[2]에 있는 죽은 자들과 흡사하다. 이상하게도 유

---

2 "스올"은 이른바 구약성경에서 그리는 신약성경의 지옥과 비슷한 죽음 후의 상태이다. 때로 스올은 구덩이, 어둡고 깊은 곳, 죽음, 무덤, 죽은 후의 상태 등을 말한다. 신약성경에서 스올은 "하데스"(한글 번역 '음부'[陰府]는 문자 그대로 그림자처럼 어두운 곳이라는 뜻이다)라고 번역되었다. 스올은 아주 깊은 곳, 어둠과 죽음의 황폐함이 다스리는 황량한 땅, 거친 평야 등을 그리기도 한다. 김균진, 『죽음의 신학』(서울: 대한기독교서회, 2002), 126.

령들이 걸어갈 때 잔디 풀잎 끝조차도 전혀 흔들리지 않는다. 그 정도로 유령들은 없는 듯이 가벼워서 풀잎 하나조차 건드리지 못한다. 유령은 거의 존재하지 않을 정도로 미미하게 존재한다. 유령들은 간신히 존재의 문턱에 매달려 있을 뿐이다.

결국, 유령들은 간신히 그럭저럭 희미하게 존재하는 "아무것도 아닌 것"이다. 풀잎 위에 맺혀 있는 이슬 한 방울보다도 훨씬 더 작은 지옥의 전체 크기, 이것은 자기 집착과 자기 자랑이 만들어낸 말할 수 없을 정도로 작은 그들만의 공간이다.

자신을 향해서 끝없이 집착하는 자기 집중의 자기애(自己愛)는 결국 자기 자신에게로 끝없이 축소해 들어가서 "아무것도 아닌 것"이 되어, 아무리 전체를 합쳐 놓아도 태평양보다 100억 배 정도 커다란 대양에 잉크 방울 하나도 안 되는 작은 크기다. 아무리 존재해도 존재하지 않는다. 그가 추구하는 자기 사랑과 자기 자랑과 자기 집착은 아무리 끌어모은다 해도 이슬의 분자 하나보다 크지 않다.

아무것도 아닌 것들은 그들 생각에 히말라야 정상을 오르고, 태산을 모은다 해도 실제로는 결국 모래 한 알갱이보다 작은 아무것도 아닌 것에 불과하다. 자기 자랑과 자기 사랑을 아무리 끌어모아서 바벨탑처럼 높이 쌓았다 해도 결국 벽돌 한 장에 붙어 있는 먼지만큼도 무게가 나가지 않는다.

지옥은 인간의 분노와 온갖 더러움과 잔혹함과 비참함을 쓰레기처럼 다 모아 놓은 곳이다. 그래 봤자, 작은 돌조각에 간신히 붙어 있는 부스러기 정도처럼 미미하여, 어떤 큰소리도, 주장도, 자기 존재도 유령처럼 간신히 존재에 걸쳐 있을 뿐이고, 거의 보이지 않는다.

자기 추구와 자기 사랑은 거대하게 모아 놓은 소음과 쓰레기처럼 보이지만, 그것조차도 너무나 희미하기 때문에 아무런 냄새조차 나지 않는다. 쓰레기는 아무리 그래도 냄새가 나야 쓰레기인데, 냄새조차 나지 않는 쓰레기에 불과하다. 자랑과 명성을 에베레스트의 정상과 같이 쌓아 올린다 해도, 냄새조차 없는 비존재에 가까운 쓰레기에 불과하며, 결국 존재하지 않을 정도의 한갓 "아무것도 아닌 것"으로 남을 뿐이다(GD, 166-67).

누군가가 큰 목소리로 자기주장을 해 보지만, 아무리 소리가 크다 해도 지옥에서 울리는 폭포와 같은 큰소리는 모기가 징징거리는 소리보다 작고, 지옥의 산 위에 올라가서 쩡쩡 울리는 소리로 메아리를 울린다 해도, 그것은 파리 날갯짓보다 적은 울림에 그친다. 왜냐하면, 자기에게 집착하고, 자기 사랑으로 끝맺는 편집증은 아무리 소리쳐도 자기 목구멍 언저리에서 끝내 간신히 들릴까 말까 하는 존재감 제로의 "아무것도 아닌 것"의 소리다. 이러한 루이스의 지옥 그림은 지옥의 끔찍한 상징이다.

〈스크루테이프〉는 "아무것도 아닌 것"에 대해 다음과 같이 말한다.

> 그리스도인들은 원수 하나님을 언급하여 말하면서 "하나님 없이는 아무것도 강하지 않다"(without whom Nothing is strong)라고 한다. 그러나 실은 "아무것도 아닌 것"(Nothing)이야말로 그 자체로서 참으로 강한 것이다. "아무것도 아닌 것"은 사람들의 삶에서 가장 소중한 시간을 송두리째 모두 빼앗아 훔칠 만큼 강한 힘을 갖고 있다(SL, PARA 75-76).

"아무것도 아닌 것"은 지옥의 모습이기도 하고, 또한 "아무것도 아닌 것"은 이 땅으로 와서는 애매하면서 인간의 시간과 삶을 "송두리째 빼앗아 가는", "참으로 강한 것"이다. 인간은 이리로 도망치고 저리로 도망쳐서 바쁘게도 한곳에 머물지 않는다. 하는 일도 없고 하지 않는 일도 없이 그저 그렇게 시간을 때우며 부산스럽게 산다. 미지근한 물에 스스로 담가서 몽롱한 정신에 빠져든다. 특별히 악질로 사는 것도 아니다. 어떻게 결혼을 했냐고 하면, 대답이 "어쩌다 그냥 살게 된 거야"라고 하는 식이다.

캄캄한 어둠도 아닌 희미한 어둠, 마치 런던의 어느 날 오전 날씨처럼, 우리나라의 새벽 3~4시쯤과 같은 빛도 아닌 어둠도 아닌 시간을 좀비처럼 살아간다. 내가 그 짓을 왜 해야 하는지, 왜 하지 않는지를 굳이 생각하지 않는다. 머리가 고장 난 유령처럼 이리저리 바쁘게 산다.

그래서 그의 삶 전체는 이도 저도 아니다. 차갑지도 뜨겁지도 않은 어렴풋한 호기심에 끌려서 특별히 좋아하지도, 싫어하지도 않는 "아무것도 아닌 것"에 잠시 발을 담근다. 특별한 자기만의 욕망이 있는 것도 아닌 채로, 달리는 것도 아니고 걷는 것도 아닌, 그냥 걷는 것만으로도 피곤하다고 말하면서 지쳐버리고 만다. 그냥 희미한 정신으로, 습관적으로 깨어나서 허망한 꿈을 꾸는 듯이 인생 전체의 시간을 그냥저냥 흘려보낸다(SL, 75-76). "아무것도 아닌 것"의 "강한" 힘에 홀린 삶이고 또 다른 지옥의 장면을 그대로 땅에 옮겨 놓은 것이다.

"아무것도 아닌 것"은 사소해 보이기도 한다. 그러나 사소해 보이는 것들이 결코 사소하지 않다. 일상에서 사소해 보이는 것들을 통해서 하나님에게서 멀어지는 계속되는 선택과 궤도 이탈이 일어난다. 그때 인간은 이런 것들은 아무것도 아니기 때문에 맘만 먹으면 "언제든지 취소 가능한 사소한 것들"(SL, 72)이라고 생각한다.

그러나 실은 "아무것도 아닌 것"의 강한 힘으로 느리긴 하지만, 빛으로부터 등을 돌려 차가운 어두운 공간으로 조금씩 걸어가고 있다(SL, 72). 그런 삶이 계속 이어지는 것은 치명적이다. 조금씩 사소해 보이는 그런 "아무것도 아닌 것"으로 일상을 살게 해서, 좀비 같은 인생은 한 걸음씩 밑바닥으로 완만한 길을 걸어서 끝내 지옥에 도달하고 만다.

"아무것도 아닌 것"에 의해서 처음에는 밀리는 듯이 내려가다가 이제는 되돌아갈 마음조차 떠오르지 않는다. "아무것도 아닌 것", 바로 그런 일상의 사소하고 조그마한 거짓과 허위들이 쌓이면, 인간을 하나님으로부터 얼마나 멀리 떼어 놓을 것이냐 하는 악마의 목적이 달성된다(SL, 74).

> 사람들이 사소한 것이라 생각해서 그냥 지나치는 하찮게 보이는 작은 죄라도 그것이 쌓이고 쌓이게 되면, 사람을 "빛"이신 그분으로부터 "아무것도 아닌 것"으로 조금씩 아래로 끌어내릴 수 있다. 그리고 그것이 우리 악마들의 최고 전략이다. 만약 사람이 명절에 가끔 즐기는 고스톱이라는 사소한 아무것도 아닌 것에 늘 빠져 있다면, 그래서 그런 자를 차츰 아래로 끌어내리는 그런 결과를 가져올 수 있다면, 그것이 살인이 가져오는 결과와 다를 게 뭐가 있느냐 말이다(SL, PARA 76).

자기 사랑과 자기 자랑이 지옥의 특징이라면, 때로는 전쟁이 자기 집중을 벗어나게 하는 데 도움을 줄 수 있다. 쫄따구 악마, 윔우드는 전쟁으로 인해서 인간들이 고통스러워하고 괴로워하는 모습으로 즐거워하지만, 〈스크루테이프〉는 "헛소리"하지 말라고 질책하면서, 오히려 인간이 전쟁을 원인으로 해서 자기 집중을 벗어날 수 있다는 위험을 경고한다.

> 현시점에서 보면 전면적으로 확대되는 인간들 전쟁의 충격이 점점 더 가까이 다가오고 있다. 그에 따라 이제 사람들의 세속적인 야망은 사실 줄어들고 있는 형편이다. 사람들은 언제 죽음이 다가올지 모르는 상태에서 평상시처럼, 다른 생각은 아예 하지 못한다. 환자는 그가 어떻게 적들을 방어할 것인가 하는 주어진 임무와 그의 연인에 대한 생각으로 꽉 차 있다. 전쟁이라는 위기가 만들어낸 평상 시와 다른 상황이다. 사람들이 흔히 하는 말로는 그는 전시 상황에서 "자신을 벗어나" 그 어느 때보다 이제 주변 사람들에게 관심을 갖게 되었다. 환자가 이런 상태에 이르게 되어 다른 이들에게 관심을 갖기 시작한다. 그런데 이상하게도 환자 자신은 그런 상태를 처음

> 에 생각하던 것보다 더 좋아하게 되었다. 자신만을 생각하던 데에서 벗어나서 다른 사람들을 위한 생각을 하고 그들에게 관심을 가져 보니, 그것도 꽤 괜찮다는 생각이 들기 시작한다는 말이다. 그리고 더 나쁜 것은 환자가 의식적으로 원수 하나님을 의지하는 마음 또한 날마다 커지고 있는 판국이다. 혹시라도 전쟁 통에 혹은 그가 오늘 밤에 죽음을 맞이한다면 어떻게 할 것이냐? 그렇게 되면 우리는 그 환자를 영영 잃어버리고 말 것이 확실하니, 이런 낭패가 어디 있단 말이냐? (SL, PARA 163).

전쟁이 일어나면 의외로 악마의 전략을 방해하는 일들이 발생하기도 한다. 평상시라면 생각지 않았던 자신이 행해야 할 책임과 자신이 치러야 할 희생을 깨닫게 되고, 무엇보다도 그는 "자신을 벗어나서" 주변 사람들에게 관심을 갖게 된다. 어떤 상황이건 자신을 벗어나서 자기 집중을 조금이라도 떨쳐낼 수 있다면 악마에게는 재앙이다.

그리고 자기 집중에서 벗어나서 이웃을 향한 관심을 키우다 보면 그것이 얼마나 좋은 것인지도 알게 된다. 자아로부터 벗어나는 것은 나름의 기쁨을 준다. 그리고 그는 "자신에게서 벗어나서" 하나님을 의지하는 마음이 커진다.

하나님을 의지한다는 것은 하나님 앞에 나의 기도 제목을 내어놓고, 나의 죄악도 내어놓는 것이다(SL, 156-57). 전쟁이 가져다주는 유익이다. 자기 집중은 전쟁보다 더 위험하다. 전쟁을 통해서 자기 집중을 벗어날 수 있다면 전쟁이 지옥보다 훨씬 더 낫다.

2. 지옥의 풍경: "타인은 모두 다 지옥", "나는 너를 먹고야 말테다"

악마들의 거주 공간은 지옥이고, 이때 "타인(他人)은 모두 다 지옥"(장 폴 사르트르)이다. 말 그대로 타자는 공존 불가능한, 서로 잡아먹고 먹히는, 서로 불로 태우고 구워서 먹고, 빨아서 흡입하는 대상이다. 사르트르에 의하면 타인은 내 존재의 객체성을 부여하면서, 동시에 나 자신을 알게 해 주는 통로이고 매개체다. 타자는 그들 나름의 시선으로 나를 보고 파악한다. 그래서 나의 세계는 타자에 의해서 침범을 당한다. 동시에 나는 타자를 통해서 내 존재의 분명한 존재함을 확인한다.

타자는 필연적으로 그의 시선으로 나를 본다. 타자는 나를 볼 때 자기중심적인 비판과 왜곡이 뒤섞여 있다. 나는 타자로부터 매번 왜곡당한다. 그래서 기분이 나쁘다. 내 존재는 타자에 의해 왜곡해서 확인되기 때문이다. 타인은 내가 존재한다는 사실을 확실히 알게 해 준다. 나 홀로 내 존재를 확인할 길이 없다.

그리고 나 자신에 대한 인식조차 타인을 통해서 알게 된다. 나는 타자를 통해서 나를 알게 된다. 이런 과정에서 필연적으로 타자는 나를 침범하고, 그의 시선으로 나의 세계를 구부리고, 왜곡하고, 해석하려 든다. 없으면 안 되지만, 있으면 필연적으로 싸움이 일어나는 한 공간 내의 타자, 그래서 타자는 여전히 지옥이다.

> … 유황, 불타는 장작더미, 쇠꼬챙이 … 이런 것들은 다 쓸데없는 얘기일 뿐, 쇠꼬챙이 같은 것은 필요 없어. 지옥 그것은 타인들이야.

타자는 그 자체로 나에게 늘 불안이다. 루이스도 한때, 하나님을 타자로 인식한 적이 있다. 어떤 타자도 내 삶의 공간에 들어오지 못한다. 내 삶은 나만의 은밀한 공간, 나는 누구의 간섭도 받지 않는다. 그것이 하나님이라도 말이다. 나만의 영역, 누구에게도 내어주기 싫어서 '그것은 내 영토이고 내 영역이야, 더 이상 들어오지 마!' 하고 마치 강아지들이 영역 표시를 해 놓고 그 땅은 내 것이라고 주장하는 것과 같다.

그러나 루이스는 어느 날 사냥개처럼 끝까지 추적하시는 하나님이 그의 삶 가운데 들어오시는 것을 수용하게 되고 그럴 수밖에 없게 된다. 자기 영역의 포기와 하나님의 침입을 수용한다. 이를 통해서 그는 지옥에서 벗어난다.

결국, 자기 영역을 굳게 사수하는 것은 개들과 사자들의 본능이 아니던가? 인간이 개들을 닮아간다.

"타인은 지옥"이라는 말은 너무나 유아론(唯我論)적이다. 천상천하 유아독존(天上天下 幼兒獨存), 이 세계 내에서 나 홀로 존재한다는 것은 말일뿐, 누구도 그래 본 적 없는 허구와 망상이며 "뻥"이다. 인간은 이미 인간 안에 있는 "세계 내 존재"(being-in-the-world, 하이데거)다. 혼자서는 아무것도 못 하고, 독방에서 우리는 그냥 시들해져서 죽고 만다.

칼 포퍼는 타인의 비판과 그 비판을 수용하는 열린 정신(open mind)이 우리를 지적으로 발전하도록 하고, 과학 지식은 더 정교하게 다듬어진다고 한다. 한스 게오르그 가다머는 내 사유의 지평(horizon)이 타인의 지평과 만나서 융합되어 새로운 지평으로 나아가게 된다고 한다.

폴 리쾨르는 유아론적인 "코기토"(Cogito, 나는 생각한다)는 생각하는 것처럼 그다지 명징(明徵)하지 않다고 한다. 내 생각은 내 몸의 욕망과 무의식적인 갈망으로 뒤섞여 있다. 그리고 다른 사람의 생각과 얽혀 있는 내 생각도 역시 뒤범벅되어 있다. 내 생각은 주변의 타자와 어쩔 수 없이 한데 어울려서, 타자와의 교통과 순환에 의해서 형성되었다.

그래서 "나"는 타자이면서 동시에 "나"이다. 타자 없는 "나"는 허구다. 타자를 배려하지 않는 "나"는 매우 협소한 "나"일 수밖에 없다. 타자를 배려하고 용납하고 수용할 때 비로소 "나"는 풍성한 "나"로 살아간다. 타인의 비판과 타자의 지평을 수용할 때 새로움이 나타난다. 타인에 대한 수용이 없으면 고인 물처럼 썩어서 악취를 풍길 뿐이다.

　읽기와 듣기는 이미 타자를 수용하는 것이고, 하나님 신앙의 진면목은 "하나님께서 나를 먼저 수용하신 것을 믿음으로 나 자신을 수용하는 것"(폴 틸리히)이다. 이는 인간이 행할 수 있는 최고의 축복이자 열린 정신이고 지평의 확대다.

　C. S. 루이스는 이미 다윈의 후예, 리처드 도킨스(Richard Dawkins)의 "이기적 유전자"(The Selfish Gene)를 예견하고 있다. 지옥의 교리는 이기적 유전자가 만드는 악마의 이상향이다. 그리고 인간 수준의 이기성은 도킨스에 의해서 유전자 수준의 이기성으로 설명된다. 〈스크루테이프〉의 지옥은 도킨스의 이기적 유전자에 의해서 지옥의 존재는 말할 수 없이 잘 설명된다.

　인간은 왜 이기적인가?

　인간은 유전자의 이기성으로 프로그램된 기계이기 때문이다. 인간은 이기적 유전자가 그의 유전자를 퍼트리기 위한 도구다. 그러나 이기적 유전자 때문에 인간이 이기적이라는 말은 성립되지 않는다고 한다. 유전자는 유전자에 불과할 뿐 그냥 유전자라는 존재 자체가 이기적이라는 말이다. 그러나 유전자의 이기성은 못 말린다.

　이기적 유전자는 인간을 마치 기계처럼 이용하여 그의 이기적 유전자를 복제하여 퍼트린다. 유전자의 이기성은 맹목적이고, 이는 다윈의 자연도태와 생존경쟁과 다르지 않고, 여전히 같은 맥락이다. 아무리 아니라 해도 이기적 유전자가 통제하고 이끌어 가는 인간이라는 존재는 유전자의 이기성으로 움직이게 된다. 도킨스는 인간의 존엄은 바로 이기적 유전자의 정체를 알고 있기 때문에 오히려 인간의 이기성을 넘어설 수 있다고 역설한다. 그래서 인간은 이기적 유전자를 이긴다는 말이다. 그러나 진화생물학자들은 자연과 인간의 이타성에 헷갈린다.

분명 이기적 유전자의 조정과 통제를 받는 자연과 인간에게서 어떻게 이타성이 나타나는가?

이타성은 진화의 생존경쟁과 자연도태에서 풀기 쉽지 않은 난제다. 이타성은 본능이 아니기 때문이다. 그래서 내린 결론은 그들의 이타성도 알고 보면 이기적 성격의 전략적인 변형이라고 한다. 자연에서 개미는 때로 이타성의 모범이 되기도 한다. 개미는 이타적으로 죽도록 일을 하다가 죽는다. 일개미가 여왕개미를 위하여 자신을 희생하는 이타적 행동은 진화의 미스터리다. 개미의 이런 이타성은 결국 집단의 이익을 위한 이기성의 다른 표현이라고 한다. 하나가 희생하고 전체가 이익을 본다.

이타성은 이기심과 같다. 타자를 돕는 것이지만, 그것은 본래 이기적 본능의 다른 표현이다. 여전히 어떤 존재이든 이기적이다. 그들이 타자를 돕는 것은 불가능한데, 그런 돕는 일은 자세히 보니 결국 이기적인 발로다. 결국, 인간은 지옥의 존재이고, 도태되고, 경쟁의 대상이고, 먹고 먹히는 세계에서 정글에서 살고 있다는 말이다. 돕는 것은 일종의 위장이고, 알고 보면 경쟁의 다른 이름이다. 그래서 이타성은 설명되지 않은 난제이고, 설명해 봤자 이타심도 역시 이기심일 뿐이라는 설명이 고작이다.

〈스크루테이프〉의 지옥은 여기에서도 저기에서도 필연적이다. 지옥은 도킨스에 의해서 생물학적으로 그 존재가 입증된다. 사르트르와 도킨스의 관점에서 지옥은 무척 잘 설명된다. 그러나 정글 세계를 경쟁과 이기심을 거부했던 유관순 누나와 주기철 목사님의 희생과 이타성은 여전히 미스터리로 남겨 놓은 채로 말이다. 그들은 고개를 갸우뚱하면서 말한다.

"이건 풀기 어려운 문제예요. 그분들은 이기성을 극복한 범상한 인물들이죠."

〈스크루테이프〉의 지옥 교리는 늘 그랬듯이 모든 게 뒤집어지고 거꾸로이다. 하나의 존재는 다른 존재와 함께 살아가는 공존이 불가능하다. 무생물인 바닷가의 자갈 하나도 자기 자리를 차지하기 위해서는 다른 존재의 자리를 밀어내야 한다(SL, 105). 아프리카 세렝게티 밀림에는 사자들의 영토가 있다. 이는 인간의 영토와 같다. 다른 사자들만이 아니라 그 어떤 다른 것들이 그 영토에 침입해 들어오면 싸움을 해서 잡아먹거나 쫓아낸다.

자신의 수하가 아니라면 그와 다른 것들은 그의 영토에 거주하지 못한다. 그의 영토에서는 나만이 먹을 수 있고, 다른 것들은 나의 먹이일 뿐이다. 내가 많이 먹을 수 있으나, 네가 먹는 것은 용납할 수 없다. 왜냐하면, 그것은 내가 먹어야 할 것이기 때문이다. 사자는 먹지만, 악마는 빨아서 흡입하여 마신다. 악마는 자신의 강한 자아 속으로 약한 자아의 의지와 자유를 빨아서 흡입하여 먹는다. 잘하면 풍성하게 보상하고 실패하는 자들에게는 혹독한 처벌을 가한다(SL, 112-13).

C. S. 루이스는 〈스크루테이프〉의 입을 빌어서 지옥을 술 한 잔의 싸움으로 물질화해서 그림을 그린다. 인간 한 명은 한 잔 술이다. 악마들은 그 한 잔을 탈취하여 마시는 것으로 자기의 배를 불리고 권력을 마구 확대한다. 루이스는 이와 같이 지옥을 희화화하고 물질화하여 지옥 공간이 바로 다름 아닌 우리 삶의 한복판이라는 사실을 일깨운다. 지옥은 거기에도 있고 여기에도 있다.

박쥐는 때로 지옥의 상징이지만, 박쥐보다 관료 사회는 더 지옥이다. 강제 수용소와 범죄 소굴보다 관료 사회가 더 지옥이다. 가장 큰 악함은 환한 불빛이 은은히 비춰고 깨끗한 카펫이 깔린 사무실에서 하얀 셔츠를 차려입은 점잖은 인간이 비열하게 만들어 내고 명령하는 데서 나온다. 지옥은 여전히 인간 삶의 한가운데 있는 생생한 현실이다(SL, 196-97).

루이스는 지옥을 아주 닮아 있는 유사한 공간으로 관료 사회를 들고 있다. 그들 역시 두려움과 게걸스러움으로 똘똘 뭉친 집단이다. 겉으로 보기에 나이스한 매너로 상사들을 대하지만, 그렇게 하지 않을 시에 부하들에게는 자살골과 같은 사형 선고가 기다린다. 같은 계급의 동료들에게도 정중함을 잃지 않지만, 그것은 겉모양일 뿐 허를 찔리지 않도록 늘 경계를 게을리해서는 안 된다. 그렇지 않으면 스스로 동료들의 주먹 앞에 머리를 내미는 것과 다를 바 없다(SL, 196).

지옥은 제로섬 게임처럼 내가 자리를 차지하면 네가 물러나거나 사라져야 한다. 네가 죽어야 내가 살고, 내가 죽으면 네가 산다. 야생의 정글처럼 먹고 먹히는 숨이 턱 막히는 심술궂은 장소다. 〈스크루테이프〉는 자기를 공격하고 고발하던 조카 웜우드를 이제 막 새로 건축한 교도소로 보내려고 음모를 꾸미면서, 신설 교도소에 관한 팸플릿을 동봉해서 웜우드에게 보낸다. 심술궂은 멘트와 함께 삽화가 많이 들어있으니 재미있게 읽으면서 감옥 갈 준비나 하라는 말이다.

> 너도 무능하고 실력 없는 악마 유혹자들을 가두어서 징계하고 처벌하는 새롭게 신축한 교도소에 대한 소식을 들은 줄 안다. 이 신축 교도소에 관한 안내 책자가 새로 나왔기에 동봉해서 보낸다. 그림이나 삽화가 꽤 많으니 지루한 페이지는 하나도 없으리라 믿는다(SL, PARA 126).

공직 사회의 관료들은 주변의 상사와 동료 그리고 수하들이 망신당하고, 쫓겨나고, 부서지기를 바란다. 자신은 어떻게 하든지 살아남기 위해서 주변과 가짜 동맹을 맺기도 하지만, 등 뒤에서 찌르는 냉혹한 칼날은 흔히 있는 일이고, 서류 조작과 비밀 역공작에서도 노련한 선수들이다. 그들은 동료들의 업적과 공로를 찬양하는 듯하지만, 한 꺼풀을 벗기고 속셈을 들추면 완전히 '뻥'이다.

루이스는 다름 아닌 이런 모습들이 악마의 지옥과 아주 똑같이 닮았다고 한다. 지옥은 공간적으로 그곳에도, 이곳에도 있다. 그리고 서로 아주 닮았고 이 땅에서 지금 경험하는 지옥은 그리 낯설지 않다.

루이스는 1961년 판 서문에서 〈스크루테이프〉와 악마의 본성을 아래와 같이 그린다.

> 악마들은 인간 영혼을 갈망하고 탐하여 서로서로 먹어 치우기를 간절히 소망한다. 사탄은 그의 모든 졸개들과 하와의 모든 자손들과 하늘의 모든 천사를 먹어 치우기를 갈망한다. 사탄은 어느 날엔가 모든 존재들을 다 먹고 마셔서 그의 뱃속으로 녹아 들어가기를 갈망한다. 그래서 결국 개인들, 즉 "나"라고 부를 수 있는 모든 개인 존재는 악마를 통해서만 그들의 목소리를 낼 수 있게 된다. 이는 하나님의 측량할 길 없는 풍성한 은혜를 오만하게 패러디한 것이고, 악마를 이해할 수 있는 범위 내에서 모방한 것이다. 하나님의 은혜는 하나님께서 도구를 종으로, 종을 또한 아들로 변화시킬 것이다. 그래서 그들은 끝내 더할 나위 없을 정도로 높은 수준에 이르게 되어, 완전한 사랑과 자유 안에서 그들이 스스로 하나님과 연합하도록 하시고, 그 결과로 그들 또한 스스로 독립하여 온전한 한 개인이 되도록 하시는 것이다 (SL, PARA 197-98).

사탄의 작업은 이 세계 전체에서 하나의 개별적인 존재라 부를 수 있는 모든 존재를 그의 뱃속으로 모조리 쓸어 담아서 그의 것으로 삼기 위함이다. 사탄 앞에서 어떤 존재도 살아남지 못하고, 그에게 빨아 먹히고 흡수되어서 사탄의 존재만이 우뚝 서게 된다. 기타 존재들은 단지 사탄의 존재를 위한 영양분으로 흡수되어 에너지원이 되고, 사탄 존재의 발바닥이 되어 사탄을 통해서만 간신히 말하고 간신히 존재하게 된다.

반면 하나님의 비전은 전혀 다르다. 인간은 마치 일종의 흙덩어리와 같은 도구였으나, 처음에는 그를 종으로 그다음에는 아들로 변화시키신다. 하나님의 자녀 된 그들의 증거는 완전한 사랑과 자유다. 아들이라는 말은 하나님과 닮았다는 뜻이고, 이는 하나님의 사랑을 받는 자, 하나님을 선택할 수 있는 자유를 지닌 자라는 말이다. 사랑과 자유는 악마를 혼란케 하고 그들의 이해를 넘어선다.

하나님을 사랑하고 하나님을 선택하는 것은 이제 전적으로 그들에게 달려 있고, 그들은 사랑과 자유의 절정의 순간에 하나님을 선택하여 하나님과 연합한다. 하나님과 연합은 악마의 흡수와 다르다. 하나님과 연합은 동시에 하나님으로부터 분리하고 독립을 뜻한다. 이제 인간은 아들로서 자신의 온전한 인격으로서 하나님과 연합하고, 스스로 독립하여 사랑과 자유로 그의 고유한 생명의 창조성을 실천한다.

제9장

스크루테이프의 유물론 작업들

    악마는 영적인 존재로서 영적 세계를 잘 알고 친숙하다. 그는 결코 유물론자가 아니다. 눈에 보이는 물질이야말로 이 세계의 전부다. 물질만이 있을 뿐이라는 유물론은 속임수로 포장한 이데올로기다. 이는 그야말로 거창한 악마의 업적이다. 어리석은 벌레들, 눈이 멀어버린 인간들은 유물론을 최상위 이데올로기라고 믿고 따른다. 물질이 이 세계의 전부이고, 인간은 물질로 구성되고, 물질을 사랑하고 물질을 따르며 최고라고 믿는다.

    심지어 터무니없는 거짓말을 한다. 예컨대, 인간 몸의 철저한 물질화를 통해서 인간에게서 가장 중요한 영적인 실체를 제거하고, 물질로 된 몸만이 남아 있도록 한다. 인간 몸의 물질화를 통한 인간 전체의 물질화 전략이다. 반은 영혼, 반은 동물로 된 양서류 인간, 땅에 지독한 관심을 두면서도 영원을 향하여 기웃대는 인간, 이들에게서 영혼의 면모를 없애고, 물질만 남은 몸으로서의 인간을 남겨 두려 한다. 영혼 없는 인간, 생각 없는 인간, 그래서 그것은 가히 동물이다.

    교회 또한 마찬가지다. 교회는 보이지 않는 교회와 보이는 교회, 두 가지 면모를 지닌다. 〈스크루테이프〉는 보이지 않는 그리스도의 몸으로서의 교회는 감추고, 실제 사람들이 모이는 건물, 즉 보이는 교회만 남겨 두려 한다. 보이는 교회만 크게 드러나도록 해서, 눈에 보이는 못나고 후진 모습이 교회 전체의 모습이라고 착각하도록 한다.

특히, 시간 이해에 있어서 루이스의 통찰은 탁월하다. 인간의 흔한 상식, "시간은 돈이다"라는 시간의 물질화 작업과 그에 따른 시간의 사유화 작업을 철저하게 해부하여 〈스크루테이프〉의 속임수를 파헤친다. 시간을 물질로 만들어서 인간이 "시간이 아깝다"라는 맹랑한 생각을 하도록 하고, "시간은 내 것"이라는 어이없는 착각을 하게 한다. 또한, 이와 더불어 시간의 현재와 미래를 분석하여 영원과 현재의 관련, 시간을 대하는 사람의 태도 등을 설명하는데 루이스의 지혜가 넘친다.

1. 가짜 유물론자 〈스크루테이프〉의 유물론 강의

물질이 전부라고 주장하는 유물론(唯物論)은 누구도 거역할 수 없는 대세 중 대세이다. 유물론은 통상 마르크시즘의 근간을 이루는 사상이라고 하면서, 정신과 도덕과 윤리, 문화와 규율은 다름 아니라 물질로부터 파생되었다고 한다. 인간 정신은 알고 보면 물질을 토대로 한다는 말이다. 모든 정신적인 것이 물질로 환원된다. 그래서 물질만이 존재할 뿐이다. 물질로 구성된 인간은 당연히 물질을 갈망하고 물질을 먹고 산다.

그러나 유물론은 마르크시즘에서 그치지 않고 자본주의를 포함하여 모든 세계를 지배하는 최상의 이데올로기다. 남쪽도 북쪽도 물질이 최고이고, 서쪽과 동쪽도 물질이 최고라고 한다. 물질 최고를 거부해야 할 최후의 공간, 교회마저도 물질이 최고라고 하는 경우가 많이 생겨나고 있다. 물질을 유일하다고, 물질이 최고라고 하는 이 사상은 가장 강력한 사상이고 이를 이길 수 있는 사상은 사실상 없다.

악마가 인간을 먹어 치우는 전략 가운데 가장 힘 있는 전략은 유물론, 물질주의적인 속임수다. 악마는 "순수한 영적 존재"(SL, 17)로서 자신을 숨겨야 하는 이유가 여기에 있다. 인간이 영적 존재, 악마의 존재를 알게 되면 인간은 유물론자가 될 수 없기 때문이다(SL, 47). 그러나 인간은 전혀 정반대다. 인간은 영적 세계에 무지하고 물질세계에 무엇보다도 치우쳐 있다.

〈스크루테이프〉는 이 세계는 오직 물질로 이루어졌다고 인간에게 속임수를 써서 유혹하고, 이는 지금까지 대단히 성공을 거두는 전략이다. 유물론자가 아닌 영적 존재인 〈스크루테이프〉가 인간을 유물론자가 되도록 만든다. 그러나 유물론에 둘러싸여 있다고 해도 인간의 이른바 영원을 향한 갈망은 좀처럼 사라지지 않는다. 영원은 유물론(唯物論) 또는 물질주의(物質主義)[1]의 가장 큰 적이다.

악마는 영적 존재이지만, 인간에게 유물론은 거의 유일한 이데올로기라고 사기를 쳐서 끝내 성공했다. 그야말로 거창한 악마의 업적이다. 그래서 어리석은 벌레들, 눈이 멀어버린 인간들은 유물론을 최상위 사고방식과 삶의 유일한 철학이라고 믿고 따른다. 유물론은 마르크시즘과 공산주의의 사상만이 아니라, 차라리 자본주의를 강력하게 지배하는 사상이다. 물질만능주의가 패배한 적은 실제로 없다. 물질은 이 세계의 전부다.

> 머리를 꽤나 사용한다는 환자를 교회로부터 멀리 떼어 놓는 가장 좋은 방법은 어떤 신앙 논증이나 종교적인 입증이 아니다. 소위 말해서 그럴듯한 엉

---

[1] Materialism은 "유물론" 또는 "물질주의"라고 번역된다. 그러나 번역된 두 가지 의미는 조금 다르다. 전자는 이 세계는 전부 물질로 구성되어 있다는 신념이다. 물질 외의 정신과 윤리, 사상, 사랑과 같은 개념은 모두 다 물질로부터 파생된 것이다. 인간 정신은, 예컨대, 물질로 된 뇌의 화학작용에 의해서 소위, "창발적 진화"(emergency evolution)를 통해서 발생했다고 생각한다. 후자는 세계 내에 존재하는 개념들은 사랑을 포함해서 모든 존재보다 물질이 더 우위에 있다는 신념이다. "물질우선주의"라고 번역할 수도 있다. 본서는 이 두 가지 의미를 맥락에 따라서 적절히 사용할 것이다.

터리 전문 용어들을 사용하는 것이다. 일례로, 유물론을 들자면, 굳이 이제 와서 유물론이 진리라고 믿도록 논리를 말하고 설득하는 것은 시간 낭비다. 유물론은 현재 누구나 인정하는 너무도 당연한 진리가 되어 누구나 부정할 수 없게 되었다. 차라리 유물론이야말로 사람들을 흔들리지 않도록 이끌어 주는 가장 강력한 미래의 사상이라고 믿도록 하는 게 더 낫다. 너의 환자는 이런 엉터리 전문 용어를 좋아하면서도 그런 학자인 체하는 현학적인 것에 빠져드는 족속이기 때문이다(SL, PARA 18).

사실을 말하면, 유물론은 하나의 강력한 사상이 아니라 이미 지배적인 진리가 되었고, "물신"(物神, Mammon, SL 63)은 종교가 되어 인간의 정신과 삶을 빈틈없이 조종하는 유일한 사상이다. 물질은 생명에 없어서는 안 될 삶의 재료만이 아니다. 물질은 어느덧 신(神)이 되어서 인간의 예배를 받고 인간의 마음과 생각을 지배한다. 그래서 물(物)은 신(神)이다.

악마 〈스크루테이프〉는 "순수하게 영적 존재"(a pure spirit, SL 17)다. 그래서 예수께서 육신을 입으시고 인간으로 사셨던 "저질스러운"(SL, 34) 성육신의 경험은 인간 이해라는 면에서 악마에게 불리하다. 악마들은 몸이 없기 때문에 인간이 몸의 감각에 휘둘리는 모습을 이해할 수 없다. 악마는 몸과 물질을 경험해 본 적이 없다. 악마가 인간을 "영혼" 반(1/2, half), "동물" 반(1/2, half)이라고 할 때, 인간은 영적 세계를 더럽히고 모독하는 자이고, 순수하게 영적 존재가 아니고 "잡종"이라고 경멸한다(SL, 54-55). 물질을 경멸하는 영지주의는 여전히 죽지 않았다.

말하자면, 인간은 50퍼센트의 영혼과 50퍼센트의 동물로 되어 있으나, 악마는 영혼 50퍼센트를 없애는 유물론 작업을 해서 인간을 오로지 물질의 동물로 만들려고 한다. 거짓 유물론자 〈스크루테이프〉는 오히려 유물론과 물질주의라는 불패의 사상을 인간에게 주입한다. 유물론과 물질주의는 악마의 딜레마이기도 하고 무기이기도 하다.

조카 웜우드는 〈스크루테이프〉에게 악마 자신의 존재를 인간에게 숨기는 것이 좋은지를 묻는다. 악마의 전략은 당분간 악마의 존재를 인간에게 드러나지 않도록 하는 것이다. 그러나 악마의 존재를 인간에게 드러내야 하는지에 관한 문제는 악마에게 대단히 곤혹스러운 지독한 딜레마다.

> 우리는 참으로 곤혹스러운 딜레마에 처해 있다. 사람들이 악마가 존재하지 않는다고 믿는다면, 악마들은 이제 사람들을 두려움과 공포에 떨게 만드는 즐거움을 포기해야 한다. 우리가 직접 발 벗고 나서서 우리 손으로 만들어내는 테러의 참혹한 결과가 주는 그 즐거움을 누리지 못하게 되니 하는 말이다. 사람을 현혹시키는 마술사도 만들 수 없게 된다. 그리고 사람들이 악마의 존재를 믿는다 해도 이것 역시 딜레마이다. 사람들을 더 이상 유물론자나 회의론자로 만들 수 없기 때문이다. 그러나 지금은 우리 악마의 존재를 사람들에게 드러낼 때가 아니다. 그날이 언젠가 오리라는 거창한 희망이 있다. 사람들의 과학에다 감정을 듬뿍 집어넣게 되면 과학도 역시 전설이나 신화처럼 되어서 실제로는 악마의 존재를 믿게 되는 상황에 이르게 되리라고 믿는다(물론, 사람들이 눈치를 채지 못하도록 해야지 노골적으로 그렇게 해서는 안 된다). 그러면서도 사람의 정신은 원수 하나님을 믿는 믿음에는 완전히 굳게 닫혀 있도록 해야 한다는 것은 두말하면 잔소리이다(SL, PARA 48).

악마의 존재를 인간들에게 드러내기도, 감추기도, 두 가지 전략 모두 악마에게는 매우 큰 난제다. 일단 인간이 악마의 존재를 알게 되면, 더 이상 유물론은 설 자리가 없어지고 만다. 물질만이 존재하고 물질이 최고라고 주장해 왔는데, 물질이 아닌 영적 실재가 존재한다는 사실은 유물론이 거짓이라는 사실이 저절로 폭로된다. 눈에 보이는 것만이 실재 세계라고 주장하는데, 눈에 보이지 않는 영적 세계가 있다는 사실은 악마들의 전략에 치명적이다.

반대로 악마가 그들의 존재를 감추게 되면, 악마들이 인간 사이에서 직접 행하는 테러와 폭력이라는 놀이의 즐거움을 놓친다. 허구와 거짓으로 싸움과 갈등을 조작해 내는 악한 결과들의 즐거움을 포기해야 한다. 인간이 그런 악독한 사건들이 어떻게 발생하게 되었는지, 그 배후가 무엇인지를 알지 못하는 재미가 크다. 인간 뒤에 숨어서 몰래 악을 행하는 재미 말이다. 악마들은 사람들 간에 거짓으로 속여서 싸움을 붙이고, 그리스도인들을 오래전에 로마의 콜로세움으로 보내서 사자의 밥이 되게 하면서 그 즐거움을 만끽하기도 했다(SL, 127). 사람의 고통은 악마의 희락이다.

악마는 그 존재의 속성상 사람의 괴로움을 즐기게 된다(SL, 162). 악마가 보기에 사람은 잠시라도 "행복해야 할 이유"가 전혀 없다(SL, 92). 전쟁의 굉음과 고통, 파괴되는 건물들과 사람들의 끔찍한 상처와 두려움은 악마들이 마치 자기 세상을 만난 듯한 즐거움이다(SL, 182-83).

악마는 본래 전쟁과 테러 그 자체를 즐거워한다. 전쟁에서 일어나는 사람들의 공포와 고통은 악마들을 상쾌하게 하는 "박카스 한 병"과 같다. 물론, 전쟁을 이용해서라도 사람의 영혼을 지옥 밑바닥으로 끌고 가는 것이 최종 목표이긴 하지만, 인간 괴로움과 공포 그 자체는 악마들의 놀이터에 주는 "한 잔의 포도주"다.

〈스크루테이프〉는 전쟁이 일어났다는 소식에 미치도록 좋아서 날뛰는 졸개 악마, 웜우드를 술에 취했냐고 꾸짖기도 하지만, 인간이 당하는 머리를 싸매는 혼돈과 고뇌는 악마들을 흠뻑 취하게 하는 한 잔 술이다(SL, 37-39). 그리고 실은 그런 고통의 배후에 악마들이 있다는 사실을 감추고 사람들이 두려움에 떨게 하는 것을 더 즐긴다. 사람을 공포로 괴롭힐 수 있다면 악마는 얼마든지 그의 얼굴을 사람들에게 드러낼 수 있다. 그러나 지금은 몰래 사람을 괴롭히면서 뒤에서 시시덕거리는 게 악마들의 전략이다.

2. 〈스크루테이프〉의 걸작: "유물론적 마술사"

〈스크루테이프〉는 이제 의미심장한 말을 한다. 악마들은 이제 "유물론자 마술사"(SL, 11, 48)라는 걸작을 창조해서 하나님과 영적 세계를 믿지 못하도록 하면서 동시에 생명력 숭배와 섹스 숭배와 같은 괴이한 신종 종교의 앞잡이를 만들 음모를 꾸민다. 성공하면 악마들의 이 전쟁은 승리로 끝낼 수 있다고 생각한다.

"유물론자 마술사"는 물질 유일의 사상을 주장하면서도, 동시에 신비를 추구하는 종교 제사장을 말한다. 물질(物質, 유물론)과 신비(神祕, 마술사)는 함께 갈 수 없다. 이른바 신비를 숭배하는 과학이라는 모순을 말한다.[2] 물질은 과학에 의해서 철저히 해부되고, 신비는 물질 너머를 추구한다.

물질이 과학에 의해서 아무리 해부되어 해명된다 해도, 신비는 여전히 사람의 마음에서 떠나지 않는다. 물질만이 있고 물질이 최고라고 아무리 우겨도, 신비와 영원, 신앙과 예배는 인간 삶에서 결코 사라지지 않으며, 악마들이 이를 어쩌지 못한다. 그래서 가짜 종교를 만들기로 전략을 세운다.

> 이것이 어려운 점이긴 하지만, 사람들이 하나님 대신에 생명력 자체를 예배하도록 하고, 섹스를 숭배하며, 정신분석학을 우리가 유용하게 사용할 수 있는 날이 올 것이라 소망한다. 그래서 드디어 우리 악마들의 완전한 걸작, 유물론적인 마술사를 만들게 되면 사람들은 하나님을 향한 예배가 아니라

---

2 이는 이른바 사이언톨로지 또는 뉴에이지와 같은 신흥 종교의 특성이기도 하다.

애매모호한 "힘"(Forces)과 생명력을 숭배하게 된다. 그러면서도 사람들은 "영들"(spirits)의 존재를 부인한다. 이런 모순을 만들어내면 드디어 전쟁의 끝이 보이게 될 것이다(SL, PARA 48).

과학자들은 물질 건너편의 신비를 정면에서 가장 세밀하게 바라보기도 한다. 과학자들은 세포 하나의 복잡한 그림을 통해서 먼저 그 세포의 신비에 매료되고 신앙과 과학을 종합하려 한다. 과학의 언어만으로는 이 세계가 제대로 해명되지 않고 이해되지 않는 신비의 영역이 있다. 신앙의 언어가 함께해 주지 않으면 세계는 그 진면목을 드러내지 않는다. 신앙 없는 과학은 이 세계의 신비 앞에서 멈출 수밖에 없고, 과학 없는 신앙 또한 이 세계를 설명하는데 부족하기 짝이 없다.[3]

꽃 한 송이를 바라볼 때도 식물학자가 보는 눈과 시인이 보는 눈이 다르다. 식물학자는 꽃의 광합성과 꽃잎의 개수와 그에 따른 번식 방법과 환경에 따른 크기와 모양과 성장을 연구한다. 그러나 시인은 꽃의 미적인 존재 가치와 그리고 꽃을 통해서 인간 삶을 드러낸다.

> 내가 그의 이름을 불러주기 전에는
> 그는 다만

---

[3] 이와 같은 작업을 하는 과학자 중 대표적인 사례가 양자물리학자로서 의사이며. 미국의 '국제 인간 게놈 프로젝트'의 책임자였던 프랜시스 S. 콜린스(Francis Sellers Collins)가 있다. 또한, 최근에 소천한 영국의 양자물리학자 존 폴킹혼(John Charlton Polkinghorne)이 있다. 그들은 그리스도인 과학자로서 신비의 영역은 과학이 해명할 수 있는 영역이 아니며, 하나님 신앙으로 세계 이해가 더욱더 나은 통찰이 될 수 있다고 한다. 신앙의 언어와 과학의 언어는 세계를 총체적으로 이해하는 두 가지 도구다. 과학 언어가 신앙의 언어를 제거할 때, 인간과 세계는 그 풍요함을 상실하고 만다. 폴킹혼 교수의 『과학 시대의 신론』(Belief in God in an Age of Science), 이정배 옮김 (서울: 동명사, 1998)과 콜린스 교수의 『신의 언어』(The Language of God), 이창신 옮김 (경기: 김영사, 2009)는 이 문제를 다룬다.

하나의 몸짓에 지나지 않았다.
내가 그의 이름을 불러주었을 때
그는 나에게로 와서
꽃이 되었다

〈꽃〉 김춘수 詩 중에서

이렇게 과학자와 시인이 꽃의 면모를 각각 다르게 드러내고 둘이 합쳐서 꽃의 전체 진면목이 더 잘 드러나게 된다.

악마가 바라는 바는 신앙 언어를 빼 버린 오로지 유물론적인 과학으로만 이 세계를 설명하는 것이다. 그러나 신비를 향한 사람의 갈망은 너무나 뿌리가 깊기 때문에 아무리 없애려 해도 안 된다. 단지 악마는 신비를 막장으로 비틀어 신비를 향한 예배 형식만을 빌려 와서 섹스 숭배와 생명력 숭배와 같은 사이비 종교로 대체하려 한다. 신비를 없애고 사람의 숭배 감정만으로 뭔가를 대상으로 예배드린다. 섹스와 생명력이라는 인간 현상을 거짓으로 그것이 진짜 영적인 것처럼 변경시켜서 하나님 없이 인간의 영적 갈망을 채우려는 심산이다.

그래서 G. K. 체스터튼은 "사람이 하나님을 믿지 않기로 선택하면, 그 후에 사람들은 아무것도 믿지 않는다. 그리고 그들은 이제 아무것이라도 믿게 된다"라고 말한다.[4] 하나님 신앙에서 하나님을 빼고 사람의 신앙 감정 또는 종교심만 남겨 놓겠다는 전략이다. 하나님을 빼고 사람의 종교심만

---

[4] "When men choose not to believe in God, they do not thereafter believe in nothing, they then become capable of believing in anything." 혹은 "When Man ceases to worship God he does not worship nothing but worships everything." https://www.chesterton.org/ceases-to-worship/

남기면 그때 사람들은 아무것이나 믿는다.

사람들의 종교심을 충족시키는 방법으로 섬뜩한 것은 오래 전의 영화이긴 하지만, 〈혹성탈출 II〉에서 원자 폭탄을 모시는 성전을 만들어 놓고 그 폭탄을 숭배하고 예배드리는 모습이다. 후에 영화에서는 원자 폭탄의 폭발로 지구는 허공으로 사라진다. 〈스크루테이프〉가 말하는 일종의 "힘"을 숭배하는 종교의 말로이다.

〈스크루테이프〉가 나서서 추천하는 하나님 없는 종교는 이제 "생명력 또는 힘 숭배" 혹은 "섹스 숭배"이고, 유물론적 마술사는 그 제사장이다(SL, 48). 하나님을 빼 버린 신앙에 "아무것도 아닌 것"(nothing)들이 그 자리를 차지한다. 사람들의 믿으려는 의지는 어떤 상황에서도 무엇인가를 또는 아무것이라도 믿으려 한다.

물론, 김일성도 숭배의 대상이 되고, 큰 돌과 태양과 달도 경배의 대상이 되어 사람들의 종교심을 채우며, 현대에는 섹스와 생명력 등 사람이 만든 종교, 뉴에이지와 그 아류가 하나님 자리를 차지한다. 사람의 믿으려는 의지는 무언가를 믿어야 속이 편하고, 끝내 무엇이든지 믿는다는 말은 참으로 맞는 말이다.

하나님 없는 사이비 종교 또는 이단들의 특징은 마지막에는 결국 맘모니즘과 성적 일탈로 드러난다. 이단들의 막장은 단 한 번의 예외 없이 재산을 약탈하고 성적 착취로 끝장을 맺는다. 루이스가 예견한 "성 숭배"(SL, 48)는 바로 이와 같은 "유물론적 마술사"의 전형이기도 하다. 사람은 유물론으로 결코 만족하지 않는다. 그뿐만 아니라 물질을 추구하면서도 물질에 만족하지 않는다. 사람은 결코 빵만으로는 살아갈 수 없다. "배부른 돼지"로는 살 수 없기 때문이다.

알랭 드 보통의 『무신론자를 위한 종교』 역시 비슷하다. 사람은 그 마음이 간직하고 있는 영원을 향한 소박한 꿈이 있는데, 실제로 신이 없다 해도 이런 인간의 꿈을 말살시키지 말자고 한다. 겉으로라도 교회의 예배 형식은 보존해서 사람의 신비와 신앙의 갈망을 채워 주자고 한다. 신을 믿지 않는 무신론자라고 해서 종교의 미적 형식마저 버릴 필요는 없다. 그런 형식은 많이 있다. 종교 건물들의 성스러움과 명상과 기도, 종교 미술과 교회 음악은 인류의 삶을 더욱더 풍요롭게 할 수 있다.

신앙 없이도 바흐의 음악을 들으면서 천상을 경험할 수 있고, 헨델의 〈메시아〉를 들으면서 희망의 메시지를 들을 수 있다. 예수님을 믿지 않는 사람들이 마태복음의 예수 수난 기록을 바탕으로 작곡한 칸타타 〈마태수난곡〉을 저토록 감동하는 이유를 알 수 없다. 그러나 바흐의 음악에서 천상의 음률을 듣는다고 한다. 신앙은 없애고 음악이 주는 천상이라는 아름다운 감동만 듣는다. 한마디로 스스로 속고 속이는 일종의 고급스러운 교양 또는 종교를 빙자한 자기 현혹에 불과하다. 그러나 그렇게 해서라도 무엇이든 혹은 아무것이든 믿지 않을 수 없는 인간의 절실함이 있다.

또한, 현대는 과학과 동시에 마법의 시대이기도 하다. 하나님이 빠지면 그의 대체물, 신비의 영역들, "아무것들"이 등장하여 신앙의 자리를 꿰차고 돈과 섹스를 갈취한다.

얼마나 많은 귀신과 유령, 마귀들이 신앙을 이름으로 세력을 떨치는가? 루이스는 아마도 100년을 앞서서 보고 있는 듯하다.

「뉴욕 타임스」는 다음과 같은 보도를 한 적이 있다. 노르웨이 한 마을이 온통 유령 소동에 휩싸였다. 어떤 한 사무실에서 설명할 수 없는 일들이 계속 발생하는데, 죽은 자들과 소통한다는 무당들을 불러서야 처리할 수 있었다고 한다. 소음과 냄새와 두통 그리고 컴퓨터 기기의 고장이 그때야 그쳤다. 유령은 그렇게 해서야 깨끗이 정리할 수 있었다. 그러나 여러 곳에서 이런 괴이한 일들이 계속 발생하게 되자, 교회가 나서서 해명하고 해결책을 제시하기도 한다.

노르웨이 같은 고도의 과학 사회에서 이런 미신과 같은 일이 발생한다. 노르웨이의 교회는 하나님 신앙이 온데간데없어진 껍데기 교회가 되고 말았다. 그리고 하나님 신앙에 대한 반동으로 귀신과 유령에 대한 믿음이 급증하고 있다.

노르웨이신학교의 로어 포트란드(Roar Fotland) 교수는 다음과 같이 말한다.

> 하나님이 나간 자리에 유령과 귀신들이 그 빈 공간을 채우고 있다. 칼 마르크스와 지그문트 프로이트가 예견한 대로 종교는 서서히 사라지고 있지만, 그들이 전혀 예상치 못했던 방식으로 사람들은 종교적인 감정을 지금도 여전히 드러내고 있다. 하나님에 대한 믿음은 사라지고, 유령과 귀신에 대한 믿음은 증가하고 있다. 이는 현대 종교의 부활이고 특징이다.[5]

그러나 이런 유령 현상은 다른 나라만의 이야기는 아니다.

---

[5] "God is out but spirits and ghosts are filling the vacuum," said Roar Fotland, a Methodist preacher and assistant professor at the Norwegian School of Theology in Oslo. Instead of slowly eliminating religion, as Sigmund Freud, Karl Marx and other theorists predicted, modernity has only channeled religious feelings in unexpected ways, Mr. Fotland said.
"Belief in God, or at least a Christian God, is decreasing but belief in spirits is increasing," he added, describing this as part of a general resurgence of "premodern religion."
https://www.nytimes.com/2015/10/25/world/europe/for-many-norwegians-ghosts-fill-a-void.html

3. 사람 몸의 유물론 작업: "광막하고 위험천만한 땅" 그리고 "나의 형제 당나귀"

〈스크루테이프〉의 눈에 사람은 흙으로부터 기어 나온 구더기와 같은 "해충"(the earthborn vermin, SL, 93)이다. 그것들은 남녀의 침대로부터 나온 "하찮고 같잖은 동물"(SL, 93), "인간이라고 불리는 동물"(human animals, SL, 85)에 불과하다. 그것들은 결국 악마의 한 끼밖에 되지 않는, 말하자면 고기 한 조각(SL, 24)이다.

사람의 외형은 몸이라는 물질이고, 사람을 물질로 이해할 때 사람은 동물이다. 사람 몸은 영혼의 그릇이고, 더 나아가서 사람의 몸은 영혼의 가능성이고, 영혼 그 자체이기도 하다. 영혼 없는 몸은 썩어질 물질에 불과하지만, 사람의 몸은 영혼과 더불어 뒤섞여 있으므로 영혼의 면모를 드러내고, 끝내 영혼인 것이다. 영혼은 몸에 기대어 있기 때문이다. 〈스크루테이프〉는 사람을 영혼 반, 동물 반이라고 하면서도, 사람의 온전한 영혼 됨의 가능성을 근심 어린 시선으로 바라본다.

〈스크루테이프〉는 사람을 동물로, 그의 몸을 물질로 보면서 사람의 영혼 됨의 면모를 빼버리고 사람 전체를 유물론화하려 한다. 악마는 사람을 기어가는 지네 한 마리를 보고 놀라는 중년 여성이 찡그리는 얼굴로 징그럽다는 듯이 쳐다본다. 한마디로 악마는 사람을 보고서 구역질이 나서 못 견디겠다는 표정이다. 악마는 저런 벌레를 만든 하나님도 증오하고 벌레를 보고서 몸서리친다. 하나님이 저런 잡종을 만들었기 때문에 하나님 앞에서 당당하다. 인간 벌레는 존재 자체가 동물이고 그 이상은 아니다. 악마들 세계를 거스르는 저것들을 빠른 시일 내에 먹어서 없애 버려야 한다.

악마의 시선으로 볼 때 "구역질 나는 이 작은 인간 벌레"(disgusting little human vermin, SL, 24)는 하나님의 "괴상한 판타지"(SL, 24)의 결과다. 그것은 말도 안 되는 악몽이다. 역겹게 꾸물대는 해충 같은 벌레를 만들어 놓고서 원수 하나님은 스스로 황홀해하고, 이 벌레에게 "자유를 주느니 혹은 사랑하는 자 아니면 종" 그리고 "아들들"(He calls His 'free' lovers and servants-'sons', SL 24)이라고 부르는데, 악마는 그야말로 미치고 팔짝 뛸 지경이다.

〈스크루테이프〉는 원수 하나님이 벌레들을 "아들들"이라고 부른다고 하면서 격앙한다. 이런 막장 드라마가 없다. 소름 끼치는 벌레를 아들이라고 부르다니, 더 이상 화딱지가 나서 견딜 수 없다. 영들의 세계도 나름의 "가오"(?)가 있는데, 순서를 깡그리 깨트리고 "다리 둘 달린 이 벌레"(SL, 24)를 사랑하느니 마느니 하다니 있을 수 없는 일이다.

동물을 향한 "변태, 병적인 사랑"(SL, 24) 같으니라고 … 이 토할 것 같은 벌레에게 자유를 준다고!

악마는 숨겼던 뿔을 거만하게 솟구치면서 하나님을 대항하여 이별을 고하고 하나님으로부터 아주 멀리 떠난다.

사람의 몸은 단순히 물질이 아니고, 우리가 어떻게 몸을 대하느냐에 따라서 그 사람의 영혼 됨을 결정짓는 근거다. 사람의 영혼은 사람의 몸에 기대어 참으로 영혼 됨으로 나아간다. 사람의 몸이 단순히 누군가가 소유한 물질이 아닐 때, 그래서 영혼의 친구이며 영혼의 반려자가 될 때 몸은 선물이고 축복이다. 몸은 동물 됨의 몸으로부터 벗어날 때 참으로 참된 몸이 된다. 사람의 몸은 물질이지만 동시에 영원을 향한 영혼의 발판이다.

〈스크루테이프〉는 사람들의 착각, "내 시간은 내 것"(SL, 122-23)이라는 생각이 얼마나 터무니없고 엉뚱한 것인지를 설명하면서, 사람의 몸에 대해서도 같은 말을 한다. 인간 몸에 대한 이토록 수려한 그리고 정확한 묘사가 어디 있을까 싶다.

최근 들어서 현대인들은 성적인 정결이니 순결을 지켜야 하느니 하는 말은 귓등으로도 듣지 않고 우습게 알고 오히려 거부감을 느낀다. 그 이유는 사람들이 그들의 몸을 자기 것이라고 여기는 터무니없는 믿음 때문이다. "조금 있으면 썩을 이 내 몸, 내가 내 맘대로 할 것이다!" 실상 사람의 몸은 거대하고 넓은 광야 같은 위험한 땅이다. 사람의 몸의 세계는 맥박이 스스로 펄떡이면서 고동치는 에너지를 뿜어내는 땅이다. 사람은 자신이 그의 몸 안에, 마치 장막에 거주하듯이 살고 있다는 사실을 때로 알아채기도 한다. 그러나 여전히 그들은 어떤 허락도 없이 그 몸 안에 거주하고 있는 셈이다. 그래서 어느 날엔가 그 작자들은 그들 자신이 아닌 "타자"(Another, '하나님', 역자주)의 뜻에 의해서 자기 몸이라고 주장하는 그 몸으로부터 튕겨서 쫓겨 나갈 것들이다! 예컨대, 아버지 왕이 왕자 아들을 사랑한다는 이유로 상당히 크고 넓은 땅을 아들의 이름으로 통치하도록 한다 하자. 영국의 에든버러 공작이라고 해도 이름만 그렇다는 것이지 실제로 왕자가 에든버러 지역을 통치하는 것은 아니다. 어린 아들 대신에 현명한 고위 공직자를 내세워서 실질적인 통치를 하도록 한다. 그런데 아들이 착각해서 저 넓은 땅과 숲과 곡식들은 모두 다 내 것이라고 주장하고 나서는 것은 코미디이다. 그 왕자가 거대한 영토를 마치 그의 놀이방에 널브러져 있는 장난감 레고 벽돌같이 모두 다 자기 것이라고 믿는 것과 같다(SL, PARA 124).

〈스크루테이프〉는 냉정하게 사람들의 착각을 폭로한다. 사람의 몸은 우선 그의 것이 아니다. 시간이 내 것이라고 착각하듯이 내 몸을 내 것이라고 믿고, "내 몸이니 내 맘대로 할 거야"라고 하는데 웃기는 얘기다.

언제 너의 몸을 네 것이라고 누가 허락했느냐?

그러면서 인간 몸에 대한 진짜 현실을 낱낱이 드러낸다.

1) 사람의 몸은 우선 내 것이 아님은 물론이고, 단지 내 생명의 맥박이 뛰면서 만들어 내는 에너지의 장소다

우리 생명은 내 의지가 아닌 방식으로 운영된다. 우리 몸이 우리 것이 아니라고 하는 증거는 맥박이 내 맘대로 뛰는 게 아니라는 사실이다. 내 몸의 움직임을 만들어내는 에너지원, 심장 박동은 내 의지가 아니라 타자의 의지로 움직인다. 내 것인 듯하지만, 실상 내 것은 아니다. 내 몸은 에너지를 내 뜻대로 만들어내지 않는다.

몸의 에너지는 내 뜻과 관계없이 스스로 움직이면서 내 몸에 에너지를 공급한다. 내가 움직이고 싶을 때, 말하고 싶을 때 내 맘대로 그렇게 하지만, 그렇게 하도록 하는 에너지는 내 뜻이 아닌 채로 작동되고 만들어진다. 내 몸인 줄 알고 내 맘대로 했는데 악마는 "네 몸은 네 것이 아니라"고 폭로한다.

폴 리쾨르(Paul Ricoeur)는 우리 몸이 나의 의지 바깥에 있다는 사실을 "나는 배가 고프지 않을 수 없다"라는 말로 표현한다. 나의 몸이라는 이 조건에서 배고픔은 비의지적이고, 비선택적이다. 내 몸이라 해도 내 배고픔은 마음대로 되지 않는다. 물론, 배가 고프다 해도 밥을 먹지 않을 수도 있기는 하지만, 여전히 배고픈 몸은 내 몸이라 해도 어찌할 수 없다. 마치 내 몸이 아닌 듯이 말이다. 내 몸이라 해도 나의 의지 너머에 있다.

루이스에 의하면, 사람의 몸은 넓은 광야 같은 곳이고 그래서 동시에 위험한 공간이다. 사람은 그의 몸으로 무슨 일이든 할 수 있기 때문에, 몸은 마치 가도 가도 끝이 없는 텍사스 평원과 같이 거대하고 광활하다. 한 사람의 죄악은 바로 몸을 통로로 해서 몸에 의해서 무한히 매개되고 만들어진다. 그리고 몸으로 저지른 죄악은 영혼을 더럽히고 부패시킨다.

영혼은 그 자체로 선하거나 악하지 않고 몸을 통해서 그러하다. 우리 몸은 때로 파괴적이고 위험한 땅이다. 영혼은 내 몸에 의해서 좌우되기도 하고, 영혼의 영혼 됨을 상실하기도 한다. 영혼의 물질화는 몸에 의해서 그렇게 된다.

때로 사람은 스스로 동물이 되기 때문에 그의 몸이 행하는 모든 짓이 반드시 영혼에 깊은 영향을 준다(SL, 32). 사람의 습관은 "몸에 뿌리 깊이 배어 있다"(SL, 21). 그래서 몸은 사람의 습관에 따라서 쉽게 움직인다. 습관은 "마치 갑옷처럼 인간의 온몸을 둘러싸게" 되고, "이건 원수의 공격을 막아내기에 최고로 좋은 철로 만든 갑옷처럼 방어벽"을 친다(SL, 71). 우리 몸에 붙어 있는 습관은 하나님의 침략을 철갑으로 된 방어벽처럼 막아내어 그 사람이 악마의 먹이로 남아 있도록 한다. 몸이 그렇게 하나님을 거부하는 철갑처럼 만들어진다.

2) 나는 내 몸에 거주하여 살고 있는데, 그것은 마치 집을 빌려서 살듯이 세 들어 있다는 사실이다

루이스는 나와 내 몸을 구분한다. 내가 죽으면 내가 내 몸을 떠나야 하듯이 나는 단지 내 몸을 빌려서 살고 있다. 내 몸은 나 자신은 아니다. 몸에 대한 루이스의 이해는 마치 사도 바울이 우리 몸을 장막으로 비유하여, 장막이 부패하여 더 이상 유지할 수 없을 때 우리가 장막을 떠나야 한다고 하는 말씀과 같다. 이는 또한 성 프란치스코의 말대로 우리의 몸을 "당나귀 형제"라고 부르는 것과 맥락이 같다. 몸이 내 앞에 있는데, 내가 내 몸을 향해서 "나의 형제여"라고 한다. 우리 몸은 타자로서 내 앞에 있다.

오래전에 그리스 철학과 그 아류는 몸을 영혼의 감옥이거나 영혼의 무덤이라고 생각했고, 많은 경우 그리스도인도 이에 가담했다. 소크라테스가 죽음에 이르러서 두려워하지 않았던 이유는 죽음의 관문을 넘어서서 그의 영혼이 해방된다고 믿었기 때문이다.

이와 달리, 금욕주의자들은 몸을 멸시하여 온 힘을 다해서 몸을 반쯤 죽여서 구겨진 휴지 조각이 되도록 무진 노력했다. 불교적 접근이 이와 같다. 어떤 사람들은 몸을 "똥을 담는 부대", "벌레의 먹이", "수치의 조건"이라고 생각했다(FL 173).

물론, 그리스도인들도 이런 잘못된 생각에 빠지기도 했으나, 사도 바울은 우리 몸은 하나님의 성령께서 거주하시는 성전이라고 말씀한다. 또한, 몸을 드려서 하나님께 거룩하게 헌신하라고 한다. 사람의 몸은 다듬어서 거룩한 하나님의 성전이 되어야 하는 거룩한 선물이다. 신앙은 결국 우리 몸의 문제이고 곧 영혼의 문제다. 왜냐하면, 사람은 영혼이고, 영혼이 몸을 가지고 있기 때문이다.

C. S. 루이스는 성 프란치스코가 말한 우리 몸은 "당나귀 형제"라는 통찰력에 찬사를 보낸다(FL 173-74). 몸에 대한 루이스의 이런 이해는 거룩하게 우리 몸을 하나님께 드리기 위해서 우리가 몸을 어떻게 훈련하고, 통제하고, 사랑하고, 귀하게 여길 것인가를 설명한다. 몸을 내가 마치 당나귀를 대하듯이 때로는 친구처럼, 때로는 말 잘 듣는 동생처럼 함께 지내도록 한다.

우리 몸을 "당나귀"라고 하는 표현은 정확하게 들어맞는 말이다. 아무도 당나귀를 멸시하지 않는 것처럼 우리도 몸을 멸시하지 않는다. 당나귀는 "쓸모 있고, 고집 세고, 우둔하고, 게으르고, 때로는 사랑스럽기도 하고, 아름답고, 우스꽝스럽게" 보이기도 한다.

우리 몸도 역시 당나귀와 같다. 우리 몸을 자세히 들여다보면 코믹한 광대와 같다. 당나귀 형제, 우리의 몸은 때로 웃기는 광대처럼 나와 함께 지낸다. 이 사실을 배울 때 비로소 우리 몸을 제대로 이해하고 대할 수 있다.

당나귀인 내 몸은 당나귀로서 나를 위해 온갖 일을 다 한다. 내 몸은 나의 주인이 아니다. 나는 내 당나귀를 타고 다닌다. 그러나 내 몸, 당나귀는 내가 이끄는 대로 끌려가지 않는다. 내 맘과 내 몸이 따로 움직이기도 한다(롬 7:15).

3) 우리 몸은 왕이신 하나님께서 나에게 맡기신 내가 다스려야 할 영토지만, 내 맘대로 할 수 있는 내 소유는 아니다

내가 살고 있는 이 몸, 이 땅, 이 영토는 내가 지휘하고, 다스리고, 운영해 가야 할 내게 주어진 기업과 같다. 분명히 내 것이지만, 내 것이 아닌 내 몸! 결혼한 남자가 아내를 향해서 "당신은 누구 거야?"라고 하는 말을 들은 적이 있다. 결혼했으니 충분히 할 수 있는 질문이다. 사랑한다는 말이기도 하다. 갓 아내 된 여인은 "물론, 나는 당신 거지!"라고 답한다.

그래서 아내를 남편 맘대로 할 수 있을까?

그렇지 않다. 그래서 몸은 내 것도 누구 것도 아니다. 내 몸은 내 맘대로 할 수 있는 게 아니다. 내 몸은 귀한 것이지만, 때로는 내 뜻의 범위를 넘어서 있고, 내 몸은 나의 "당나귀 형제"로 만들어 가야 할 대상이다.

4. 사람 몸의 극단적인 동물화 작업: "지옥의 비너스"

남녀 사이에서 그들의 몸에 대한 요사(妖邪)스러운 매력은 또 다른 전형적인 유물론적 삶이다. 그들은 사람 전체를 하나의 물질로 보고 물질로 대한다. 사람이 양서류라는 묘사는 보이는 사람과 보이지 않는 사람, 바울의 표현에 따르면, 겉 사람과 속사람의 구분이다.

사람들은 특히 여자들 경우, "늙기를 싫어하고 두려워하는 고질적인 공포심"이 있다(SL, 117). 여성의 아름다움은 시간의 흐름에 따라서 "한순간에 망가지고" 만다. 외적 몸의 아름다움에 집착한 나머지 "임신을 꺼리고", 몸을 해치는 과도한 다이어트 등으로 사람을 단지 몸만 있는 것처럼 유물론화한다.

사람은 그의 몸과 영혼이 결합하여서 50퍼센트와 50퍼센트의 총합이라 해도, 둘은 완벽하게 구분되지 않는 영육 혼합체(psycho-somatic unity)다. 몸의 모든 지체를 다 합친다 해도 영혼이 나타나지 않는다. 부분의 합은 각 부분을 넘어선다.

그리고 몸의 아름다움에만 집중할 때 영혼의 아름다움은 그만큼 피폐해지고 만다. 사람 몸은 분명히 물질이긴 하지만, 사람 전체를 가리킬 수 없고, 사람을 단지 하나의 몸으로 취급하여 사람을 유물론 화할 때 겉 사람만 드러나고 속사람은 설 자리를 잃고 비참한 동물이 되어 쪼그라지고 만다(SL, 117).

여성은 본래 아름다움을 향한 "동물적인 갈망"이 있다. 여성을 완전히 동물로 보고 동물처럼 대하는 우리 악마들의 전략이 필요하다. 남자들 역시, 이 경우에는 똑같이 동물이다. 이때 남성은 여성을 종으로 보려 한다. 이와 같이 여자를 밝히면서 따라다니는 남성에게는 "악의 느낌"이 물씬 풍긴다. 여자는 마치 톡 쏘는 맵디매운 고추와 같은 맛으로 남성의 폐부를 찌른다. 얼굴에 드러나는 여자의 동물성의 짜릿함에 쾌재를 부르고, 심지어 여자의 요사스러운 간교함, 비뚤어진 심술과 애교 그리고 잔인함에 혼이 빠져서 정신을 잃을 정도이다. 여성의 몸이 드러내는 전혀 다른 비뚤어진 아름다움에 빠진다. 맨정신일 때에는 당연히 추하다고 생각할 수밖에 없는 여인을 그야말로 홀린 듯이 아름답다고 치켜세운다. 이것이 여성을 온전히 동물로 보기 때문에 먹혀들어 가는 것이다. "미친 거 아냐?" 하는 생각을 감출 수 없다. 물론, 이런 작업은 악마가 남자의 강박관념의 신경중추에 장난질을 쳐서 만들어내는 합작품이기도 하다(SL, PARA 118-19).

연산군의 연인 장녹수는 실제로 『조선왕조실록』의 기록을 따르면 미모가 별로였다. 그저 그런 미모라 한다. 장녹수는 첩의 자식으로 태어나서, 열세 살에 몸종으로 팔려 갔고 몸을 팔아서 살 정도로 집이 가난했다. 시집이라고 하지만, 팔려 가는 신세다. 연산군을 만날 때만 해도 아이가 있었고 나이도 연산군보다 댓살이나 많은 기생 신분이었다. 앳된 소녀처럼 스스로 꾸밀 정도로 애교가 넘치고 아양으로 남자를 사로잡는다. 생의 기술을 익힌 탓이리라.

왕은 오히려 장녹수의 조롱거리였고, 연산의 본래 이름, "웅아, 웅아" 하면서 때로는 변태 짓을 하고 욕도 하며 때리기도 했다. 그야말로 요부다. 웬만한 요부 짓으로는 감당하기 힘든데 한번 요사를 풍기기 시작하면 다음부터는 쉽다. 연산은 아무리 화가 나도 장녹수 앞에서는 어린아이가 되고 만다.

연산 역시 가슴 저린 어린 시절을 보냈다. 어머니의 사랑 없이 살아야 했고, 점차 알게 된 잔혹한 사실은 마음 약한 왕을 미치게 만들고, 장녹수와 같은 변태 여인과 그녀의 행각을 받아들인다. 미친 자에게 권력이 주어지니 못할 일이 없다.

장녹수의 천박함은 때로 왕에게는 매력이 되어 홀리기도 한다. 〈스크루테이프〉가 말하는 "지옥의 비너스"에 근접하는 변태스러운 여인의 전형이다. 그리고 연산군은 31세의 죽음으로 처절한 파멸을 맞이하고 인생 끝을 낸다.

그러나 어디 그때뿐이겠는가?

요즘도 수두룩하다. "지옥의 비너스"(SL, 118-19)는 동물적인 갈망 자체이고, 결혼과는 전혀 관련 없는 욕망이 날뛰는 관계다.

예를 들면, 지옥의 비너스는 결혼과 관계없이 성적 욕망의 대상이고, 종으로 삼으려 하거나 아니면 일종의 변태적 주인이 되는 여자다. 사랑이 제거된 동물적인 성적 갈망이 넘친다. 루이스는 조지 오웰의 『1984년』의 한 장면을 인용한다. 오웰의 또 다른 작품 『동물농장』에 나오는 네발 달린 동물들보다 더 동물적인 인물이 한 여인과 함께하면서 이렇게 말한다(FL, 163-64).

"당신, 이거 좋아하지?"

그가 묻는다.

"나를 좋아하느냔 말이 아니라 이것 자체를 좋아하느냐 말이야?"

그리고 여인은 "나는 그걸 숭배해요"라고 말하자, 비로소 그는 만족했다. 이때 남자는 여자를 동물적인 갈망의 "도구"(FL 164)로 보면서, "악의 느낌" 그 자체의 "짜릿한 느낌"을 추구한다. 제정신으로는 가까이하기 힘든, "남자의 중추신경"을 건드리는 연산의 장녹수와 같은 여자다. 오로지 남자가 관능이 추구하는 길에서 만나는 지옥의 육욕과 동물적인 갈망 충족이다. 악마가 즐거워하는 환호 소리가 지금도 우리 주변에서 넘친다.

루이스는 〈스크루테이프〉가 인정하기 싫은 남녀의 사랑을 "지상의 비너스"라고 한다. "지상의 비너스"는 성적 욕망에 사랑이 끼어들어 "뒤범벅이 되어 있는" 남녀 관계다. "상호 존경과 황금처럼 빛나는 욕망"이 개입되어 있는 사랑, 통상 사람들이 결혼이라 부르는 단계다. 〈스크루테이프〉는 남녀의 성적 욕망을 왜곡하여 유혹하려 하는데 사랑이 터무니없이 끼어들었다고 화를 낸다.

성적 욕망과 사랑이 결합하면 악마로는 대단히 불편한 결과, 즉 결혼에 다다른다. 성적 욕망과 사랑을 분리해서 성적 욕망이 홀로 작동하여 그에 따라서 움직이도록 하는 게 악마의 목표다. 그래서 성적 욕망과 사랑이 제대로 합쳐질 때, 〈스크루테이프〉는 대단히 불편한 심정으로 이를 "황금처럼 빛나는 욕망"이라고 부른다.

성적 욕망과 사랑이 분리되면 그런 결혼은 오래가지 못한다. 사랑이 "상호 존중"이라는 열매를 만들어낸다면, 성적 욕망은 인간 몸의 자연스러운 "황금처럼 빛나는 욕망"이라 할 수 있다(SL, 118). 남녀의 결혼은 성적 욕망과 사랑이 결합해서 이루어진다.

사람을 동물로 보면서 몸에 치중하는 인생은 "욕정만큼 진지한 열정도 없다"(SL, 69)는 말에 속는다. 내 육체의 욕망의 느낌을 따라 움직이는 삶, 욕정의 본능이 이끄는 힘을 도저히 저항할 수 없다. 사랑의 진지한 열정 넘치는 욕정은 그 자체만으로도 가치가 있다고 사기를 친다(SL, 113-14).

"나는 내 느낌이 말해 주는 대로 느낌을 따라서 할 거야!"

흔히 듣는 말이다. 그들은 단 한 번도 인간 삶의 의미와 방향이 무엇인지를 진지하게 생각하지 않는다. 그들의 진지함은 몸의 진지한 욕정과 본능이다. 몸의 욕망에 귀 기울이고, 몸이 불러일으키는 욕정을 외면해서는 안 된다고 그것에 최우선의 가치를 둔다.

남녀 간의 사귐도, 약속도 심지어 하나님의 "발명품인 결혼"(SL, 115)도 몸의 욕망 앞에서 아무것도 아니다. 그들이 말하는 사랑도 알고 보면 몸의 진지한 욕망 외에는 아무것도 아니고, 이런 사랑은 나름의 진지함으로 행하는 것이기에 아무도 말려서는 안 된다는 거짓된 망상을 심어 놓는다(SL, 115).

5. 보이지 않는 교회의 물질주의적 작업 : "얼굴 마주치고 싶지 않은 이웃들"

〈스크루테이프〉는 그리스도의 몸인 보이지 않는 교회의 장엄한 모습에 기가 질려서 쭈구리가 된다. 교회는 충분히 악마들의 두려움이다(SL, 21-22). 그러나 악마는 보이지 않는 교회를 감추고, 보이는 물질적인 교회의 흠집을 찾아내어 비하한다.

교회에서 자기 옆에 앉아 있는 사람들의 쭈글쭈글한 모습을 보고서 어떻게 보이지 않는 교회의 장엄한 영원성을 감각할 수 있는가?

보이지 않는 교회를 보이는 교회로만 드러나도록 물질화해서, 교회 현실은 바로 이런 것이라고 착각하게 만든다. 악마는 교회에 출석하는 교인을 이른바 "교회 감정사"로 만들어 교회를 희화화하고, 물질화해서, 보이는 교회가 교회 전부인 양 거짓으로 포장한다.

환자는 지금 자기가 출석하는 교회를 썩 마음에 들지 않으면서도 계속 충실하게 다니고 있다. 꾸준한 교회 출석은 악마들이 볼 때 심각한 병세이다. 악마들은 어쨌든 교회를 꾸준하게 다니지 못하도록 애를 쓴다. 그것이 안 될 때는 자기 맘에 드는 것처럼 느껴지는 "좋은 교회"를 찾아서 이리저리 헤매도록 만들어야 한다(SL, 93-94). 서울시에서도 그런 좋은 교회를 찾아다니는 소위 "가나안 교인"(안나가 교인)이 40-50만 명이 된다고 한다.

원수 하나님이 원하는 교회는 각계각층의 다양한 사람이 모여서 하나의 연합을 이루는 것이다. 악마가 원하는 교회는 그들 취향에 맞는 사람이 모여서 교회를 일종의 사교 클럽으로 바꾸는 것이다. 사람들이 자기 맘에 드는 "좋은 교회"를 찾아다니면서, 그들은 어느새 "교회 평가 감정단"이 되어 "교회의 학생들"(SL, 94)이 되기를 거부한다.

진짜로 좋은 교회는 어떤 상황이건, 거짓을 거부하고, 서로 도와주고 협력하는 정신이 넘쳐야 한다. 좋은 교인들은 참된 교회가 거부하는 것은 두말하지 않고 함께 거부한다. 그리고 교회에 자양분이 되는 것들은 겸손한 마음으로 받아들이는 열린 자세를 갖는다. 거리낌이 없는 강한 사람들은 거리낌이 있는 약한 형제들에게 양보하라는 말씀에 따라서 교회에 본질적이지 않은 것들에 심하게 매달리지 않는다(SL, 97).

무엇보다도 설교를 잘 들을 수 있는 좋은 자세가 필요하다. 그는 어떤 단조로운 설교를 듣는다 해도 참으로 그의 영혼이 귀를 기울이게 된다. 교회에서 이런 태도를 가질 때 어떤 교회이든 악마는 위험에 처해진다(SL, 93-95).

그러나 우리 눈에 실제로 보이는 교회의 현실은 형편없다. 교회 안에서 보이는 사람들은 늘 우리가 보던 몇 집 건너편 가게 아줌마와 밖에서는 늘 쭈그러져 있다가 갑자기 교회만 오면 "잘난 척"(SL, 25)을 해대는 아저씨 그리고 그나마 교회 일에 나름 애를 쓰는 장로님 등이다.

그래서 드는 생각은 "내가 이런 사람들과 이곳에 함께 있어 주는 것만으로도 감사한 줄 알아라"이다. 터무니없는 생각이긴 하지만, 그 환자는 "아! 그래서 그 사람들이 나를 그렇게 교회에 나오라고 애걸복걸한 것이구나" 하는 생각을 한다. 막상 교회라고 와보니 사람들의 안색이 좋아 보이지 않는 데, 어딘가 조금 상태가 안 좋아 보인다. 그래서 내가 이렇게 교회에 나와 주니 교회 수준이 조금은 높아진 듯하다(SL, 25).

내가 어떤 의미에서 그리스도인이라고 하자. 그렇다면 교회 옆자리에 앉아 있는 저 사람들이 하는 행동들을 보란 말이다. 저런 후진 행동을 하는 걸 보면 '그들의 믿음과 신앙은 위선 덩어리이거나, 아니면 부모들의 관습을 따라 하는 것에 불과하다'라는 생각이 든다. 여기서 '어떤 의문도, 졸병 악마 웜우드, 네가 이걸 막아야 한다. 처음 교회에 오는 사람들은 교회에서 옆자리에 있는 저런 사람들이 하는 행동거지를 보면 그들이 믿는 신앙이라는 게 참 별 볼 일 없다'는 생각이 저절로 들지 않을 수 없다.

교회에서 옆에 앉아 있는 사람을 보고서 그런 생각이 든다면, 자연히 따라오는 생각은 '그럼, 너는 어떤데?'라는 의문이다. 그런데 사람이라는 게 이렇게 자신을 돌아보는 생각은 애초부터 하지 못하는 무지한 자들이다. 그들도 역시 나와 별 다를 바가 없다는 생각을 좀처럼 하지 못한다. 내가 별 볼 일 없는 교인이라면, 그들도 마찬가지다. 옆자리에 앉아 있는 사람들 역시 별 볼 일 없다. 그래서 이렇게 교회에 나와 있는 것이다. 이런 당연한 생각을 무지한 환자들은 하지 못한다. 그러면서 다른 사람의 잘못과 흠을 찾기에만 바쁘다(SL, 24).

> 사람은 언제나 그렇듯이 주제 파악이 안 되는 동물이고, 자기 잘못을 보지 못하고 또한 보려고 하지 않는 무지한 벌레들에 불과하다. 다른 사람의 흠을 보고, '저런 자가 믿는다는 신앙이라는 게 도대체 무슨 가치가 있는가?'라는 생각을 저절로 하게 된다. 그들은 다른 사람의 흠을 너무나 세세하고 뚜렷하게 본다. 그러나 동시에 자기 흠을 보지 못하는 눈이 멀어버린 무지한 동물이다. 웜우드, 너도 마찬가지로, 무지한 놈이다, 이 녀석아! 네 무지와 무식도 만만치가 않다. 사람은 자기 잘못을 보지 못하면서, 다른 사람의 잘못은 칼같이 찾아내는 동물이라는 사실에 왜 그토록 무지한가 말이다(SL, PARA 25).

물론, 그리스도인이라고 하는 작자들이 교회에 와서 가장 먼저 하는 일이, 무릎을 꿇고 잘못과 "죄를 고백"한다고 하지만 "앵무새" 주절대듯이 그냥 아무 생각 없이 입술로만 따라 하는 것이다. 그러니 그런 것에 별 의미를 둘 게 못 된다. 자기 죄를 고백한다는 게 그리 쉽게 되는 게 아니다. 그는 오히려 "내가 이렇게 회개도 해주고 또 몸소 교회까지 나와서 진짜로 겸손이라는 것을 보여 주었는데, 이 정도면 된 거 아냐?" 하면서 건방을 떨고 있다.

"내가 이런 후진 사람들과 함께 교회에 나와서 자리를 해주는 것만으로도 하나님께 칭찬받을 일을 한 거라고!"(SL, 25).

그러나 〈스크루테이프〉가 교회를 바라보는 시선은 놀라울 정도로 섬세하고 정확하다. 교회의 장엄한 모습은 역설적으로 악마의 시선을 통해서 그 참된 모습을 드러낸다. 교회가 사실은 그리스도의 몸인 까닭이다. 사람은 볼 수 없고, 악마는 본다. 교회를 보면서 사람은 형편없다고 생각하고, 악마는 경외감을 감추지 못한다. "그리스도의 몸"인 교회(SL, 22), 이는 우리 주변에 흔히 보는 낡고 후미진 곳에 있는 건물, 그 교회와는 전혀 다르다.

악마는 그 교회가 장엄하고 모든 시간과 장소를 넘어서 곳곳에 퍼져 있다는 사실을 잘 알고 있다. 그 교회는 영원에 뿌리를 내리고 있으며, 깃발을 휘날리는 군대와 같은 교회는 절로 두려움을 일으킨다. 감히 고백하자면, 그 교회의 스펙터클한 모습은 강인한 악마조차도 불안에 떨게 한다(SL, 22).

그러나 눈이 가려진, 그림자 현실을 살고 있는 인간들은 진짜 교회, 그리스도의 몸을 볼 수 없다. 오히려 그들은 교회를 하나의 건물로 본다. 그래서 건물로 이루어진 교회는 이제 뜻밖에도 악마의 속임수에 넘어가서 이용당하기도 한다.

> 한마디 더 하자면, 사람들이 눈이 멀어서 그 진짜 교회를 보지 못한다는 것은 참 다행스러운 일이 아닐 수 없다. 네 환자가 기껏 볼 수 있는 것은 공사를 하다가 중단한 황량한 건물뿐이다. 고작해야 새로운 부지에 세워진 그 낡아 빠진 고딕 흉내를 낸 건물 말이다(SL, PARA 22).

악마는 감히 교회가 그들의 "동맹"(SL, 21)이라고 말한다. 사람들이 세워 놓은 건물, 가시적 교회는 악마의 놀림감이 되기에 충분하다. 악마는 갑자기 시선을 돌려서 건물 안으로 들어가서 교회 현실을 보여 준다. 교회 건물 안에는 어중이떠중이가 다 모여 있다.

낯설지 않은 이웃 아저씨가 다가온다. 얼굴에 잔뜩 개기름이 흐르는데, 바쁘게 다가와서는 오래되어 누레진 얇은 책 한 권을 주는데, 아마도 교회의 예식과 찬송이 들어 있는 책인가 싶다. 작은 글씨를 잘 읽을 수도 없고 애매하다. 지금껏 그냥 거리를 지나쳤던 이웃집 사람도 눈에 띄고, 어쩌다 저런 사람들만 보게 되는가 싶은 마음이 인다. 바로 저런 녀석들이 웜우드, 네게 도움을 줄 수 있는 자들이다.

그리스도의 몸이라는 교회와 눈앞에 있는 교회 현실이 너무나 달라서 어느 게 진짜인지 헷갈린다. 찬송이라고 노래하는데 누군가 음 이탈로 삐져나오기도 하고, 신발을 질질 끌고 다니는 소리며, 늘어진 이중 턱의 늙수그레한 사람과 이상한 옷차림, 그래서 환자는 결론을 내린다.

"이런 자들의 신앙이라는 게 뭔지, 정말로 웃기는 짜장들이로군!"

그래서 교회는 악마의 매우 친근한 친구와 동맹이 된다. 또한, 교회의 고질적인 질병 하나는 파당을 지어서 교회 안에서도 좌파니, 우파니 하는 그들끼리 모이는 "작은 그룹"이다. 하나님께서 그분의 특별한 목적을 위하여 애초에 세운 모임, 교회라 해도 이런 파당이 만드는 잡음은 다른 모임들과 다르지 않다. 이런 작은 그룹을 먹여 살리는 것은 그들 특유의 "대의명분"이다(SL, 51).

우리나라는 학생운동이 반정부운동으로 한창 불타오를 때, 그들의 대의명분은 민주주의였고, 타는 목마름으로 "민주주의여 만세!"였다. 그들은 실제로 목숨을 바쳤고, 많은 젊은 학생이 목숨을 버려가면서 민주주의를 외쳤다. 심지어 교회 내에서도 학생 운동에 깊이 관여하는 집단들은 그들의 대의명분을 위하여 목숨을 버리는 자들을 자랑스러워했고, 같은 동류가 아닐 경우에는 극도로 혐오하며 증오를 키웠고 지금도 여진이 남아 있다.

그러나 그들은 이런 대의명분을 교회로 깊숙이 가지고 들어와서 교회마저도 이 대의명분을 따라야 한다고 주장한다. 하나님 신앙을 그들 정치적 구호라는 "대의명분"으로 전락시키려 한다(SL, 51). 어떤 교회는 평화주의자들의 교회, 민족주의자들의 교회, 반정부주의자들의 교회가 된다. 그래서 그들의 대의명분이 신앙의 일부가 되어야 한다고 한다(SL, 50).

그들은 마치 일제 시대의 비밀결사들처럼, 그들 나름의 자부심과 "자기 의로움"이 한데 어우러져 두드러진다(SL, 49). 교회 내의 "작은 그룹"은 마치 그들만의 비밀공동체처럼 그들이 쓰는 "생선 칼"은 다른 사람들의 무딘 칼과 근본적으로 다르다는 그들만의 우월 의식을 갖는다(SL, 139). 어떻게 하다가 교회 내의 그들만의 비밀 집단에 속하게 된 사람은 스스로 그 "핵심부"에 속했다는 일종의 "달콤한 자긍심"을 갖는다.

교회에서도 역시 그의 수준에 "걸맞은" 사람을 찾았다고 생각하고, 그들은 "내 편"이라는 안도감을 느끼기도 한다(SL, 146-48). 자긍심과 허영심이 뒤범벅이 된 이 자들은 비밀 핵심부를 잠시 구경한 그런 무리의 보잘것없는 모습을 보고는 이렇게 말한다.

"사냥 몇 번 해보지도 못한 사냥개가 마치 모든 종류의 사냥총을 통달이라도 한 듯이 잘난 척하기에 이른다"(SL, 142).

이제는 교회 문제를 다 알게 되었으니 슬슬 교회를 통한 세상 정치를 교회 내로 끌어들이려 한다. "교회의 학생"이어야 할 사람이 단박에 선생이 되려고 한다. 배우기보다는 교회에 들어와서 교인들에게 세상에 대해서 가르치려 한다.

악마들은 교회 내에서도 분파 모임을 적극적으로 부추겨서 그 모임을 극단적인 경향으로 끌고 간다. 하나님을 향한 헌신을 빼고는 극단적인 흐름은 모두 다 좋지 않다(SL, 38-49). 왜냐하면, 그들끼리 서로 찬사를 주고받는 내적 모임이 될 뿐이고, 동시에 그들 모임에 속하지 않은 자들에게는 우월감 가득한 증오심을 드러내고, 그에 따라서 저절로 흘러나오는 자기 의로움을 키워나간다. 자기 오만과 자기 자랑 그리고 다른 사람을 향한 증오와 혐오, 모두 다 악마의 미덕을 고양시키는 결과를 낳는다(SL, 49-51).

교회에서조차 좌니 우니 하면서 대립을 부추겨서 싸움을 일으키고, 파당을 만들면서 교회를 어떤 결사 단체로 만들려 한다. 그러나 실제로 교회가 온전히 정치 단체로 변질된 경우는 아직 없지만(SL, 49), 정치적 좌우 이념으로 교회 구성원들이 오염되어 교회 내에 갈등이 발생한다.

> 교회 내에서도 취미와 성향이 잘 맞는 사람들이 끼리끼리 뭉쳐서 작은 그룹을 만들고 서로서로 찬사를 주고받는다. 하지만, 그들에 속하지 않은 다른 교인들을 향해서는 은근히 경멸하면서, 그들끼리는 독선적인 교만과 자기 의로움의 자리를 차지한다. 그들끼리 스스로 잘나서 이를 은근히 즐기고 자랑하는 이유는 다름 아닌 그들 나름의 대의명분이다. "우리는 우리 자신의 이익을 위해서 이러는 게 아니다." 그들끼리는 나름 거창한 대의명분이 있다고 내심 자부심을 갖기도 한다. 교회라는 게 본래 원수 하나님 때문에 모인 집단임에도 불구하고 이런 파당의 특징을 보이는 데는 다른 집단들과 별로 다를 바 없다는 말이다(SL, PARA 49).

악마는 교회를 파당으로 만들어, 일테면 정치적 보수주의로 또는 정치적 진보주의의 파당으로 만들려고 애를 쓴다. 그렇게 하여 정치적 이념이 신앙에서 매우 중요한 부분으로 착각하게 한다. 신앙이 "수단이 되고"(SL, 51, 136), 신앙은 기껏해야 정치적 대의명분을 뒷받침하는 하수(下手)로 변질된다. 결국, 이 세상에서 그들이 흡족해하는 정부를 세우려는 세상적인 목표를 추구하게 된다.

정부 타도와 신앙이 구분되지 않는다. 교회 이름을 팔아서 정치적인 집회를 여는 자들은 이미 악마의 먹이가 되었다. 그런 자들은 지옥, 저 머나먼 밑바닥 한구석에 우글우글하다(SL, 51). 아무리 우리 힘으로 애를 쓰고 노력해도 이 땅에 우리를 구원할 정치적 메시아는 나타나지 않는다.

> 어떤 정치인들이나 국가는 그들이 생각하는 훌륭한 사회를 만들기 위해서 그 수단으로서 하나님 신앙을 부흥시켜야 한다고 생각하기도 한다. 그러나 이것은 천국으로 올라가는 계단을 가까운 약국으로 가는 지름길로 사용하는 것과 다를 바 없다. 사람들을 쉽사리 이 작은 골목으로 꾀어 오기가 이토록 쉽다니! 정말 다행스러운 일이다.
>
> … 이 미세한 틈이 보이느냐? 그리스도교가 진리이기 때문이 아니라 무언가 다른 이유 때문에 믿으라는 것, 이것이 바로 우리 수법과 전략이다 (SL, PARA 137).

〈스크루테이프〉가 "정말 간절히 바라는 바는 사람들이 그리스도교 신앙을 수단으로 취급하는 것"이다(SL, 136). 신앙은 어떤 경우에도 어떤 목적을 위한 특정한 수단이 될 수 없다. 하나님 신앙은 이미 그 자체로 충분히 우리 삶의 목표이고, 삶 전체다. 여기에 덧붙일 게 없다. 신앙은 물론 인간 삶의 물질 축복을 위한 수단이 될 수도 없다.

마찬가지로 신앙은 나라를 개조하는 데 그 어떤 수단으로도 사용될 수 없다. 신앙은 나라를 개조하는 것보다 신앙 그 자체로서 더 귀하다. 신앙은 위대한 문명을 건설하는 도구로 쓰여서도 안 된다. 하나님을 믿고 신앙하는 것보다 더 중요한 것이 없기 때문이다.

신앙은 물론 군대의 전력화와 정치적 수단도 아니고, 선거에 이용당해서도 안 된다. "천국으로 가는" 그 무엇보다 높고 귀한, 비교할 수 없는 "믿음이라는 계단"(SL, 136)을 타이레놀 한 알을 사 먹기 위해서 약국으로 가는 지름길로 사용해서는 안 된다. 믿음의 계단은 믿음 외에 어떤 것에도 길을 내어줘서는 안 된다. 신앙은 타이레놀과 비교할 수 없다.

진주를 어찌 돼지의 놀잇감으로 줄 수 있느냐?

그것은 신앙을 아이들이 시끄럽게 놀고 있는 작은 골목으로 만들어, 기껏해야 약국으로 가는 길이 되고 만다. 신앙을 초라하고 추하게 만드는 것이다. 물론, 그렇게 한다 해도 원수 하나님은 그런 목적과 수단으로 신앙과 교회가 이용당하도록 그대로 두지는 않는다(SL, 136).

어떤 교회 목사는 교회를 소위 현대화해서 완고한 교인들에게 좀 더 쉽게 믿음을 전해 보겠다고 한다. 때로 지나친 욕심 때문에 그리스도교에 "물을 타서" 희석하기도 한다. 악마는 이를 부추겨서 오랜 세월을 이어온 신앙에 이것 빼고, 저것 빼고 껍데기만 남겨 놓은 채 신앙이라고 내어놓으려 한다. 그렇게 되면 목사가 교인들의 믿음 없음을 염려하는 게 아니라, 교인들이 목사의 믿음 없음을 걱정하는 처지가 된다.

> 그 목사는 예배를 인도하는 방식도 아주 우리 악마들의 맘에 꼭 들게끔 하고 있다. 평신도들한테 뭔가 "어려운" 거라면 무조건 빼서 없애다 보니, 성구집이나 지정된 시편도 다 없애 버리고, 이제는 자기도 모르는 새에 자기 마음에 드는 시편 열다섯 편과 성서 교독문 스무 개 정도만 다람쥐 쳇바퀴 돌리듯 끝도 없이 반복하게 되었으니 말이다. 이로써 목사나 그의 양 떼에게 우리 악마들이 싫어하는 진리가 성경을 통해서 전달될 위험을 없애고 말았다. 다만 네 환자가 이런 교회를 선택할 만큼 멍청하지 않은 게 문제인데, 혹시 앞으로 환자가 그렇게 멍청해질 가능성이 보이는지 자세히 살펴보아

야 할 것이다(SL, PARA 95).

그런 목사는 교인들이 좀 "어려워하거나 낯설어하는 진리"를 평신도들을 위한다는 핑계로 아예 "없애" 버린다. 그러다 보니 목사의 취향에 따라서 선택하고 제거하여 제대로 남아 있는 게 별로 없다. 그래서 악마는 교인들에게 "친숙하지 않은 진리가 성경을 통해서 전달될 위험"이 없어지니 한숨을 덜었다는 말이다(SL, 95).

루이스는 '성경의 진리는 현대라는 시간에 의해서 바꿀 수 있는 게 아니다'라고 말한다. 오랜 시간을 걸쳐서 지금까지 내려온 신앙은 현대에도 여전히 소중한 것이다. 그러나 성경의 진리는 교인들에게 여전히 "어렵고", "친숙하지 않은" 낯선 진리다. 하나님의 진리는 사람들에게 이미 잘 알고 있는 친숙한 이야기가 아니다. 악마는 사람의 생각을 부수고 침범해 들어오는 그리스도교의 낯선 진리를 "물에 타서" 희석하여 애매하게 하려 한다.

또 다른 교회가 있다. 이 교회 목사의 행태는 때로 경계를 넘나들 정도로 아슬아슬하다. 때로는 공산주의에 친근하게 다가가기도 하고, 혹은 하나님이 우리의 왕이 되셔서 우리를 다스려야 한다는 설교를 하여 교인들이 헷갈린다. 아니면 철학을 잔뜩 끌어다가, 특히 교부들의 철학이 없이는 설교가 안 된다고 하다가, 또 갑자기 그런 철학 따위는 신앙에 해가 될지언정 유익이 없다고 극단으로 왔다 갔다 한다. 하루는 정치, 다음날엔 정치가들은 모조리 심판을 면치 못하리라고 선언한다(SL, 96, PARA).

악마는 잘 알고 있다. 설교는 이렇게 광범위한 것을 다룰 줄 알아야 한다고 하면서 폭넓은 체하지만, 실상은 그의 마음속에 있는 일종의 증오심을 그런 식으로 포장해서 드러내는 것이다. 설교를 한답시고 화풀이를 해대는 목사들은 여전히 부정직의 냄새가 심하게 난다. 자기 자신에게도 정직하지 않은 자는 어떤 자리에 앉아도 정직하기는 힘들다는 사실을 악마는 이미 꿰뚫고 있다.

> 아무리 기교를 부린다 해도 악마들, 우리들 눈을 속일 수는 없지 않으냐? 우리는 그 목사가 양극단을 왔다 갔다 하는데, 이런 양극단의 생각을 이어주는 연결 고리가 바로 증오심이라는 사실을 훤히 보고 있다는 말이다.
> … 그 목사한테는 앞날이 창창한 부정직의 낌새도 우리는 이미 간파하고 있다. 우리는 요즘 "최근에 링컨인가 누군가 하는 사람 책에서 읽은 것 같은데"라고 해야 할 말을 "성경과 교회의 가르침은"이라고 말하도록 가르치는 중이다. 그렇게 애매하게 얼버무리면서 자기 유리한 대로 설교하려는 부정직한 태도를 가르치는 중인데, 최근 들어와서 상당히 잘 먹히고 있다. 하지만, 이런 가운데 우리가 조심해야 할 치명적인 결함도 한 가지 있다. 그의 믿음만큼은 진짜라는 사실, 바로 이 점이 우리 악마가 해 놓은 모든 걸 망칠 수도 있다는 말이다(SL, PARA 96).

요즘에는 어떤 조직에서 어떤 결정을 내릴 때 최우선 관심은 그런 결정이 옳다 그르다 하는 기준이 아니다. "누가 그와 같은 의견을 냈느냐?"이다. 의견의 옳고 그름이 아니라, 그 의견을 낸 사람을 향한 증오심 때문에 그 의견을 반대한다. 의견은 들어볼 것도 없다. 그 사람의 정책과 의견은 그 사람을 향한 증오심 때문에 얼마든지 반대한다.

옳고 그름을 생각지 않고 증오심을 바탕으로 판단하고 결정할 때, 이것도 역시 루이스가 그렇게 강조하는 유행과 풍조에 휘말려 살아가는 삶과 다르지 않다. 그만큼 옳고 그름이 중요하지 않은 시대다. 옳고 그름이 사라지면 유행이 그 자리를 차지하게 되어 있다.

이런 설교자는 또한 부정직이 습관화되어, 성경 말씀이 아니라 자기 생각을 입증하기 위해서 무슨 말이든 일단 자기 유리한 대로 끌어와서 늘어

놓는다. 하나님의 말씀과 진리에 봉사하기보다는 자기주장에 스스로 착각과 부정직을 플러스해서 헌신한다는 식이다.

〈스크루테이프〉와 그의 악마는 설교자들이 교회를 마치 자기의 사적인 이념을 선전하고 퍼트리는 곳인 듯, 그렇게 이끌고 가도록 한다. 사실 사람에게 정직이라는 문제는 결코 쉬운 문제가 아니다. "사실상 정직에 가장 근접했을 때조차도 사람은 정말 정직해지지 않는다"(SL, 50)는 악마의 말을 되새겨 볼 일이다.

우리 눈앞에 펼쳐지는 교회는, 악마가 환자들을 속이기 위해서 물질로 바꾸어 놓은 교회는, 그래서 우리가 부끄럽다고 할 정도로 안쓰럽다. 그러나 우리의 시선은 영원에 토대를 두고 있는 보이지 않는 교회를 놓쳐서는 안 된다. 보이는 교회는 보이지 않는 교회를 토대로 한다.

그리스도의 몸이신 참된 교회 그리고 그런 모습을 닮아가기 위해서 지금은 수준 떨어지는 모습을 연출해도 감사한 마음으로 교회를 사랑하는 자세가 요구된다. 악마가 작업해서 물질화되어 있는 보이는 교회의 아슬아슬한 모습에 너무 흥분하지 말고, 영원한 그리스도의 몸이신 교회를 우선 바라보아야 악마의 궤계에 넘어가지 않는다.

6. 보이지 않는 시간의 물질주의와 사유화: "내 시간은 나의 것, 해와 달도 나의 것"

루이스에 따르면, 시간은 사람의 "인식의 형식"이다[6](인간의 지각 양식, SL 159). 시간은 눈에 보이지 않는다. 시간은 세계를 인식하기 위한 인식 이전에 인식의 조건이다. 즉, 사람은 시간이라는 "렌즈"를 통해서 세계를 보고, 이해하고 파악한다. 사람은 이미 눈앞에 투명하게 있는 렌즈를 볼 수 없다. 단지 렌즈를 통해서 세계를 볼 뿐이다. 사람에게 시간이라는 렌즈는 이미 앎의 조건으로 주어진 것이고, 렌즈가 없으면 세계를 잘 볼 수 없다(GD, 169-70).

동시에 그 "렌즈"와 시간은 사람에게 주어진 하나님의 "선물"이다(SL, 123). 시간은 사람이 보지 못하는 비물질이지만, 하나님의 선물이다. 시간은 원래 하나님의 것이고 하나님의 창조물이다(MI 원수의 시간, 123; 창조의 순간, 348). 그러나 악마는 시간을 물질화해서 사람들이 시간을 마치 내 주머니의 지폐처럼 "내 것"이라고 엉터리 주장을 하도록 거짓 선동을 한다.

사람들은 시간을 엉뚱하게도 "궁극적인 실체"(an ultimate reality, SL 158)라고 생각하면서도, 그 시간을 내 것이라고 착각한다. 〈스크루테이프〉는 이런 생각을 웃기는 것이라 조롱한다. 시간은 누구의 소유가 될 수 없다. 악마는 보이지 않는 시간을 보이는 하나의 물질로 착각하도록 해서, "오늘, 나 시간이 없는데" 또는 "나, 오늘 시간이 있어"라는 식으로 내 주머니에 시간을 넣어

---

[6] 『스크루테이프의 편지』에서 "시간의 인식 형식"(temporal mode of perception, SL 159)이라는 표현은 『기적』에서도 동일하게 우리의 "인식의 양식"(the mode of our perception, MI 348)이라는 말로 나타난다. C. S. 루이스는 시간을 객관적 실체라기보다는 인간 인식의 주관적 조건으로 이해한다. 사람은 시간을 어떤 실체(reality)라고 믿지만 악마는 이를 부인한다(SL, 158). 그러나 루이스는 시간을 "인간 인식의 양식"과 "궁극적 실체"로 동시에 이해한다. 루이스에게서 분명히 시간은 하나님에 의해서 "창조된"(the moment of creation, MI, 348) 어떤 실체이며 "선물"(SL, 123)이기도 하다.

두기라도 하듯, 시간에 대한 터무니없는 착각에 빠지도록 한다. 이미 우리는 그렇게 해왔다.

"시간은 금이다"라고 말하는 순간, 시간은 이미 물질이 되어, "시간은 불가해한 의미에서 타고난 나의 권리라는 무지한 오해"에 빠질 준비가 된다 (SL, 122). "불가해하다"라는 말로 "어떻게 시간이 네 것이냐?"고 묻는다면 스스로 터무니없다고 생각하면서도, "시간은 내 것"이라고 우긴다는 뜻이다. 시간이 내 것이라는 생각은 애초부터 어처구니없는 믿음이고 말도 안 된다. 이런 무지한 착각은 바로 〈스크루테이프〉가 넣어 준 "혼란"으로부터 나온 것이다(SL, 124).

〈스크루테이프〉가 웜우드에게 간절히 하는 부탁은 "시간은 내 것"이라는 엉뚱한 믿음에 대해서 "단 1분도 생각조차 하지 못하도록 하라"는 것이다 (SL, 123). "시간이 내 것"이라는 말은 잠시라도 생각해 보면 얼마나 그 말이 바보 같은 말이라는 사실을 즉각 알게 된다.

한 걸음 더 나아가서, 또 다른 차원에서 이제는 마치 장난감 "곰 인형"이 내 것인 듯 시간을 내 것이라 착각하며 우긴다. 이것도 터무니없는 코미디이다(SL, 122). "저 달도, 저 해도 내꺼야!"라는 말도 안 되는 짓과 같다. 천국의 시각에서도, 지옥의 시각에서도 시간을 내 것이라고 하는 말은 어처구니없는 농담이고 소유권 침해다. 시간은 사람에게 단지 선물로 주어진 것이기 때문에 그것을 내가 태어나면서부터 소유권이 있는 것처럼 구는 것은 영락없이 악마의 요릿감이 된다.

이렇게 간추릴 수 있다.

첫째, 시간을 보이는 물질처럼 속여서 내 것이라고 주장하게 되면, 내가 시간을 빼앗길 때, 마치 절도를 당한다는 느낌으로 억울한 마음이 생기게 된다.

둘째, 시간이 내 것이라는 주장은 곰 인형을 "내 것이니까 내 맘대로 찢어버릴 꺼야"라는 소유권과 잔인함을 쉽게 합쳐 놓는 것과 같이 될 수도 있다.

1) 시간을 물질이라고 속이면, 사람들은 시간을 내 것이라고 하는 미친 생각을 하게 되고, 그에 억울함을 더하게 한다

하루를 바쁘게 지낸 터에 쉬면서 못 읽은 책이나 읽어보려고 방구석에서 뒹굴뒹굴하고 있다. 지금은 혼자 있는 시간을 즐기고 싶다. 그런데 갑자기 형이 전화해서 집으로 오겠다는 거다.

'혼자 있고 싶은데 … 왜 방해람?'

내 시간이 침범당했다는 생각이 든다. 집으로 마구 들어오는 형을 보고서 짜증이 나고 신경질이 난다. 이런 일은 앞으로도 자주 반복될 터이고 성격만 더러워진다. 내 권리가 침해당하고 내 것을 도둑맞아서 빼앗겼다는 생각에 불쾌하다. 내 것이 아닌 데도 내 것이라고 엉뚱하게 착각해서 말이다.

제정신이 들어서 시간은 본래 내 것이 아니고 잠시 빌려와서 내 것처럼 쓰고 있다는 시간 현실을 깨닫게 되면 상황이 다르다. 이를테면 구청 직원이 와서 100만 원을 주면서 이렇게 말한다.

"오늘 하루, 50만 원은 치매 끼가 있는 김 씨 아저씨와 함께 놀이동산에 가서 맛있는 것도 먹고 놀아주면서, 특히 그가 하는 말을 귀 기울여서 잘 들어주고 오세요. 나머지 30만 원은 하루 일당이고, 20만 원은 그 아저씨의 동생에게 주도록 하세요."

그 돈 100만 원은 내 맘대로 쓸 수 없고, 구청 직원의 지시대로 해야 한다. 내 돈이 아니기 때문이다. 내게 주어진 시간도 사실은 이와 같다. 내 시간이라는 것도 하나님이 주신 선물과 같은 것이기 때문에 하나님의 뜻이 닿는 데 써야 하고, 그분의 뜻이 이루어지는 데 사용해야 한다. 그분이 주신 것이고 그분이 애초에 시간의 주인이시기 때문이다(SL, 123).

2) 시간은 내 것이라는 미친 생각은 더러운 성질에 잔인함을 더하게 한다

시간은 내 것이라는 착각은 '내 것은 내 맘대로 한다'는 생각에 곰 인형은 내 것이니까 내 맘대로 찢어버리겠다는 잔인함을 더하기도 한다. '내 것이니까 내가 찢을 수 있다'라는 생각은 소유권의 오용과 남용이다. 그래서 악마는 '내가 주인'이라는 터무니없는 주장을 부추긴다.

"내 몸의 주인은 나야, 내 몸은 내 맘대로 할 거야!"
"엄마는 내 꺼야!"
"내 아내야!"

심지어 "내 하나님!"이라고 한다.
이때 그들은 자기도 모르게 내 소유가 되어 내 맘대로 처분할 수 있다는 말도 안 되는 소유권을 주장하게 된다(SL, 125). 그래서 "저 고양이는 내 꺼야"라는 말은 내가 내 맘대로 고양이를 마구 때리고 걷어찰 수도 있다는 뜻이 된다.

'내 것'이라는 말에 어느덧 잔인함이 더해진다. 조금 범위를 넓게 잡으면 '내가 사랑하는 나의 나라'라고 할 때도 여전히 '자기 것, 내 맘대로'의 성격이 드러난다. '나라 사랑은 이렇게 하는 거야'라고 하면서 다른 방식의 나라 사랑은 용납이 안 된다. 그리고 때로 다른 방식을 매국노 취급을 한다. 역시 성격이 "더러워지고"(SL, 121) 잔인함이 더해진 경우다.

사람 성격을 더럽게 만드는 방법은 간단하다. 그것은 사람들이 더 많은 자기 권리를 요구하도록 하는 것이다. 권리의 침해로부터 분노가 일어나고 성격이 더러워진다. 사람은 단순한 불행에 화를 내는 게 아니라, 자기 요구와 권리가 무시당할 때 분노한다. 더 많은 정당한 요구를 하면 할수록 그리고 더 많은 권리가 거절당할수록 성격이 더러워진다(SL, 121).

'내 하나님'이라는 착각도 역시 내 맘대로 주무를 수 있는 하나님을 뜻한다. 마술 호리병에 들어 있는 '지니'는 연기를 흩뿌리면서 내 앞에 나타나서 내 욕심과 소원을 채워 주는 도깨비 요정이다.

"주인님, 무슨 소원을 들어드릴까요? 말씀만 하세요!"

'내 아내'는 함께 인생 여정을 걸어가는 친구나 반려자가 아니라 내 종이 되고 나는 주인이 되어, 때리고 학대해도 되는 내 소유물이다. 자녀들이 내 소유가 되었을 때 자녀들을 때리고 학대할 수 있다. 내 것이기 때문이다.

인도의 카스트(caste) 제도는 현대 문명을 거부하는 잔인한 제도다. 고대 세계는 전쟁 포로들이나 돈 주고 사 온 노예를 당연시했다. 나라마다 모두 양반 제도 같은 것이 있어서 천한 것들이 귀한 양반을 함부로 할 수 없도록 신분 차별이 있었다. 그러나 현대 사회에서 카스트 제도는 아무리 이해하려 해도, '사람을 대하는데 어떻게 저토록 무자비하게 대할 수 있는가?' 하는 의문을 감출 수 없다.

그런데 이윽고 그들 설명이 드러내는 바에 따르면, 소위 불가촉천민(不可觸賤民, 달리트)은 사람 축에 속하지 않는다. 그들이 혐오하는 돼지나 파리와 모기와 같다. 죽인다 해도 별로 꺼릴 게 없이 맘대로 죽일 수 있다. 그들이 소유하고 있는 동물을 죽이고 살리는 일이라면 자비를 베풀 일이 아니다. 사람이 아니고 돼지나 파리이기 때문에 그의 소유물이면 얼마든지 잔인해질 수 있다.

이런 일은 흑인 노예들을 대하던 서구인들과 이방인을 대하는 현재 한국 사람들도 그리 다르지 않다. 단지 소유하는 것이 아니라, 그 소유 의식에는 어느덧 잔인함이 더해져서, 때리고, 학대하고, 죽이는 것을 서슴지 않는다. 사람을 내 것으로 여기면 잔인함이 뒤따르게 된다는 루이스의 통찰은 예사롭지 않다.

그러나 시간이 지나게 되면 시간이 누구 것인지, 몸이 누구 것인지, 아내가 누구 것인지, 심지어 하나님이 누구 것인지가 냉혹하게 드러난다. "내 것"이라는 착각이 코미디였다면 누구 것인지가 판명되는 잔인한 그 시간이 다가오고 〈스크루테이프〉는 이런 인간 현실을 정확히 말해 준다.

> 사람이라고 하는 것들이 이 세계 내에서 "내 것"이라고 우길 수 있는 것은 사실 아무것도 없다. 뭔가를 "내 것"이라고 우길 때마다, "참! 인간이란 것들! 웃기는 족속들"이라는 생각이 들지 않을 수 없다. 우리 악마들은 "조만간 사람들이 내 시간, 내 영혼, 내 몸이라고 우겼던 것이 무엇인지 확실하게 알게 될 것"이라고 하면서, 그들의 엉뚱한 착각에 코웃음 친다. 이것이 사람들의 소유권에 대한 정확한 사실이다. 어떤 경우에는 원수 하나님이 나서서 그 사람들을 "내 것"이라고 말할 테고, 어떤 경우에는 우리 악마가 그 사람들을 "내 것"이라고 할 것이다. 그래서 어떤 경우든 간에 사람에게 "네 것은 하나도 없다"라는 사실을 잔인하게 통보하게 될 날이 다가올 것이다 (SL, PARA 125).

내 시간, 내 몸, 내 영혼이라고 우겼던 착각의 시간이 지나고, 진짜로 "무소유"(無所有)의 참혹한 현실이 다가오게 된다. 사람은 때가 오면 잔인한 "지옥 특유의 자로 잰 듯한 정확함"(SL, 23) 앞에 서게 될 것이다. 이 틈을 악마가 끼어든다.

온 세상 만물이 누구의 것이냐?

하나님이 창조하셨기 때문에 하나님의 것이라고 하지만, 지금 이 세상은 "지하의 아버지"가 이미 정복했기 때문에 소유권이 넘어왔다고 주장한다. 창조한 하나님이 주인이 아니라 정복한 사탄이 주인이다. 이토록 지극히 "현실적이고 역동적인" 악마의 주장(SL, 125) 한 가운데 그리스도인이 살고 있다는 또 다른 역동적인 모습이 있다.

영원: 유물론과 물질주의를 치유하다

루이스는 영원은 인간의 운명이라고 한다. 그러나 사람은 영원이라는 운명에 저항하고 그들 본래 운명이 아닌 이 땅에 그들 생명을 올인하고 도박을 건다. 그래서 아주 천천히 인간 생명에게는 애초부터 대단히 이질적인 지옥의 길로 한 걸음씩 내려간다.

여기서 지옥은 하나님으로부터 아주 멀리 떨어진 거리와 공간에 처해 있고, 〈스크루테이프〉의 유일한 목적은 사람을 가능한 한 하나님으로부터 멀리 떨어뜨려 놓는 것이다. 〈스크루테이프〉는 아래로 내려가는 그 길을 이렇게 말한다.

> 지옥을 향한 걸음에서 가장 안전한 길은 조금씩 한 걸음씩 천천히 내려가는 길이다. 마치 매끄러운 카펫을 깔아놓은 듯한, 그래서 부드럽게 발에 닿으면서 비스듬히 아래로 내려가는 길이다. 그 길을 가는 데는 갑작스럽게 커브를 도는 일도 없다. 어디쯤 왔는지를 알려 주는 표지판도 없고, 방향을 알려 주는 이정표도 없는 길이다(SL, PARA 76).

그렇다고 해서 이 길을 가는 자들이 부드럽고 고운 모래밭을 아무 생각 없이 천천히 걸어가는, 마냥 행복감이 넘치는 길이라고 생각하면 큰 오산이다. 쾌락을 선택해서 짜릿함으로 가는 길에는 뭔가 알 수 없는 불안감과 께름칙함이 때로는 모호하게, 때로는 진저리를 치듯이 환자를 사로잡고 놓아 주지 않는다. 바로 하나님께서 영원의 세계 외에는 "고향 같은 곳에서 안주하는 편안함을 느끼기가 어렵게" 해 놓았고, 마냥 안락함을 누리지 못하도록 마련해 놓으신 하나님의 장치 때문이다(SL, 165).

영원은 유물론의 가장 큰 적(適)이다. 일시적인 물질은 영원 앞에서 맥없이 무너진다. 영원의 시선을 갖는 자는 잠깐 지나가는 물질에 매료되지 않는다. 영원을 바라보는 자는 물질의 일시성을 알고, 물질의 힘에 굴복하지 않는다. 영원을 사모하는 자는 물질을 신으로 숭배하지 않는다. 유물론을 넘어서는 치유하는 힘은 그래서 영원을 알고, 배우고, 감각하고, 마음속 깊이 묵상하는 데서 나온다.

1. 영원과 현재: 〈스크루테이프〉가 사람의 미래를 다루는 유물론적 작업

"왜 이렇게 시간이 빠르지?"
"벌써 네가 제대할 때가 되었다고?"
"너는 벌써 대학을 졸업했다는 말이냐?"

이렇게 인간이 시간을 생소하다고 느끼는 것에 대해 C. S. 루이스는 물고기에 비유하여 마치 물고기가 물속에서 물이 축축하다고 느끼는 것만큼 이상한 것이며 사람은 시간과 "불화하고 있다"고 설명한다(RP, 195-96).

루이스가 시간을 낯설다고 하는 이유는 사람은 본래 시간 안에 있어야 할 존재가 아니기 때문이라고 한다. 사람은 시간을 위한 존재가 아니라 영원을 위한 존재다. 사람은 비록 현재라는 시간 안에 살고 있긴 하지만, 사실은 영원을 위한 존재다(SL, 88-89). 악마의 작업은 사람들이 애써 영원을 망각하고 외면하도록 하는 것이다.

영원은 그토록 사람과 밀착되었건만, 악마는 사람이 아주 멀리 있는 아무 관련 없는 것처럼 영원을 거부하도록 만든다. 사람은 영원을 한 번도 버린 적은 없지만, 실상 크게 관심을 갖고 몰두한 적도 거의 드물다. 사는 게 바쁘기 때문이고, 바쁨은 영원을 잊도록 하는 현실적인 적이다.

모든 인생은 나그네와 같은 길을 간다(Homo Viator). 나그네는 이름 그대로 고달프지만, 아직 갈 길이 있기 때문에, 돌아가야 할 고향이 있기 때문에 마냥 고달프지만은 않다. 나그네 길도, 이 땅의 삶도 영원을 향한 여정이라는 사실을 놓치지 않으면 기쁨과 즐거움이 때때로 우리를 방문해서 힘을 준다. 그게 아니면 세상의 안락이 우리를 눈멀게 해서 영원을 놓치게 한다. 이 세상이 전부인 양 말이다. 세상에 푹 취해서 살아가는 자를 루이스는 소름 끼치게 그린다.

> 나이가 어느 정도 들어 중년에 이르면 세상의 풍요로움이 다가와서 어느 정도의 사회적 안정과 출세가 주어진다. 폼을 잡는 생활에 당연히 취해서 세상살이가 이 정도로 이어진다면 이보다 더 좋은 게 어디 있느냐는 생각이 절로 들기도 한다. 세상과 거의 한 몸이 되어서 세상과 구별되지 않는, 세상에 딱 달라붙어 밀착한 삶이다. 이제야 "이 세상에서 내가 있어야 할 자리를 찾았다는 기분이 든다"라고 중얼거린다. 사실은 세상이 그 사람 안에서 세상의 자리를 차지한 것인데도 말이다. 높은 명성과 발 넓은 인맥, VIP 대접, 몰두해야 할 일과 약간의 스트레스, 이런 것들은 세상 사는 재미를

> 느끼게 하고, 이 땅이야말로 내가 편안하게 안주할 수 있는 진짜 고향이라
> 는 생각이 물씬 든다. 이쯤 되면 그들의 삶은 우리 악마에게 매우 큰 만족을
> 준다. 그래서 젊은이들보다는 이렇게 세상에 안착해서 편안하게 삶을 사는
> 나이 든 중년층이 죽음을 훨씬 더 두려워한다는 것은 두말하면 잔소리이다
> (SL, PARA 165).

사람은 나이가 들고 출세를 하고 안정되면, 자연스럽게 세상에 얽혀져서, 마치 사람을 뜨개질하듯이 촘촘히 꿰매어 세상의 풍요로움에 딱 붙어 있도록, "얽혀 있도록" 해서(Prosperity knits a man to the World) 세상과 구별이 안 될 정도로 이 세상에 단단히 묶여 있다(SL, 165). "이런들 어떠하리, 저런들 어떠하리, 앞산의 드렁칡이 얽어진들 어떠하리"라고 노래를 부른다.

이 환자는 세상살이가 신났다. "이 세상에서 드디어 내가 있어야 할 자리를 찾았다"고 하지만, 악마는 그게 아니라 "세상이 네 속에서 자리를 차지한" 거라고 조롱한다. 사람을 향한 악마의 시선은 거의 옳다. 왜냐하면, 악마는 병에 걸려서 뭐가 뭔지 알지 못하는 비실거리는 "환자"보다 훨씬 더 눈이 정확하여 실체를 보고 있기 때문이다. 그런데 그게 평안히 살고 있는 환자가 좋을 대로 흘러가지 않는다. 하나님께서 두 가지 장치를 해 놓으셨기 때문이다.

우선, 동물 정도밖에 되지 않는 이 작자를 말도 안 되지만, 하나님의 "영원한 세계"로 향하도록 그의 운명을 지워놓았고, 그래서 영원의 세계 외에는 어느 곳에서도 "고향과 같은 안락함"을 느끼지 못하도록 매우 효율적으로 장치해 놓았다. 왜냐하면, 세상에 속한 안락함은 실상 매우 위험하니 말이다. 사람은 세상에서 안락함을 누리지만, 하나님은 세상이 위험하다고 하신다(SL, 28).

사람은 본래 "천국"과 깊이 얽혀 있기 때문에 그의 영혼을 천국에서 벗어나도록 이 땅에 묶어 놓는 것은 악마라 하더라도 "고난이도의 작업"이다 (SL, 165).

루이스는 이렇게 간곡하게 청한다.

> 독자 여러분에게 간곡히 부탁하는 바이다. 이처럼 행복을 누릴 가치가 있는 사람을 만드신 하나님께서 사람들에게 이렇게 말씀하신다. "아무리 사람들이 나름의 소박한 성공을 거두고 자녀들이 행복을 누린다 해도 그것만으로는 사람들은 복된 존재가 될 수는 없다." 그리고 이 사실을 잠시라도 당신들의 바쁜 시간을 멈추고 귀 기울여서 생각해 보라는 것이다. 이 말씀이 참으로 옳은 사실일 수 있음을 잠시라도 믿어 보기 바란다. 이 모든 세상의 성공이나 행복은 결국 그들에게서 잔인하게 떨어져 나갈 수밖에 없으며, 하나님 알기를 배우지 못하는 한 그들은 비참해질 수밖에 없다는 사실을 깊이 생각하고 믿어 보라는 것이다(PP, PARA 146).

이 세상에서 누리는 이런 안락함은 악마들이 원하는 삶이고, 영원을 거부하고 영원을 포기한 삶이다. 이 세상의 삶은 영원을 향한 여정에서 잠시 누리는, 고작해야 나그네의 축복이고 기쁨이지 영원의 산물이 아니다. 그래서 역설적으로 영원을 바라보고 영원을 아는 자가 현재에 최선을 다하게 된다. 여기서 영원을 왜곡하는 악마의 방법이 등장한다. 그것은 영원을 미래와 마구 혼란케 하여 서로 구별이 가지 않도록 하는 것이다.

사람은 생리적으로 미래를 향하게 되어 있다. 미래를 향한 사람들의 생각 또는 미래를 향한 비전이 바로 영원을 향한 희망인 것처럼 헷갈리게 된다. 그러나 영원은 미래가 아니다. 사람의 미래는 아직 다가오지 않는 불확실한 것이고, 그래서 당연히 미래를 생각할 때 사람은 두려움과 희망을 갖는다. 확실하지 않기 때문에 두렵고, 그래서 또한, 희망이 있다. 이때 두려움과 희망은 둘 다 막연하고 근거 없는 비현실적인 미래의 무지개 같은 허상에 불과하다(SL, 89).

미래는 "거의 시간의 일시적인 한 조각"(the most completely temporal part of time", SL, 90)으로 우리를 빠르게 슬쩍 지나쳐 간다. 그래서 미래는 너무도 작은 한순간이기 때문에 누구도 붙잡을 수 없다. 미래는 현재의 손가락 사이로 빠져나가고 있을 뿐, 미래가 다가올 때 사람은 도저히 느낄 수 없을 정도의 작은 조각으로 그냥 한순간에 사라진다. "사람이 좋아하는 미래라는 것도 알고 보면 아주 미세한 한순간의 찰나"(fix men's affections on the Future, on the very core of temporality", SL, 90)일 뿐이다.

다시 말하면, 사람에게 미래는 거의 존재하지 않는다고 하는 편이 맞다. 미래는 사람에게 간신히 존재하는 것에 불과하다. 사람의 인식으로 미래는 포착되지 않는다. 미래는 단지 지나갈 뿐 사람이 붙잡아서 어떻게 해볼 수 없다.

사람의 미래는 역사의 흐름에 의한 필연이 아니다. 사람은 미래가 어떻게 다가올지 전혀 알지 못한다. 미래는 현재 내가 어떤 선택을 하느냐에 달려 있을 뿐이다. 미래는 현재 내가 하는 선택에 의해서 그 모습이 드러날 뿐, 필연적으로 다가오는 어떤 썸씽(Something)이 아니다.

그런데도 사람은 현재 내가 어떤 선택을 할 것인가를 생각지 않고, 미래에 나타날 것이라고 믿는 허황된 모습에 "기대어" 현재 어떤 선택을 하려한다(SL, 148). 거꾸로 뒤집힌 것이다. 미래가 아니라 현재가 미래를 만든다. 사람은 그렇게 미래를 악하게 사용한다. 미래를 그리는 유토피아는 오히려 현재를 망치는 거짓 환상에 불과하다.

"유토피아"는 실로 "그런 장소는 없다"(ou topos, no place)는 뜻이며, 말 그대로 허구적 공간, 이상향일 뿐이다. 이상향은 사람의 능력 건너편에 있다.

세계 최고의 수영선수가 태평양을 건너기 위해서 해변을 출발한 지 얼마 안 되어서 익사하는 것과 다르지 않다. 최고의 수영선수라 해도 태평양 바다를 건너려 하는 것은 무모한 일이 아니라 악한 일이다. 그래서 미래를 향한 희망은 매우 자주 악함을 드러낸다. 희망찬 이상향, 유토피아의 미래가 다가온다는 신념, 예컨대 공산주의 이데올로기는 이를 거부하는 반동들을 폭력으로 처형한다.

꿈에 부푼 과도한, 사람의 한계를 넘어서는 이상향을 향한 미래는 악을 품고 있기 때문에 이를 이루기 위한 폭력을 부른다. 그래서 미래는 악함을 만들고, "모든 악함은 미래에 뿌리를 둔다"(SL, 90). 미래는 예정되어 있지 않고, 단지 현재 우리가 무엇을 어떻게 하느냐에 의해서 결정될 뿐이다.

"지상에 천국을 건설하겠다는 시도는 늘 지옥을 만들어 낸다."[1]

칼 포퍼와 C. S. 루이스의 역사주의 비판은 맥락이 흡사하다. 포퍼가 말하는 역사주의는 역사는 필연적으로 특정한 방향으로 흐른다는 신념이고, 마르크스를 예로 들어 이런 신념을 신랄하게 비판하여 무너뜨린다. 루이스도 마찬가지로 역사의 흐름에서 역사에 내재된 의미를 찾아내려는 역사주의를 비판한다.

루이스는 "현대의 역사주의는 헤겔을 범신론의 선조로 삼고, 마르크스를 유물론적인 후손으로 두고 있으면서(『역사주의』, CR, 190), 역사를 "계시" 또

---

[1] Karl Popper, 『열린 사회와 그 적들』 2권에 나온다. 다음과 같은 말도 있다. "지상에 천국을 건설하고자 하는 최선의 의도가 있다고 해도, 그것은 단지 하나의 지옥, 사람이 다른 사람들을 위해서 준비하는 그런 지옥을 만들 뿐이다", "지상 낙원을 약속한 자들은 지옥을 만들 뿐이다." 칼 포퍼와 C. S. 루이스의 역사주의 비판에서 차이점은, 포퍼는 공산 사회가 도래하리라는 예언을 프로이트의 심리학과 같이 반증 가능성이 없기 때문에 사이비 과학의 예언처럼 믿을 수 없다는 주장이고, 루이스는 역사의 의미는 수명이 짧은 인간은 찾을 수 없는 것이라 하고, 하나님에 의해서 그 의미가 드러나리라는 믿음이다. https://namu.wiki/w/%EC%B9%BC%20%ED%8F%AC%ED%8D%BC

는 "복음"이라고 주장하든지, 절대정신이 역사에서 드러난다"고 하는 등의 역사주의를 비판한다. 이런 역사주의는 못된 시아버지가 중풍으로 쓰러진 것을 "심판을 받은 것"(『역사주의』, CR, 186)이라고 하는 태도와 같은 것이다. 그래서 이런 논의는 시간 낭비일 뿐이다. 루이스의 유머는 누구도 따라가지 못한다.

아직 모두 다 읽어보지도 않았는데 어떻게 그 드라마의 내용을 평가할 수 있는가?

역사는 굳이 말하자면, 지금도 이야기가 전개되는 중인데 그 의미가 어떻다고 말하는 것은 쓸데없는 시간 낭비다.

"사람의 진짜 문제는 모든 것을 다 알지 못한다는 것이 아니라, 아는 것이 거의 없다는 것이다"(『역사주의』, CR, 184-87).

100년을 간신히 사는 인간이 무슨 역사냐 하는 말이다. 사람에게는 역사의 긴 시간에 들어 있는 의미를 파악해 낼 수 있는 실력도 능력도 없다. 미래는 사람에게는 너무나 멀리 있는 허상이고, 미래를 위해서 살아간다는 말은 희망찬 미래를 위해서 현재의 거짓과 불행을 견디면서 살아가는 것과 같다.

미래에 부자가 되기 위해서 오늘의 거짓은 용서될 수 있고, 미래에 권력을 잡기 위해는 오늘의 음모 술수는 그냥 지나갈 수 있다. 미래는 현재를 갉아먹어 오늘 우리의 불행과 무자비와 부정직을 옹호하게 한다. 이런 악마의 계략은 사람들이 저 멀리 있는 무지개를 보고서 무작정 달려가게 만든다.

현재야 거짓과 탐욕과 무례함으로 가득한들 그것이 무슨 상관이겠는가?

현재 거짓을 행한다 해도 미래에 얻을 것을 생각하면 그런 거짓을 견딜 수 있다고 그리고 견뎌야 한다고 악마는 유혹한다(SL, 91).

그래서 사람들은 현재 우리에게 주어지는 참된 "선물"을 미래라는 허구의 "제단"에 쌓아 놓고 불태워 버린다. 현재 주어지는 기쁨의 선물을 누리지 못하는 사람은 그것이 습관이 되어 늘 미래를 바라보면서 "내일이 오면, 그때 오늘을 누리리라"고 한다. 그러나 그에게 내일이라는 오늘은 영원히 오지 않고 계속 미뤄진다(SL, 91). 미래의 행복을 위해서 항상 오늘의 불행을 견디지만, 결국 미래는 오지 않는다. 사람은 현재만을 누릴 수 있을 뿐이기 때문이다. *Carpe Diem!*

아우구스티누스 역시 그의 시간 이해에서 같은 맥락을 말한다. 사람은 흔히 과거, 현재, 미래를 말하지만, 현재만이 내가 경험할 수 있는 시간이다. 만일, 누군가 시간이 무엇인지 물어본다면 그에 대한 답을 하기 어렵다. 시간은 사람의 의식에서 늘 오리무중이다. 사람들이 흔히 시간을 과거와 현재 그리고 미래로 나눈다.

그러나 사람이 경험하는 시간은 그렇지 않다. 과거는 이미 지나가서 돌이킬 수 없이 굳어 버렸고, 미래는 아직 다가오지 않았기 때문에 알 수 없다. 사람은 단지 현재만 경험할 수 있으며 과거는 기억에 있을 뿐이다. 미래를 경험하는 것은 우리가 단지 현재, 지금, 미래를 기대하는 것이다. 그래서 사람은 단지 현재에 비추어 경험할 수 있을 뿐이다. 사람에게는 과거 일의 현재, 미래 일의 현재, 현재 일의 현재를 우리의 마음 안에서 경험한다.[2]

사도 바울은 "세월을 아끼라"고 한다. 문자 그대로 하면, "시간을 사라"(Redeem the Time)는 뜻이다. "산다"는 말은 예수께서 잃어버린 우리를 "다시 사는 것"(구속하다)과 같은 의미다. 여기서 "시간"은 카이로스, 특정한 사건의 시간, 어떤 주어진 기회와 찬스를 가리킨다. 특별한 기회를 놓치지 말고

---

[2] 양명수, "『고백록』 11권에 나타난 아우구스티누스의 현상학적 시간론", 「신학사상」 169집 (한신대학교 신학사상연구소) 참조.

돈을 주고 사라는 말씀이다. 시간과 기회는 누구에게나 주어진다. 찬스를 놓치지 말라. 돈을 주고 시장에 나가서 찬스를 사서 너의 것으로 만들라는 뜻이다.

미래는 영원을 닮은듯하지만, 하나도 닮지 않았다. 그러나 현재는 영원의 빛으로 인하여 찬란하게 빛난다. 현재는 영원과 맞닿아 있기 때문이다. 미래를 계획한다 해도 하나님의 자녀는 현재의 필요와 현재의 관점에서 현재, 지금, 오늘의 의무를 다할 뿐이다. 미래를 예측하고 생각하지만, 그 일을 직접 행하는 시점은 지금, 현재다(SL, 90). 그래서 언제든지 현재가 최우선이고 어떤 경우로도 오늘이 포기되어서는 안 된다.

> 사람은 시간 안에 산다. 그러나 원수 하나님은 사람들이 영원을 향하도록 그렇게 운명 지워놓았다. 그래서 우리 악마들이 믿기로는, 원수 하나님은 사람들이 두 가지에 주로 집중하기를 원한다. 즉, 영원 그 자체와 사람들이 현재라고 부르는 바로 그 시간에 집중하기를 원한다. 왜냐하면, 현재는 '영원'이 시간을 만나서 접촉하는 바로 그 지점이기 때문이다(SL, PARA 88).

결국, 오늘 현재와 영원의 신비함을 깨달은 자들은 한 번에 한순간의 현재를 살 뿐이다. 자기 앞에 주어진 현재 시간에 집중한다. 지금, 이 순간을 헤쳐 나갈 수 있다면 하루를 헤쳐 나갈 수 있고, 하루를 어떻게 사느냐가 결국 그의 일생 전체를 어떻게 사느냐를 결정한다. 미래를 예측하거나 미래에 집중하는 게 아니라 현재 주어진 시간과 삶에 주목하고 관심을 둘 때 그는 영원을 살아가는 것이다. 『스크루테이프의 편지』에서 우리가 보기에 최고의 명문이 나타난다.

그리스도인의 삶은 여기에 다 들어 있다.

제10장 영원: 유물론과 물질주의를 치유하다   255

> 원수 하나님은 사람들이 미래에 그들의 마음을 빼앗기기를 원치 않는다. 오히려 원수가 바라는 이상적인 인간 삶은 우선 하루 종일 자녀들에게 줄 수 있는 좋은 것들을 위해서 일을 한다(그 일이 그의 직업과 소명이라면). 그리고 다음에는 하루의 일을 끝나고 저녁때쯤에는 여러 가지 오늘 하루 겪었던 일에 관한 생각을 이제는 이미 지나간 과거로 깨끗이 씻어버린다. 그리고 그들이 현재 안고 있는 당면한 문제들은 하늘의 하나님께 맡기면서, 그에게 다가오는 현재 이 순간에 필요한 인내와 감사의 마음을 하나님께 간구하고, 그는 현재라는 시간으로 즉시 되돌아가는 모습을 보여 준다(SL, PARA 91).

첫째, 한 사람의 "직업"(Calling)은 곧 하나님의 "부르심"(Calling)이다. 직업은 단지 먹고 살기 위한 일이 아니라 하나님의 부르심이다. 부르심으로서의 직업이지 먹고 살기 위한 밥벌이가 아니다.
둘째, 현재 오늘 주어진, 그가 해야 할 일은 자녀들과 가족을 위해서 최선을 다하는 일이다. 미래가 아니라 현재를 살아간다. 미래를 공상하지 않고 현재 해야 할 일을 한다.
셋째, 지나간 일은 깨끗이 잊어버릴 줄 안다. 꽁꽁 얼어붙은 과거는 과거대로 지나가도록 하고, 내 기억 속에서 깨끗이 사라지게 한다. 좋은 것이건 나쁜 것이건 말이다.
넷째, 우리 자녀와 가족과 그밖에 내게 주어진 문제들은 하나님께 간구하여 맡긴다. 그리고 다가오는 내일의 순간을 오늘 우리의 감사와 인내의 마음으로 채운다.

과거를 과거로 대하고, 미래는 하나님께 맡기고, 현재 우리에게 주어진 그 순간을 살아간다. 그는 "지금, 이 순간에" 정직하고 친절하고 행복해한다(SL, 91). 미래에 매달리지 않고 현재를 사는 사람은 현재 주어진 삶의 선물을 감사하고 기뻐하고 누릴 줄 안다.

그러나 미래에 매달리는 자들은 현재 주어진 삶의 선물을 미래에 대한 걱정으로 "미래의 제단"에 쌓아 놓고 한갓 "땔감으로 태워 버린다"(SL, 91). 현재를 놓치고 미래의 무지개를 쫓아가지만, 그에게 따로 주어지는 미래는 없다. 사람에게는 현재 외에는 선물이 없기 때문이다. 미래라는 저 멀리 있는 꿈과 같은 "무지개"는 결코 내 손에 잡히지 않고 슬며시 빠져나갈 뿐이다.

〈스크루테이프〉가 가장 혐오하는 인간은 "현재를 살아가는 자"이다(SL, 91). 현재를 산다는 말은 미래를 기대하면서 산다는 말과 비슷하다. 미래가 희망이 이루어지는 모습으로 다가오리라는 기대감을 갖는다. 그러나 희망은 희망일 뿐, 그 희망이 깨어지는 미래의 어느 날 그의 존재 자체가 부서지게 된다. 현재를 산다는 것은 이처럼 미래를 바라보고, "미래에 기대어서" 현재를 결정하는 태도가 아니다(SL, 148). 현재를 산다는 말을 〈스크루테이프〉가 잘 설명한다.

> 환자 역시 앞으로 다가올 미래에 두려운 일들이 닥칠 수 있다는 사실을 잘 알고 있다. 그런 상황에서도 그는 현재 당면한 두려움을 이겨낼 미덕을 달라고 기도를 드릴 뿐이다. 그러면서도 그는 모든 의무와 모든 은혜와 모든 지식과 모든 쾌락의 유일한 거처인 현재라는 시간에 여전히 몸담고 있다면, 이는 우리 악마가 보기에 가장 최악의 상황이 되고 만다(SL, PARA 92).

"현재를 산다"는 것은 미래를 제외하는 것은 아니다.
미래가 희망이 될지, 두려움이 될지, 그걸 누가 알겠는가!
단지 그는 미래의 두려움이 현재 그에게 다가온다 해도 기꺼이 두려움의 파고(波高)를 마주 대하면서 그 고비를 넘을 수 있는 힘을 주시기를 기도드린다. 사람이 미래의 두려움과 걱정 근심에 사로잡히면 그들의 마음에 하나님조차도 배제되어 하나님도 접근하지 못한다(SL, 42). 근심과 걱정은 철저히 미래에 속한 것이고, 미래의 근심과 걱정은 이토록 치명적이다.

악마는 사람들이 불안과 걱정으로 미래에 꽂혀 있도록 하고, 원수 하나님은 현재 하는 일에 신경 쓰도록 한다(SL, 42). 미래를 생각한다는 것은, 알고 보면 오늘 내가 해야 할 의무이고, 미래로부터 현재 기도해야 할 "기도 제목과 기도의 재료를 단지 빌려 올 뿐" 막상 기도를 드리고 행동하는 시점은 바로 현재다(SL, 90).

우리는 "주님의 뜻이 이루어지이다"라고 기도드린다. 이 기도는 현재 우리 앞에 놓여 시련과 불안, 걱정과 근심에 대해 인내를 갖고 견딤으로 받아들인다는 뜻이다.

시련과 불안을 넘어서서 하나님의 뜻이 이루어지이다!

우리는 또한 "일용할 양식을 주옵시고"라는 기도를 드린다. 시련과 걱정 근심을 지금 내가 감당할 수 있도록 해 달라는 기도다. 아직 내게 일어나지 않은 미래를 근심과 걱정으로 지새울 때, 원수 하나님도 이를 어찌 도울 방법이 딱히 없다. 악마들은 무슨 일이 발생할지도 모르는 미래의 일을 미리 걱정하면서 마음을 걱정으로 채우고 다지도록 격려한다. 미래를 위해서 지금 인내심을 발휘한다 해도 거짓 속임수에 속는 것이다(SL, 43). 아직 다가오지 않은 미래의 일 때문에 지금 인내를 발휘하는 것은 바보들의 짓이다.

하나님의 지혜는 현재 우리에게 하나님이 주시는 풍요로운 선물을 주목하게 한다. 하나님의 그 모든 은혜, 하나님을 아는 모든 시간, 하나님께서 주시는 모든 기쁨과 즐거움 그리고 내가 현재 가족과 친구와 직장을 위해서 해야 할 일들을 생각하고 해내는 것이다. 왜냐하면, 그것이 바로 현재 나에게 주어진 삶의 선물이기 때문이다.

"현재를 산다"라는 말은 한 번 받은 하나님의 은혜가 그냥 일평생 계속

이어지기를 바라는 게 아니라, 오히려 하루도 빠짐없이 매일, 매시간 부딪히는 유혹과 어려움을 이길 수 있도록 매일, 매시간에 해당하는 은혜를 기도하고 바라고 받는 것이다(SL, 82).

> 너무 빨리 지나가 버렸어요.
> 서로 쳐다볼 시간도 없어요.
> 난 몰랐어요. 모든 게 이렇게 지나가는데.
> 우린 그걸 모르고 있는 거예요.
> 날 데려다주세요. 산마루턱에 제 무덤으로요.
> 잠깐만요. 잠시면 돼요. 마지막으로 한 번만 더 보겠어요.
> (자신이 살던 동네를 바라보면서), 안녕 세상이여…
> 우리 읍내… 학교… 우리 집… 안녕히 계세요. 엄마 아빠…
> 재깍거리던 시계도 엄마가 가꾸던 해바라기도…
> 맛있는 음식과 아침에 침대 위에 놓여진 다려놓은 원피스…
>
> 잠을 자고 아침에 눈을 뜨고…
> 모든 게 너무나 아름다워 그 진짜 가치를 아무도 모르고 있었어.
> 사람들은 살아가면서 자신들이 살고 있는 세상을 얼마나 깨달을까요?
>
> 자신이 살고 있는 1분 1초를 말이에요.
> 없죠. 아마도 성자나 시인들, 그들은 약간은 알 거요.
>
> (손톤 와일더, 『우리 읍내』 중에서)

내 삶은 때론 불행했고, 때론 행복했습니다.
삶이 한낱 꿈에 불과하다지만, 그래도 살아서 좋았습니다.
새벽에 쨍한 차가운 공기, 꽃이 피기 전 부는 달콤한 바람,

해 질 무렵 우러나오는 노을의 냄새.
어느 한 가지 눈부시지 않은 날이 없었습니다.

지금 삶이 힘든 당신,
이 세상에 태어난 이상 당신은
이 모든 걸 매일 누릴 자격이 있습니다.
후회만 가득한 과거와 불안하기만 한 미래 때문에
지금을 망치지 마세요.

오늘을 살아가세요.
눈이 부시게!
당신은 그럴 자격이 있습니다.
누군가의 엄마였고, 누이였고, 딸이었고
그리고 나였을 그대들에게
이 말을 꼭 하고 싶었어요.

〈백상예술대상〉, 김혜자 수상 소감, "오늘을 살아가세요, 눈이 부시게".

2. 영원을 저항하는 사람들: 세상에서 불안한 안식처를 찾다

사람은 어찌해 볼 도리 없이 영원을 갈구한다. 하나님께서 사람의 마음 속에 영원을 사모하는 마음을 주셨다(전 3:16). 영원은 사람에게 대단히 이질적이고 생소하고 어쩌면 사람의 마음에 전혀 떠오르지 않는 생각할 수 없는 생각이지만, 그리고 결코 손에 넣을 수 없는 것임이 분명하지만, 또한 결코 포기하지 않는 꿈과 같은 것이다.

어린 시절 산 위에 걸려 있는 일곱 색깔의 무지개를 보고서 설레는 마음을 어찌지 못해, 무지개를 손에 잡으려고 한참 산 위로 올라간다. 누구나 있는 예외 없는 추억이다. 사람은 영원을 생소해하지만, 동시에 영원은 사람을 위하여 예비된 것이다. 그래서 사람은 영원을 갈구하면서 동시에 멀리한다.

사람들은 때로 그의 본래의 성인 영원을 저항한다. 루이스는 영원을 "기쁨"(Joy), "그리움"(Senshut), "노스탤지어"(Nostalgia) 등으로 표현한다. 어느 때이건 불쑥 나타나는 이유 없는 갈망, 무엇으로 채운다 해도 결코 채워질 것 같지 않은 목마름, 그렇다! 시편에서 이미 그리는 목마른 사슴이 목이 갈하여 헤매는 바로 그 장면이다. 사람은 영원을 찾아서 자신도 알지 못하는 사이에 무진 애를 쓰고 지쳐버리기도 하고 쓰러지기도 한다.

'사람은 어떤 존재인가?'라는 근원적 물음이 여기에 있다. 서구철학은 사람을 이성(理性)이라 하고, 프로이트는 성(性)을 통해서 이해하려 하고, 니체는 권력 추구를 인간 존재의 본래적 현실로 보고, 낭만주의는 감성(感性)을 내세우고, 칼 마르크스와 일부 심리학자는 사람을 단지 경제와 물질의 집합 또는 유물론으로 이해하려 한다. 성과 권력, 이성과 감성, 물질 등은 인간 삶에서 결코 뺄 수 없는 늘 결정적인 삶의 콘텐츠로서 작용한다.

성경의 인간 창조 말씀은 하나님이 사람을 그분의 호흡으로 유일하게 창조하셨다고 한다. 창세기는 인간 기원을 하나님이라고 말씀하면서, 사람을 하나님이 빚으신 조각(彫刻), 걸작으로 그린다. 팔을 걷어서 진흙을 주무르시는 하나님, 진흙으로 사람의 모양을 만드신 다음에 하나님은 그의 얼굴을 앞으로 끌어당겨서 하나님의 호흡을 코에 깊이 불어 넣으신다.

마치 아빠가 어린 자녀를 온몸으로 안아주듯이, 이보다 더 가까운 사이가 어디 있을까?

그리고 본래 흙덩어리였던 존재는 살아 있는 생명체, "네페쉬 하야" (Nephesh Haya, 생령)가 되었다고 하신다(창 2:8). 이 "네페쉬"라는 말은 본래 목구멍을 뜻한다. 갈증을 어쩌지 못해서 헐떡이는 살아 있는 자의 목구멍. 굶주림과 목마름으로 헉헉대는 목구멍의 존재, 갈망하는 존재를 말한다.[3]

우리는 얼마나 많은 것을 우리 목구멍에 채워 넣는가!

"이젠 그만 많이 먹었다! 그만 됐다"라고 말하던가!

그렇지 않다. 아무리 먹고 마셔도 끊임없이 부어 넣어도 만족함이 없는 목구멍, 우리 자신의 모습이다.[4]

이쯤에서 아우구스티누스의 유명한 어록이 생각나지 않을 수 없다. 하나님께서 사람을 만드실 때 사람 속에 빈 공간을 두셨는데, "하나님, 당신으로 그 텅 빈 공간을 채우기 전까지는 내게 결코 평안이 없나이다"라는 고백의 바로 그 비어 있는 공간이다. 텅 비어 있음은 채워지기를 기다리고, 사람은 먹을 것으로 비어 있는 목구멍에 쓸어 담지만, 몇 시간이 지나면 언제 그랬냐는 듯이 목구멍을 더 크게 하여 더 맛있는 것으로 채우기를 원한다.

---

3   위르겐 몰트만, 『살아계신 하나님과 풍성한 생명』, 박종화 옮김 (서울: 대한기독교서회, 2017), 49-50.

4   한스 발터 볼프, 『구약성서의 인간학』, 문희석 옮김 (서울: 분도출판사, 1976), 30-35. 볼프하르트 판넨베르크, 『조직신학 제2권』, 신준호, 안희철 옮김 (서울: 새물결플러스, 2018), 331.

또는 권력과 힘으로 목구멍을 채우려고 온갖 음모와 책략으로 죽을힘을 다해서 목구멍을 채우지만, 여전히 갈급해하여 그의 생명을 다 태우기까지 목구멍을 위한 싸움을 그치지 않는다. 아니면, 남자는 여자로, 여자는 남자로 채우려 하지만, 그 목구멍의 깊은 심연은 이 세상 어떤 여자와 남자로도 완전히 채워지지 않는다. 루이스는 자동차는 휘발유를 넣어야 달릴 수 있는 것처럼, 사람은 하나님 그분 자신으로 채워야 달릴 수 있도록 사람을 만드셨다고 한다(MC, 89).

사람에게서 이 기쁨, 그리움과 갈망 또는 목마름은 무엇인가?

루이스가 말하는 기쁨을 찾아가는 여정은 "나도 잘 알 수 없는 나 자신의 은밀한 갈망"과 같은 것이다. 숨기고도 싶고 말하고도 싶지만, "숨길 수도 말할 수도 없는 비밀"이고, 우리가 말할 수 없는 이유는 우리가 한 번도 경험해 보지 못한 "알 수 없는 갈망"이기 때문이다(WG, 16). 우리 자신도 "미처 알아채지 못했던 갈망"이다(WG, 27).

나니아 연대기에서 아이들이 나니아 왕국의 끝자락에 이르는데, 이때 늘 용감하게 앞장서는 용감한 생쥐 리피치프가 누구보다 앞서서 바다에 첨벙 뛰어들어 바닷물을 마시면서 마른 목을 축인다. 그리고 소리친다.

"아! 달콤해, 달콤해, 달콤해!"

그리고 캐스피언 왕이 이어서 그 바닷물을 마시는데 온몸이 환하게 빛난다.

"그래, 바로 이 물은 진짜 바로 그 물이요. 이 물을 마시면 죽는다는 것을 알고 있다고 해도 나는 기꺼이 이 물을 마실 것이요. 마치 내가 빛을 마신 기분이요."

그러자 바로 용감한 리피치프가 말한다.

"바로 그거예요. 마실 수 있는 빛, 이 맛이야!"

루시도 그 물을 마시고는 숨이 거의 넘어갈 듯이 탄성을 지른다.

"지금까지 마셔본 것 중 최고예요. 아! 아주 진해요. 우리는 이제 아무것도 먹을 필요가 없겠는걸요"(NC, 『새벽 출정호의 항해』 732-36).

그들이 지금까지 그들의 깊은 갈망 가운데서 그토록 찾고 찾던 "기쁨의 빛"을 마신다. 마셔보지 않고서는 알 수 없는 바로 그 맛, 마셔보니 지금까지 그렇게 갈망했으나, 이제야 그들이 그토록 갈망하던 빛이라는 사실을 알게 되었다. 죽음도 말릴 수 없는 진짜 달콤함, 이제는 더 이상 아무것도 먹지 않아도 배부른 "기쁨의 빛"을 마신다.

그 갈망과 굶주림은 무엇으로도 채울 수 없었던, 늘 우리를 아리게 했던 아픔이었고, 빈틈이었고 뻥 뚫린 공허였다. 이제야 그들의 갈망이 채워진다. 아이들은 〈스크루테이프〉가 발버둥을 치면서 사람들을 "그 빛"으로부터 "아무것도 아닌 것"(SL, 76)으로 끌어내려 유혹하려 했던 바로 갈망의 근원 "그 빛의 물"을 마시게 된다.

우리가 지금 살고 있는 "새도우랜드"(Shadowland)[5], 즉 이 "그림자 세계"에서는 여전히 희미하게 목마름을 느끼고 때로 목을 축이는 듯하지만, 갈증은 여전하고, 목마름은 그림자 세계에서 결코 채워지지 않는다. 그리고 그것은 결코 포기할 수도 없고 포기되지도 않는 영원을 향한 그리움의 갈망이다. 그러나 〈스크루테이프〉는 사람들 마음속에 심어진 영원을 향한 그리움을 떼어내어 멀리하도록 하고, 이 세계에 안주하도록 악마의 음모를 실현한다.

이 환자, '바보'는 나이가 어느 정도 들어서, 이른바 출세하면 세상(the World)에 딱 들러붙는다. 이때 세상은 "세속성"이고, 이 세상에서 잘 먹고 잘산다는 말이다. '이 세상이 좋아 죽을 지경이고, 이만하면 살만하지 않

---

[5] 〈새도우랜드〉(Shadowland)는 루이스의 말년에 찾아온 뜻밖의 사랑을 그리는 영화 제목이기도 하다. 리차드 아텐보로 감독의 1993년 영화로서 안소니 홉킨스 등이 루이스의 역할을 맡아 주연으로 출연했다.

은가!' 하고 배를 두드리는 만족감이다. 이때 세상은 하나님이 사랑하시는 "세상"이 아니다(요 3:16). 이 세상은 하나님을 적대하는 자들의 집합명사다. 예수께서는 그에게 속한 자는 "세상"에 속하지 않는다고 하시며, "세상"은 이미 예수를 증오한다고 하신다(요 15장). 사도 바울은 "세상의 지혜"와 "세상의 영"(靈)은 하나님을 대항한다고 한다(고전 2장).

〈스크루테이프〉에 의하면 "세속성"은 악마들이 만들어 낸 "시간의 작품"이다. 시간은 악마들의 편을 들어서 작용하기 때문에, 악마는 하나님이 환자에게 허락해 준 수명이 너무 짧다고 불평한다. 인간 유혹을 충분히 잘 해내기에는 시간이 너무 짧기 때문에, 죽음이 닥치면 즉시 환자는 악마의 손아귀에서 벗어나고 만다.

"죽음은 전혀 다른 종류의 삶으로 들어가는 통로"이기에 죽음에 이르기 전에 충분히 환자를 구워삶아야 한다(SL, 166). 인간 수명은 악마가 작업을 해서 이 세상에 밧줄로 칭칭 감아두기에는 너무나 짧다. 사람들이 세상으로부터 완전한 만족을 얻지 못하도록 하는 하나님의 장치가 사람들에게 쉽사리 평안함을 주지 않기 때문이다. 사람을 유혹해서 악마들의 편에 완전히 속하도록 하기 위해서는 사람들이 적절하게 오래 살아야 한다. 〈스크루테이프〉는 그래서 젊은것들을 좋아하지 않는다(SL, 165-66).

"죽음은 최악, 생존은 최선" 또는 "살아남는 게 이기는 것"이라는 말은 사람을 속이는 악마의 거짓말이다. 무슨 일이 있든지 무조건 살아야 한다는 말은 거짓말이다. 이런 거짓말은 악마의 교육 결과로 나타난 악마의 작품이다(SL, 163). 사람들은 흔히 무슨 짓을 해서라도 살아남아야 한다고 하지만, 악마의 선전에 놀아나는 격이다.

전쟁에서 드리는 가장 많은 기도, "우리 아들이 죽지 않고 살아 있게만 해 달라"고 하지만, 어찌하든 죽지 않고 살아야 한다는 "육체적 안전"은 사람들이 추구하는 최선이고, 악마의 거짓이다(SL, 163-64).

제10장 영원: 유물론과 물질주의를 치유하다   265

　사람들이 이토록 죽음을 피하려는 이유는 죽음에 대한 악마의 잘못된 "선전"에 속아 넘어갔기 때문이다. 사람이 태어나는 것은 곧 "죽을 수 있는 자격을 부여받는 것"이고, 죽는다는 것은 지금까지의 삶과는 전혀 "다른 삶으로 들어가는 입구"라는 사실을 악마들이 간교하게 숨기기 때문이다(SL, 166). 심지어 악마 웜우드조차도 이런 핵심을 자꾸 까먹는 데, 그 졸개 악마의 고질적인 단점이다(SL, 162).
　〈스크루테이프〉는 그래서 "폭탄이 터지면 사람은 죽는다"라는 당연한 사실에 그리 흥분할 필요가 없다고 비웃는다. 사람들이 "언젠가 죽으리라는 건 진작에 알고 있던 사실"이다(SL, 143). 실제로 직업이나 신분에 상관없이 "시간은 한 시간에 60분의 속도로 찾아오게 되어 있는 것"(SL, 149)이다.
　이상해 보이기는 하지만, 악마도 역시 사람들과 똑같이 그들이 오래 살아남기를 희망한다. 악마는 "제발 오래 살아야 한다. 제발 살아 있기만 해라"고 사람들의 생존을 갈망한다. 죽으면 더 이상 기회가 사라지고 만다. 악마도 역시 사람의 죽음이 미뤄지기를 소망한다.
　〈스크루테이프〉는 웜우드에게 "네 환자를 네 눈동자처럼 소중하게 지켜야 한다"라고 강하게 충고한다. 지금 죽어버리면 영영 환자를 잃고 만다. 환자가 전쟁 통에서 어쨌든 살아남기만 하면 더 좋은 유혹의 기회가 주어질 것이다. 환자가 살아남아서 이 세상에서 깊숙이 자리를 잡도록 해라, 그러면 기회가 주어진다. 이것이 악마의 전략이다(SL, 164).
　시간은 악마의 편이다(SL, 164). 오랜 시간을 살아온 소위 "경험"을 자랑하는 사람들은 많은 경우 그들의 경험에 스스로 속는다. 시간은 경험을 만들고, 경험은 사람을 세속으로 안착시켜서, 경험이 큰소리를 치고, 경험을 따르도록 악마가 작업 해 놓았다(SL, 166). 그래서 악마는 사람의 경험을 미덕과 분별력과 성숙과 거의 동의어로 만들어 놓았다. 그래서 "내가 경험해

봤다"라는 말은 젊음을 향해서 큰 힘을 갖고 큰소리를 치도록 한다.

"내가 이미 오래전에 경험을 해봤다."

젊음을 향해서 경험이 없다고 꾸짖는다. 그러나 물론 "경험은 착각의 어머니"일 뿐이다(SL, 166). 실상은 경험이 많다는 것은 그만큼 오랫동안 착각 속에서 살았다는 말이다. 경험이 많다고 해서 오류와 잘못을 저지르지 않는 것은 아니다. 경험 많은 자가 그들의 경험을 앞세워서 우기면서 주장하기 시작하면 악마들은 좋아 죽는다.

악마가 가르쳐준 경험으로 오랫동안 살아서 "끈기 있게 버틴" 환자들을 보고 악마는 좋아서 춤을 춘다. 경험이 있다는 게 차라리 없는 것보다 더 못하다. 경험 있다고 경험을 앞세우는 자들 역시 악마의 놀잇감이다. 악마들이 가르쳐 놓은 "경험"은 악마들에게 무척이나 "쓸모 있는 단어"다(SL, 166).

사람이 시선을 돌려서 그들의 운명과도 같은 영원을 저항하고, 세속에 얽혀 들어가면 대책이 없다. 사람은 물과 뭍의 두 세계를 사는 양서류로서 영원과 시간이라는 두 개의 영토에서 살고 있다. 사람은 끊임없이 시계추처럼 이리저리 흔들리는데 이것이 인간 삶의 방식이다. 기쁨에 시작과 끝이 있고, 슬픔도 마찬가지다.

사람은 존재 자체가 시간에 의해서 오르고 내리기를 반복한다. 영원으로 다가가서 흔들림 없는 굳건한 "불변성, 항구성"(SL, 53)으로 자신을 세우기 전까지는 말이다. 그런데 영원을 의도적이건 아니건 애써 외면하면서 한번 시간의 땅으로 흔들거리면서 미끄러져 들어가기 시작하면 여간해서는 시간의 매혹적인 미끄럼틀에서 벗어나기 힘들다. 미끄러져 내려가는 재미가 여간 쏠쏠하지 않기 때문이다.

3. 유물론과 물질주의를 치료하다: "영원을 사모하는 마음을 주셨으니"

> 당신께서는 항상 현존(現存)하시는 분으로서 모든 시간과 모든 미래의 시간을 초월하여 계십니다. 영원의 지극히 높음 속에서 항상 존재하십니다. 당신께서는 과거의 모든 시간 이전에 존재하시며, 미래의 모든 시간을 넘어서 존재하십니다. 왜냐하면, 미래는 앞으로 올 것이기 때문입니다. 그러나 "당신께서는 항상 동일하신 분이시고, 시간은 끝이 없을 것입니다." 당신에게서 시간은 가지도 오지도 않습니다. 그러나 우리에게는 모든 순간이 가고 또 옵니다. 당신에게서 모든 시간은 하나가 되어 영원히 머물러 있습니다. 또한, 과거의 시간이 지나가지 않기 때문에 앞으로의 세월도 그와 같습니다. 우리를 위한 모든 시간이 멈출 때에도 계속 당신과 함께할 것입니다. 당신의 시간은 시간의 흐름이 아니라 항상 오늘입니다. 당신의 "오늘"은 내일이 되지 않고 어제를 따르지 않습니다. 당신의 "오늘"은 영원입니다
> (아우구스티누스, 『고백록』 XI)

사람은 양서류로서 시간 안에 근거하면서도 영원을 바라본다. 삶의 바쁨에 쫓겨서 영원의 하늘을 때로 놓치기도 하지만, 영원을 그의 마음에서 완전하게 없앤 적은 없다. 〈스크루테이프〉의 작업 지시는 사람의 마음에서 영원을 없애는 것이다(SL, 89).

원수 하나님은 시간 속에 살고 있는 인간을 위해서 영원을 마련하셨다. 영원은 사람이 하나님에게 깊이 붙어 있는 일과 깊이 관련된다. 루이스는 영원에 관심을 갖는 것 자체가 하나님을 향한 관심이라고 한다. 이에 더하여 하나님은 사람이 영원과 현재에 관심을 갖도록 하신다고 한다. 사람이 영원과 현재에 관심을 두는 한 〈스크루테이프〉는 그 사람을 어쩌지 못한

다. 그리고 현재는 영원에 맞닿아 있는 지점이다(SL, 89).

사람은 영원을 위한, 영원을 향한, 영원을 그리는 영원의 존재다. 〈스크루테이프〉는 그래서 사람의 정신과 마음에서 영원을 없애버릴 수 있다면 싸움은 끝장나고 만다고 믿는다(SL, 89). 그만큼 영원은 사람의 마음에서 결정적인 요소이고, 영원을 향한 감각을 상실한 자는 "벌레"일 뿐이다. 악마는 사람이 시간과 영원, 유한과 무한, 땅과 하늘, 이 두 곳에 엉성하게 동시에 걸쳐 있는 역겨운 "잡종"이라고 혐오한다.

동물은 운명적으로, 그가 속해 있는 자연과 본능 안에서 꼼짝없이 갇혀 살다 죽는다. 자연이 부과한 본능과 생존경쟁의 냉혹한 정글 현실에 그대로 굴복하여 일생을 반복하는 데 한 치의 틀림도 없다. 사자의 굶주림 본능은 물소를 죽이고, 물소를 먹는데 한 번의 주저도 망설임도 없다. 물소의 죽음이 불쌍해서 물소를 먹지 않는 "인간적인" 사자는 없다.

동물은 사람처럼 주저할 자유가 없고, 다르게 살아갈 가능성이 없다. 동물은 철저히 자연에 종속되어 있다. 이것이 사람과 차이다. 사람은 그가 어디에 속해 있느냐, 누구와 함께 사느냐에 따라서 동물로 전락할 수도 영혼으로 상승할 수도 있다.

1920년, 미국인 선교사 조셉 싱(Joseph Singh)은 인도 콜카타 근처에서 선교활동을 했다. 어느 날 싱 선교사는 숲속에 사는 이상한 꼬마 괴물 이야기를 듣고, 숲으로 들어가서 괴물을 찾아보니 굴속에서 늑대와 함께 있던 어린아이 둘을 발견한다. 아이들은 실오라기 하나 걸치지 않은 채로 늑대처럼 네 발로 걸으면서 으르렁거렸다. 싱 선교사는 이 아이들을 데려와서 보니, 8세, 2세 정도 된 여자아이였다. 말은 한마디도 하지 못했다.

아이들에게 각각 '카말라'(Kamala)와 '아말라'(Amala)라는 이름을 지어 주었다. 그 후로 이런 비슷한 사건이 많이 발견되었는데, 위의 두 아이가 전형적인 사례다. 아이들은 두 손과 두 발로 기어다녔고, 음식을 먹는 것도 늑대처럼 혀로 핥아먹었다. 그리고 한밤중이 되면 허공을 향해 세 번씩 울부짖었다. 사람임이 분명하지만, 습성은 그야말로 늑대 그 자체였다.

늑대 아이들은 사람으로 바뀌어가는 게 쉽지 않았다. 발견된 지 1년 정도 되었을 때 동생 아말라가 죽고, 언니 카말라는 매우 슬퍼했다고 한다. 그리고 싱 선교사는 카말라에게 말을 가르치고 걸을 수 있도록 해서 1년 정도 지나서 일어서서 걷게 되었다. 5-6년 동안 카말라는 45개 정도의 단어를 배웠고, 끝내 죽고 말았다.

사람은 그러므로 누구와 함께 사느냐에 의해서 짐승과 같이 될 수도 있고, 영혼이 될 수도 있는 가변성의 존재다. 동물은 자연에 고정되어 있기 때문에, 천년을 사람과 함께 살아도 인사말 하나도 배우지 못한다. 집에서 키우는 강아지는 사람과 가장 가까운 동물이지만, 아무리 사람들과 함께 오랜 세월을 살아도 결코 '풍월'을 읊을 수 없고, '라면'을 끓이지 못한다.

그러나 사람의 경우는 가능성이 열려있는 존재이기 때문에 동물과 같이 살면 동물과 같이 되고, 착하고 선한 사람들과 함께 자라고 살면 그들을 닮아간다. 한 걸음 더 나아가서 하나님과 함께 살면 하나님을 닮은 자들이 된다. 아이들은 부모의 삶을 베끼고, 친구들의 행동을 모방한다.

탐욕스러운 부모와 친구들과 함께 생활하면서 그들의 언행을 보고 듣고 또 모방한다면 어떻게 탐욕스러운 사람됨을 피할 수 있겠는가?

그래서 루이스는 사람은 끊임없이 천국에 합당한 자로 아니면 지옥에 합당한 자로 점차 조금씩 바뀌어 간다고 한다. 본래 반반의 가능성으로 영혼과 동물이었으나 앞으로 나아가는 삶의 방향과 관심에 따라서 점차로 영혼으로 진화하거나 아니면 동물로 전락한다. 사도 바울의 표현에 따르면, "육신을 좇는 자"가 되기도 하고, "영을 좇는 자"가 되기도 한다(롬 8:4-5). 사람은 고정되어 있지 않다. 파스칼은 그래서 사람은 동물이 될 수도 있고, 천사가 될 수 있다고 한다.

악마는 사람을 몸으로 본다. 정신이니, 영혼이니 하는 말은 사람들 스스로 폼을 잡는 되지 못한 겉치레다. 몸을 위한 생각과 행동이 최선이고 최고다. 우리 몸은 눈과 귀가 있으며 눈과 귀의 느낌보다 더 중요한 것은 없다. 눈에 보이지 않는 사랑, 도덕, 인격은 단지 개념이고, 사람의 진짜 현실과 거리가 멀다. 도덕은 "너무 심하게 빼앗지 말고, 때리지 말라, 그래야 네가 산다"라는 자기 보존을 위한 삶의 지침에 불과하다.

따라서 도덕이라는 허울은 이제 "네가 살기 위해서라면, 얼마든지 다른 사람을 경시하고 네 맘대로 할 수 있다"라는 말로 바뀐다. 인격은 교양으로 치장한 것이고, 이기심을 포장해서 드러내는 형식에 불과하다. 유물론과 물질주의가 최고의 가치이기 때문에 사람들은 기꺼이 몸을 가진 동물이 되어 동물처럼 물질을 위해서 정글의 투쟁을 살아간다.

루이스는 영원은 현재와 가장 닮은 것이라고 하면서 "현재는 시간이 영원에 가 닿는 지점"(SL, 88)이라고 한다. 하나님의 영원은 "영원한 현재"이다. 사람은 시간의 순서에 따라서 사람의 행동을 본다. 그러나 시간 밖에 계신 하나님은 시간 순서에 의하지 않고 사람의 행동을 시간의 흐름과 관계없이 별도로 보실 수 있다.

하나님은 사람의 과거와 현재의 모든 행동을 늘 현재에서 보신다(SL, 159). 하나님은 영원한 현재이시기 때문에 사람이 경험하는 현재를 항상 누리신다. 사람들이 경험하는 현재는 영원을 가장 닮았다고 한다(SL, 90).

이와 관련해서 신학자 폴 틸리히의 영원에 대한 묵상을 덧붙인다.

> 아우구스티누스가 시간에 대해서 물음을 던질 때 기도와 함께 해답을 구합니다. 이는 참으로 바른 태도입니다. 기도는 우리 자신을 영원으로 끌어올릴 수 있기 때문입니다. 실제로 시간을 판단하는 것은 영원의 빛 가운데서가 아니면 안 됩니다. 그러나 끝없는 미래는 최종 목표가 아닙니다. 미래는

그 자체를 반복하며 지옥의 이미지로 아주 잘 그려집니다. 그러나 이는 마지막을 대하는 그리스도교의 방식이 아닙니다. 그리스도인들은 영원은 과거와 미래를 넘어서 우뚝 서 있다고 말합니다. "나는 지금도 알파이며 오메가이다. 시작이며 마지막이다." 현재라는 시간의 수수께끼는 시간의 수수께끼 가운데서 가장 심오합니다. 또다시 말씀드리건대, 모든 시간을 포용하고 시간 너머에 있는 영원, 영원이 아니라면 해답은 어디에서도 없습니다.

시간의 여러 형식은 각각 특이한 신비를 가집니다. 그리고 시간의 그 형식들은 각각의 불안을 가져옵니다. 시간의 형식들은 우리를 궁극적 물음 앞에 서게 합니다. 이런 물음 앞에서 단 하나의 답변이 있다면 그것은 영원입니다. 모든 것을 갉아먹는 시간의 힘을 분쇄하는 단 하나의 힘은 영원입니다. 영원이신 그분, 과거에도 계셨고, 지금도 계시고, 앞으로 오실 그분, 시작이시며 마지막이신 그분 말입니다. 그분은 우리의 과거를 용서해 주십니다. 그분은 앞으로 오실 그분을 위한 용기를 주십니다. 그리고 그분은 그분의 영원한 현존 안에서 안식을 주십니다. 이것이 가능한 이유는 시간의 모든 순간이 영원에 맞닿아 있기 때문입니다. 우리를 위하여 시간의 흐름을 멈추게 할 수 있는 것은 오직 영원뿐입니다. 영원한 "현재"만이 시간적인 "현재"를 우리에게 줍니다. 히브리서의 말씀대로 우리는 지금 "오늘"이라고 할 수 있는 시간을 살뿐입니다(히 4:7).

어느 누구도, 결코 누구라도, 시간적인 "현재" 안에서는 영원한 "지금"을 결코 깨달을 수 없습니다. 그러나 때로 영원한 현재는 우리의 의식을 뚫고 들어와서 영원에 대한 확신을 주기도 합니다. 시간의 차원에 대한 확신 말입니다. 시간을 가르고 들어와서 우리의 시간을 줍니다.[6]

---

6   신학자 폴 틸리히(Paul Tillich)는 『영원한 지금』(*Eternal Now*)에서 시간과 영원을 묵상

전혀 반대의 인간, 악마의 음모에 억눌려 있는 자는 곧 미래에 잔뜩 가위 눌려 있는 인간이다. 미래의 불확실함으로 공포와 희망이 공존하여 혼돈에 빠진 인간, 이 땅에 금방이라도 천국이나 지옥이 임할지 모른다는 환상에 사로잡힌 인간 그래서 미래에 천국을 얻을 수 있다거나 지옥을 피할 수 있다는 생각으로 현재를 놓치고, 오늘을 망치는 인간, 이들은 악마들의 생각이 만들어 놓은 모습이다(SL, 91).

> 그러므로 내일 일을 위하여 염려하지 말라 내일 일은 내일이 염려할 것이요 한 날의 괴로움은 그날로 족하니라(마 6:34).

우리는 지금까지 이 말씀에 대한 루이스의 탁월한 해석을 살펴본 것이다.

한다. 시간 이해와 관련해서 신학자 폴 틸리히와 영문학자 C. S. 루이스가 서로 만나는 장면은 새삼스럽다. Paul Tillich, *The Eternal Now* Chapter 11 (The Eternal Now, E-Book), 82-89.

오늘

구상(具常)

오늘도 신비의 샘인 하루를 맞는다
이 하루는 저 강물의 한 방울이
어느 산골짝 옹달샘에 이어져 있고
아득한 푸른 바다에 이어져 있듯
과거와 미래와 현재가 하나이다

이렇듯 나의 오늘은 영원 속에 이어져
바로 시방 나는 그 영원을 살고 있다
그래서 나는 죽고 나서부터가 아니라
오늘서부터 영원을 살아야 하고
영원에 합당한 삶을 살아야 한다

마음이 가난한 삶을 살아야 한다
마음을 비운 삶을 살아야 한다

제11장

사랑, 그 알 수 없는 미스터리

　남녀가 흔히 "사랑에 빠졌다"(being in love, falling in love)고 말한다. 그러나 〈스크루테이프〉는 "사랑에 빠진다"라는 말 따위를 믿지 않는다. 유물론으로 유혹하는 악마는 정신과 관련된 어떤 것이든 물질로 만들어서 보려 한다. 이 세계의 모든 현상은 물질로부터 나오는 것이기 때문에 사랑은 물질 현상에 불과하다. 남녀 사이의 사랑은 그들 몸이 일으키는 성욕을 만드는 호르몬의 화학물질 반응에 지나지 않는다. 그러나 악마는 항의한다.
　"남녀 사랑은 사랑에 빠지는 것이라고 우기지 말라. 솔직히 성욕을 채우는 것이 아니냐!!"
　성과 그 욕구는 인간 생육의 유일한 수단이다. 번식에서 성은 결정적이다. 그러나 여기에 쓸데없는 것들이 끼어들었는데, 그것이 "사랑"과 "쾌락"이다. 악마들은 쾌락에 대해서 질색한다. 악마들이 지금 불평하는 것은 번식을 위한 성적 메커니즘에 왜 쓸데없이 쾌락이 들어 있느냐 하는 것이다.
　쾌락은 하나님이 창조하신 것이고, 악마들이 아무리 연구해도 단 하나의 쾌락도 "발명"하지 못했다(SL, 58). 사람의 성적 유혹 과정에서 쾌락은 번식에서 쓸데없는 것이고, 아무 관련 없는 악마들에게 쾌락은 지루한 것이다(SL, 74).

악마는 본질상 쾌락과 아무 관련 없는 자들이다. 쾌락은 오히려 사람에게 하나님이 친히 발명해서 주신 선물이다. 그래서 악마는 하나님을 "쾌락주의자"(SL, 145)라고 징징댄다. 쾌락은 하나님이 발명하신 하나님의 걸작이다. 쾌락은 때로 죄악과 더불어 이용당하기도 하는데, 악마의 최고 전략은 쾌락 없이도 사람들이 죄에 빠지도록 하는 것이다(SL, 90).

그리고 진짜 쾌락은 악마들이 마지막까지 막아야 할 최후의 데드라인이다(SL, 79). 왜냐하면, 쾌락은 사람의 진짜 감수성을 드러내도록 해서 뭔가 고향으로 되돌아가는 느낌을 주는데, 이는 환자가 하나님께 나아가도록 하는 길이 되기 때문이다(SL, 79). 쾌락은 더럽혀 있는 감수성을 맑고 깨끗하게 한다.

〈스크루테이프〉가 보기에는 "사랑" 또한 생육과 번식에 포장지를 씌워서 번지르르하게 하는 말도 안 되는 짓이다. 남자와 여자는 자고로 교회 안이건 밖이건 어떤 썸씽(Something)이든 그것은 성적 욕구가 만들어 내는 "관능에 따른 욕망의 끌림"(SL, 140)일 뿐이다. 사랑이니 영적 상태가 어떠니 하는 것은 겉치레일 뿐이다. 굳이 몇 마디 첨가하자면 말투나 생활 스타일이 비슷하거나 다르기 때문에 남녀가 서로 끌리는 것에 불과하다. 사랑은 성적 욕구를 시작으로 드러나는 느낌이고(SL, 140), 성적 욕구의 겉치레다.

사랑을 설명하는 생물학자의 방식은 사람이나 동물의 세계나 남성(수컷)이 여성(암컷)에게 구애하고, 여성(암컷)은 구애를 거절하거나 받아들일 수 있는 여성의 우선권이 일반적이다. 그 이유는 남성의 정자는 여성의 난자에 비해서 싸구려다. 여성의 난자는 일정 기간에 생성될 수 있는 값비싼 보석이라면, 남성의 정자는 흔히 굴러다니는 돌멩이와 같다.

적어도 짝짓기 동안에는 여성의 우위가 나타나고, 남성은 끊임없이 구애해야 간신히 짝을 만날 수 있다. 정자와 난자의 만남을 가능케 하는 짝짓기, 이는 보석과 돌멩이의 만남이기 때문에, 보석을 가진 여성이 더 무게를 잡고, 돌멩이를 가진 남성은 수고를 아끼지 않아야 짝짓기가 성립된다.

악마가 보기에 "사랑"은 남녀의 짝짓기 현상을 설명하는 적절한 용어가 아니다. 사람에게 단지 그런 겉치레와 포장이 필요할 뿐이다. 사람은 사랑을 단지 짝짓기라고 말하지 않는다. 사랑이라는 말로 포장을 해서 남녀가 만난다. 사람은 어쨌든 동물에서 벗어난 인간다움의 존엄한 존재로서 살아가기를 원하기 때문이다. 사람은 동물처럼 짝짓기를 하고 짐승처럼 살아가는 모습을 거부한다. 그래도 사랑은 포장일 뿐 실체를 알고 보면 여전히 사랑은 동물의 짝짓기에 불과하다.

베토벤 교향곡 〈합창〉은 스코어로 뜯어보면 복잡하게 얽혀있는 콩나물 모양의 집합이고, 소리는 바이올린과 첼로 등의 현과 관의 마찰과 입김일 뿐이다. 악보에 있는 콩나물 그림들이 우리의 귀 고막을 때리는 〈합창〉이라는 멜로디와 리듬이다. 교향곡 〈합창〉을 단지 콩나물 모양의 집합이라는 설명은 물리적으로 틀린 말은 아니지만, 그것이 전부는 아니다.

교향곡 〈합창〉은 그 음향이 마음을 울리고 감동을 불러일으키는 또 다른 고급스러운 차원이 있다. 그 음악을 단지 물리적인 소리와 생리적인 청각 현상으로 설명이 안 되는 고유한 인간 현상이 있다. 이런 현상을 루이스는 "낮은 차원"에서 "높은 차원"으로 질적 "변이"와 "전환"이 이뤄진 것이라고 한다(DOCKS, '공구장에서의 생각' 282-87 ; WG, '전환' 87-111).

사람이 동물임을 모르는 바는 아니지만, 사랑을 동물들의 짝짓기와 구별하지 않고 설명하는 생물학은 예전이나 지금이나 사람의 동물 됨을 강조한다. 그래서 늘 사람의 영혼 됨을 놓치고 있다. 여전히 〈스크루테이프〉의 시각과 일치한다. 들판을 달리는 사자들의 짝짓기를 "사랑에 빠졌다"고 하지 않는다. 〈스크루테이프〉는 끝내 사랑을 짝짓기라고 부르고 싶어 한다.

하지만, 우리는 적어도 동물과 사람이 다르다는 사실로 포장하고 사람의 존엄을 놓치지 않으려 한다. 여전히 우리는 모두 그렇게 말하고 있다. 동물학 교수라 해도 딸이 사랑해서 결혼하는 것을 "짝짓기한다"라고 말하지 않는다. 사람의 존엄과 신비를 동물의 차원으로 격하시키기를 원치 않기 때문이다. 같다 해도 여전히 다르다.

낭만적 사랑을 강조하는 자들은 사랑에 빠져야 사귄다고 말한다. "사랑에 빠지는" 것이 없다면 어떻게 결혼하느냐고 말한다.

결혼은 두 가지 모습을 보여 준다.

첫째, 결혼은 남자와 여자가 서로 도우면서 정절을 지키며 자녀들에게 부모의 생명을 전해 주는 기회다.

둘째, 결혼은 폭풍처럼 휘몰아치는 사랑의 감정과 시작하고 이런 사랑이 결혼에 늘 함께 있어야 한다. "폭풍"이 없는 결혼은 파기해도 좋다. 사랑이 있어야 결혼이 유지된다. 사랑이 없으면 헤어짐도 용인되어야 한다. 사랑 우선주의라고 할 수 있는 낭만적 사랑은 사랑의 시효가 끝났을 때, 사랑하기 때문에 결혼을 하고, 사랑이 사라질 때 헤어질 수도 있다고 한다.

결혼은 사랑의 화학적 호르몬이 넘쳐흐를 때 가능하다. 사랑의 흥분이 사라지면 결혼의 근거 역시 사라진다. 사랑을 만드는 호르몬의 흥분은 6개월 정도 지나면 사라지는데, 이때 악마는 이제부터 이 결혼을 깰 수 있다고 유혹한다. 사랑이 식어버린 결혼은 낭만적 사랑의 장애물이다. 이런 이론을 신봉하는 〈스크루테이프〉의 이론에 넘어간 자들은 의외로 꽤 많다(SL, 105).

"시인과 소설가들"이 악마들에 주로 이용당한다. 사랑에 빠져 있지 않은 결혼은 참된 결혼이 아니며 이런 결혼은 더 이상 계속할 필요가 없다고 주장한다(SL, 104-05). 악마들은 이미 이렇게 공식을 만들어 놓았다.

결혼 관련 거짓 명제: 사람들이 사랑에 빠졌다고 할 때 그들 사이에는 애정, 두려움, 욕망이 함께 드러나는데, 사랑에 빠지는 것만이 결혼 생활을 행복하게 할 수 있다(SL, PARA 105).

사랑에 빠져야 결혼을 하고, 사랑이 전처럼 그렇게 유지되어야 결혼을 유지할 수 있다는 〈스크루테이프〉의 궤변은 신앙의 경우도 똑같다. 신앙을 가지기 위해서는 먼저 "종교적인 감정"이 앞서야 한다. 종교적 감정이 앞서야 회심을 할 수 있다는 거짓 궤계다. 이는 역시 사람의 느낌과 감각을 우선시하는 삶이다(SL, 108). 내 느낌과 내 시각, 내 눈에 보이는 세계야말로 무엇보다 우선한다는 속임수다. 우리가 관심을 갖는 것은 눈에 보이는 것이 아니다.

사도 바울은 고린도후서 4장 18절에서 이렇게 말한다.

우리가 주목하는 것은 보이는 것이 아니요 보이지 않는 것이니 보이는 것은 잠깐이요 보이지 않는 것은 영원함이라(고후 4:18).

루이스는 이와 관련하여 "경험 있는 그리스도인"(experienced Christians, SL, 60)을 언급한다. 그리스도인에게서 경험은 단지 어떤 경험을 했다고 해서 경험 있는 그리스도인이라고 할 수 없다. 루이스는 『스크루테이프의 편지』의 출처를 설명하면서 시편을 인용한다.

"나의 마음이 내게 경건치 못한 자의 사악함을 보여 주었다"(SL, 200).

루이스는 대충 어물쩍 신앙을 가진 것이 아니라 매 순간 하나씩 그가 걸어야 하는 단계를 나름 철저하게 디디고, 생각하고, 따지면서 신앙을 다진다. 신앙을 경험하는 가운데 신앙이 그의 마음에서 어떻게 작용하고 어떻게 움직이는지를 스스로 면밀하게 관찰했음에 틀림없다.

루이스는 자기 마음이 유혹의 순간에 어떻게 움직이고, 하나님께서 어떻게 도우시는지를 자기 마음의 흐름을 되돌아보고 성찰할 수 있었다. 나 자신을 되돌아보는 것은 물론 다른 사람을 보는 것보다 어렵다. 이는 아우구스티누스가 신앙을 말하면서 "너의 마음으로 들어가라"고 한 것과 일맥상통한다.[1]

루이스는 자신의 의식 세계의 움직임을 스스로 면밀히 들여다볼 수 있는 소위 "자기반성적 사유"를 할 수 있는 철학적 지성인이었다. 이는 스스로 자신의 경험 세계를 반성적으로 살펴보면서, 그것을 파악해서 이해하고 전달할 수 있는 경험 있는 그리스도인을 가리키는 것이다. 단지 "경험을 했다"가 아니라 그 경험을 스스로 파악하고 사유하고 분석하고 정리할 수 있어서, 경험을 전유(傳諭)할 때 "경험 있는 그리스도인"이라고 할 수 있다.

개인적인 신앙 경험은 중요하지만, 초보 그리스도인에게 이를 잘 설명하고 이해시키고 이끌어 줄 수 있는 것은 나름 다른 면모다. 경험할 뿐 아니라 자기 경험을 잘 설명해 주는 그리스도인을 말한다.

"사랑 의지"를 의지의 영역 안에서 습관으로 정착하게 되면, 사랑은 우리 삶의 패턴이 된다. 그리스도인에게 있어서 사랑의 의미는 감정이나 느낌의 상태가 아니라 어떤 의지를 말한다. 사랑이 의지라는 의미에서 그리스도인의 사랑은 좋아하는 감정과 애정을 느끼는 것에서 넘어서는 것이다. 사랑과 의지에 대한 루이스의 말을 풀어보면 이런 내용이다.

---

[1] 김영한, "아우구스티누스의 內的 경험의 신학", 「철학」 1980년 7월 호, 14, 125-42. 아우구스티누스는 "밖으로 나가지 말고 너 자신 속으로 들어가라. 내적인 사람 속에 진리가 있다"고 한다. 이에 대한 김영한 교수의 설명은 다음과 같다. "내적 경험의 신학, 내적 의식 속에 주어진 실재성에 대한 기술이므로 현상학적 성격을 지닌다. 현재의 에드문트 후설에서 체계적으로 발전된 현상학적 태도는 이미 아우구스티누스의 내적 경험의 신학으로서의 현상학이 이미 나타나고 있다."

생각이라는 상상의 영역, 지식이라는 지성의 영역에 머물면서, 의지와 행동의 영역으로 움직이지 않는 그 어느 것도 악마에게 해가 되지 않는다. 상상 속의 고통과 아픔은 환자에게 슬픔과 눈물을 준다. 상상의 걱정도 걱정임이 분명하다. 그만큼 사람의 상상은 때로 그 사람의 마음을 피폐 시킨다. 현실과 아무 관계 없는 걱정거리도 사람은 자기 연민과 슬픔에 빠져서 헤매도록 할 수 있다. 현실로 깨어서 돌아온다 해도 사람의 걱정은 이미 그 사람을 부서뜨릴 만큼 충분히 부서진 다음이다.

> 따라서 우리 악마들은 사람들이 흔히 말하는 낭만적인 사랑의 방법을 이용할 수 있다. 예컨대, 사람의 상상 속에서 걱정거리를 만들어 주어라. 그렇게 되면 그는 곧 자기연민에 빠져 허우적대는 괴테의 베르테르처럼 될 것이다. 환자를 파멸시키려면, 무슨 일이 있어도 진짜 몸의 고통을 느끼지 못하게 해야 한다. 5분간의 진짜 치통만으로도 터무니없는 낭만적 슬픔의 정체가 드러나면서, 우리 악마의 전략이 죄다 폭로되고 만다(SL, PARA 78).

〈스크루테이프〉는 한 사람의 의지가 습관으로 장착되는 사람의 진짜 핵심, 사람의 중심을 언급한다. 뭔가 결심을 하고서 이를 악물고 이를 행하는 게 아니라, 마음에 "습관이 정착되면" 사람은 자연스럽게 습관을 밥 먹듯이 행한다(SL, 46). 생각과 지성이 그의 삶에서 구체적인 행동으로 이행하는 습관으로 다져지지 않는다면, 그는 매우 오랫동안 천천히 지옥의 길로 내려가서 악마의 놀림감이 된다.

그들은 원수 하나님이 좋아하는 덕목과 선함을 상상에서만 화려하게 즐기고 또는 아카데믹하게 논증하고 토론한다. 그런 스마트한 이론의 향연에 사람들이 감탄하기도 한다. 그러나 의지를 가진 행동은 없다. 그들은 말과 글로는 존경을 받기도 하지만, 의지를 갖고 행하지 못했던 용서와 정직과 사랑은 말과 허울뿐이다. 머리의 상상에서는 화려하게 정직했으나, 의지에서는 낯설다. 의지의 자리에 습관으로 자리를 잡는 것이 핵심이다.

> 여하튼 행동으로 실천하지 않는 것이라면 환자가 상상 속에서 무슨 짓을 한다 해도, 그냥 놔둬도 괜찮다. 상상과 감정 속에서 사람들이 아무리 경건하다 해도 그들의 의지 안으로 들어와서 행동으로 연결되지 않은 한 아무런 해로울 게 없다. … 은혜를 받았다고 하면서 눈물을 흘리고 감정으로 느낀다고 하지만, 행동이 뒤따르지 않을 경우에는 사실 그런 일이 많아질수록 점점 더 실천과 멀어질 뿐이다. 그리고 결국에 그런 인간은 감정으로도 느낄 수 없게 되고 만다(SL, PARA 81).

달라스 윌라드(Dallas Willard)는 습관을 가리켜, 사람의 생각이 개입할 틈도 없이 발생하는 일종의 "자동 반응"이라고 한다. 우리 몸과 사회적 상황에 의해서 자동으로 반응하는 게 사람들의 현실적인 습관이고, 자아의 본질적인 특징이다.[2] 우리 몸은 때로 격분해서 가족들이라 해도 접시를 날리기도 한다. 마치 자동인형처럼 누군가가 스위치를 눌러서 격분에 휩싸이면 그렇게 오토매틱으로 반응한다.

"오토매틱하다"는 말은 사자가 물소를 잡아 놓고 자동으로 침을 흘리는 것과 같다. 사자가 물소를 잡아 놓고 먹기 전에 침을 흘리지 않는 것은 불가능하다. 자연 세계의 본능의 모습이고, 사람들 사이에는 습관에 사로잡힌 노예의 면모다.

우리 몸과 마음은 이미 그렇게 자동인형처럼 반응하도록 프로그램되었다. 이런 치명적인 습관이 우리를 사로잡고 여전히 여기서 벗어나지 못한

---

2   Dallas Willard, *The Divine Conspiracy*, 『하나님의 모략』, 윤종석 옮김 (서울: 복있는사람, 2009), 519.

다. 노예의 자동 반응을 벗어나기 위해서 사람은 하나님을 향한 내면의 깊은 변화가 먼저 이루어져야 한다. 그리고 진정 기쁜 소식은 우리의 옛날 습관이 바뀔 수 있다는 점이다. 하나님께서 도우실 것이다.

그리고 그리스도인은 단지 그분의 말씀을 믿음으로 "듣고 행하는" 것만이 아니라, 그분이 이 땅에서 사셨던 그분의 삶과 행동을 "보고서 그대로 따라서 사는" 자들이다. 그분의 고독과 침묵, 성경 말씀의 묵상과 기도, 희생적인 드림과 예배와 헌신 등의 모범을 보고 따라 함으로 우리 몸의 옛 습관을 하나님의 도우심으로 깨뜨리고 새로운 습관을 우리의 의지와 행동에 정착할 수 있다.[3]

1. 유혹자 〈스크루테이프〉, 하나님의 사랑에 유혹당하다

〈스크루테이프〉는 웜우드의 고참 악마이자, 노련하고 치밀하고 엄격하여 웜우드의 실수를 용납지 않는다. 조카라고 다정하게 부르지만, 실수는 칼같이 대가를 치러야 한다. 잘못하면 자기 자신이라도 스스로 먹이가 되어야 한다. 그래서 이렇게 말한다.

> 네 잘못은 네가 직접 감당하고 처리해야 한다(SL, 31).

> 그렇게 무능력한 너를 내가 쉴드를 쳐 주어야 할 이유가 있기나 할까?(SL, 77).

> 이 순간 네가 자기만족에 빠져서 방심하고 있다가 그 먹이를 놓치기라도 하는 날이면, 지금 네가 한 모금 들이켜는 것을 즐긴다고 하지만 앞으로는 영

---

3 Dallas Willard, 『하나님의 모략』, 517-535.

원히 목마름에 시달리게 된다는 사실을 잊지 말아야 한다(SL, 38).

그건 변명이 될 수 없다. 내가 곧 너를 처리할 것이다. 너는 나를 늘 미워하고 증오했다. 네가 건방을 떨 때는 더럽게 안하무인이었단 말이다(SL, 128).

그간의 네가 저지른 다른 실수들과 함께 이번 건에 대해서도 대가를 단단히 치러야 할 것이다. 무능한 유혹자들을 가두어 둘 새롭게 지은 교도소에 관한 안내 책자가 새로 나왔길래 동봉한다. 삽화가 많으니 지루한 페이지는 하나도 없으리라 믿는다(SL, 126).

한번은 〈스크루테이프〉가 웜우드에게 잔뜩 겁을 준다.
"웜우드, 네가 실수를 저질러 악마의 지하 대검찰당국의 조사와 질책이 있더라도 내가 너를 보호해 주리라는 기대를 하지 않는 게 좋을 거야"(SL, 111).

〈스크루테이프〉는 그보다 더 상급자, 슬럽갑을 비방한 적이 있다.
"그 늙은이를 악마 신학교의 총장 자리에 앉혀 놓은 뒤로는 우리 악마 전략이 완전히 풍비박산이 나고 말았다고 들었는데, 이제야 그 사실을 확실히 알겠구나!"(SL, 52).

그 후에 그는 이 말이 사실은 진심이 아니라 농담이었다고 변명하면서 우물쭈물한다. 그러고는 웜우드에게 사기를 치기도 한다. "네가 곤경에 처한다면, 너의 뒤를 나 말고 봐줄 자가 어디 있냐? 염려하지 말고, 날 믿어"(SL, 111)라고 쌩 거짓말을 해 놓는다.

왜냐하면, 마지막에는 〈스크루테이프〉가 그의 환자를 놓쳐버린 웜우드를 게걸스럽게 잡아먹으려 하기 때문이다(SL, 186).

이제 입장이 거꾸로 뒤바뀐다. 그런데 상황이 역전되어 흥미롭게도 〈스크루테이프〉는 그의 쫄다구 웜우드에게 쩔쩔매면서 변명을 하고 아부를 떠는 아주 기이한 장면이 나온다. 늘 엄격하게 폼을 잡으면서 한마디 한마디 잔소리를 해대는 산전수전 다 겪은 고참 상사와 같은 〈스크루테이프〉가 하급자에게 뭘 잘못했기에 그토록 아부를 해대는지 궁금하다.

쫄따구 웜우드에게 쩔쩔매는 이유는 〈스크루테이프〉가 악마들의 교리에서 벗어나 이단에 빠졌다는 의혹 때문이다. 〈스크루테이프〉는 이단에 빠진 듯이 보이기는 했지만, "실은 그게 아니라고 손을 저으면서 진심이 아니었다"고 손이 발이 되도록 빌면서, "내 편지를 누구에게도 보여 주지 말라"(SL, 110)고 애원한다.

그리고 〈스크루테이프〉는 이단 문제가 크게 되지는 않을 테지만, 웜우드에게 가만히 있으면서 함부로 "입을 놀리지 말라"고 은근히 협박도 한다. 지난번에 슬럽갑 총장을 비하하는 말은 사실은 칭찬하는 말이었고 또 한편 농담이었다고 뒤로 물러서면서 변명을 해댄다(SL, 110).

〈스크루테이프〉가 무슨 실수를 했고, 이단에 빠졌다는 말은 무엇일까?

루이스의 고급 유머와 아이러니가 빛난다. 〈스크루테이프〉는 사람을 향한 하나님의 사랑이 참된 진리라고 말한 것은 "우발적"이었다고 변명한다. 악마의 교리 사전에는 사랑이라는 단어는 없다. 악마의 사전에 "사랑"이라는 말은 "상대를 이용해 먹기 위해서 겉으로 나타난 위장술"이다. 사랑이 있다면 다른 목적으로 둘러대는 책략일 뿐이다. 그러나 여기서 〈스크루테이프〉는 악마의 교리를 벗어나서 이단에 빠진다. 그리고 웜우드는 재빨리 이를 이단이라고 고발한다.

원수 하나님이 사람을 사랑하는 것과 사람의 온전한 자유를 위해서 원수가 제공한 서비스(service, 섬김)에 대해서 말들이 많은데, 이런 말이 단지 누군가에게 선전을 하기 위한 문구가 아니라 (우리 악마들이야 그렇게 믿고 싶은 마음이 굴뚝같지만) 소름 끼치는 "진실"이라는 사실을 잘 알고 대처해야 한다(SL, PARA 54).

우리가 절대 잊으면 안 될 원수 하나님의 특징은 바로 그 작자가 자신이 창조해 낸 저 털 없는 두 발로 걸어 다니는 짐승들을 "진짜로" 사랑한다는 것, 그래서 왼손으로 가져간 것이 있으면 항상 오른손으로 돌려준다는 사실이다(SL, PARA 85).

〈스크루테이프〉는 하나님의 사랑이 겉치레나 위장술이 아니고, "소름 끼치는 진실"이고, 원수 하나님이 그 짐승들을 "진짜로 사랑한다"고 몸서리를 친다. 〈스크루테이프〉는 "사랑은 없다"라는 악마의 교리를 벗어나서 원수 하나님이 진짜로 사람을 사랑한다고 말한다. 이런 이단 사설에 빠진 〈스크루테이프〉는 이제 그의 쫄다구 웜우드에게 고발당한다. 루이스가 말한 대로 관료 사회에서 이른바 "등 뒤에서 칼로 찌르는"(SL, 196) 뒤통수를 맞은 것이다.

웜우드는 하나님의 사랑이 "진짜"(SL, 85)와 "진실"(SL, 54)이라고 말하는 〈스크루테이프〉의 이단적 일탈을 악마들의 이단 대검찰청에 고발을 하겠다고 협박한다. 늘 얻어터지던 쫄다구 웜우드는 전세를 역전시킬 정보를 들어줘고 보란 듯이 역으로 협박한다. 하극상은 악마들과 관료 사회와 사람들의 각종 조직에서 다반사다. 강하고 힘센 자만이 살아남는다. 사람들의 사회가 곧 악마들의 사회다. 사람들이 악마들처럼 살고 있다는 증거다. 사람들이 곧 악마가 된다.

루이스는 둘 사이에 오고 간 지극히 사적인 편지 속에서 마치 추리소설을 쓰듯이 두 악마 사이에 긴박한 긴장을 일으켜서 결말을 흥미롭게 한다. 누가 감옥에 가고, 누가 잡아먹고, 누가 잡아먹힐 것인가?

편지에서 오고 간 내용을 통해서 악마들의 더러운 조폭과 같은 배신의 조직이 적나라하게 드러난다.

〈스크루테이프〉는 자기변명을 하면서, 원수가 사람을 사랑한다는 이단적인 믿음은 우발적으로 빠지게 된 것이라고 둘러댄다. 악마의 교리에 의하면 사람을 포함해서 살아 있는 모든 자아(自我)는 다른 존재들과 경쟁하고, 다른 하나를 먹음으로 자신을 확대하고 생존이 보장된다. 힘없는 자아는 죽어서 타자의 먹이가 된다. 하나의 자아는 다른 자아와 경쟁적이고 약육강식을 실천한다. 이것이 자아의 생존 법칙이다(SL, 105). 다윈의 정글의 약육강식과 생존경쟁이다.

그렇다면 원수가 인간 벌레를 "진짜로" 사랑한다는 믿음은 심각한 교리적 오류다. 이것이 웜우드의 이유 있는 항의다. "〈스크루테이프〉 당신은 원수 하나님이 이 하찮은 벌레를 진짜로 사랑하고, 그 벌레의 자유를 인정해 주고, 그 벌레가 참으로 그들의 두 발로 스스로 서서 항상 생명을 유지하며 살아가기를 바란다"라고 하는데, 이것은 〈스크루테이프〉를 향한 날카로운 지적질이다

"당신, 이단에 빠져서 크게 착각하고 있는 것 아니야? 〈스크루테이프〉, 당신은 지금 이단에 빠졌어!"

이제 이 사실을 악마의 지하 이단 대검찰청에 고발하면 〈스크루테이프〉가 위태로워진다. 〈스크루테이프〉는 체면을 무릅쓰고 그의 쫄다구에게 싹싹 빌고 있다.

"설마 내 편지를 누군가에게 보여 주지는 않았겠지!"

이렇게 구걸하면서 스스로를 위안한다. 〈스크루테이프〉가 가장 경멸하는 게 비겁함인데(SL, 170), 스스로 비겁함의 극치를 보여 주고 있다. 루이스가 악마의 정체를 폭로하는 장면에서 우리를 아주 은밀히 미소 짓게 한다.

〈스크루테이프〉는 구질구질하게 변명을 늘어놓는다.

솔직히 내가 원수 하나님이 사람을 진정 마음을 다해서 사랑한다는 말을 하기는 했다(소름 끼치는 진실, SL 54; 진짜로 사랑한다, SL, 85). 그러나 이건 물론 내 진심이 아니었다. 너무도 바쁜 나머지 한눈을 판 사이에 나도 모르게 입에서 헛소리가 나온 것뿐이다. 지금 생각해 보면, 말도 안 되는 헛소리를 어쩌다 하게 됐는지, 나도 알 수 없는 노릇이다. 이번 한 번만 눈감고 그냥 지나가 달라. 사랑에 대해서 내가 믿는 교리는 사실 이렇다. 원수 하나님도 하나의 별도로 존재하는 자아이고, 인간도 별도로 존재하는 다른 자아인데, 어떻게 그들 사이에 사랑이라는 게 있을 수 있겠느냐? 원수에게 좋은 게 어떻게 사람에게 좋을 수 있겠느냐 말이다. 내가 잠시 방심해서 터무니없는 헛소리를 지껄인 것이다. 원수 하나님이 사랑이라고 말할 때, 그것은 또 다른 변명을 내세우지만, 뭔가를 감추려는 술책에 불과하다. 원수는 사람을 만들어 놓고 온갖 애를 쓰면서 그것들을 사랑한다고 하는데, 그게 진짜로 사랑일 리는 없고 우리가 알지 못하는 어떤 감추어진 진짜 동기가 있을 것이다. 원수는 뭔가를 속이는 게 틀림없다. 그래서 속임수의 배후 동기를 밝혀 드러내서 원수가 더 이상 사랑이니 뭐니 하는 따위로 떠들지 못하게 해야 한다. 여전히 우리는 그 진짜 동기를 아직도 찾지 못하고 있을 뿐이지, 우리 악마의 교리가 잘못되었다는 말은 결코 아니다(SL, PARA 111).

〈스크루테이프〉는 지금 거의 혼이 나가서 무시하고 경멸하던 자기 쫄다구 웜우드에게 횡설수설 온갖 변명을 하느라고 정신이 없다.

첫째, 표면상 원수는 사람을 만들어 놓고 많은 수고를 다 해서 사람에게 사랑을 쏟아붓고 있다.
둘째, 악마의 교리에 의하면, 모든 자아는 본래 경쟁적이고 싸움을 해서 서로서로 잡아먹는다.

셋째, 그러므로 원수가 벌레와 같은 인간을 사랑한다는 것은 거짓이고, 뭔가 다른 이유가 있다.

넷째, 그러나 그 이유를 우리 악마가 아직 찾지 못했을 뿐, 뭔가 분명히 우리가 알지 못하는 괴이한 술책이 있다.

노련한 악마 〈스크루테이프〉가 "하나님의 사랑"과 관련해서 "악마의 교리를 벗어나 이단에 빠졌다는 것"은 무엇을 말하는가? 그리고 악마는 "하나님의 사랑"이라는 것은 처음부터 그런 따위의 것은 없다고 하면서, 하나님의 사랑을 뭔가 다른 "꿍꿍이속으로 본다"는 것은 무엇을 의미하는 것일까?

지금 〈스크루테이프〉는 "두 발 달린 벌레" 인간을 향한 원수의 애틋한 사랑을 탄복한 나머지, 아마도 그 사랑을 진짜라고 착각(?)할 정도로 매혹당하고 부러워서 유혹(?)에 빠져 있음에 틀림없다. 유혹자가 유혹에 빠졌다. 하나님의 진짜 사랑은 산전수전 다 겪은 노련한 악마조차도 자신도 모르는 사이에 홀려서 빠져들게 하고, 자신도 모르는 사이에 그 사랑에 매혹당한다는 사실을 루이스가 보여 주고 싶었던 것이리라.

하나님은 아무런 조건 없이 수고를 아끼지 않는 참된 사랑을 하신다. 이런 사랑의 논리는 악마의 영역을 침투해서 그들의 교리를 부수는 더 큰 힘이다. 냉혹한 약육강식의 세계를 깨트리는 사랑의 뜨거운 맛을 보여 주는 것이다. 〈스크루테이프〉는 지금 사랑이라는 머리 위 숯불의 뜨거움 앞에서 무너지고 만다. 악한 악마들조차도 참된 사랑 앞에서 주저앉고 만다.

악마 〈스크루테이프〉와 악한 자들도 역시 좋은 것을 좋은 것으로 알아보는 능력이 있을까?

사랑을 사랑으로 이해할 수 있을까?

악마는 유혹하고 하나님은 애원하신다. 악마는 "원수 하나님으로서는 우리가 인간을 악으로 유혹하듯이 미덕으로 '유혹'할 수는 없는 일이지"라고 말한다(SL, 56). 그러나 선함은 그 자체로 사람을 끌어들이는 힘과 영향력이 있다. 전쟁 통에서 사람이 "자신에서 벗어나서" 다른 사람들에게 관심을 갖기 시작하고 선한 이웃이 되기도 하는데, 선한 행동은 생각보다 훨씬 더 좋은 것이라는 사실을 깨닫게 된다(SL, 163).

선함은 나름의 힘이 있다. 한 사람의 선한 영향력은 파급 효과가 결코 작지 않다. 사람은 사람의 선함을 보고서 감탄한다. 자선 단체에 많은 돈을 기부하는 선함을 비난하지 않는다. 감동하고 따라 하고 싶은 마음을 갖는다. 선은 그 자체로도 힘이 있다. 〈스크루테이프〉는 웜우드에게 기상천외의 발언을 한다.

"너희 젊은 악마들이 사람들 틈에 끼어서 작업을 하다 보면 사람들의 가치관과 정서에 감염되어 물드는 게 아니냐?"(SL, 163).

〈스크루테이프〉 역시 하나님의 사랑에 "감염"되고, 매혹되어 하나님의 사랑이 진짜이고 사실이라고 실언을 해서 곤욕을 치른다. 〈스크루테이프〉는 마음에 없는 헛소리를 했다고 변명하지만, 사실은 그의 마음속에서 우러나오는 사랑에 대한 부러움을 막지 못한 것이다. 마찬가지로 다른 젊은 악마들도 사람들 틈에서 작업을 하다가 사람의 가치관과 감성을 닮아가기도 한다.

여기에 선한 영향력이 악마들조차도 "감염"시켜서 유혹(?)할 수 있다는 인간과 악에 대한 루이스의 섬세한 이해가 숨어 있다. 선함은 좋은 것이고 매혹적이다. 일단 선함으로 삶을 살다 보면 선한 생활이 얼마나 좋고 가치 있는 것인지를 알게 된다. 악한 자는 싸움에 능하다고 하지만, 선한 자의 선함과 사랑 앞에서 자주 굴복한다.

선한 삶은 사람들이 처음에 생각하던 것보다 매혹적이고 기쁨이 넘치는 삶이다. 선한 삶이 마냥 고생이고 희생이라는 생각은 그런 삶을 살아보지 않은 자들의 오해에 불과하다. 이 세계는 생존 경쟁의 세계라는 다윈의 이론은 그래서 또 틀렸다. 선함은 기쁨이고 유혹적이다.

> 네 원수가 주리거든 먹이고 목마르거든 마시우라 그리함으로 네가 숯불을 그 머리에 쌓아 놓으리라 (롬 12:20).

2. 〈스크루테이프〉의 인간 찬사(讚辭): 악마, 두 발 달린 벌레, 사람을 부러워하다

〈스크루테이프〉에게서 사람은 혐오 동물이지만, 아이러니하게도 사람은 무척이나 가치 있는 하나님을 닮은 엄청난 존재, 하나님의 복제품이기도 하다. 하나님이 인간을 만드실 때 사탄은 하나님과 심각한 갈등을 일으켰고, 이로 인해서 하나님을 떠나게 되었다고 토로한다.

사람을 창조하시는 하나님의 계획과 일련의 사건들 그리고 사람을 향한 하나님의 "불가능한 사랑"(impossible Love, SL, 111)과 "사심 없는 사랑"은 악마의 잔챙이 같은 머리로는 "도저히 해결이 안 되는 난제"(insoluble question, SL, 111)다. 사랑은 정글을 사는 악마들에게 신비 그 자체다.

한마디로 〈스크루테이프〉는 인간 창조에 대한 하나님의 계획을 반대하면서 들고 일어난 것이다. 더구나 〈스크루테이프〉의 눈에는 영적 세계를 더럽히는 벌레 같은 인간을 향한 원수 하나님의 사랑은 악마들의 분노를 일으키기에 충분하다.

이런 〈스크루테이프〉의 말은 역설적으로 인간 창조가 얼마나 위대하고 장엄한 하나님의 창조였고, 인간이 얼마나 가치 있는 존재로 이 세계 안으로 들어오게 되었는지를 보여 준다. 하나님의 인간 창조가 맘에 들지 않아서 〈스크루테이프〉는 하나님을 떠나서 무한히 먼 곳으로 떨어져 나간 것이다. 악마의 분노가 크면 클수록 인간 창조의 위대함이 더 크게 드러나고 인간의 가치는 더욱더 고귀하다.

〈스크루테이프〉는 아무리 애쓰고 노력해도 쾌락을 만들지 못했다고 한탄한다. 그러면서 하나님의 "발명품" 쾌락(SL, 58)을 사람들이 마음껏 하루 종일 누리는 것을 불평한다. 쾌락을 발명해서 사람들이 하나님의 개입 없이 그들 스스로 "하루 종일" 쾌락을 즐길 수 있도록 했다고 투덜대는 모습이 안쓰럽기도 하다(SL, 128). 지금 악마는 사람이 누리는 정체 모를 쾌락으로부터 철저하게 소외되어 있다. 여기서 어쩔 수 없이 드러나는 사람을 향한 〈스크루테이프〉의 역설적인 "인간을 향한 찬사"(讚辭)를 엿볼 수 있다.

원수 하나님은 사람들 "한 사람 한 사람"이 모두다 "하나같이 영광스럽고 뛰어난 존재들"이라는 사실을 충분히 인정하기를 바란다(SL, 85). 자세히 살펴보면, 〈스크루테이프〉의 인간 유혹 전략 가운데 자신도 알지 못하는 사이에 튀어나온 "인간 찬사"들이 드러난다. 진심을 말하자면, 〈스크루테이프〉는 하나님의 사랑과 자유를 선물로 받은 두 발 달린 벌레와 같은 인간 존재가 미치도록 부럽다.

〈스크루테이프〉는 원수 하나님이 참으로 그 자신을 닮은 인간, 그의 "복제품"을 사랑한다는 사실을 소름 끼치도록 인정하게 된다. 물론, 〈스크루테이프〉는 이단에 빠진 것이다. 악마도 어쩔 수 없이 사람을 하나님 닮은 존재라고 인정한다. 그리고 "혐오스러운" 인간에게 하나님의 사랑과 자유가 주어졌다는 사실에 탄성을 자아낸다.

사람의 자유가 얼마나 그 경계선이 선명한지 하나님조차도 함부로 침입하지 않는다. 원수 하나님도 사람을 대할 때는 단지 사랑에 호소할 뿐이다. 여기서 〈스크루테이프〉는 자신도 알지 못하는 사이에 무심코 인간에 대한 감정을 적나라하게 드러낸다(SL, 54-55).

원수 하나님을 복제해 놓은 이 혐오스러운 인간은 크기는 작지만, 어쨌든 그것들은 결국 "하나님의 생명"을 닮았고 더욱더 닮게 될 것이다. 처음엔 "종으로" 시작되었지만, 결국 "아들로" 변하게 될 것이다. 처음에는 진흙을 갖고 종으로 만들었지만, 예수님의 오심을 통해서 그 흙덩이가 하나님의 아들이 된다.

끝내 그것들은 하나님 자신과 연합되어 있으면서도 여전히 동시에 구별되는 존재가 되어 스스로 독립해서 걸어 다닐 것이다(SL, 54-55). 〈스크루테이프〉는 하나님의 현존 앞에서 "숨이 막히고 마비되는 느낌"에 몸서리를 친다(SL, 185).

그런데 저 벌레가 하나님을 닮다니 미치도록 부럽다!!

〈스크루테이프〉는 사람을 하나님의 복제품이면서 또한 양서류라고 비하해서 칭한다. 반은 영혼, 반은 동물이라는 잡종이다. 동물이라는 이 벌레는 영적 세계를 오염시키는 원수 하나님의 변태적 사랑의 대상이다. 악마는 사람을 가리켜서 동물이라고 천대하지만, 동시에 사람이 영혼이라는 사실을 애써 무시한다. 물론, 반은 동물이다. 그러나 반은 영혼이고, 이를 발판으로 하나님을 향하고 영원을 향한 그리움을 남몰래 또는 자신도 알지 못하는 사이에 깊숙이 간직하고 있다는 사실을 놓쳐서는 안 된다.

"인간들 속에 원수 하나님이 딛고 설 발판이 아직도 남아 있다"(SL, 169).

악마도 역시 그의 인간 이해에서 결국 영혼이라는 현실을 인정할 수밖에 없다.

인간의 영혼 됨을 전제하지 않으면, 허리를 숙이고 땅을 향한 탐욕에 쩔어서 살면서도, 두 발로 서서 하늘을 향해서 영원을 끊임없이 갈구하는 인간을 도대체 어떻게 이해할 것인가?

 인간의 동물 됨은 때로 짐승과 다를 바 없이 짐승과 같은 짓을 저지른다 해도, 인간의 영혼 됨은 결코 놓칠 수 없는 인간의 궁극적 희망이다. 사람은 여전히 동물임이 분명하다. 그러나 인간의 영혼 됨은 악마가 사람을 향해서 바칠 수 있는 최고의 찬사임이 분명하다. 사람을 단지 물질로 보고, 영혼 됨을 무시하고 놓칠 때 사람들은 정글의 잔인한 경쟁으로 살아가는, 먹고 먹히는 짐승의 무리와 다를 바 없이 된다. 그러나 비록 반쪽이라 해도 사람의 영혼 됨은 사람됨의 수수께끼를 열어 보일 수 있는 근원적 비밀이며, 악마의 탄성 이유다.

 한 사람의 그리스도인 됨은 참으로 신비롭고 비밀스러운 경계선을 만든다. 사람이 그리스도인이 되어 그의 생명을 이어갈 때, 악마는 그 사람을 둘러싸고 있는 신비와 영광의 경계선을 침범하지 못하고 쩔쩔맨다(SL, 129). 그리스도인이 사는 공간 자체를 악마는 질겁하면서 "예의 그 치명적인 냄새"가 풀풀 풍긴다고 한다. 성경의 표현으로는 "하나님의 영광"과 "그리스도의 향기"라고 해야 할, 바로 그 냄새가 진동하여 그 집을 드나드는 사람들까지도 그 냄새를 묻혀갈 정도이다. 심지어 그 집의 강아지들도 그 "악취"가 배어 있다(SL, 129).

 웜우드는 오래된 물레방앗간에 산책하고 오는 환자를 공격했는데, 갑자기 악마의 "숨을 틀어막는 듯한 구름"이 나타나서 더 이상 어쩔 수 없었다는 실패 경험을 늘어놓는다(SL, 77). "구름"은 악마들이 알 수 없는 원수의 "무지막지한 무기"로서, 하나님이 환자들에게 "직접 임재" 할 때 나타나는 현상이다. 때로는 그 "구름"이 어떤 특정한 인간을 둘러싸고 있어서 악마들이 접근조차 할 수 없는 경우들도 있다(SL, 77-78).

 지금 루이스는 구약성경에서 하나님이 구름으로 그의 백성과 함께하시는 "쉐키나"(문자적 의미, 하나님의 영광스러운 임재하심)의 장면과 사도 바울의

"그리스도 안"(en Christos)이라는 말씀을 염두에 두고 있는 듯하다. 마치 구름이 그의 백성 위에 덮여 있는 것처럼 그리스도인과 함께하시는 하나님의 영광, 하나님의 임재를 그리고 있다. 하나님의 영광이 어떤 한 사람의 삶의 경계선 안에 임재하신다.

그리스도인에게는 "그리스도 안"이라는 신비의 경계선과 영역이 만들어진다. 악마들도 함부로 그 신비의 경계선 너머로 침입해 들어가지 못하고 그 분위기와 냄새만으로도 두려워 떨면서 뒷걸음친다.

〈스크루테이프〉는 영광스러운 하나님의 자녀가 거하는 집을 가리켜서 "집 전체에서 치명적인 냄새가 난다"고 소스라치면서, "그 집은 도저히 뚫고 들어갈 수 없는 신비로 온통 감싸여 있다"(SL, 129)라고 두려움을 고백한다. 또한, 그의 집과 정원은 "하나의 거대한 외설"(one vast obscenity, SL, 129)이다.

〈스크루테이프〉는 그가 알고 있는 범위를 벗어나는 것은 무조건 거부하면서 욕지기를 토설한다. 이는 〈스크루테이프〉가 참으로 무지하다는 증거다. 그러면서 〈스크루테이프〉는 그리스도인 삶의 환경이 어떤 인간 작가가 천국을 묘사한 내용과 메스꺼울 정도로 닮아 있다고 한다.

> 오직 생명만이 생생히 살아 움직이는 곳, 그리하여 음악이 울리지 않는 시간은 또 황홀한 침묵인 공간이다(SL, 129).

신앙은 결국 우리 삶을 신비로움으로 옮겨가는 것이고, 우리는 신비로움에 몸을 맡기는 것이다.

악마가 보기에 원수 하나님이 인간을 지극히 사랑하고 자유를 주신 것은 "순수한 영적 세계를 모독하는 것"이고, 그것은 "변태적인 관계"와 다를 바 없다(SL, 24). 그래서 악마들이 보기에 이런 사실은 대단히 부적절할 뿐 아니라, 지독할 정도로 "도저히 뚫고 들어갈 수 없는 신비"로 철갑을 치고 있는 "거창하고 음란한" 스캔들, 추태다. "순수한 영적 존재"(SL, 17)인 악마는 원수 하나님과 사람의 사랑을 변태 또는 음란한 추문이라고 한다.

원수 하나님이 순수한 영의 세계를 벗어나 물질로 된 동물과 사랑의 관계라니, 있을 수 없는 일이다!

인간의 몸을 입어보지 못한 그래서 인간의 몸을 경시하는 악마들의 영지주의적인 사고방식이다. 하나님은 실상 사람의 몸이라는 물질도 창조하셨고, 이는 귀한 것들이다. 그러나 악마에게는 인간 존재가 한없이 싫다. 심지어 그리스도인인 그 여인의 신상기록부까지 "악취"가 진동하여 불에 덴 것처럼 화끈거릴 정도이니 말이다(SL, 127).

〈스크루테이프〉는 알지 못하는 사이에 인간 생명에 찬사를 보낸다. 흙으로 시작되었으나 하나님의 사랑과 자유를 선물로 받은 그들은 끝내 감히 하나님의 자녀가 될 자들이고, 그들은 하나님의 쉐키나, 하나님의 임재하심과 하나님 영광의 경계선 안에 보호막이 쳐져 있는 신비로운 공간 안에서 산다. 하나님의 신비에 찬 보호하심에 그리스도인됨이 주는 크나큰 위로가 물밀듯이 밀려온다.

하나님이 사람에게 자유를 주신 이유는 바로 그 자신이 되라는 뜻이다. 자유는 하나님을 가장 닮은 영역이다(GD, 169). 사람은 흙을 기원으로 하지만 자유를 지닌 존재이고, 자유는 하나님이 사람을 "그들의 힘으로 스스로 제대로 설 수 있도록 한다"는 뜻이다(SL, 54).

사랑하는 부모는 아기가 바닥을 기어다니면서 엄마 품에 안겨 있기를 원치 않는다. 아기가 두 발로 비틀거리면서 그의 힘으로 서서 한 걸음을 내디딜 때 소리 높여 기뻐한다. 이때 엄마와 아빠는 하나님을 닮았다. 사람이 하나님의 사랑을 받고 그의 힘으로 제대로 걸을 때 하나님은 부모와 같이 기뻐하신다. 〈스크루테이프〉는 이걸 부러워한다. 악마와 그의 환자들은 악으로 흡수되어 노예로 살지만, 하나님의 자녀는 자유와 사랑으로 스스로 걸어 다니는 기쁨을 누린다.

나 혼자의 힘으로 서서 걸어 다니는 기쁨을 아시는가?

인간은 그만큼 탄복을 자아낼 정도로 탁월한 하나님의 "복제품"이다.

> 당신은 그저 그런 죽으면 모든 게 끝장나고 마는 사람들에게 말을 건네는 것이 아니다. 오히려 오랜 세월을 이어오는 국가와 문화 그리고 예술과 문명은 우리 눈으로 지금 보고 있듯이, 시간의 흐름에 따라서 언젠가 그저 사라지고 말 것들이다. 그러나 사람의 생명은 영원한 불멸이다. 한 사람 생명의 길이에 비하면 그런 것들의 생명은 모기만도 못하다. 우리가 농담하고, 일하고, 결혼하고, 무시하고, 이용해 먹었던 인간들은 실상 사라지지 않는 불멸의 존재들이다. 그들은 어느 날엔가 불멸의 혐오스러운 존재가 되거나 아니면 불멸의 광채로 빛을 발하는 존재들이 된다(WG, PARA 14-15).

원수 하나님은 사람들이 그들 고유한 삶의 재능을 발휘하면서 생명의 축제를 기뻐하도록 한다. "인간 한 사람 한 사람은 하나같이 영광스럽고 뛰어난 존재"이기 때문이다. 이것이 바로 하나님이 "왼손으로" 가져가신 "동물적인 자기 사랑" 대신에 "오른손으로" 주신 "새로운 자아 사랑"이다. 그들은 자신의 존재와 삶을 기뻐하면서 축제의 삶을 산다.

그들은 이제 새로운 삶의 방법을 따른다. "나 자신의 진정한 가치"는 나 자신을 잊어버리는 데 있다. 자신이 스스로 "나는 별 볼 일 없는 건축가나 시인이야"라고 평가 절하하느라고 시간 낭비하기보다는 차라리 정당하고 솔직하게 그 "자신을 위대한 건축가나 위대한 시인으로 생각한다." 그 후에는 그런 사실을 굳이 되새기지 않고 잊어버린다. 자랑거리로 삼지 않는다. 나의 나 됨은 나로부터 기인하지 않고 하나님께 그 기원이 있기 때문에 그냥 감사함으로 나의 나됨을 기뻐한다.

3. 〈스크루테이프〉의 사랑 타령: 그의 조카 웜우드를 사랑으로 잡아먹다

고참 악마 〈스크루테이프〉와 쫄다구 악마 웜우드의 뒷골목 싸움은 어떻게 되었을까?

마지막 편지에는 징글징글한 사랑 타령으로 그들 관계가 거의 끝장나고 있다. 그들 사이에도 "사랑"이 없지는 않았다. 그런데 사랑의 성격이 다르다.

〈스크루테이프〉가 웜우드를 조롱한다.

> 웜우드, 꼬마 악마야, 너는 그런 실수로 모든 것을 잃어버리고 이제 와서 징징 짜면서 한다는 말이, 내가 늘 너에게 다정하게 굴던 그때 그 좋은 모습은 어디로 갔냐고? 내가 처음과 달라지지 않았느냐고? 결코 그렇지 않다! 나는 하나도 달라지거나 바뀌지 않았다. 맘을 편히 갖고 있어도 된다. 너를 향한 나의 사랑과 나를 향한 너의 사랑은 쌍둥이처럼 똑같으니 염려하지 말고 지내도 좋다. 나는 항상 지금까지 너를 갈망하고 있으며, 너(불쌍한 바보!)도 역시 나를 갈망했다. 다른 게 있다면 내가 훨씬 더 강하다는 사실이다. 내 생각에는 그들이 나에게 너를 먹으라고 줄 것이다. 너의 일부분이라도, 너의 몇 조각 어딘 가라도 말이다. 너를 사랑하냐고? 물론이지, 그렇지 않을 이유가 없질 않으냐? 우아하게 한 모금 쭉 빨아서 흡입을 해서는 내 살을 찌워야 하는데, 내가 너를 사랑하지 않을 리가 없질 않으냐? (SL, PARA 180).

"이제 와서 마음이 바뀌어 사랑이 끝나고 말았나요?"라고 눈물을 짜내는 웜우드의 신파조 사랑 타령이 마지막에 재수 없이 나타난다. 어쨌든 그들의 "사랑"도 종을 칠 때가 왔다. 잡아먹어 치우는 사랑 말이다. 〈스크루테이프〉의 사랑은 그의 사랑하는 부하를 한 모금 시원하게 빨아먹어 없애 버리고 '자기 살만 잔뜩 찌우는 사랑'이다. 주변에 널리 널려 있는 우리가 늘 보는 흔하디흔한 '잡아먹는 사랑'인 것이다.

이런 사랑이 어찌 악마들의 사랑뿐이겠는가?

루이스는 사람들의 그 흔한 "사랑"을 그리는 데 별반 다를 게 없다. 그러나 악마들의 흡혈귀와 같은 "빨아서 흡입하여 마시는 사랑"과 하나님의 "퍼주는 사랑"에는 큰 차이가 있다(SL, 54). 이 세상에서 사랑만큼 냉정한 것도 없다. 아이를 위해서 목숨을 한 치도 아끼지 않고 기꺼이 드리는 비정한 사랑이 있다. 부모의 사랑이 아니라 해도, 얼마든지 목숨을 기꺼이 내어놓는 냉혹한 사랑도 무수하다. "내가 바칠 목숨이 하나뿐인 것이 원망스러울 뿐"이라고 탄식하면서 어린 소녀 유관순은 그렇게 사라진다.

사랑은 본질상 아무리 퍼주고 다 내어준다 해도 하나도 아깝지 않다. 그래서 사랑은 악마를 그 뿌리부터 그 존재 자체를 흔들어 버린다. 그러나 우리 가운데 널려 있는 "빨아서 흡수하는 사랑"은 다른 사람을 빨아서 흡입하여 먹어 치우는 악마의 생존 전략이고, 사람들도 악마의 사랑법을 차용해서 악마가 되어 악마로 살아간다. 루이스는 악마의 탈취하는 사랑과 대조하여 하나님의 사랑을 더 이상 아름답게 그릴 수 없을 만큼 그린다.

우리 악마들은 한 끼 한 조각의 스테이크를 원한다. 원수 하나님은 마지막에는 아들이 되어야 하는 종들을 원한다. 우리는 빨대로 쭉 빨아 마시기를 원하지만, 원수 하나님은 숨을 내쉬듯이 우리에게 내어주기를 원한다. 우리 악마들은 비어 있기 때문에 채워지기를 원하고, 원수는 가득 차 있기 때문에 스스로 넘쳐흐른다. 우리의 전쟁은 지하 밑바닥의 최고 통치자 아버

> 지께서 모든 것들을 다 빨아들여서 만드는 하나의 세계를 원하고 목표로 한다. 그러나 원수 하나님은 자신과 연합한 존재들로 가득한 세계가 목적이다. 하지만, 여전히 그들은 하나님과 연합되면서도 구별된 존재들이란 말이다(SL, PARA 54).

악마의 세계에서 타자(他者)는 먹고 먹히는 위험한 상황이기 때문에 자신이 있어야 할 자리를 찾지 못하고 온데간데없이 사라지고 만다. 그러나 원수 하나님의 세계는 다양한 타자가 그들의 인격을 존중받으면서, 하나님과 연합하고 또한 따로따로 존재한다.

> 원수 하나님은 진심으로 그를 복제해서 닮은 역겨운 이 쬐그만 것들로 이 세계를 채우기를 원한다. 이 인간 생명은 원수 하나님을 아주 작은 스케일로 복사해 놓았는데, 마치 원수의 생명을 닮은 것들이다. 이 작은 것들은 원수 하나님에게 빨려 들어가고 흡수당해서 그런 것이 아니라 그들의 자유로운 의지로 원수의 뜻을 따르려 한다(SL, PARA 54).

악마들은 필사적으로 약한 자들의 의지와 자유를 빨아서 흡입하여 먹으려 한다. 이는 단지 악마의 모습만이 아니라 악마처럼 살아가는 자들의 행태이기도 하다. 권력의 가장 큰 쾌락은 타자를 자기 뜻에 종속시켜서 권력의 뜻대로 살아가도록 만드는 것이다. "잔말 말고, 내 말대로 해!"라고 타인을 종으로 삼아 그들의 의지를 포기하도록 하고 내 의지를 따르게 한다. 그들은 내 종이 되어 그들의 자유를 내 권력에 바치게 하여 내 권력의 뜻을 이루는데 그들의 자유를 낭비하는 노예의 자유일 뿐이다. 이것이 바로 악마적 권력의 특성, 타인의 자유와 의지를 먹고 마시는 것이다.

예수께서도 먹고 마시는 말씀을 하신다. 굶주림 때문에 떡을 찾는 자들에게, 예수께서는 그분 자신을 내어주시면서 "내가 생명의 떡"이며 "참된 음료"라고 하신다(요 6장). 악마들은 우리를 먹으려 하지만, 예수께서는 오히려 그분 자신을 내어주면서 먹으라고 하신다. 떡은 밥이다. 밥은 매일 먹어야 한다. 예수는 우리가 하루도 빠지지 않고 먹어야 할 일용할 밥이다. 당시 이 말씀을 듣는 자들은 무슨 괴이한 말인가 하지만, 우리는 하루도 예수를 먹고 마시지 않으면 살아갈 수 없다.

악마와 악마 같은 자들이 우리를 먹거나, 아니면 우리가 예수를 먹는다. 악마들이 우리를 먹을 때 우리의 의지와 뜻이 매몰되어 우리는 사라지고, 악마들이 우리를 질질 끌고 가는 대로(SL, 56) 악마의 노예로 살아간다. 그러나 우리가 오히려 예수를 먹고 마실 때 우리는 예수를 힘입어 진짜 우리가 되어, 진짜 우리의 생명을 살아간다. 이것도 역시 먹고 먹히느냐 하는 또 다른 그림이다.

하나님의 그 "사심 없는 황당무계한 사랑"(SL, 111) 앞에서 지하에 계신 악마 아버지는 도저히 그냥 지나칠 수 없었다. 그래서 지하의 악마 아버지가 들고 일어선 것이다. 분명하게 설명해 달라고, 악마의 지성을 납득시켜 달라고 "애원"(SL, 112) 하면서 원수 하나님에게 해명을 요구했다. 그런데 돌아오는 대답은 전혀 막무가내다. "너에게도 참으로 사랑이라는 마음이 있었으면 좋겠다"고 대답할 뿐이다(SL, 112).

지하의 아버지는 더 이상 아무 답변을 하지 못하는 원수 하나님 앞을 떠나기로 결심하였다. 충분히 대답할 "기회"를 드렸음에도 겨우 그런 식으로 "숨겨진 카드"를 솔직하게 드러내 보이지 않고 계속 "사랑"의 미스터리를 숨긴다. 원수 하나님의 태도에 지하의 아버지는 차라리 내가 떠나는 게 옳다고 여겨서 "원수 하나님 앞을 떠나서 무한히 먼 곳"으로 그의 처소를 옮겼다(SL, 112).

존 밀턴은 『실낙원』에서 지하의 "아버지가 하늘에서 쫓겨났다"[4]고 하지만 〈스크루테이프〉는 단지 코웃음을 칠뿐이다. 원수 하나님의 사랑 타령의 이유와 배후를 완전히 파악하지 못했다 하더라도 논리적으로 그 암시를 찾을 수 있다. 그 이유는 원수 하나님이 차지하고 있는 "보좌"가 흔들리지 않기 위함이라는 가장 그럴듯한 추측이다(SL, 112). 사랑이라는 정체 모를 무기를 앞세우는 이유는 원수 하나님이 그의 흔들리는 자리를 보존하기 위함이라는 합리적인 의심이다.

다시 말하면, 누구라도 "사랑"이라는 무기를 앞세워서 원수 하나님을 향해 반기를 들고서 원수의 보좌를 탈취할 수 없다는 속셈이다. 원수 하나님은 사랑이라는 전략으로 인간 동물을 먼저 녹여 놓자는 심산이다. 사랑이라는 미스터리를 사용하는 원수의 전략은 사랑 때문에 사람이 먼저 무기를 내려놓게 하는 것이다. 아예 원수 하나님의 보좌를 침략하려는 망상을 처음부터 사랑으로 녹인다는 속셈이다.

사실 지금까지 "정보를 수집하고 정교하게 다듬어서"(SL112) 이런 결론에 이르기는 했지만, 여전히 그 내밀한 비밀은 감춰 있고 원수의 내막을 알 수 없다. 그러나 악마들의 전제, 결코 흔들릴 수 없는 출발점은 '원수는 인간을 진짜로 사랑할 수는 없다'는 지옥의 교리다. 그래서 그 "사랑"이라는 허구의 비밀이 폭로되는 날, 악마들의 크나큰 임무를 완성하는 날, 악마들은 다시 천국의 자리를 차지할 수 있으리라 믿는다. 〈스크루테이프〉도 사랑이 무엇인지를 알고 있다는 말이다.

---

[4] "사탄의 타락은 불순종 외에 다른 것 이유가 아니었다. 하나님께서 하지 말라고 명령하신 것을 행한 것이다. 즉 교만으로부터 나온 결과다. 교만은 너의 됨됨이로는 감당할 수 없을 만큼 큰 것이다, 주제파악을 넘어섰다는 뜻이다. 마치 네가 하나님이라도 되는 듯이 그렇게 스스로 생각하면서 말이다." C. S. Lewis, *A Preface to Paradise Lost* (London, Oxford University Press, 1942), 69.

제12장

스크루테이프의 낭패와 마지막 패배의 순간들

〈스크루테이프〉는 영적 존재로서 "원수"를 직접 현전(現前)으로 인식한다. 사람들은 몸을 가진 물질 존재이기 때문에 영적 세계를 보는 눈이 멀어서 보지 못한다. 그러나 〈스크루테이프〉와 그의 일당은 고통스럽게도 그의 원수 하나님을 빤히 보면서도 피할 수 없고, 전율을 일으키는 눈부신 광채로 느낀다. 불로 벌겋게 달군 꼬챙이로 맨살을 뚫는 그 뜨거움을 그대로 경험한다. 소름 끼치는 찌르는 듯한 두려움은 악마의 영원한 운명과 같은 피할 수 없는 고통이다(SL, 34).

〈스크루테이프〉의 두려움은 이미 오래전 진짜 그리스도인을 만날 때 끔찍스럽게 경험한 적 있다. 그는 어떤 한 젊은 처자의 기록을 찾아보면서 진저리를 친다. 욕지기가 솟아오르고 악취로 고개를 저으면서 불에 덴 것 같은 아픔을 느낀다. 진짜 그리스도인의 모습이 어떤 것인지 잘 알 수 있다.

우선 그 젊은 처자는 별말이 없다. 자신을 우쭐대면서 드러낼 일이 별로 없기 때문이다. 얼굴에 미소가 떠나지 않고, 언제고 "조용한 선웃음"을 거두지 않는다. 현재 주어진 삶을 긍정하고 별로 불평하지 않는다. 행동이 크지 않고 조심스럽기 때문에 약하게 보이기도 하지만, 막상 보면 그야말로 내적 강인함이 있다. 아주 조그마한 짐승 같은 이 여인을 때로 가까이 다가

가서 보면 〈스크루테이프〉는 "미치고 환장할 지경"이다(SL, 126-27).

그러나 이런 두려움은 서막에 불과하다. 환자의 죽음과 더불어 찾아오는 죽음 건너편의 진짜 하나님 대면 경험에서 악마들은 더 끔찍한 패배의 순간을 맞이한다.

1. 〈스크루테이프〉, 사람의 죽음에서 패배와 두려움의 순간을 만나다

그리스도인이 죽음을 건넌 후에 하나님과 천사들을 만나게 될 때, 그때 오히려 악마는 살을 에는 듯이 날카롭게 하나님을 감각한다. 대조적으로, 우리는 이 땅에서 하나님에 대한 날카로운 감각을 갖지 못하고 희미한 그림자 세계에 있다는 사실을 일깨워 준다. 사람들은 이 땅에서 진짜 현실을 만나지 못하고 희미한 그림자 현실에서 살고 있다. 그래서 하나님의 감각이 뚜렷하지 못하다.

루이스는 나니아 스토리 마지막에서 죽음을 그냥 스쳐 지나가는 한 줌 바람처럼 묘사한다. 사람의 죽음이 이토록 깃털처럼 가볍게 다루어질 수 있을까 하는 생각이 든다. 사람의 죽음 자체는 나니아 왕국에서 별것 아니다. 그냥 스치고 지나가는 축제 전야의 미풍이랄까!

> 아이들은 심장이 마구 뛰었으며, 가슴속에 희망이 솟아 올랐다. 사자 아슬란이 부드럽게 말했다. 너희들이 타고 가던 열차에 사고가 실제로 있었다. 너희 부모님과 너희들 모두는 그림자 나라(shadow land)에서 흔히 하는 말로 죽은 것이다. 너희들은 죽은 거야! 이제 다 끝난 거지, 축제가 시작된 거야. 꿈은 끝나고 이제는 아침이 된 거다(NC, 마지막 전투 1057).

죽음은 무겁지 않다. 죽음은 지나가는 바람이다. 죽음은 슬프기는커녕 그림자 나라를 벗어나는 축제의 시작이다. 그림자 나라의 그림자 같은 꿈은 끝나고, 밝고 맑은 말로 다 할 수 없는 새로운 세계의 아침이 시작된다.

악마들에게 사람의 죽음은 오히려 그들의 패배를 뜻한다. 영혼을 탈취하려는 악마들과의 전쟁이 끝나고 나서, 이제 악마들은 그들 스스로 피가 마를 정도다. 하나님 현전에서 그냥 털썩 맥없이 주저앉아 있는 악마들의 낭패감, 진짜 세계의 생생한 진짜 현실은 죽음을 건넌 후에 확인될 것이다(SL, 180-84).

환자는 죽음을 지나서 영원을 느끼면서 스토커, 악마 웜우드를 밝아진 눈으로 직접 보게 된다.

저 자가 나를 집요하게 따라다니던 졸개 악마이구나!

악마들은 자기들의 존재를 사람의 시선에서 감추는 것이 좋을지를 논의한 바 있다(SL, 47-48). 그러나 악마들은 회의를 거듭한 끝에 현재로서는 그들이 사람들의 눈에 보이지 않도록 숨겨져 있는 게 전략상 더 낫다는 결론을 내렸다. 그러나 이제 그의 정체가 미몽의 그림자 세계에 빠져 있던 환자의 눈에 선명히 드러난다.

웜우드는 철없이 인간들이 일으키는 전쟁을 즐거워하고 광분하지만, 노련한 악마 〈스크루테이프〉는 "헛소리 그만하라"고 꾸짖는다. 전쟁 중에 사람들이 죽는 것, 그것은 악마들에게 좋은 일이 아니다(SL, 162). 악마에게 죽음과 같은 그런 따위는 결정적인 게 아니다. 중요한 것은 그 환자가 죽음의 순간에 원수로부터 얼마나 멀리 떨어져서 악마들과 함께 있느냐이다. 죽음을 거쳐서 지나가는 환자는 이렇게 혼잣말을 한다.

"그렇지! 지금까지 내게 일어났던 이런저런 사건들은 이와 똑같은 코스를 밟으면서 늘 이런 식으로 다가와서 움직이고 마지막 끝을 맺은 기억이 있다. 불행이 없지는 않았지만, 어느 한순간에 그 불행이 축복으로 변하였고, 고통이 다가오지만 한순간에 위로가 또 찾아들었고, 슬픔도 있었지만, 어느새 눈물이 씻겨지고 평안한 마음으로 숨을 내쉬게 되었다. 지금도 그와 똑같은 일이 일어나는 것 같다. 두려움이 강한 힘과 무서운 속도로 나를 부술 듯이 몰려온다. 하지만, 모든 게 끝장이라는 느낌이 드는 바로 그 순간, 처음 두려움의 강한 속도는 어느덧 줄어들고 드라마틱한 반전이 기다리고 있다. 애초에 내가 그러한 반전의 끝을 미리 알았다면 그처럼 두려워 떨지는 않았을 텐데 말이야. 그래 맞아! 사랑니를 뽑을 때도 처음에는 두려움과 통증이 온몸을 쥐어짜는 듯하지만, 한순간에 끝이 나고, 오히려 맑고 상쾌한 기분이 몰려온다. 이것도 예상치 못한 반전이다. 꿈같은 시간도, 악몽이 내리누르는 강한 숨 가쁘게 내리누르는 힘도 한순간에 끝이 나도록 되어 있다. 왜냐하면, 꿈과 악몽에서 드러나는 현실은 진짜 현실이 아니니까!"
(SL, PARA 183).

 죽음의 순간을 어찌 이토록 정교하고 오히려 아름답게 그릴 수 있는지 놀라울 따름이다. 죽음을 넘어서는 장면을 마치 한두 번 보고 경험한 게 아니라는 듯이 생생하고도 절묘하게 그린다. 동시에 죽음의 순간만이 아니라, 이 그림은 인간 삶 전체의 흐름을 묘사한다. 살아가는 중간 중간에 좌절과 두려움이 다가오고, 뒤따라 아픔과 슬픔이 몰려올 때, 사람들은 어찌할 바를 알지 못하여 당혹스러워한다.
 우리는 얼마나 무력한가!
 마치 좁다란 병목을 힘들게 진을 빼듯이 빠져나가지만, 끝내는 막다른 길에 내몰려서 무너져 내린다. 그러나 모든 것이 끝났다고 하는 순간 반전이 일어난다.
 실상 반전은 신앙의 경이로운 시간이 아니던가!

내가 뭘 어떻게 한 것도 아닌데, 뭔지 잘 모르지만 재앙인 듯했던 순간이 어느덧 지나간다. "아! 이렇게 해서 또 지나가는가!" 하고 안도의 숨을 내쉰다. 내 힘으로 뭔가를 해 낸 것이 아닌 누군가의 힘으로, 통증이 심해지다가 막바지에 이르러 순간에 고통의 이빨이 빠지는 것과 같다. 이것이 바로 인생이고, 그래서 우리는 죽음의 마지막 순간에도 "늘 이런 식이었다, 한두 번이 아니야"라고 안도한다. 그리고 루이스는 인간 죽음에 대한 결코 잊을 수 없는 어록을 남긴다.

> 악마의 환자는 이렇게 말한다. "사람은 죽고 또 죽는다. 그리고 나서야 죽음을 넘어선다. 이렇게 죽음 후에 다가오는 진짜 현실을 내가 의심했다니 말도 안 되는 짓이었어!" 환자는 웜우드, 너를 보지만 그 즉시 천사들도 보았겠지. 이제 어떤 일들이 벌어졌는지 뻔한 것이다(SL, PARA 183).

웜우드의 환자는 죽었다. 그래서 그는 악마의 현실과 천사들과 하나님 현실을 그의 눈으로 생생하게 직접 보게 된다. 그림자 현실을 넘어서서 진짜 현실을 마주 대한다. 이제야 환자는 죽음이 어떤 것인지 알게 되어, 죽음을 넘어서는 일은 죽음을 건너야 하는 것이라고 말한다. 사람은 죽음을 건너서야 죽음을 넘는다. 사람은 죽어서야 죽음을 벗어난다. 사람은 죽음을 겪어서 죽음을 넘어선다. 죽음을 치유하는 유일한 길은 죽음이다.

아슬란은 『나니아 연대기』에서 하얀 마녀와 전투를 벌인다. 그리고 마녀를 이기고 승리한다. 아슬란의 승리는 그러나 자신을 희생의 제단에 바치는 역설적인 죽음으로 승리한다. 아슬란은 나니아 왕국을 죽음의 세력으로부터 구원하기 위해서 기꺼이 그의 생명을 죽음의 제단에 드림으로 죽음을 죽는다. 죽음으로 죽음을 넘어선다.

루이스에게 죽음은 끝장나는 것이 아니라 또 다른 새로운 세계로 들어가는 출입구다. 공항에서 비행기를 타러 들어가는 출입구다. 그 좁은 출입구를 통과해서 높은 하늘 위로 날아간다. 죽음의 체크포인트(check point)를 건너서 죽음을 넘어선다.

루이스는 사람의 죽음은 진짜 새로운 세계의 진짜 스토리가 펼쳐지는 진짜 세계로 들어가는 하나의 페이지를 넘는 것이라고 한다. 사람의 출생이 가치 있는 이유는 죽을 수 있는 자격이 부여되기 때문이다(SL, 166). 태어나는 일은 죽음이 있기 때문에 고귀하다. 사람의 죽음은 허무가 아니라 충만한 의미를 담고 있다. 죽음이 이토록 귀한 사건이라는 말은 루이스의 어록 중 가장 고급스러운 지혜다.

> 아슬란은 더 이상 사자로 보이지 않았다. 그 이후에 일어나는 일들은 너무나도 훌륭하고 아름다워서 나로서는 글로 표현할 수 없다. 우리에게는 이것이 모든 이야기의 끝이며, 우리가 마음 깊이 할 수 있는 말은 그들 모두 다 영원히 행복하게 살았다는 것이다. 그러나 그들에게 이것은 진짜 이야기의 시작일 뿐이었다. 우리 땅의 세계에서 보냈던 그들의 삶과 나니아에서의 모든 모험은 책 겉장에 적혀 있는 제목에 지나지 않는다. 이제 드디어 그들은 지구상의 어느 누구도 읽지 못한 위대한 이야기의 첫 장을 시작할 것이다. 그 이야기는 영원히 계속될 것이며, 항상 새로운 장은 그 이전 장보다 훨씬 더 위대한 이야기가 될 것이다(NC, 마지막 전투 1057).

사람의 죽음은 그의 진짜 삶의 시작이다. 동시에 죽음은 악마의 끔찍한 종말이고 끝장나는 낭패의 시간이다. 사람이 이 세계와 그 접촉점을 벗어나는 순간, 악마의 표현에 따르면, 원수와 그 작당들이 악마의 손아귀에서 환자를 잡아서 낚아채려 한다고 말한다(SL, 182).

악마의 두려움이 시작된다. 악마들은 불꽃을 느끼듯이 두려움과 떨림으로 하나님을 날카롭게 느낀다. 악마의 시간에서 이보다 더 큰 낭패는 없다. 환자와 악마의 자리가 역전된다. 지금까지 악마는 환자를 관찰하면서 요리했지만, 이제 환자가 악마를 직접 그의 눈으로 본다. 진짜 영적 현실을 보고 안다. 환자의 두 눈이 밝아지고, 지금까지 악마가 그에게 무슨 짓을 했는지를 알게 되고, 천사들이 어떻게 그를 돕고 무슨 일을 했는지 알게 된다.

얼마나 우리는 특히 영적 세계에 눈이 가려져서 무지한가!

죽음을 건너서야 비로소 영적 현실의 진짜 세계를 마주하게 된다.

원수 하나님과 천사들이 웜우드의 손아귀에서 환자를 낚아채어 빼앗아 가는 순간, "두 눈이 밝아진" 환자는 드디어 그의 뒤를 집요하게 뒤쫓던 스토커 웜우드를 바라보고 악마의 현실을 깨닫는다. 악마, 웜우드가 환자의 어느 부분을 점령하고 있었는지, 그래서 어떻게 그를 조종하고 농락했는지를 깨닫게 된다(SL, 182).

그리고 이제 악마, 웜우드는 환자의 어느 곳도 차지하지 못하는 진짜 현실을 알게 된다. 지금껏, 마치 게임을 하는 듯하지만, 게임에서 지고 난 후 그는 패배를 자인하고 그의 영토에서 완전히 물러나야 한다. 악마가 있을 자리는 어디에도 없다.

〈스크루테이프〉의 졸개, 환자를 놓친 웜우드의 운명은 다정함이 넘치는 그의 엉클의 말에서 알 수 있다.

> 너를 향한 나의 사랑은 한 번도 그친 적이 없고, 빈말이 아니다. 네가 나를 늘 갈망했듯이 나 역시 한 치 어긋남 없이 똑같이 너를 사모하고 갈망했다. 차이가 있다면 내가 더 힘이 세다는 정글의 왕국에서 살고 있다는 사실뿐! 나는 이제 너를 먹어서 나를 살찌울 것이다. 우리의 세계는 언제까지나 엄연한 정글의 현실이니까 말이다.

2. 죽음의 문을 건넌 후에 겪는 그리스도인의 무한한 기쁨

환자의 죽음의 순간은 이렇듯 사람의 진짜 현실을 드러내어 주면서, 영원을 향해 첫발을 내디딘다. 환자의 죽음은 전쟁에서 폭탄이 터지는 짧은 한순간이다. 죽음은 환자를 또 다른 광경으로 자리를 옮겨서 도약하게 하고, 환자는 땅에서 드디어 해방된다.

> 그렇게 환자가 한순간의 죽음으로 한방에 해방을 얻게 된다니! 도대체 무슨 일이 어떻게 일어났는지 알 수 없고 믿을 수 없는 일이다. 한순간 세상은 온통 우리 것이고, 우리에게 속한 것 같았다. 옆에서 터지는 폭탄과 귀를 때리는 굉음, 무너지는 건물들, 입술과 허파로 스며드는 고약한 폭약의 지린내 나는 맛과 코를 찌르는 톡 쏘는 냄새를 한순간 마음껏 즐겼다. 그리고 지칠 대로 지쳐 불에 덴 듯 화끈거리는 발바닥, 두려움과 공포로 새파랗게 질려서 바짝 쪼그라드는 심장, 어질어질해서 아득해지면서 혼미해진 두뇌, 몸 깊숙이 욱신거리면서도 끝까지 느끼는 다리의 고통과 아픔은 환자의 죽음과 함께하는 두려움이다. 그런데 다음 순간, 다시 떠올리기 싫은 불쾌하기 짝이 없는 악몽에서 벌떡 깨어날 때의 느낌처럼, 이 모든 게 온데간데없이 사라지고 말았다. 이렇게 허를 찔려 패배를 당하고 말다니, 웜우드, 이 바보 천치! (SL, PARA 182-83)

죽음이 방금 지났다. 환자는 이 땅의 소유에서 벗어나 하늘로 도약하고, 시간에서 영원으로 자리를 옮겼다. 생각지 못했던 진짜 현실이 다가온다. 그림자처럼 안개 낀 어둑어둑한 해뜨기 직전의 시간이 막 지난다. 그리고 환자는 존재 그 자체가 바뀐다. 한번 건너가면 다시는 되돌릴 수 없는, 지상에서 영원으로 그의 삶의 자리를 옮긴다.

이런 죽음에 대한 그림은 죽음을 죽음 그 안에서 자세히 들여다본 사람만이 그릴 수 있는 자세한 그림이 아닐까?

환자는 이제 질기게 붙어있는 단단한 상처의 피딱지가 더 이상 붙어있기 힘이 드는 듯 떨어져 나가는 느낌이다. 자세히 보면 마치 조개껍질처럼 단단하고 흉측하게 생긴 허물을 벗어 던진 것 같다. 물에 빠져서 축축하게 젖은 채로 물에서 나왔으나 몸에 찰싹 달라붙어 있던 더러운 껍질 같은 것을 영원히 벗어던진 듯 상쾌함을 느낀다.[1]

땅에서 입고 있던 거북살스럽게 뭔가 잘 맞지 않는 지저분하고 꽉 끼는 불편한 옷을 벗어 던지고, 뜨거운 물 속으로 풍덩 들어가 기분 좋은 신음소리를 웅얼거리는 순간과 같다. 그가 느끼는 이런 쾌감이 우리 악마의 심사를 얼마나 뒤틀리게 만드는지 거의 죽을 만큼이나 싫다.

하물며 이렇게 끝나는 마당에서 마지막에 이르기까지, 그 녀석의 몸에 걸쳐 있는 불편하고 잘 맞지 않는 것들을 모두 다 벗어던진 채 완전하고 깨끗하게 씻어내는 꼴을 두 눈으로 직접 보게 되다니! (SL, 182, PARA)

환자는 이제 이 땅의 육신을 벗어던진다. 장막에 살고 있는 자들은 나그네 여정에서 이곳저곳으로 삶의 처소를 옮긴다. 그때마다 그들은 장막을 걷고 옮겨서 다시 세운다. 이제 나그네 길은 끝났다. 영원에 거하는 시간이다. 늘 거추장스럽게 따라다녔던 장막을 벗어던지고, 뜨거울 정도의 물속에 풍덩 들어가서 잔잔히 기분 좋은 소리로 웅얼거린다. 지금까지 불편하게 붙어있던 모든 것들을 다 벗어던지고 깨끗하게 씻는다.

---

1 『순례자의 귀향』에서도 순례자 존은 죽음의 협곡을 지날 때 더러운 누더기를 벗어야 한다. 『나니아 연대기』의 유스터스가 용의 몸 안에 갇혀 있을 때, 용의 껍질을 아슬란이 그의 날카로운 발톱으로 몸에 붙어있는 조개 껍질과 같은 흉측한 껍질을 잘라서 없앤다. 이때의 모습도 역시 환자가 죽음을 지나는 장면과 비슷하다. 루이스는 자아의 죽음과 인간 육체의 죽음을 다르지 않게 그리는 듯 하다.

진흙탕에서 기어 나온 인간, 그 버러지는 지금까지 늘 그러했다는 듯이 놀랍도록 자연스럽게 혼잣말을 읊조린다. 처음이자 마지막으로 지나는 이 죽음의 통로를 여러 번 지나온 듯이 말이다. 그리스도인에게서 죽음은 처음이 아니다. "나는 날마다 죽노라"(고전 15:31)와 같이 본래 처음부터 "영원을 위해서" 태어나기라도 했다는 듯이 자연스럽게 죽음을 건너서 지나간다 (SL, 88). 지금까지 무슨 이유로 그렇게 의심했을까 하면서, 그의 의심을 의심하면서 진짜 그의 눈앞에 나타난 새로운 현실 앞에서 이제 땅에 거할 때 자신의 무지가 부끄럽다.

"그동안 이렇게 분명한 것을 어떻게 의심할 수 있었을까?"

그리고 우리는 이제 탄성을 자아내는 순간에 이른다.

"아! 바로 당신이었군요!"

> "아! 삶의 고비마다 나와 함께해 주신 분이 바로 당신이었군요!"라고 탄성을 발한다. "그 삶의 고비에서 나 혼자 죽도록 고생하는 줄 알았는데, 나는 나 혼자인 줄 알았는데, 알고 보니 아주 어린 아기일 때부터 매 순간 당신은 나와 함께하지 않았던 때가 없었습니다. 지금에서야 분명히 알게 되었습니다. 당시 땅에서, 나는 어렴풋이 그림자와 같은 희미한 느낌을 가졌기에 모든 것들이 흐릿했습니다. 그러나 이제 나는 환히 볼 수 있습니다" (SL, PARA 184).

내 맑고 순수한 경험 가운데 당신이 들어있기는 했습니다만, 내 기억 속에 깊숙이 잠겨 있는 그 경험을 생생하게 느낄 수 있도록 되살려 놓을 수는 없었습니다. 그것은 마치 내 귀를 슬쩍 지나쳐 버린 그래서 다시 기억을 되살려 보려 해도 너무나 아스라이 멀게 느꼈던 아름다운 음악과 같습니다. 그러나 이제 아련한 그림자 세계의 기억이 아니라, 천국의 깨달음과 기억으로

> 이제 당신을 놓치지 않고 생생하게 진짜 현실로 바라보고 기억하고 있습니다. 아주 정확하게 말입니다(SL, PARA 184).

> 그리고 또 다른 하나, 쟤는, 저 지긋지긋한 스토커, 웜우드는 저기 저 구석 밖에 쓰레기처럼 처박혀 있다! (SL, PARA 184).

죽음 후에 우리는 낯설면서도 낯설지 않은 영적 존재인 천사들을 만나게 된다. 악마들은 천사들 앞에서 전율과 함께 다가오는 "낯선 경외감"을 느끼게 된다. 하지만, 환자는 천사들 앞에 서서 알 수 없는 "기쁨"이 그를 압도하는 것을 느낀다(SL, 184). 악마는 이제 거의 기절할 지경이고, 제대로 서 있지 못하고 비틀거리며 거의 쓰러져 죽을 지경이다. 천사들 앞에 서게 되면, 그 자체만으로 악마들은 크나큰 상처를 입고, "현기증"으로 제대로 서 있기 힘들다. 재빨리 사라져야 한다.

악마는 환자가 폭발로 입은 상처보다 더 심한 상처를 입는다. 악마는 이런 것은 그렇다 치더라도, 그 진흙탕에서 기어 나온 벌레가 그 "영들", 천사들 앞에서 친구를 대하듯이 함께 느긋하게 "자유롭게 마주 서서" 말을 주고받고 있다니, 미칠 지경이다. 막상 악마들은 두려움에 벌벌 떨고 있는 판에 영적 세계를 더럽히는 벌레 같은 것들이 말이다(SL, 184).

그런데 악마에게 더 약이 오르는 사실은 환자가 천사들이 뭔가 "낯설지만, 또 낯설지 않게 느껴진다"는 것이다.

환자에게는 천사들이라고?

전에는 그런 것은 꿈도 꾸지 않았다. 어떻게 생겼는지 전혀 감도 잡지 못하고, 알지도 못했고, 관심도 없었다. 그런 게 진짜로 있기나 할까 싶을 정도였다. 그런데 막상 그 천사를 만나고 나니, 감격을 토로하게 된다.

"아! 바로 그때 그 순간, 내가 거의 인생의 종을 칠 뻔했던 그 순간, 나를 돕는 누군가 또는 무언가의 손길을 막연하게 느꼈는데, 이제 보니 그분이 바로 당신이었군요!"

그래서 실은 처음 얼굴을 마주 대하는 자리이지만, "당신은 누구십니까?"라고 묻지 않는다. 이미 오래전부터 알고 지내던 잘 아는 사이처럼 말한다.

"아! 그때 내 옆을 지켜 주던 분이 바로 당신이었군요!"(SL, 183-84).

환자가 죽음 후에 천사와 만나는 이 장면은 아무리 읽고 또 읽어도 지루하지 않다. 때로 지치고 주저앉고 싶은 내 삶에서 누군가 바로 내 옆에 나와 함께 있는 하나님이 보내신 천사라는 진짜 현실을 상상하고 느끼면서 기쁨과 위로를 받는다. 더 이상 죽음을 두려워할 이유가 없도록, 죽음조차도 우리를 감싸안아 주는 희망의 따뜻함을 경험한다. 이런 내밀한 글을 입수해서 천국의 기쁨을 알게 해 준 루이스에게 마음으로부터 우러나오는 깊은 감사를 드리게 된다.

죽음 후에 환자는 이제 진짜 현실 안에서 하나님을 제대로 보게 된다. 악마는 이제 몸부림치면서 절규한다.

흙 진창에서 스멀스멀 기어 나온 벌레가 원수 하나님을 직접 그의 눈으로 똑바로 보게 되었다!

침대에서 싸질러진 벌레가 원수 하나님을 마주 대하게 되었다!

하나님의 현전(現前)을 직접 경험하는 악마의 감각은 사람의 경험과 달리 창으로 몸속 깊은 곳을 찌르듯 날카롭다. 한낱 벌레에 불과한, 더러운 진창 구덩이에서 기어 나온 버러지가 하나님을 직접 그의 눈으로 보다니, 상상할 수 없는 노릇이다.

악마의 눈을 멀게 하는 그 광채와 숨을 틀어막는 그 불꽃이 원수 앞에 도저히 머물지 못하게 한다. 하나님으로부터 도피 외에는 달리 방법이 없다. 악마의 존재 구조, 악이라는 존재는 하나님 앞에서 마치 어둠이 빛을 이길 수 없듯이 필연적으로 사라져야 한다. 함께 곁에 있을 수 없는 존재 그러나 그 벌레 인간은 죽음을 넘어서 그분을 가까이한다. 이제 완연하게 벌레의 모습을 버리고 온전한 본래 창조의 모습으로 원수 하나님 앞에 서서 말을 건네고, 여름날 더위를 싹 가시게 하는 산 위의 청량한 바람을 맛보는 얼굴을 한다.

악마에게 이보다 더 큰 낭패가 어디 있을 수 있을까?

> 환자 그놈은 "그 천사들"만 보게 된 것이 아니다. "그분"도 보았다. 한갓 짐승이, 침대에서 태어난 그 버러지가 원수 하나님을 있는 그대로의 현실로 마주 보게 되다니! 원수 하나님 앞에 서 있는 악마, 네 눈을 멀게 하고 그 숨을 힘껏 틀어막는 그 세찬 불길이 환자에게는 시원한 빛이요 명징함 그 자체로 인간 형상을 입고 나타났단 말이다(SL, PARA 185).

> 환자가 "그분"의 임재 앞에 엎드려 자신을 혐오하며 자기 죄를 낱낱이 인식하면서 죄를 고백한다. 천국의 중심에서 불어오는 치명적인 공기를 들이마실 때마다 네 놈이 느끼는 그 숨 막히는 느낌, 사지가 뒤틀리며 마비되는 듯한 너의 느낌을 이런 환자의 고백과 유사한 현상으로 이해하려고 애를 쓰고 있다만, 그건 말도 안 되는 터무니없는 착각이다(SL, PARA 184).

여기서 루이스는 하나님 임재에 대한 두 가지 극명한 차이를 드러낸다.

첫째, 환자는 하나님의 임재 앞에서 일단 엎드리고 굴복한다. 하나님의 임재 앞에서 일단의 자기혐오가 뒤따르고, 이어서 죄 고백의 과정으로 나아간다. 죄 고백은 자기 죄를 먼저 인식한 다음에 그 죄를 대충 퉁치고 지나가는 의례가 아니라 하나씩 철저하게 고백하는 것이다.

이 장면은 사람이 하나님을 만날 때 필연적으로 나타나는 죄 고백의 현장이다. 사람이 하나님을 뵐 때, 하나님을 뵙는 것에서 그치지 않고 자기 자신을 보게 된다. 자기가 얼마나 혐오스러운 자인지를 그때야 분명히 알게 되고 이제 그의 죄도 온전하게 알게 된다.

둘째, 하나님의 임재에 대한 또 다른 측면은 악마가 하나님의 임재 앞에서 숨이 막히고 사지가 마비되는 스스로 부서지는 느낌을 갖는 것이다. 이는 분명 환자의 죄 고백과 다르다. 하나님 앞에서 느끼는 애통이라는 아픔에서 비슷하지만, 사실은 전혀 다르다.

웜우드는 환자의 하나님 임재 경험을 숨 막히는 마비 경험과 같은 것으로 생각한다. 환자가 하나님 임재 앞에서 죄를 애통해하고 아파하는 경험과 웜우드가 멀리서 불어오는 천국의 바람 앞에서 숨이 막혀 고통스러워하는 느낌은 전혀 다른 것이다.

웜우드는 이 두 가지를 비슷한 것이라고 의도적으로 착각하는데, "말도 안 되는 짓을 그만두라"고 〈스크루테이프〉에게 야단을 맞는다. 그 둘은 전혀 다른 아픔이고, 설사 그렇다 해도 그의 주변에 있는 천사들이 그의 아픔을 감싸안아서 말끔히 치유해 줄 것이다. 하나님 앞에 설 때 사람도 아픔을 느끼고 악마도 역시 아픔을 느끼지만, 그것은 다른 것이다. 따뜻한 위로가 있을 때 아픔은 견딜 만하다.

루이스는 이런 비유를 들어서 우리가 맞이하는 최고의 순간이 어떤 것인지 분명히 알도록 한다. 어떤 사람이 그의 일생을 통해서 사랑하고 그리워했던 연인을 드디어 만나게 된다. 한때 멀리 사라져 죽었다는 소문이 있었던, 온데간데없이 자취를 감췄던 연인이 다시 나타났다는 소식을 들었다. 얼마나 눈물을 흘렸는지 모른다. 지금껏 그 연인을 한순간도 잊은 적이 없었고, 연인의 죽음을 믿지도 않았다. 그는 지금 기다리고 있다. 누군가 문

앞에 와서 문을 두드린다. 알고 보니 그토록 기다리던 연인이다.

그런데 그 연인 옆에 또 한 명의 여자가 나타나서 남자를 유혹한다. 한눈에 딱 봐도 입술을 벌겋게 칠한 루주와 짧은 치마와 몸을 반쯤이나 드러낸 자태가 영락없이 남자를 유혹하는 여인이다. 그 남자는 연인을 만나기 위해서 문을 나왔는데, 빨간 루주의 여인과 그토록 보고 싶던 연인이 같이 서 있다. 의문의 여지가 없다. 빨갛게 칠한 여인의 유혹에 빠질 수 있는 마음이 눈곱만큼도 없다.

> 설사 환자가 계속해서 하나님 임재 앞에서 "애통"의 아픔을 겪는다 하더라도, "그들"('천사들', 역자주)이 그 아픔을 껴안아 주면서 위로할 것이다. 환자는 차라리 그의 애통의 아픔을 이 땅의 어떤 쾌락과도 바꾸려 하지 않는다. 네가 한때 유혹의 무기로 삼을 수 있었던 감각적, 정서적, 지적 즐거움은 물론 미덕이 주는 즐거움도 있었다만, 환자에게는 이제 그런 것들조차도 메스껍기 짝이 없는 천박하고 질 낮은 유혹이다. 평생 사랑했던 연인이 이미 죽었다고 해서 진짜로 죽은 줄로 알고 있었는데, 사실은 그 연인이 살아 있을 뿐 아니라 지금 바로 문 앞에 와 있다는 소식을 듣는다. 그 남자한테 시뻘건 연지를 덕지덕지 바른 여인의 유혹이 느껴질 수 있겠느냐? 환자에게 이제 땅에서나 통하던 고통과 쾌락이 더 이상 먹혀들지 않는다. 환자는 그러한 땅의 유한한 가치를 뛰어넘은 세계, 우리 악마들의 산수(算數, 속셈)가 통하지 않는 세계로 '휩쓸려 들어간'(caught up into) 것이다(SL, PARA 185).

지금, 환자는 하나님의 거룩한 임재 앞에서 "애통"의 아픔을 느낀다. 하나님 앞에서 누구라도, 악마는 살벌한 두려움의 고통을, 자녀들은 거룩한 두려움의 아픔을 느낀다. 이것은 그야말로 전적으로 다른 분, 타자 경험이다. 그렇다고 해서 환자는 거룩한 아픔의 두려움을 피하기 위해서 하나님의 임재로부터 도망치지 않는다. 이 땅의 어떤 "쾌락"이 주어진다 해도 하나님 앞에 서는 "두려움의 아픔"을 기꺼이 선택한다.

사람의 감각을 자극하고 마음을 끌어당기는 매혹적인 지식과 감각은 악마가 이 땅에서 한때 사람을 유혹하던 물건들이었으나, 하나님의 임재를 맛보고서 두려움의 아픔을 느꼈다면 누가 그따위 세속의 유혹 거리에 마음이 동하겠는가 말이다.

이미 그들은 하나님의 임재를 맛본 뒤 하나님의 "고등 수학"을 하는 자들이고, 악마들의 "초등 산수"는 버린 지 오래다. 고통과 쾌락은 이제 차원을 달리한다. 고통과 쾌락은 이제 전혀 그 맥락을 달리하는, 손가락으로 일일이 세는 서투른 "속셈"의 세계를 벗어나서 고등 수학의 세계로 휩쓸려 들어간 지 오래다. 지금까지 고통과 쾌락이 다가올 때 어느 것을 선택할까 하는 엉성한 속셈 산수를 했으나 이제는 이 세상의 가치를 벗어난 고등 수학을 한다.

3. 환자가 하나님과 함께하다: 그 몇 가지 이유

하나님은 마지막 순간에 환자를 악마의 손아귀에서 "낚아채서" 하나님께로 이끄신다. 악마는 완전히 "허를 찔린" 것이다(SL, 183). 악마는 환자가 여전히 그의 손아귀에 있는 줄 알고 있었다. 환자가 그렇게 한순간에 쉽게 빠져나갈 줄은 꿈에도 몰랐다. 환자의 죽음의 순간은 한순간에 "앓던 이가 빠지듯이" 그렇게 지나가고, 환자는 온데간데없이 악마의 시선에서 "사라지고 말았다"(SL, 183). 그리고 환자는 "순전하고도 즉각적인 해방"을 맛본다. 〈스크루테이프〉는 미칠 듯이 날뛰지만 이제 "자포자기"의 심정을 숨길 수 없다(SL, 186).

어떻게 그는 악마의 손아귀에서 벗어나서 하나님의 품에 안길 수 있었을까?

지금까지 〈스크루테이프〉와 웜우드는 최선을 다해서 음모를 꾸미고 난리를 치면서 환자를 그들의 밑바닥 지옥으로 안전하게 이끌려고 했으나 실패하고 말았다. 우리 역시 지금 와서야 결말을 알게 되었으나, 그 이유는 선명하게 말하지 않는다.

〈스크루테이프〉는 그의 입으로 이에 대한 몇 가지 단서를 말해 준다.

1) "그들이" 마지막 순간에 환자를 악마의 손아귀에서 낚아채다

그들, 천사들이 환자를 악마에게서 "낚아채서 빼앗았다"(SL, 182)라는 말은 이미 환자의 상당 부분을 악마가 소유하고 있었다는 말이다. 〈스크루테이프〉는 웜우드가 환자의 일부분을 분명하게 "차지하고 있었다"고 한다(SL, 182). 악마들도 그 환자가 거의 그들의 소유임을 확신하고 있었다. 적의 손에 붙잡혀 있던 환자를 악마가 빼앗은 것이 아니라, 천사들이 악마의 손에 있던 환자를 낚아채서 빼앗은 것이다.

여기서 우리는 사랑하는 자녀를 놓지 않으시는 하나님의 강인한 힘과 결심을 본다. 〈스크루테이프〉는 그래서 환자가 그리 "쉽게 빠져나갈 줄" 몰랐다고 하면서 미친 듯이 울부짖는다(SL, 182).

환자가 살고 있는 현재 세상은 악마의 영토다. 우리는 적들의 영토에 살고 있다. 이 세상은 본래 하나님의 창조물이었으나 현재 악마들이 실질적인 지배를 주장한다. 어떤 의미에서 환자는 악마의 소유이기도 하고 악마들도 그렇게 여겼다. 그는 악마들이 운영하는 병원의 환자였다. 환자는 스스로 병원에서 탈출하지 못한다. 이미 병원에 길들여진 환자이기 때문이다.

하나님께서 천사들로 악마의 영토로 침공해 들어가도록 하셨다. 그렇게 해서 악마의 손아귀에 붙잡혀 있는 환자를 탈취하여 끄집어내신 것이다. 병원의 허락을 받고 절차를 거쳐서 퇴원한 게 아니라, 몰래 죽음의 수용소에서 구출하듯이 하나님께서 그들을 "낚아채신" 것이다. 이미 그 환자는 악마의 포로였으나, 하나님께서 낚아채서 그분의 품 안으로 안으셨다. 그 환자가 완전하기 때문에 하나님 품 안으로 들어가게 된 것이 아니다. 오히려 그는 이제 하나님의 품 안에서 완전하게 된다.

전쟁이라고 한다면, 결국 하나님께서 승리하시고, 악마는 패배하고, 포로가 되었던 자는 본향으로 되돌아간다(SL, 183). 웜우드를 향해서 "바보 천치"라고 욕을 퍼붓지만, 게임은 이미 끝났다. 악마의 손아귀에 붙잡혀 있던 환자는 하나님의 세계로 "낚여서 채여서 휩쓸려 들어간"(is caught up into) 것이다(SL, 185).

> 환자는 그러한 땅의 유한한 가치를 뛰어넘은 세계, 우리 악마의 산수(속셈)가 통하지 않는 세계로 "낚여서 채여서"(is caught up into) 휩쓸려 들어간 것이다(SL, PARA 185).

> 그 후에 살아 있는 자들과 남아 있는 자들은 구름 속으로 모두 다 "낚여서 채여서"(be caught up) 공중에서 주님을 만나게 될 것입니다(살전 4: 17, NIV).

2) 환자 곁에는 유혹하는 〈스크루테이프〉와 웜우드만 있었던 게 아니라, 그를 돌보는 천사들이 늘 함께 있었다

이 세상을 살아가는 동안 환자는 "그들"이 어떤 존재인지를 전혀 알지 못했다(SL, 184). 그러나 이제 알게 된다. 나 홀로 지나는 아픔의 시간이라고 생각했던 수많은 사건 가운데서 그들이 어떤 일을 어떻게 도와주고, 어떻게 위기를 벗어나게 해 주었는지를 알게 된다. 분명히 처음 만나서 보는 천사인데도 전혀 "낯설면서도 낯설지 않게" 느껴진다(SL, 184). "아! 바로 당신이었군요!"라고 탄성을 발한다. "당신은 누구십니까?"라고 묻지 않는 게 이상할 정도다.

〈스크루테이프〉와 웜우드의 "환자 지옥 끌어들이기 전략"은 치밀하고 꼼꼼해서 환자가 빠져나갈 틈이 없어 보였다. 그들의 전략이 철저할수록 천사들의 전략도 그에 못지않다. 그 환자는 단 한 순간도 혼자 내버려둔 적이 없다.

아주 어린 시절 아기 때부터 '누군가가 나와 함께 있지 않나?' 하는 느낌은 누구나 모두 갖게 마련이지만, 누군가가 내 곁에 '함께 있어 주는 듯한 그 아련한 느낌'이 무엇인지 이제야 안다. 너무나 순수한 경험이기 때문에 기억 속에 분명하지 않았다. 이제야 안다. 바로 그 "낯설면서도 낯설지 않은 경외감"을 말이다(SL, 184).

그 천사들은 환자 곁에서 한순간도 빠짐없이 함께했다. 때로는 "잠깐이 긴 하지만" 하나님은 악마의 공격을 "강제로 저지"하기도 했다(SL, 115). 그래서 내가 지금껏 이렇게 살아남았다. 악마들의 궤계에도 불구하고 천사들의 전략 역시 그에 못지않았다. 내 영혼을 살리기 위해서 말이다. 그들이 함께하지 않았다면 누구도 악마의 계략을 넘지 못하고 그들의 먹이가 되었을 터이다. 악마가 "산수"를 했다면, 천사들은 고난도의 "함수"로 응수하여 전략을 세운 것이다(SL, 185).

3) 환자는 하나님의 임재 앞에서 자기혐오와 죄 고백을 한다

죄 고백이 없으면 만남도 없다. 죄 고백을 통해서 악마는 참패를 당한다. 환자가 죄를 회개하고 하나님 편에서 "은혜"라고 하는 "회복"을 하게 되면, 이건 "일급에 해당하는 참패"다(SL, 77).

죄 고백은 물론 처음이 아니다. 처음 교회에 출석했을 때부터 어설프기는 하지만, "무릎을 꿇고 앉아 죄를 고백하노라고 했다"(SL, 25). 그건 마치 앵무새가 조잘거리는 것이라고 악마로부터 조롱을 받기도 했지만, 교회에서 해야 할 가장 중요한 일은 죄 고백이라는 사실을 안다. 교회에서 가장 먼저 배운 것은 죄 고백이었다.

죄의식도 마찬가지다. 하나님을 생각할 때마다 "죄의식의 막연한 구름이 뭉게뭉게 피어올라서" 어찌할 바 모르는 "께름칙한 느낌"을 가지기도 했다(SL, 74). 하나님을 알지 못했다면 죄의식도 죄 고백도 없었을 것이다.

죄의식과 죄 고백은 하나님과 함께 이루어진다. 하나님과의 만남 없이는 가능하지 않다. 때로 사람은 하나님의 임재 앞에 서는 것에 두려움을 느끼기도 한다. 차라리 날카로운 하나님의 임재 감각에서 도피하고 싶다. 거듭난 영혼이 필연적으로 느끼게 되는 하나님 의식을 피하고 싶을 때도 있다. 그러나 그를 괴롭히기도 하는 죄의식이 하나님을 알게 하고, 하나님 앞으로 나아가도록 하는 축복임을 알게 된다(SL, 74).

땅에서도 기도를 통해서나 언제든지 하나님을 뵙게 되면 내가 어떤 자인지가 선명하게 보인다. 그리고 죄를 고백한다. 이제 하나님을 직접 뵈옵고 더할 나위 없이 선명한 의식으로 악마가 "알고 있는 것보다 더 선명하게"(SL, 185) 죄를 고백하게 된다.

자신의 추함은 거울을 보듯이 하나님 앞에서 수치와 부끄러움을 느끼며 심지어 그 "아픔"은 절절하기도 하다. 그 아픔은 "이 땅의 어떤 쾌락과도 바꿀 수 없는 아픔"이다. 그리고 천사들이 와서 그 아픔을 감싸 준다. 이제 환자는 지금까지의 아픔과 고통을 하나도 남김없이 달콤한 축복으로 본다.

4) 환자는 본래 새로운 천국의 삶을 살기 위해서 태어난 자다

환자는 어떻게, 왜 천국으로 들어가게 되었는가?

그는 "본래 그렇게 되기 위해 태어난"(as if he'd been born for it) 자다(SL, 183). 사람은 본래 영원을 위해서 태어났다. 영원은 하나님께서 사람을 위해서 예비하신 영원한 공간이다. 본래 지옥은 사람과 어울리는 장소가 아니다. 〈스크루테이프〉는 사람을 "흙에서 나온 벌레"라고 경멸하지만, 그렇다 해도 하나님께서 "본래" 그들을 아들로 삼아서 그렇게 되도록 운명으로 삼으신 것이다.

환자는 마치 처음부터 자신이 있어야 할 자리인 것처럼 "자연스럽게 그곳으로 들어간다." 소위 신학에서 말하는 선택과 예정의 문제를 여기서 본다. 하나님께서 처음부터 그를 선택하셨다는 사실이다. 그를 천국의 새로운 삶으로 들어가도록 한 것은 하나님께서 그렇게 본래 그를 위해서 영원을 선택하시고 예비해 주신 것 때문이다.

> 흙에서 나온 그 버러지가 얼마나 자연스럽게 새로운 삶으로 들어갔는지 똑똑히 봤느냐? 마치 본래 그렇게 되기 위해서 태어나기라도 한 것처럼 말이다 (SL, 183).

『천국과 지옥의 이혼』에서 루이스는 인간 운명에 대한 그림을 보여 준다. 은색 탁자를 둘러싸고 거인들이 서 있는 모습이다. 그들은 침묵 속에서 은색 탁자 위를 말없이 들여다보고 있다. 은색 탁자 위에는 체스 말들이 여기저기로 움직이는데 자세히 보니 체스가 인간의 모습이다. 그 체스 인간들은 탁자 위를 쳐다보고 있는 거인들의 깊은 생각과 마음을 따라서 그대로 움직인다.

은빛 탁자 위의 체스 인간들은 거인의 마음을 드러내는 초상화 또는 흉내를 내는 꼭두각시다. 주변에 또 다른 남녀들이 함께 체스판 위를 앞뒤로 분주히 오고 간다. 은색 탁자는 시간을 상징한다. 시간이라는 거대한 탁자 위에서 사람들은 거인들의 생각에 따라서 이리저리 움직인다. 그들 체스로 된 사람들은 체스판 위에 서 있는 거인들의 마음을 그대로 따라 하는 꼭두각시에 불과하다(GD, 171-73).

이런 모습을 보던 주인공 루이스는 공포와 현기증을 느낀다.

스승 조지 맥도날드에게 묻는다.

"스승님, 저런 모양이 도대체 뭐란 말입니까?
그들은 꼭두각시였고, 이미 그렇게 오래전에 그렇게 선택된 것입니까?
그들은 그들의 선택을 단지 흉내 내는 것에 불과합니까?"

스승 조지 맥도날드가 말한다.

"만물의 종말에 이르러서 나타나는 선택에 관한 구체적인 그림이라고 말하면 어떨까?
그러나 어느 쪽이라고 말하지는 않는 게 좋을 듯하다. 지금 자네 눈앞에 있는 이 체스판의 그림은 지상에서 상상하던 것보다는 조금 더 선명하게 그 선택의 모습을 본 것이다. 렌즈가 좀 더 맑은 이유 때문이다. 하지만, 여전히 지금도 희미한 렌즈를 통해서 보고 있는 것뿐이다."

하나님의 선택은 여전히 해명되지 않은 사람의 이해를 뛰어넘는 신비로운 그림이다. 아직은 뭐라고 말하기에는 이르다. 분명한 사실은 죽음 이후에 이르러 그 사람은 오래전에 이미 그렇게 되기라도 한 것처럼 자연스럽게 영원의 자리를 찾아간다는 사실이다. 더 많은 설명을 하기에는 사람의 이해 너머의 신비를 바라볼 수밖에 없다. 우리는 신비 안으로 기꺼이 들어가고, 신비를 기쁨으로 품에 안는다.

EXCURSUS

가장(假裝), 사람의 변화를 위한 하나님의 전략

    C. S. 루이스는 마치 하나님의 비밀스러운 계획처럼 〈스크루테이프〉의 입을 빌어 인간 변화를 말한다.
    '하나님에 대한 신앙이 참으로 사람을 변화시키는가?'
    이런 물음은 여전히 우리의 관심거리다. 신앙에 열심인 사람이라 해도 교회에 출석하고 교회에서 중요한 직책을 맡아서 훌륭하게 그 일을 마무리 하더라도 여전히 변화되지 않았다. 그리고 여전히 다음과 같은 의문이 남아 있다.
    신앙은 진짜로 효험 있는 인간 부패의 치료 약인가?
    하나님은 참으로 인간 변화에 개입하셔서 그렇게 하시는가?
    루이스는 사람이 어떻게 바뀌어 가는지를 말한다. 사람이 처음에 교회에 출석해서 신앙을 갖기 시작하면 그리스도인이 아닌 사람들과 관계가 쉽지 않다. 그래서 그들과 함께할 때 그들 편에 서서 함께 웃기도 하고 나름의 동조를 한다. 세상에 속한 사람들과 교회에 속한 사람들 사이를 왔다 갔다 한다.
    그러면서도 신앙이 없는 자들과 이런 삶을 나누는 것을 주저하게 된다.

동시에 그는 자의 반 타의 반으로 세상 사람들 틈에서 그들과 사귐을 놓지 않는다. 맘에 내키지 않으면서도 나는 너희들 편이라고 스스로 가장(假裝)하여 보여 준다.

마음으로는 그렇지 않은데 그런 상황에 빠져 있으니 마음과 달리 이렇게 위장(僞裝)을 해서 세상 사람들과 어울린다. 그러나 그 사람은 그렇게 가장할 때 진짜로 그렇게 가장한 대로 사람이 조금씩 바뀌어 간다는 사실을 알지 못한다.

> 한 치의 의심도 없이, 그리스도인이 된 후에 그 환자는 세상 친구들과 나누는 대화가 썩 마음에 내키지 않고, 그의 신앙에 어울리지 않는다는 사실을 즉시 알게 된다. 이런 사실이 분명하지만, 웜우드, 중요한 것은 환자가 그런 사실을 스스로 인정하지 않도록 하는 것이다. 그러면 환자는 세상 친구들과 내키지 않은 대화를 주고받는 것에 일종의 부끄러움을 가지면서도 또한 자긍심을 느끼기도 하고 겸손과 허영심을 갖기도 한다. 이렇게 되면 우리 악마들이 보기에 아주 잘 굴러가는 것이다. 너무도 뻔한 사실을 인정하지 않고 자꾸 미루면, 그는 어쩔 수 없이 스스로 거짓으로 가장(假裝)된 모습을 취해야 한다. 그는 말을 해야 할 때 아무 말도 하지 않고, 침묵해야 할 때 말을 하게 된다(SL, PARA 63).

환자는 어울리지 말아야 할 세상 사람들과 함께할 때 그가 그 사람들 편에 서 있다는 사실을 보여 주고, 또한 그러면서도 부끄러움을 느끼기도 한다. '이 세상 사람들과 함께하는 게 아니었는데' 하면서 후회하기도 한다.

그뿐만 아니라 그는 교회에 출석하기 시작했으나, 이런 부류의 사람들과도 어울릴 수 있는 폭넓은 사람이라는 괴상한 자긍심을 갖는다. 그리고 이런 식으로 우쭐하는 허영심과 일종의 자기 비하를 하는데, 이 모든 과정에서 그는 그런 다른 부류의 사람들과도 함께하고 어울릴 수 있다는 일종의 가장(假裝)된 말과 행동을 하게 된다는 말이다.

> 그 환자는 처음에는 겉으로만 그들과 동조하는 듯하다. 그러나 즉시 그의 말과 모든 냉소적이고 회의적인 태도에서도 그들 편이라는 태도를 은근히 슬쩍슬쩍 드러낸다. 그의 마음은 사실 그렇지 않은데도 말이다. 꼬마 악마, 웜우드야, 네가 이제 너의 환자를 잘 구슬리면서 데리고 놀면, 그의 마음까지도 완전히 바뀌어서 진짜로 그렇게 될 것이다. 죽을 수밖에 없는 인간이라는 이 존재는 자신이 그렇게 가장(假裝)하는 바로 그런 모습으로 바뀌어 가기 때문이다. 이런 일은 악마의 작업에서 아주 기초 과목이다 (SL, PARA 63).

환자는 일종의 "이중적인 생활"(two parallel lives, SL, 64-65)을 한다. 이는 두 개의 다른 삶이 같은 비중으로 그의 삶을 지배하는 것이다. 그리스도인이 아닌 A 그룹에 속해 있을 때는 A 그룹의 성향을 조금 부끄러워하면서도 동조하고 따라간다. 그러다 주일이 되어 그리스도인 B 그룹과 만나면, 또 역시 가장된 겸손과 허영으로 그들을 동조하고 따라간다. 그는 A 그룹과 B 그룹에 속해서 동시에 그들 편인 양 가장하면서 만난다. 그리고 사람은 자신을 그렇게 가장하면 가장한 대로 바뀌어 간다.

> 이런 유혹 작전이 성공하게 되면 환자들은 아주 오랫동안 이런 식으로 이리저리 왔다 갔다 하는 이중적인 삶을 살아가게 되고, 이는 아주 흔한 일이다. 환자들은 실상 어떤 부류들과 시간을 보내면서 가깝게 사귀느냐에 따라서 매번 그들은 전혀 다른 사람이 된 것처럼 행동하게 되니, 놀랄 지경이다. 사실을 말하자면, 그들은 다른 사람처럼 "보이는" 것만이 아니라 진짜로 그

런 사람이 "되어 가는" 과정에 있다. 그 환자들은 처한 상황과 환경에 따라서 그들이 소속된 여러 모임에서 스스로 변장하고 가장하여 그가 어울리는 사람들의 모습을 닮아간다는 사실이다(SL, PARA 64-65).

악마는 다양하게 환자를 데리고 논다. 일종의 허영심을 이용한 결과인데, 자신이 얼마나 폭넓은 사람이라는 것을 이곳저곳 양쪽 모두, 교회와 세상 모두를 다니면서 스스로 허영과 자랑에 빠진다. 수준 있는 서클에 가서는 심지어 음담패설을 늘어놓기도 한다. 그리고 '그들이 어찌 내 깊은 영적 세계를 알겠는가!' 하면서 자부심을 은밀히 뽐내고, 순박한 촌놈들의 서클에 가서는 그의 도시적인 세련된 풍모와 문화를 자랑하고 뽐낸다.

주일 날에 일부러 그가 장사하는 채소 가게 옆에서 기도하는 즐거움을 가르쳐 준다고 하는 것이다. '채소 가게 주인 따위가 어찌 우리가 느긋한 토요일 저녁에 누비고 다니는 도시적이고 냉소 가득한 화려한 세계의 맛을 알기나 하겠는가' 하는 우쭐대는 허영심으로 그런 괴상한 짓을 하게 만든다. 허영심은 충분히 그런 괴상한 짓도 하게 한다. 또 다른 수준 있는 친구들과 함께 커피를 마시면서는 이상하게도 어울리지도 않는 음담패설을 늘어놓는 것이다. 역시 '그가 깨달은 더 깊은 영적 세계를 어찌 알겠는가' 하는 우쭐대는 허영심으로 그런 이상한 짓을 하게 만드는 것이다. 그래서 스스로 세속적인 친구들과도 기꺼이 어울리고, 한편 채소 가게 주인과도 함께하고, 이제 그는 그를 둘러싸고 있는 모두와 함께할 수 있는 완전히 균형 잡힌 다층적인 인간이라는 자부심에 쩔게 된다. 이 두 부류의 사람들에게 붙어서 상상이상으로 괴상한 행동을 하는 이 사람은 부끄러움을 느끼기는커녕 은밀하게 자기만족을 즐긴다고나 할까!(SL, PARA 65).

사람은 우선 주변 사람들과 함께함으로 그들을 닮아간다. 좀 더 정확히 말하면, 주변 사람들과 함께함으로 자신도 모르는 사이에 그들의 삶에 동조하고, 찬성하고, 그들의 삶을 좋아하고, 인정하게 된다.

처음에는 "나는 신앙을 가졌는데 하면서" 살짝 거부감을 느낀다 해도, 그들과 합세한다는 의미에서 스스로 그렇게 가장(假裝)하고 겉보기에 그들과 별반 다르지 않게 행동한다. 시간이 지나면 이제 그는 그들과 진짜로 닮은꼴이 된다. 가짜로 가장한다 해도 우리가 알지 못하는 사이에 가장하는 대로 그렇게 바뀌어 간다. 가짜 놀이를 하다가 진짜가 된다.

"사람은 자신이 가장했던 대로 변하는 법이다. 이건 기본이다"(SL, 63).

사람이 바뀌는 과정은 거의 비슷하다. 일단 가장하고, 가장하면 가장한 대로 그렇게 된다. 그래서 가장하는 것은 위험한 일이다.

영화 〈무간도〉는 가장하는 진짜가 얼마나 그 진짜를 유지하기 힘든지를 잘 보여 준다. 경찰이 조폭의 무리에 가짜로 잠입해서 가짜 조폭 노릇을 하지만, 얼마 가지 않아서 자신이 스스로 경찰인지 조폭인지 헷갈린다. 아무리 자신이 경찰이라고 우겨도 매일 함께 지내야 하는 주변 환경과 주변 사람들이 모두 다 조폭이다 보니 그 역시 점점 조폭처럼 되어간다.

매일 조폭 흉내를 내면서, 조폭처럼 생각하고, 조폭처럼 행동하니, 원래 경찰이고 지금도 경찰 신분이긴 하지만, 실제로는 조폭이 다 되고 말았다. 정신과에 가서 정신 치료를 받는다. 경찰인지 조폭인지, 정체성의 혼란 때문이다. 그래서 무간도(無間道)는 끝없는 고통의 지옥이다.

C. S. 루이스는 이를 아주 상세하게 『순전한 기독교』에서 설명한다. '가장(假裝)합시다'(MC, 285-95)라는 장에서 오랜 시간 가면을 쓰고 지냈던 어느 청년의 이야기를 한다.

루이스는 한 줄로 간단하게 말했으나, 조금 더 보태본다.

청년은 조금 추남이었다. 미남이 되고 싶었다. 그래서 미남 가면을 사서 쓰고 다녔다. 주변 사람들이 미남이라고 칭찬해 주니 좋아서 미남 가면을 계속 쓰고 다닌다. 추남이 미남 가면을 쓰고서 가장(假裝)하는 것이다. 그런데 며칠 동안 미남 가면을 쓰고 다니는데 여간 불편한 게 아니다. 세수할 때도, 잠시 가면을 들어서 안쪽으로 물을 뿌리다시피 해야 하고, 칫솔질도 까다롭기는 마찬가지다. 밥을 먹는 것은 또 어떤가? 입으로 밥을 넘길 때는 가면을 위로 들고 먹어야 한다. 말할 때 발음을 정확하게 하지 않으면 잘 알아듣지 못한다. 그러나 미남이 되기를 포기하지 않는다. 그리고 시간이 갈수록 불편한 일들이 조금씩 익숙해지고 점점 더 괜찮아지는 것 같다. 한 달이 지나고 두 달이 지난다. 너무 불편하고 참기 힘들어서 포기하고 싶은 생각이 하루에도 몇 번씩 들지만, 미남이 되어야 한다는 일념으로 버틴다. 그리고 1년이 되었다. 많이 익숙해진 듯하지만, 여전히 미남 가면은 불편하고 벗어던지고 싶다. 버티고 또 버텨서 2년이 지나고 5년이 되었다. 이제 끝내 더 이상 못 참는다고 하고 가면을 벗어던질까 했으나 지금까지 그 어려움을 감수하면서까지 버텼는데, 그 시간이 아까워서 좀 더 버티기로 결심하고 지나다 보니 훨씬 더 수월해지고, 이제는 사람들이 미남이라고 하는 말이 자연스럽기까지 하다. 그러니 더 포기할 수 없다. 10년이 흐르고, 20년이 흘렀다. 가장하다 보니 진짜가 거의 된 기분이다. 그래도 아직 남아 있는 가면의 거추장스러움은 여전히 그를 괴롭힌다. 또 10년이 흐르고 20년이 지나서 30년이 되었다. 그리고 어느 날 거울 앞에서 미남 가면을 벗었다. 그리고 거울 앞에 나타난 모습은 진짜 미남 청년이다. 처음에는 가면이었으나 이제 진짜가 된 것이다.

여기서 중요한 말이 하나 있다. "가면"이라는 말은 본래 페르소나(persona)라고 하여 그리스 연극에서 배우가 분장해서 주인공 역할을 할 때 쓰는 가면(mask)을 말한다. 지금도 배우를 가리킬 때 "페르소나"라고 한다. 분장하고 가장해서 다른 사람의 역할을 하는 행동이다. 그런데 후에 이 말은 '인격'(Personality)이라는 말로 쓰이게 된다. 한 사람의 인격이 마치 가면을 쓰는 것과 같은 그 사람의 외면적인 성격과 행동을 뜻한다.

이런 의미의 줄거리를 추적하면, 한 사람의 인격은 그가 어떤 페르소나, 즉 어떤 가면을 쓰느냐에 따라 형성되었다고 할 수 있다.[1] 주변 환경에 의해서라도 어쩔 수 없이 우리 맘에 들지 않더라도, 스스로를 절제하고 자제하면서 "가면"(persona)을 쓰고 행동하다 보면 그것이 우리 삶의 변화된 나름 훌륭한 '인격'이 된다는 뜻이다.

예컨대, 성격이 아주 나쁜 사람이 미국의 일류 기업 구글에 들어가게 되었다. 구글에서는 마음껏 성질을 부리지도 못하고 교양 있게 신사처럼 행동해야 하고, 다른 직원과 협력하고 팀을 이루어야 한다. 함부로 자기 욕심만 주장해서는 한방에 쫓겨난다.

개인의 욕심 같은 것이 있지만 마구 드러내서는 안 된다. 그래선 일도 안 되고, 수준 있는 대화와 논의, 토론을 통해서 협력하여 일을 하고 함께 목표를 이루어야 한다. 10년을 구글에서 회사 생활을 했다. 그리고 시간이 지나서 훌륭한 인격의 소유자가 되었다.

환경이 사람을 만든다고 하는 것은 일리가 있는 말이다. 그러나 루이스가 말하는 가장(假裝)은 조금 다르다. 물론, 다른 환경에서 사람은 다르게 행동해야 하는 일종의 "롤 플레이"(role play)가 있다. 그러나 루이스가 말하는 "가장해 보자"(Let's pretend)는 그렇게 믿고, 그렇게 간주하고, 그렇게 상상하고, 그렇게 수용하는 믿음으로 인하여 사람이 바뀌어 가는 것을 말한다. 루이스의 가장(假裝)은 새로운 페르소나, 그리스도를 수용하고 그의 삶

---

[1] Wolfhart Pannenberg, 『판넨베르크 조직신학 2』, 신준호, 안희철 옮김 (서울: 새물결플러스), 354.

안에서 그리스도의 생명과 그리스도의 페르소나가 전적으로 활동하도록 허용하는 믿음과 신앙이다.

예수님을 믿음으로 하나님의 자녀가 되었다고 하신다. 조금만 생각해 보아도 너무나 심각한 간격이다. 나 같은 자가 하나님의 아들이라고 불린다는 것은 말도 안 된다. 루이스는 하나님께서 우리를 그렇게 하나님의 아들이라고 칭하신다고 가장해 보고, 우리도 하나님을 우리의 아버지라고 가장해 보는 것으로 출발하자고 말한다. 루이스가 말하는 "가장해 보자"는 말은 "그렇게 믿음으로 시작해 보자"와 다를 바 없다. 아들이 아닌데 아들이라고 믿음으로 가장해 볼 때, 예수님의 생명으로 나는 점점 더 하나님 아들의 면모를 갖추어 가기 시작한다. 이것이 바로 "하나님의 자녀 삼기" 전략이다.

어떤 영화배우를 만난 적이 있다. 오래전 당시 엄청난 인기를 끌었던 "모래시계"의 배우인데, 그 드라마를 끝낸 직후였다. 드라마에서 어떤 역할을 맡으면 드라마가 끝났다 해도 길게는 6개월까지도 그 주인공의 역할과 마음에서 벗어나기 힘들다고 한다. 배우가 평생 그 역할로 살 수 없기 때문에 빨리 벗어나야 한다. 그렇지 않으면 아주 오랫동안 그 페르소나로 지내면서 자신도 드라마 속의 주인공과 헷갈리기도 한다.

배우는 실제로 주인공 그 사람이 아니다. 분장하고 연기하는 것이다. 그러나 가장은 끝나고 나도 끝나는 게 아니다. 가장은 성격을 만들고 자아(Self)를 바꾸어 놓는다. 사람은 그렇게 해서 바뀌어진다. 루이스는 이런 인간 현상을 기초적이고 근본적인 것이라고 말한다.

"인간은 자기가 가장했던 대로 변하는 법이니까. 이건 기초 과목이다."

사람은 어떤 옷을 입느냐에 의해서 그의 모습을 만들기도 한다. 군복을 입은 장교는 군복 때문에 장교답게 행동한다. 멀쩡하던 사람도 예비군복을 입으면 개판이 되고 만다. 사도 바울은 그리스도인을 "그리스도로 옷을 입은 자"(갈 3:27)라고 한다. 처음 그리스도라는 옷을 입고 살아가는 것은 매우 불편하다.

마크 트웨인의 『왕자와 거지』를 살짝 패러디해 본다. 거지가 왕자 옷을 입었다. 다리 밑에서 아무렇게나 살던 거지가 갑자기 왕의 아들이라 불리게 되었다. 왕궁에서는 일찍 일어나야 한다. 거지들의 숙소, 더러운 다리 밑에서 늦게 자고 늦게 일어나는 맘대로 살던 습관을 버리지 않으면 안 된다. 세수도 해야 하고 몸도 깨끗이 해야 한다. 거지일 때 맘대로 더럽게 다리 밑을 오가도 누구 하나 뭐라 하지 않았다. 그러나 이제 왕자로서 깨끗이 하고 옷도 장장 열다섯 벌 정도 입어야 한다. 왕자는 그렇게 입는다.

영조의 아들 사도 세자는 일종의 의대증(衣帶症)이라는 정신질환이 있었기 때문에 왕자로서 그렇게 여러 가지 옷을 입을 수 없었다. 그래서 일종의 미치광이가 되어 왕이 되지 못했다. 조선 25대 왕 철종, 이원범은 강화도 시골구석에서 똥지게를 지던 열아홉 살 청년이었는데 갑자기 왕이 되었다. 누구나 왕이 되면 좋겠다고 하지만, 철종은 왕으로 사는 게 너무나 고단하고 신하들의 등쌀에 시달리게 되어 얼마 되지 않아서 젊은 나이에 그만 죽고 말았다. 허수아비 노릇의 좌절감 그리고 까다로운 궁궐 예법에 질려서 맘대로 되는 일도 없는 세상사 하면서 주색에 빠져서 헤매다가, 건강했으나 33세에 죽는다. 왕으로 살아가는 방법은 왕복을 입고서 그냥 버티면 되었지만 그걸 못한 것이다.

그리스도라는 옷(갈 3:27, 그리스도로 옷을 입었느니라)을 입고 10년 정도 그리스도인으로 버티면서 살다 보면, 처음보다 많이 편해지고, 그리스도라는 옷이 마냥 거추장스럽기만 한 것은 아니라는 사실을 알게 된다.

처음 예수를 믿고 나서 식당에서 밥을 먹을 때 기도하는 게 얼마나 불편했던가?

하지만, 어느 정도 시간이 지나면 그런대로 괜찮고, 조금 더 시간이 지나면 이제 식당에서 기도를 드리는 게 기쁘기도 하고 심지어 자랑스럽기도

하다. 밥을 먹기 전에 기도를 드리지 않는 사람들이 이제 이상하다. 그리스도라는 옷이 시간이 지날수록 편해지고 좋아지고 기쁘기도 한 것이다.

때로 우리는 그리스도라는 옷을 포기하고 싶을 때도 있지만, 그리스도라는 옷이 그보다 더 평안을 주는 게 없다. 기쁨과 평안의 그리스도의 옷, 한때는 불편해서 벗어버리고 싶었지만, 그래도 좀 더 버티다 보면 이제 진짜 그리스도의 모습이 점점 더 나타나기 시작한다. 그러자 다른 사람도 한마디 거든다.

"저 사람 처음에는 안 그랬는데, 요즘은 예수 믿는 사람 같아!"

일단 내 모습이 전혀 그렇지 않다고 하더라도 먼저 가장(假裝)하여 말하고 행동하다 보면 어느덧 그것이 진짜 나의 현실이 된다. 그래서 가장을 한번 해보자는 말이다. 하나님은 우리를 마치 또 다른 작은 그리스도처럼 그렇게 보시기를 기뻐하시면서, 우리를 그렇게 수용하시고 받아들이신다. 그래서 믿음은 하나님이 우리를 수용하셨다는 사실을 내가 수용하는 것이다. 그리스도는 또한 우리 옆에 계시면서 우리를 그분을 닮은 또 다른 그리스도로 바꾸시는 데 도움을 주신다. 처음에는 하나님께서 우리가 그렇게 가장을 해서 그런 척하도록 하시는 이 전략이 낯설어 보인다. 그런 척을 아무리 하려 해도 턱도 없이 실제 우리 모습이 그렇지 않으니 그게 쉽지 않다. 그러나 잘 생각해 보면, 그런 하나님의 전략이 그리 낯설지 않다. 이런 전략은 사실 수준 높은 자들이 수준 낮은 자들을 끌어올리는 방법이기도 하다. 엄마들은 늘 그렇게 한다. 엄마들은 갓난아이에게 그냥 말을 건넨다. 옆에서 보고 있으면 둘 사이에 이미 많은 말을 하는 듯이 보인다. 아이가 이미 엄마에게 그렇게 말을 잘하고 있는 듯이 보인다. 그런데 알고 보면 엄마의 희망인 듯하지만, 갓난아이는 여전히 옹알대기만 한다. 엄마들은 갓난아이의 수준을 끌어올리기 위해서 일종의 그런 척을 한다. 우리가 집에 있는 강아지를 대할 때도 거의 마찬가지로 강아지에게 말을 건넨다. 강아지가 마치 우리 말을 잘 알아듣는 것처럼 말한다. 옆에서 보면 친구에게 말하는 듯하다. 강아지가 마치 "거의 사람"이라도 되는 듯이 우리는 그렇게 말을 건네고 대답한다. 지금은 강아지이지만 언젠가는 "거의 사람"이 될 듯이라도 하듯이 그렇게 강아지를 대하고 말을 한다. 그렇게 하다 보면 놀라운 일은 우리와 함께 살아가는 강아지는 결국 사람이 거의 다 되어 강아지에게 하는 우리의 말을 거의 알아듣는 듯하다(MC, PARA 157).

루이스는 그런 척해 보는 가장의 힘을 믿었다. 가장(假裝)은 가식(假飾)과 다르다. 가식은 문자 그대로 가짜로 분장해서 마음에도 없는 나의 가짜를 사람들이 속아 넘어가도록 하는 일종의 잔꾀를 말한다. 일종의 위선이다. 그러나 가장은 진심으로 그렇다고 여기면서 그렇게 되기를 믿고 수용하고 점점 더 그런 방향으로 나아가는 방법이다. 가식은 속임수이고 가장은 하나님의 자녀 됨을 진심으로 믿는 믿음에서 시작한다.

예수라는 옷을 입는 가장은 가장을 하지 않았더라면 도저히 가능하지 않았던 예수 생애와 예수 현실을 내 삶 안에서 창조하시는 하나님의 전략이다. 그래서 우리는 처음에 비록 거추장스럽다 해도 예수로 옷을 입고 기쁨으로 버티면서 주어진 시간을 살고, 마음을 다해서 예수 가면을 쓰고 예수처럼 살아간다.

> … 이제는 내가 사는 것이 아니요 오직 내 안에 그리스도께서 사시는 것이라 이제 내가 육체 가운데 사는 것은 나를 사랑하사 나를 위하여 자기 자신을 버리신 하나님의 아들을 믿는 믿음 안에서 사는 것이라(갈 2:20).

나는 "오직 내 안에 그리스도께서 사신다"는 사도 바울의 고백을 들을 때마다 경이로움을 감출 수 없다.

어떻게 예수께서 내 안에 사신다는 확신을 갖게 되었을까?

그리고 내 안에 사시는 예수를 느낄 때마다 우리는 얼마나 다르게 살 수 있는지, 참으로 놀라움을 감출 수 없다.

참고 문헌

C. S. 루이스의 저서

SL: *The Screwtape Letters* by C. S. LEWIS with Screwtape Proposes a Toast(HaperCollins E-BOOKS).

The Screwtape Letters. 『스크루테이프의 편지』. 김선형 옮김. 서울: 홍성사, 2000.

CR: *Christian Reflection*. 『기독교적 숙고』. 양혜원 옮김. 서울: 홍성사, 2013.

FL: *The Four Loves*. 『네 가지 사랑』. 이종태 옮김. 서울: 홍성사, 2005.

GD: *The Great Divorce*. 『천국과 지옥의 이혼』. 김선형 옮김. 서울: 홍성사, 2003.

DOCKS: *The God in Docks*. 『피고석의 하나님』. 홍종락 옮김. 서울: 홍성사, 2011.

LM: *Prayer: Letters to Malcolm*. 『개인기도』. 홍종락 옮김. 서울: 홍성사, 2007.

MC: *Mere Christianity*. 『순전한 기독교』. 장경철, 이종태 옮김. 서울: 홍성사, 2001.

MI: *Miracles*. 『기적』. 이종태 옮김. 서울: 홍성사, 2008.

NC: *Narnia Chronicles*. 『나니아 연대기』. 햇살과나무꾼 옮김. 서울: 시공사, 2005.

PP: *Problem of Pain*. 『고통의 문제』. 이종태 옮김. 서울: 홍성사, 2002.

PR: *The Pilgrim's Regress*. 『순례자의 귀향』. 홍종락 옮김. 서울: 홍성사, 2013.

RP: *Reflections on the Psalms*. 『시편 사색』. 이종태 옮김. 서울: 홍성사, 2004.

WG: *The Weight of Glory*. 『영광의 무게』. 홍종락 옮김. 서울: 홍성사, 2008.

A Preface to Paradise Lost. London, Oxford University Press, 1942.

Christian Reflection. Walter Hooper(ed.). William B. Eerdmans Publishing Company, 1967.

Letters to Malcolm: Chiefly on Prayer. A Harvest Book, 1964.

Refletions on the Psalms. Prarcourt Brace Jovanovich Publishers, 1958.

그 밖의 문헌

Byeong Je, Kim, "Using the Parable of Jesus to Develop A Postmodern Approach to Teaching Korean College Students about the Kingdom of God", Unpublished Paper, Southern Baptist Theological Seminary, Louisville, Kentucky, US

Chesterton, Gilbert K. *Orthodoxy*, Introduced By Philip Yancey. Image Books/Doubleday, 2001.

Meilaender, Gilbert, *The Taste for the Others: The Social and Ethical Thought of C. S. Lewis*. William B. Eerdmans Publishing Company, 1978.

Luther Whiet, William, *The Image of Man in C. S. Lewis*. Hodder and Stoughton, 1969.

Moore-Jumonville, "Sucking Life: The Principle of Hell in Screwtape." *Inklings Forever* 7 (2010).

https://pillars.taylor.edu/cgi/viewcontent.cgi?article=1173&context=inklings_forever

Tillich, Paul, The Eternal Now Chapter 11, 82-89(The Eternal Now, E-Book).

Shklovsky, Victor, *Russian Formalist Critisism: Four Essays. trans*. Lee T. Lemon, University of Nebraska Press 1965.

김균진.『죽음의 신학』. 서울: 대한기독교서회, 2002.

김영한. "아우구스티누스의 內的 경험의 신학".「철학」1980. 7월호. 14. 한국철학회.

양명수. "『고백록』11권에 나타난 아우구스티누스의 현상학적 시간론".「신학사상」169집, 한신대학교 신학사상연구소.

맥그라스, 알리스터.『별난 천재, 마지못해 나선 예언자, C. S. 루이스』. 홍종락 옮김. 서울: 복있는사람, 2013.

몰트만, 위르겐.『살아계신 하나님과 풍성한 생명』. 박종화 옮김. 서울: 대한기독교서회, 2017.

볼프, 한스 발터.『구약성서의 인간학』. 문희석 옮김. 서울: 분도출판사, 1976.

윌라드, 달라스. 『하나님의 모략』. 윤종석 옮김. 서울: 복있는사람, 2009.

세이어, 조지. 『루이스와 잭』. 홍종락 옮김. 서울: 홍성사, 2006.

포퍼, 칼. 『열린사회와 그 적들』. 이한구 옮김. 서울: 민음사, 1990.

콜린스, 프랜시스 S. 『신의 언어』. 이창신 옮김. 경기: 김영사, 2006.

판넨베르크, 볼프하르트. 『판넨베르크 조직신학 2』. 신준호, 안희철 옮김. 서울: 새물결플러스, 2018.

CLC 인물 시리즈 안내

❶ C. S. 루이스의 생애
데빈 브라운 지음 | 이석철 옮김 | 신국판 | 360면

❷ 교부 어거스틴
빌헬름 게에를링스 지음 | 권진호 옮김 | 신국판 | 200면

❸ 로버트 M. 맥체인의 생애
알렉산더 스멜리 지음 | 이영란 옮김 | 신국판 | 424면

❹ 로이드 존스의 생애
박영호 지음 | 신국판 | 180면

❺ 메이첸 생애와 사상
스테판 J. 니콜스 지음 | 윤재석 옮김 | 국판변형 | 304면

❻ 배사라 선교사
선상호, 정준기 지음 | 신국판 | 368면

❼ 신학자 코메니우스
최진경 지음 | 신국판 | 348면

❽ 웨슬리의 생애와 신학
허천회 지음 | 신국판 양장 | 920면

❾ 잔느 귀용 부인의 생애
도로시 고은 커슬릿 지음 | 유평애 옮김 | 신국판 | 208면

❿ 제임스 패커의 생애
앨리스터 맥그라스 지음 | 신재구 옮김 | 신국판 | 518면

⓫ 조나단 에드워즈의 생애와 사상
D스테펜 J. 니콜라스 지음 | 채천석 옮김 | 신국판 | 256면

⓬ 존 낙스의 생애와 사상
스탠포드 리이드 지음 | 박영호, 서영일 옮김 | 신국판 | 504면

⓭ 토마스 맨톤의 생애와 설교
데릭 쿠퍼 지음 | 박광영 옮김 | 국판변형 | 304면

⓮ 131명의 기독교 인물사
마크 갈리, 테드 올슨 지음 | 최상준 옮김 | 신국판 양장 | 568면